河南教育发展研究

2022

河南省教育科学规划与评估院　编著

郑州大学出版社

图书在版编目(CIP)数据

河南教育发展研究2022 / 河南省教育科学规划与评估院编著. —郑州:郑州大学出版社, 2023.1

ISBN 978-7-5645-9733-7

Ⅰ. ①河… Ⅱ. ①河… Ⅲ. ①教育事业-研究报告-河南-2022 Ⅳ. ①G527.61

中国国家版本馆CIP数据核字(2023)第094223号

河南教育发展研究 2022

HENAN JIAOYU FAZHAN YANJIU 2022

选题策划	孙保营	封面设计	苏永生
责任编辑	成振珂	版式设计	苏永生
责任校对	樊建伟	责任监制	李瑞卿
出版发行	郑州大学出版社	地　　址	郑州市大学路40号(450052)
出 版 人	孙保营	网　　址	http://www.zzup.cn
经　　销	全国新华书店	发行电话	0371-66966070
印　　制	河南美图印刷有限公司		
开　　本	787 mm×1 092 mm　1/16		
印　　张	18.75	字　　数	412千字
版　　次	2023年1月第1版	印　　次	2023年1月第1次印刷
书　　号	ISBN 978-7-5645-9733-7	定　　价	86.00元

本书如有印装质量问题,请与本社调换

编委会

编委会主任 成光琳

编委会副主任 周宝荣

主　　编 徐宏升　刘　丽

副 主 编 王惠娟　王运召　李　旭

撰 稿 人 （按内文呈现顺序）

马锦华　刘林亚　陈天顺

许远理　宋争辉　刘学民

吴国玺　尤　莉　宋　晔

前言

党的十九大以来，河南省教育系统在习近平新时代中国特色社会主义思想指导下，认真贯彻落实习近平总书记关于教育的重要论述，深刻领悟“两个确立”的决定性意义，增强“四个意识”、坚定“四个自信”、做到“两个维护”，省委、省政府坚持把教育摆在优先发展的战略位置，把“创新驱动、科教兴省、人才强省”战略列为“十大战略”之首，加强党对教育工作的全面领导，全面贯彻党的教育方针，落实立德树人根本任务，深化教育领域综合改革，各级各类教育快速发展，党对教育工作的全面领导持续加强，教育优先发展战略地位更加凸显，各级各类教育质量持续提升，教育改革开放不断深化，教育民生进一步改善，教育保障坚强有力，服务发展成效显著，取得了全方位、开创性的成就。为了更好地总结近年来河南省教育事业改革和发展的成就和经验，服务决策，为教育改革和发展提供智力支持，河南省教育科学规划与评估院在教育厅的大力支持下，编研出版了《河南教育发展研究 2022》。

《河南教育发展研究 2022》由河南省教育科学规划与评估院教育发展研究室具体负责组织编研。在编研过程中，教育发展研究室在广泛征询专家意见的基础上，秉持学术性、综合性、原创性的原则，围绕教育发展的重点、难点和热点等问题，对河南省教育发展的深层次问题进行梳理和分析，以找寻问题、总结经验。

《河南教育发展研究 2022》属团队研究成果，内容主要选自于近年结项的郑州大学、河南师范大学、河南科技大学、信阳师范学院、洛阳师范学院、许昌学院和教育厅等单位专家学者承担的委托课题和河南省教育科学规划重大招标课题。“河南省幼儿园与小学科学衔接问题研究”由洛阳师范学院马锦华撰写，“河南省中小学生发展指导课程体系与实践研究”由刘林亚撰写（课题编号：〔2020〕-JKGHZDZB-09），“河南省中小学学生课业负担问题研究”由信阳师范学院陈天顺撰写（课题编号：〔2016〕-JKGHZDZB-012），“河南省中小学教师职业幸福感调查研究”由信阳师范学院许远理撰写（课题编号：〔2017〕-JKGHZDZB-11），“河南省高等教育资源优化与结构布局战略研究”由宋争辉撰写（课题编号：〔2017〕-JKGHZDZB-11），“河南‘双一流’大学高层次人才队伍建设研究”由郑州大学刘学民撰写（课题编号：〔2019〕-JKGHZDZB-05），“地方高校应用型人才培养的路径与机制研究”由许昌学院吴国玺撰写（课题编号：2021JKZD13），“河南省高等职业教育公平发展的区域比较研究”由河南科技大学尤莉撰写，“改革开放以来河南省教育改革的经验与反思”由河南师范大学宋晔撰写。

在编研出版过程中，河南省教育厅领导高度重视，教育厅相关处室、相关高校和单位给予了大力支持，河南省教育科学规划与评估院成光琳院长、周宝荣副院长和徐万山、韩和鸣、赵发中、李明霞、张明运等同仁在学术层面和具体工作方面给予了多方面的指导和支持，郑州大学出版社成振珂编辑也给予了极大的帮助，在此一并表示感谢。

在编研过程中，我们力求科学、规范、系统、严谨，但由于能力所限，疏漏和不足在所难免，恳请读者批评指正。

目 录

专题一　河南省幼儿园与小学科学衔接问题研究

当前幼小衔接问题已受到国内外学者的普遍关注，科学解决学前教育与小学教育的衔接问题成为当前面临的教育难题之一。为深入贯彻落实十九届五中全会“建设高质量教育体系”的要求，2021年3月30日，教育部印发了《关于大力推进幼儿园与小学科学衔接的指导意见》，部署推进幼儿园与小学衔接工作。2021年7月19日，河南省教育厅印发《河南省推进幼小科学衔接攻坚行动实施方案》，启动实施河南省推进幼小衔接攻坚行动计划。

一、幼小衔接的内涵与理论视域

(一)幼小衔接的内涵

在“幼小一体化”和“终身教育”理念的倡导下，世界各国开始了对幼小衔接教育的研究。1990年，国家教委与联合国儿童基金会合作的科研项目——“幼儿园与小学衔接”，正式提出“幼小衔接”这一术语。

关于幼小衔接的内涵，不同学者从不同的角度对其进行探索。袁贵仁、庞丽娟(2003)认为，幼小衔接是指幼儿园和小学两个教育机构在教育工作上做好承续和衔接，帮助幼儿较为顺利地实现由幼儿园到小学的过渡，缓解幼儿在过渡期内的种种不适应。陆凤(2005)认为，幼小衔接是幼儿园与小学两个相邻教育阶段之间在教育上的相互连接。袁千(2008)认为，幼小衔接是指儿童从在幼儿园接受基于游戏的学习环境，过渡到在小学接受结构化、系统化的课程教学的过程。总之，学界普遍将幼小衔接视为两个阶段教育的过渡过程。

(二)幼小衔接的理论视域

1.生态系统理论

在理论层面，“衔接”通常会视为一个生态学概念。生态系统理论(Ecological System Theory)是20世纪70年代由布朗芬布伦纳(Bronfenbrenner，1979)提出的，布朗芬布伦纳认

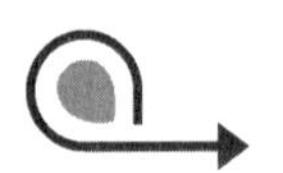

为,“当个体在生态环境中的位置改变时,他会经历生态学上的过渡”。(崔淑婧等,2011)个人的发展是通过和周围生态环境的互动来实现的。个体所处的生态环境主要包括微系统(micro-system)、中间系统(meso-system)、外系统(exo-system)和宏系统(macro-system)。

学者邓禄普、法比安(Dunlop&Fabian,2002)借鉴布朗芬布伦纳的生态学理论来阐释幼小衔接问题,认为幼小衔接阶段的儿童处于一个包含微系统、中间系统、外系统及宏系统的生态系统,这一系统包含了幼儿园、小学、家长、社区及其相互作用等诸多要素,具体如图 1-1 所示。

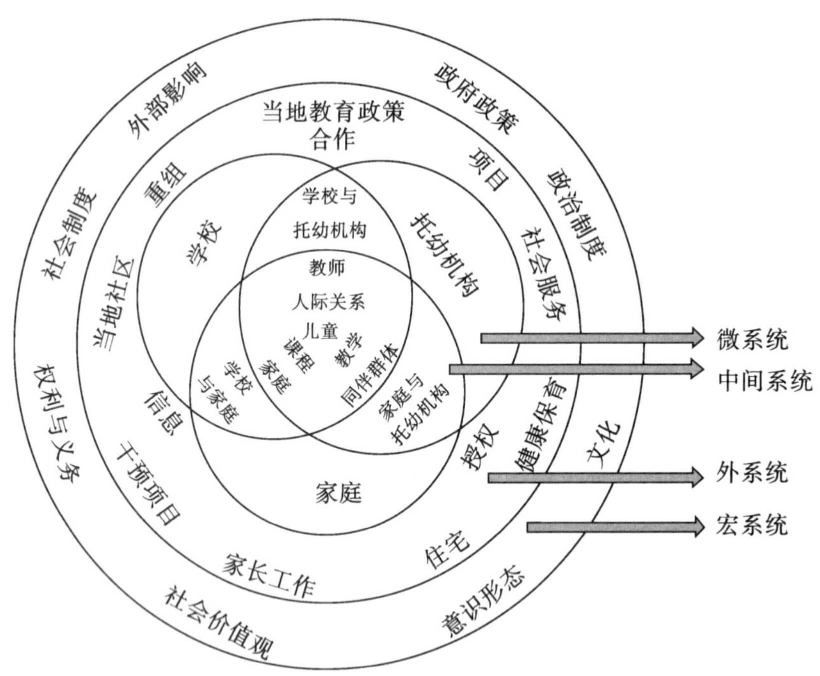

图 1-1　儿童所处的社会生态系统

其中微系统是指儿童直接接触到的、对儿童产生直接影响的环境,如家庭和学校、幼儿园等;中间系统是指家庭和学校、幼儿园与学校这些微系统之间的相互关系;外系统指儿童不能直接接触到的,但对儿童产生一定影响的环境,如家长的社会经济地位、社区文化等;宏系统是指社会制度、社会主流价值观念、意识形态等,这些通过影响家长的价值观念与教养方式而间接影响儿童。对于幼小衔接阶段的儿童来说,幼儿园、小学、家庭是其直接接触的三个微系统,而幼儿园与小学之间,幼儿园、小学与家庭之间是否建立正向关系、形成教育合力,将会影响儿童的衔接与适应。

2. 皮亚杰的认知发展理论

瑞士心理学家、发生认识论创始者皮亚杰认为,认识的发生是一个由低级到高级不断建构的过程。个体发展的实质是个体通过最初的动作图式经过不断同化或顺应而逐步形成一定的认知结构,从而主动适应环境的过程。因此,认知发展是个体心理发展的

关键。认知发展是指个体自出生后在适应环境的活动方面,对事物的认知及面对问题情境时的思维方式与能力表现,随年龄增长而改变的历程。在这一历程中,个体不断打破旧平衡,建立新平衡,通过连续量变的积累达成的阶段性的质变,表现出明显的阶段特征。

皮亚杰认为,儿童的认知发展具有阶段性,而且每个阶段都有独特的结构,标志着一定的年龄特征;各阶段出现的先后次序是恒定不变的;一个阶段的结构是在前一个阶段的结构基础上形成的,形成的结果又为下一个阶段的结构提供条件;每一个阶段都有一个准备期和完成期。

根据皮亚杰的认知发展理论,幼儿园儿童处于前运算阶段,思维发展具有泛灵性、自我中心性,尚未建立守恒概念,并且缺乏可逆性;小学儿童处于具体运算阶段,思维逐步摆脱自我中心,具有守恒性和可逆性等特点。7 岁作为幼儿园向小学过渡衔接的时期,属于前运算和具体运算两阶段发展、交替、提升的时期,此时期幼儿园与小学儿童的身心特点具有一定相似性,但物质精神环境又存在明显差异,因此,教育工作者必须遵循儿童发展的连续性和阶段性特点,注重两个阶段的内在联系,在特定阶段进行适宜的教育,为促进儿童的认知发展提供支持性环境。

3. 哈克的幼小衔接断层理论

德国学者哈克的幼小衔接断层理论是认识幼儿园与小学教育之间区别的重要理论基础。他根据观察和研究指出,幼小衔接阶段的儿童往往存在六个方面的断层问题:①关系人的断层(离开"第二个母亲"——幼儿园教师),适应要求严格的小学教师;②学习方式的断层:小学系统正规的科目学习与幼儿园的游戏、探索发现学习方式差异明显;③行为规范的断层:小学生必须学会规范自身行为,融入集体;④社会结构的断层:小学生需要重新建立新的人际关系,寻找在团体中的定位及班级认同;⑤期望水平的断层:入学后成人对儿童提出新的期望,特别是学业方面的期望;⑥学习环境的断层:自由轻松的学习环境转换成为学科学习、有作业受支配的学习环境。这些断层问题的出现造成了德国 30%小学新生入学不适应的现象,导致学习兴趣低落、焦虑等情况的出现。做好幼小衔接工作的关键必须连接好这六类断层问题,使儿童顺利过渡幼小衔接期(袁千,2008)。

4. 维果茨基的社会文化历史理论

作为社会文化历史学派的创建者,维果茨基高度重视文化对心理发展的作用。他提出了极为重要的理解心理过程的历史原则:一切都应当是从历史、社会环境及相互联系中加以理解。儿童心理起源于社会交往,学校、教室、幼儿园是影响儿童心理发展的重要环境,而在此环境中的教师或其他成人对儿童的指导作用也不容忽视。因此,成人应当给儿童提供社会交往的环境,促进其心理发展。

丹麦学者布拉斯托姆(Stig Brostrom,2003)借鉴了维果茨基社会文化历史理论体系中"情境性学习"(contextual-learning)的观点来解释幼小衔接中出现的问题。他通过一项个案研究发现,幼儿的个别学习是一个由幼儿与环境中的人和物相互作用而组成的整体。如果转移到另一个环境则不容易发生迁移,因此幼儿在转入新环境时会发生不适应现象。

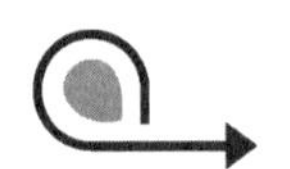

(三)科学幼小衔接的理论与实践探索

1. 理论探索

(1)幼小衔接利益相关者研究

不少研究者对幼小衔接主要利益相关者的诉求与看法进行了探讨。家长的参与是其中一个热点,刘利伟等(2015)调查了家长参与幼小衔接的情况,发现家长参与幼小衔接受地区和家庭社会经济地位的影响。除了家长之外,幼小衔接的主要利益相关者还有教师、管理者等,俞文等(2019)调查分析了武汉市中小学教师、家长、管理者等主要利益相关者的教育观差异,发现其对儿童生态发展、儿童学习品质、师生关系、教育期望、儿童时空环境方面的认识是存在显著差异的。可见,幼小衔接之所以面临种种困难,究其原因在于利益相关者不一致的诉求与看法。

同时梳理文献发现,以往研究多是从"自上而下"的视角分析衔接问题,话语体系主要由成人建构,而忽略了主要的利益相关者——儿童的话语权。李召存(2012)认为,儿童是幼小衔接研究的积极参与者,因此幼小衔接过程中必须关注儿童的生活体验和意义感受,探索这一特定经历对于儿童的特殊意义。王小英(2018)等通过半结构访谈探查幼小衔接中大班幼儿心理压力,发现"学业""规则"及"教师"三种主要压力源及"同伴""环境""家长"三种次要压力源。刘娟(2020)通过半结构访谈研究大班幼儿对小学的认知、情感与期待,发现幼儿对上小学充满复杂的情感,大部分幼儿没有认识到上小学后生活方面的挑战,认为自己应该为上小学做的准备涉及知识方面、遵守规则方面、社会性交往等方面。总之,越来越多的研究者开始认识到必须站在儿童发展的立场上来研究和探索幼小衔接,必须关注儿童作为最主要的利益相关者的话语权,逐渐从"让幼儿准备"转变为"为幼儿准备",给予幼儿合理期望与情感支持。

(2)幼小衔接问题研究

已有研究主要从三个方面对幼小衔接的现实问题进行探讨。第一,双向衔接机制未建立。梳理研究发现,幼小衔接存在幼儿园单向迎合小学的问题。幼儿园与小学作为基础教育领域的两个学段缺乏必要的沟通和交流,在教师培养、课程设计、师生交流等方面尚未建立有效的衔接机制。学者们在分析幼小衔接的问题时,几乎都指出幼小衔接存在单向衔接的问题,其后果就是导致幼儿园教育"小学化",这一问题一度成为幼小衔接研究关注的热点。第二,衔接内容"小学化"。由于片面强调幼儿园向小学的靠拢,因此幼小衔接比较强调学习方面的衔接,特别是知识的衔接而忽视身心、人际交往与社会适应以及生活能力方面的衔接。第三,衔接方式"小学化"。幼小衔接课堂容易被视为小学课堂的准备,改游戏化活动为被动的接受式学习。课堂教学成为主要的衔接方式,强调被动的接受式学习而忽视主动的发现式学习。

(3)幼小衔接策略研究

第一,国家政策层面考虑儿童立场,从儿童持续发展的视角做好幼小衔接工作。刘

晓东（2019）认为，幼儿园和小学都应当对接作为教育对象的儿童的发展特点与需要，而不是单向地由幼儿园向小学的迎合，由“幼小衔接”向“小幼衔接”翻转。余璐（2019）指出，要从儿童未来的持续发展、终身发展看待幼小衔接，入学准备不是为了短期的学业成绩的准备而是为了儿童成为终身学习者所做的多方准备和长期准备。

第二，建立幼小协同机制是解决入学准备和适应的重要措施。虞永平（2021）提出，需要通过联合教研，真正发现衔接问题、研究解决策略并通过实践探索验证解决衔接问题。通过开展双向衔接教研实践，搭建幼小之间“课程桥”，通过主题月互动等方式形成园校一体化联动。樊玉莲等（2010）指出，幼小衔接联动机制需要涵盖三方联合教研机制、课程双向互动机制、教师交流机制、联合研修机制、幼小班级联谊机制、幼小互评机制。符太胜等（2015）提出，需要通过整合教师教育体系、实行校本教研一体化、完善制度和条件等措施来改进幼儿教师与小学教师的合作，进而解决幼小衔接中的问题。

第三，深化幼小衔接课程改革，探索衔接课程。华爱华（2021）指出，各级学校在课程内容上应当是逐级向上衔接的，教学方法应是逐级向下衔接的。衔接过程也是如此，教育起点衔接儿童已有经验及身心发展特点，教育终点则衔接为下一阶段所做的准备。幼儿园的入学准备内容应当为小学学习打下基础，小学低年级的教学方法应当向幼儿园靠拢。黄小莲（2019）认为“课程游戏化”更适宜于小学，“游戏课程化”更适宜于幼儿园，这实际上是从学习方式变革的角度来分析幼小衔接。总之，各级各类学校需要考虑幼小阶段儿童的教育生态与身心发展特点及需要，在不同层面探索幼小双向衔接课程。

第四，构建家校、家园协同机制。幼小衔接是一个涉及幼儿园、小学、家庭、社会等多方因素的复杂问题，其中家长的教育观念转变是幼小衔接工作的关键着力点之一。教育行政部门及相关专业机构需要通过开展亲职教育等方式提升家长学习意识，促使家长了解儿童身心发展规律，主动与幼儿园及小学教师探讨儿童成长中的问题与收获，主动为儿童身心发展、生活习惯、社会适应及学习品质的发展提供有利环境，形成教育合力。

（4）幼小衔接比较研究

纵观国内外幼小衔接相关理论与实践研究，许多研究者致力于探索国外相关经验，为我国幼小衔接的科学推进提供借鉴。

一是关注儿童视角，李敏谊等（2010）通过分析 2000—2009 年国外相关研究，从儿童、家长、教师方面对幼小衔接利益相关者的看法进行综述，学界开始逐渐关注幼小衔接儿童视角；许浙川等（2019）提出，OECD 国家在幼小衔接过程中将成人的视角转换为儿童的视角，由“让儿童准备”转变为“为儿童准备”。刘磊（2015）指出，澳大利亚将儿童视为幼小衔接中的核心成员，在幼小衔接中充分尊重儿童的知识和经验、重视儿童的心理诉求、主观体验。

二是提供立法保障。许多发达国家通过法律法规保障幼小衔接。日本通过修订《教育基本法》与《学校教育法》，将幼儿园课程纳入学校课程体系进行统一建设，以“和而不同”的思想保障幼儿园与中小学教育的衔接（刘煜，2020）；芬兰颁布《基础教育法案》和

《基础教育国家核心课程》帮助儿童从幼儿园平稳过渡到小学(许浙川等,2019);法国先后颁布了《教育方针法》《幼儿园与小学运作组织法》《费雍法案》来保证幼小衔接的有效推行(胡春光等,2011)。

三是给予政策支持。许多发达国家通过"幼小一体化"政策解决衔接问题,主要做法有两种:如美国各州通用做法是将幼儿园附设在小学里,实行"K-2"政策,实现儿童在同一个场域的自然平稳过渡(袁千,2008);瑞典、芬兰等国家在小学设立学前班,招收6岁的幼儿,为上小学做好准备(邬春芹,2013);瑞士日内瓦通过设立共同容纳学前两个学段和小学一、二年级儿童的学前教育中心来实现幼小自然衔接(袁千,2008);德国、法国、美国等国家,将幼儿园和小学整合为一个新的学习阶段(邬春芹,2013),通过这两种措施保证幼小衔接、保障幼儿园和小学的无缝衔接。

2. 实践探索

(1)政策保障

近年来,教育行政部门逐步通过舆论宣传、政策落地等举措不断推进科学衔接。2016年及2019年,学前教育宣传月主题两次聚焦幼小衔接话题,分别以"幼小协同,科学衔接""科学做好入学准备"为主题,体现出我国正在努力构建幼小协同机制,形成科学过渡的教育生态。2021年4月,教育部出台《关于大力推进幼儿园与小学科学衔接的指导意见》(以下简称《意见》),《意见》坚持以儿童为本的基本原则,关注儿童发展的连续性、整体性与可持续性,强调尊重儿童的原有经验与发展差异,在幼儿园与小学阶段帮助幼儿做好身心全面准备与适应,培养益于儿童终身发展的习惯与能力。

《意见》首次从国家层面明确提出了幼儿园与小学教育的"双向衔接",指出幼儿园和小学是幼小衔接过程中的双主体。同时,《意见》从入学准备和入学适应两方面对幼小衔接工作进行了规范和引导,并通过《幼儿园入学准备指导要点》和《小学入学适应指导要点》为双向衔接提供具体指导。

2021年7月,教育部通过成立校外教育培训监管司大力整顿教育培训行业,中共中央办公厅、国务院办公厅印发的《关于进一步减轻义务教育阶段学生作业负担和校外培训负担的意见》,"积极推进幼小科学衔接,帮助学生做好入学准备,严格按课程标准零起点教学……"进一步明确了科学幼小衔接的要求。从《意见》出台到行业整顿,这一套改革"组合拳"彰显了国家层面改善幼小教育生态环境的决心。

政策发布后,2021年春季起,各地陆续开始开展两级幼小"双向衔接"示范区、试点园(校)创建工作,以典型引领推进幼小衔接,帮助儿童顺利过渡。

(2)幼小衔接教师教育共同体构建

目前,各地幼小衔接试点地区结合自身情况进行幼小教师联合教研的实践探索。如上海杨浦区在教研层面进行探索,进行"幼儿互通型教师"研究,贵州东南组建小幼连贯制学校,在课程教学层面进行发展连续性教学研究;清华附小进行了"启发课程第一周"等实践探索,通过游戏化、综合化、生活化的学习方式,尽力消除儿童的陌生感与不适,同

时开展一年级包班制的教育教学方式，即两位班主任负责班级多门学科，能最大限度地关注每一位学生，又能向幼儿园班级的主配班老师模式靠拢。

(3)幼小衔接课程探索

目前，上海的小学主题综合性实践研究已经在改变低年级课程实施方式；贵州黔东南小幼连贯制学校一年级进行了游戏化的课堂教学方式改革探索，把课堂开到了游戏现场。从幼儿园方面来说，通过一日生活的科学设计来实现学习品质和学习习惯的养成。此外，高校也不断开发衔接课程，加强职前教育阶段幼小教师的专业培养。据悉，华东师范大学学前教育系尝试进行人才培养层面的课程改革，专设幼小衔接课程模块，将语言、科学(含数学)领域的课程教学内容拓展到小学二年级。

二、学前教育向小学教育过渡的政策启示

世界各国教育部门普遍关注科学解决学前教育与小学教育的衔接问题。小学阶段的教育和学前教育相比，在教育条件、学习环境、人际关系等方面发生了根本性的变化，儿童初入小学会面临人生的重大转折，许多儿童入学后面临着有关学习适应方面的新问题。我国在应对这一教育难题方面，可以说从新中国成立以来，中央和地方政府都非常重视，相继出台了一系列旨在规范和指导幼小衔接的教育政策，并取得了一定的成效。通过对我国与国外幼小衔接政策的梳理、比较、分析，反思我国现阶段幼小衔接政策制定所存在的普遍性问题，结合河南省幼小衔接工作实际情况，以期为促进未来河南省幼小衔接政策的科学制定提供一定的启发经验。

(一)国内幼小衔接政策

从新中国成立至今，我国就幼小衔接教育工作相继出台过一系列教育政策。刘源等人(2021)通过全面系统的研究，以中华人民共和国成立至今有关幼小衔接政策文本中规定的责任主体和方向性的特点为依据，将我国幼小衔接政策发展划分为三个时期，即经历了从幼儿园单责任主体时期(1949—1988 年)，到幼儿园和小学双向责任主体时期(1989—2009 年)，再到多元利益相关者责任主体时期(2010 年至今)的演变过程。

1. 幼儿园单项执行主体时期(1949—1988 年)

幼儿园单项执行主体时期的代表性教育政策是 1952 年 3 月，教育部颁布的《幼儿园暂行规程草案》明确规定幼儿园的任务“是使他们的身心在入小学前获得健全的发育”，但不进行识字教育和测验。然而，1960 年 7 月教育部、全国妇联出台《关于在幼儿园教学汉语拼音、汉字和算术的通知》又提出幼儿园“应该尽可能进行汉语拼音、识字、算术等教学”的要求，全国各地幼儿园教育基本按照国家出台的教育政策要求开展教育。

20 世纪 80 年代中后期，中央政府共出台了 5 个幼小衔接教育政策，并且在相关内容上也做了局部调整，这其中包括 1979 年 11 月国家教委颁布的《城市幼儿园工作条例》，

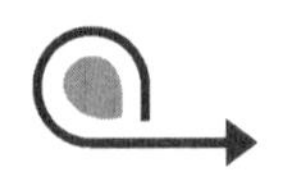

1981 年 10 月颁布的《幼儿园教育纲要(试行草案)》,1983 年 9 月出台《关于发展农村幼儿教育的几点意见》,1986 年 6 月国家教委《关于进一步办好幼儿学前班的意见》和 1988 年 8 月国家教委、国家计委等 8 部门《关于加强幼儿教育工作的意见》。

在《城市幼儿园工作条例(试行草案)》(1979)和《幼儿园教育纲要(试行草案)》(1981)中进一步明确幼儿园应"为入小学打好基础",在《关于进一步办好幼儿学前班的意见》(1986)中明确指出,学前班应"使幼儿在入小学前受到良好教育"。从国家出台的政策看:一是重视幼小衔接的实施目标,各政策表述的实质都是将实现幼儿更好适应"入小学"作为幼小衔接的目标。二是从幼小衔接实施主体和实施对象看,这一时期的幼儿园和学前班承担着实现幼儿从幼儿园向小学顺利过渡的全部责任,是唯一实施主体。由于这一时期的政策文本将整个幼儿园阶段视为小学教育的"预备期",因此这一时期的幼小衔接实施对象为处于幼儿教育阶段 3—6 岁的幼儿。三是从幼小衔接措施来看,各主要政策文本中未严格区分幼儿园教育与幼小衔接教育,未对幼小衔接具体实施方法,如基本原则、具体任务、阶段划分、发展指标等内容加以规范,但在此时期颁布的《关于进一步办好幼儿学前班的意见》中涉及相关内容,其提出的"防止轻视体育、卫生保健的偏向""防止要求过高、空洞说教等倾向""防止采用注入式的教育方法""纠正脱离幼儿实际,搞'一刀切',压抑幼儿积极性的现象"等一些基本原则,这对保证学前班坚持正确的办学方向,保证有一个良好的教育环境和保证教育者教育行为的统一起到了一定的规范作用。四是从幼小衔接实施保障来看,1988 年 8 月《关于进一步办好幼儿学前班的意见》的发布,规范了教育市场端正办班指导思想、规范教育活动、加强师资培训、改善办班条件、加强领导和管理五个方面的措施,保障幼小衔接实施。

2. 幼儿园和小学双向责任主体时期(1989—2009 年)

在我国幼小衔接教育政策的发展中,这个阶段的政策演变对我国幼小衔接教育政策的制定思路和工作开展具有里程碑式的意义。

1989 年 6 月,国家教委颁布的《幼儿园工作规程(试行)》在"幼儿园的任务"中将以往"使幼儿的身心在入小学前获得健全的发育""为入小学打好基础/作好准备"等内容删除,首次明确规定"幼儿园和小学应密切联系,互相配合,注意两个阶段教育的相互衔接"。这一表述在 1996 年 3 月的《幼儿园工作规程》中延续下来,从而奠定了 20 世纪 80 年代末期以来我国幼小衔接教育政策的基本思路。

针对学前班主体,国家教委在 1991 年 6 月颁布的《关于改进和加强学前班管理的意见》及其附件《学前班保育与教育的基本要求(试行稿)》,为学前班幼小衔接教育工作的规范实施提供了重要指导。2001 年 7 月,教育部颁布了《幼儿园教育指导纲要(试行)》,进一步规范了新时期幼儿园教育工作,提出幼儿园教育要与小学教育相互衔接,对幼小衔接教育工作改革和发展起到了促进作用。

2008 年 5 月,上海市颁布的《幼儿园幼小衔接活动的指导意见》(以下简称《上海意见》)是首部地方政府颁布的关于规范和引导幼小衔接教育工作的专门性政策文件,在全

国各地都发挥着示范带头作用。

从这一阶段的幼小衔接政策分析,主要有以下几方面特点:

(1)从幼小衔接实施主体和实施对象来看

主体不再是幼儿园单方面向小学教育的迎合,转向了幼儿园和小学的双向对接,但相关的政策文本中并未对小学方面如何落实主体地位作出明确具体的规范,而《上海意见》对小学以开展"学习准备期"综合活动的方式实现其幼小衔接实施主体地位进行了规范。实施对象的变化,源于此阶段继承了前一阶段"幼儿教育属于小学教育'预备期'"的思路,仍划定为3—6岁幼儿,而作为补偿措施出现的学前班教育,将幼小衔接实施对象确定为5—6(或7)岁的幼儿。《上海意见》在幼小衔接实施对象方面,主要针对处在幼儿园大班下学期的幼儿。

(2)从幼小衔接实施目标来看

让幼儿更好更加适应"入小学"仍是幼小衔接的目标。而《上海意见》中,强调从"入学愿望""学习兴趣""学习与生活习惯"等三个方面入手,从而提升了幼小衔接实施目标的科学性和合理性。

(3)从幼小衔接实施措施来看

当时的国家教委单对举办学前班的原则做了相应规范,《关于改进和加强学前班管理的意见》(1991)中规定"采取灵活多样的办学形式""可单独设置,也可附设在小学""不允许和小学生合班进行复式教学"等。在衔接的主要任务方面,提出应根据幼儿身心发展特点和规律,创设良好环境,通过多种活动,促进幼儿身心和谐发展,为幼儿入小学做准备。关于幼小衔接的时间阶段方面,《上海意见》则规定幼小衔接从大班下学期开始,重点是毕业前的两个月,即5月份和6月份。在幼小衔接阶段幼儿的发展指标确定方面,此阶段与幼儿园保教内容重叠,即根据2001年颁布的《幼儿园教育指导纲要(试行)》,将健康、语言、社会、科学和艺术等五大领域的发展水平作为幼小衔接的主要指标,而《上海意见》则具体提出了幼小衔接活动评价的六项主要指标,包括入学愿望、学习兴趣、学习习惯、生活能力、行为习惯和交往能力。

(4)从幼小衔接实施保障来看

各主要政策文本中仍未为此做专门规范,但从内容中强调了树立幼儿园和小学的双向衔接意识、建立家长的科学教育观和加强当地政府的领导与监督以保障幼小衔接的科学性和有效性。

3. 多元利益相关者责任主体时期(2010年至今)

代表性教育政策为2010年11月,国务院出台《关于当前发展学前教育的若干意见》,促使我国幼小衔接教育政策也迎来了新的变革。

(1)综合治理幼儿园"小学化"现象

2014年11月教育部、国家发展改革委、财政部《关于实施第二期学前教育三年行动计划的意见》,教育部分别于2016年3月和2017年出台《关于开展2016年全国学前教育

宣传月活动的通知》和《关于实施第三期学前教育行动计划的意见》都将综合治理幼儿园"小学化"问题列入其中。2018年11月和2019年6月，中共中央、国务院颁布的《关于学前教育深化改革规范发展的若干意见》和《关于深化教育教学改革全面提高义务教育质量的意见》中有关"开展幼儿园'小学化'专项治理行动，坚决克服和纠正'小学化'倾向，规定小学起始年级必须按照国家课程标准坚持零起点教学"和"严格按课程标准零起点教学，小学一年级设置过渡性活动课程，注重做好幼小衔接"的要求，进一步明确了新时期幼小衔接教育工作的基本要求、基本任务和发展方向。2011年12月和2018年7月教育部出台《关于规范幼儿园保育教育工作防止和纠正"小学化"现象的通知》和《关于开展幼儿园"小学化"专项治理工作的通知》，加大了在全国范围内整治幼儿园"小学化"倾向、小学一年级非"零起点"教学等问题的力度，得到各地高度重视和积极响应并取得了显著成绩。

(2)明确"双向衔接"模式

从教师、课程、教学等方面对幼儿园、小学衔接工作作出规定，明确"双向衔接"模式。例如教育部于2012年9月颁布《幼儿园教师专业标准》和《小学教师专业标准》，2012年10月颁布《3~6岁儿童学习与发展指南》，2013年8月出台《小学生减负十条规定》以及2016年3月颁布《幼儿园工作规程》等政策。尤其是2021年3月，教育部出台《关于大力推进幼儿园与小学科学衔接的指导意见》(以下简称《意见》)，首次从国家层面明确了幼儿园教育与小学教育的"双向衔接"，即从入学准备、入学适应两方面进行了衔接工作的规定，并附以《幼儿园入学准备指导要点》和《小学入学适应指导要点》为两个教育阶段提供实践指导。

(3)重视家庭主体的参与

教育部于2012年2月出台《关于建立中小学幼儿园家长委员会的指导意见》，明确规定应发挥家长委员会的积极作用，防止和纠正幼儿园教育"小学化"。2021年《意见》中也强调幼儿园和小学要把家长作为重要的合作伙伴，建立有效的家园校协同沟通机制，引导家长与幼儿园和小学积极配合，共同做好衔接工作。

这一阶段各地方政府也出台了相关幼小衔接教育政策，包括2015年9月和2021年8月浙江省教育厅办公室《关于做好"幼小衔接"教育的指导意见》和《关于大力推进幼儿园与小学科学衔接的实施意见》；上海市教育委员会于2020年印发了《上海市幼儿园幼小衔接活动指导意见》，推动全市各级各类幼儿园有目的、有计划地对学前儿童进行入小学适应性教育；陕西省教育厅于2016年4月出台了《幼儿园小学衔接工作指导意见》，于2019年3月颁布《陕西省关于规范"幼小衔接"工作的指导意见》并附"幼儿园去小学化活动指南""小学一年级语文'零起点'教学指南""小学一年级数学'零起点'教学指南"，辅助园、校双方衔接工作的实践操作，实现平稳过渡；福建省教育厅2021年8月制定下发《福建省推进幼儿园与小学科学衔接攻坚行动实施方案》，明确提出全省将从当年秋季学期开始试点探索、2022年秋季学期开始全面推行入学准备和入学适应教育，建立幼小双向衔接互助发展模式，力争在2023年年底前建立健全幼儿园和小学深度合作的长效机

制。2016年5月山西省教育厅《山西省教育厅关于进一步规范幼儿园保教行为提高幼儿园保育教育质量的通知》,2018年8月天津市教委《关于科学开展幼小衔接工作的指导意见》。2020年4月和6月,中共河南省委、河南省人民政府分别联合发布了《关于学前教育深化改革规范发展的实施意见》《关于深化教育教学改革全面提高义务教育质量的实施意见》,2021年7月,河南省教育厅结合本省实际,印发《河南省推进幼小科学衔接攻坚行动实施方案》。各地方政府的政策在一定程度上落实国家政策,促进全国各地幼小衔接教育工作的规范性和科学性开展。

这一阶段幼小衔接政策的主要特点如下:

(1)从幼小衔接实施主体与对象来看

2010年以来中央和地方政府发布一系列教育政策,一方面专项治理幼儿园"小学化",另一方面要求小学实施"零起点"教学,夯实了幼儿园和小学作为幼小衔接实施主体的地位。中共中央、国务院于2019年6月发布的《关于深化教育教学改革全面提高义务教育质量的意见》提出"小学一年级设置过渡性活动课程"的要求,此政策也为小学明确自身的主体责任和如何落实主体责任指明了方向。与此同步发行的其他相关政策对学校、家庭(家长)、社会等不同利益相关者作为幼小衔接的实施主体提出了明确规范,如教育部发布的《关于建立中小学幼儿园家长委员会的指导意见》(2012)、教育部办公厅发布的《关于开展2016年全国学前教育宣传月活动的通知》,为我国幼小衔接进入多元利益相关者主体时期奠定了政策基础。在突出强调幼儿园大班幼儿作为入学准备对象之外,进一步提出小学一年级新生作为入学适应对象,幼小衔接实施对象的范畴变得更加完整。

(2)从幼小衔接实施目标来看

多元利益相关者责任主体时期的主要目标在2021年《意见》中得以体现"全面推进幼儿园和小学实施入学准备和入学适应教育,减缓衔接坡度""幼儿园和小学教师及家长的教育观念与教育行为明显转变""幼小协同的有效机制基本建立,科学衔接的教育生态基本形成"。

(3)从幼小衔接实施措施来看

国家与地方政府规范了幼小衔接的基本原则、实施细则等。这一时期出台的针对幼小衔接的专门政策,尤其2021年《意见》颁布后,各省、自治区、直辖市均采取"坚持儿童为本""坚持双向衔接""坚持系统推进""坚持规范管理"作为基本原则。关于幼小衔接的主要任务的政策规范,这一时期的衔接任务包括三点:①改变衔接意识薄弱,小学和幼儿园教育分离的状况,建立幼小协同合作机制,为儿童搭建从幼儿园到小学过渡的阶梯,推动双向衔接;②改变过度重视知识准备,超标教学、超前学习的状况,规范学校和校外培训机构的教育教学行为,合理做好入学准备和入学适应,做好科学衔接;③改变衔接机制不健全的状况,建立行政推动、教科研支持、教育机构和家长共同参与的机制,整合多方资源,实现有效衔接。关于幼小衔接时间阶段的政策规范,基本确定幼儿园大班幼儿和小学一年级新生作为幼小衔接的实施对象,但幼儿园大班之初或大班下学期作为幼小

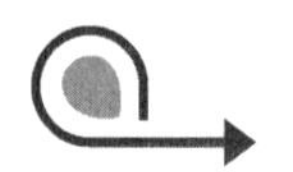

衔接阶段的开启在各地市未能统一。关于幼小衔接主要指标的政策规范,2012 年 10 月教育部颁布的《3~6 岁儿童学习与发展指南》进一步细化了五大领域的具体内容,从而为确定幼小衔接的主要指标奠定了基础。2021 年教育部印发《幼儿园入学准备教育指导要点》和《小学入学适应教育指导要点》分别对幼儿园的入学准备教育(身心准备、生活准备、社会准备、学习准备)和小学的入学适应教育(身心适应、生活适应、社会适应、学习适应)提供了具体、可操作的指导。

(4)从幼小衔接实施保障来看

自《意见》推行以来,各地政府为贯彻落实《意见》的要求,均明确了从加强组织领导、设立幼小衔接实验区、建立工作推进机制和加强宣传引导四个方面完善当地组织与实施。河南省各地市积极落实国家和省教育厅的相关政策,由教育行政部门牵头,组织幼儿园和小学开展幼小衔接的研究、实施等工作,如郑州、洛阳、商丘等开展幼小衔接实验区联盟,小学与幼儿园主动对接,取得了一定的成效。

(二)国外幼小衔接政策

幼小衔接问题已成为当前世界各国基础教育研究和改革的重要课题之一。自 20 世纪 80 年代以来,主要发达国家的教育政策及实践研究主要阐述的幼小衔接要求为:让幼儿在入学前接受一两年的预备教育(清允,2005),提高学前儿童的身心发展水平,掌握一部分知识和技能,减少幼小衔接的坡度,从而减轻他们入学后的负担(OECD,2017;周采,2010)。随着高科技的迅猛发展和各领域知识深入扩充,世界各国的基础教育都进行了教育教学改革,课程层层下放,起点有了相应的提高,这就要求幼儿园教育适应这种改革,为幼儿入小学做好准备。另一方面,自 20 世纪 60 年代以来,终身教育的观念风靡全球,强调把教育视为一个整体,每一个学习阶段都与其他阶段相关联,随之带来的重视幼儿园和小学的衔接,重视幼儿园、小学和中学的教育整体规划已成为一种世界性趋势。各国政府促进本国幼小衔接的主要做法有以下几种。

1. 政府出台教育政策进行干预

各国政府通过颁布相关文件直接干预幼儿园教育和小学教育,以促进科学开展幼小衔接教育。以法国和日本为例。1957 年,日本文部省颁布的《幼儿园教育要领》要求幼儿园教育适应小学教育,导致幼儿园教育在某种程度上成了学校教育的提早开始。随后,日本文部省对《幼儿园教育要领》进行了几次较大修改,并在 1989 年颁布了旨在纠正幼儿园教育小学化倾向的新《幼儿园教育要领》,强调幼儿教育和小学教育应充分展示自己的教育特色。文部省用终身教育的观点看待幼小衔接,不再狭义地将其视为两个教育阶段的过渡,明确指出幼小衔接的目的是要培养儿童上小学后所需的生活与学习能力。在幼儿园教育方面,新大纲对幼儿园课程内容作了重大改变,变为体育、语言、人际关系、环境、表现五领域。在小学教育方面,文部省在小学一至二年级的课程中增设一门具有科学教育特色的综合课,称为生活课。幼小课程目标、内容、教育方法等的改革为幼小衔

接创造了良好的条件。20世纪90年代以来，日本开展向地方分权化的改革，此改革影响了日本教育的改革，如在学前教育方面，文部省在2000年颁布的《幼儿园教育要领》中明确提出了“发挥各学校、各地区的特点”的原则，这为幼小衔接的实施提供了良好的环境。

为了帮助幼儿顺利向小学过渡，法国于1990年通过中央政府颁布《关于建立初等教育三年制学习阶段改革计划》的法令，尝试打破传统的年级概念，其具体做法为：将2—11岁儿童分为三个学习阶段：2—5岁为初级阶段，5—8岁为基础阶段，8—11岁为提高阶段。保加利亚借鉴了西欧国家不分年级教育的做法，根据国家教育和科学部的规定，从2003—2004学年开始，所有幼儿园或小学开设预备班，所有儿童在进入小学之前接受一年与正规学校教育有关的训练，且监护人不必为训练付费。美国20世纪90年代的《肯塔基教育改革法》也反映了对学前教育阶段混龄和小学低年级不分年级计划做法的兴趣。由于受蒙台梭利教育法的深刻影响，德国学前教育中颇具特色的现象是绝大多数学前教育机构为混龄编班制，甚至有的儿童教育机构会安排小学生和幼儿一起活动。各个国家选取幼儿教育混龄制和小学不分年级教育，主要认为幼小衔接具有的优势：一是有利于儿童个性发展和社会交往能力的提高，提高入学适应能力；二是有利于教师因材施教，关注学生发展连续性和个体差异性。

2. 实施早期儿童教育整体性规划

皮亚杰的认知发展理论将儿童的认知发展过程划分为四个主要阶段，其中幼儿园阶段幼儿（2—7岁）所处的前运算阶段和小学阶段儿童（7—11岁）所处的具体运算阶段之间发展具有阶段性，但变化是连续的、渐进的且不可逆的。因此，“早期儿童教育”（early childhood education）被视为一个统一的领域，现已为国际所公认，各国比较完整的早期儿童教育方案包含保育学校（nursery school 或 preschool）、幼儿园（kindergarten）和小学一年级三个部分。许多国家尝试设置了跨越幼儿期和儿童期的教育机构，进行学制改革的探索和实验，以实现幼小衔接。具有代表性的政府做法为英国政府，政府将国家初等教育分为2—5岁儿童的保育学校、5—7岁儿童的幼儿学校和7—11岁儿童的初级学校。儿童从5岁开始实行义务教育，全部入幼儿学校，经过两年预备教育后再入初级学校。英国还制定了国家统一的早期基础阶段教育标准，给学前阶段教育工作者提供具体指导和评估标准帮助实现教育过渡和整体规划，其儿童学校与家庭部（Department for Children, Schools and Families，现为英国教育部 Department for Education）经过征询社会各方意见后，整合了《早期学习目标》《基础阶段课程指南》和《早期奠基阶段规划》等重要文件，于2008年形成0—5岁儿童学习与发展的国家标准即《早期基础阶段法定框架》（Early Years Foundation Stage Statutory Framework，简称“EYFS”）。“EYFS”在2012年、2014年、2017年、2021年分别进行四次大的修订，形成了如今英国适用的学前教育课程纲要，文件中将幼儿5岁入幼儿学校前的发展和适应性评估作为重要考察项目，以帮助幼儿学校教师和小学教师了解每个幼儿的发展水平，促进幼儿教育与学校教育的平稳过渡。日内瓦将学前两个年级与小学一、二年级放在同一个机构，其中“Maison Deties”学前教育中心

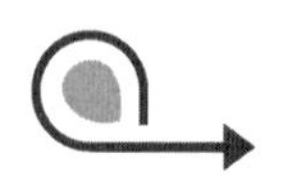

由学前两个年龄班和小学一、二年级构成，成为独立的学前教育机构。“Ecole Dulirron”学校分为两部分，一部分由学前两个年龄班和小学一、二年级组成，另一部分是小学三至六年级。日本也尝试设置了幼年学校，试行四四六学制：4岁入幼年学校，学制四年，之后再接受四年小学和六年中学的基础教育。

3. 多种方式增进幼儿园与小学的合作

各国重视增进幼儿园和小学教师之间接触的机会，村级幼儿园和小学在教育目的、任务、内容、教学方法和组织形式等方面进行衔接研究。各国对此的做法主要有两种，一是政府鼓励并支持建设“幼儿园和小学联合组织”，针对幼小衔接（政策启示：入学准备、入学适应两方面建议）问题开展各种交流和合作活动。日本政府注重把这种合作关系落实到教育活动的实处，建立由幼儿园和小学代表组建的定期沟通的委员会，即“幼儿园和小学联合组织”，共同讨论交流合作计划以及具体的实施策略，平等协商并友好解决双方合作中的困难。目前，日本文部省把“小幼连携”“心灵教育”等确定为全面教育改革的核心内容。这些改革重视在本地区内各阶段教育之间建立联系，特别是重视在幼儿园和小学之间建立联系，提倡儿童直接与社区、社会交流、与他人交流，甚至鼓励儿童以志愿者身份参与到各种有益的社会活动中（霍力岩，2006）。在这样的背景下，以幼儿园和小学孩子们之间共同探究、合作学习为主要方式的幼小衔接，显示出了巨大的优越性，并因此成为目前解决社会和教育矛盾的重要途径，成为日本文部科学省和社会各界全力支持幼小衔接的一个重要原因（周采，2010）。另一种增进幼儿机构与小学教师互相了解的方式为改革师资培训，通常是小学低年级教师和学前教育教师一起接受培训或共同进修。在美国，为了更好地衔接，幼儿园的教养员和小学教师要了解双方教育的任务和特点，尤其是双方教育对象的心理发展水平和特点。幼儿园教养员可以担任小学一、二年级课程，小学一、二年级教师也可担任幼儿园的工作（闫蔚，2005）。

三、河南省幼小衔接现状

（一）河南省幼儿园幼小衔接现状分析

根据教育部下发的《关于大力推进幼儿园与小学科学衔接的指导意见》附件《入学准备指导要点》，我们编制幼小衔接调查问卷（幼儿园），主要了解幼儿园对于幼小衔接工作的认知和幼小衔接教育工作开展的具体情况。

选取洛阳市、南阳市、开封市等200名幼儿园大班教师，进行幼小衔接相关问题调查（收回有效问卷163份）以及部分幼儿园教师和园长的访谈，探讨幼儿教师、园长等对于幼小衔接的看法以及幼儿园的幼小衔接现状。

1. 对幼小衔接的认知调查研究

（1）对幼小衔接的重要性及幼小衔接内容的认知

调查显示,74.85%的幼儿教师认为,幼小衔接工作对幼儿来说非常重要。

表 1-1　幼儿教师对幼小衔接内容的认知

问题	选项	人数	所占比例
对于幼儿入学准备,您认为主要涉及哪些方面?	身心适应准备	129	79.14%
	生活适应准备	128	78.53%
	社会适应准备	109	66.87%
	学习适应准备	118	72.39%
	知识经验储备	88	53.99%
幼小衔接需要培养幼儿哪方面的能力?	倾听能力	122	74.85%
	表达与交流能力	127	77.91%
	生活自理能力	122	74.85%
	与人交往能力	119	73.01%
	学习习惯和兴趣	99	60.74%
	阅读与理解	85	52.15%
	规则意识和遵守规则的能力	85	52.15%
	其他	1	0.61%

表 1-1 显示,幼儿园教师意识到幼小衔接并不仅仅是单纯的知识经验储备,绝大多数教师已经认为,幼小衔接需要进行幼儿的身心适应准备、生活适应准备、社会适应准备和学习适应准备等多方面的综合准备。

(2)对幼小衔接工作开展主体的认识

表 1-2　幼小衔接工作开展主体

问题	选项	人数	所占比例
您认为幼小衔接工作的主要开展者是谁?	幼儿园	52	31.9%
	家庭	18	11.04%
	小学	2	1.23%
	培训机构	3	1.84%
	家、园、学校三方共同配合	88	53.99%

由表 1-2 所示,53.99%的幼儿教师认为幼小衔接工作的主要开展者是家、园、学校三方共同配合,31.0%的幼儿教师认为幼小衔接工作的主要开展方是幼儿园,11.04%的幼儿教师认为幼小衔接工作的主要开展者是家庭,1.23%的幼儿教师认为幼小衔接工作的主要开展者是小学,还有 1.84%的幼儿教师认为幼小衔接工作的主要开展者是培训机构。在访谈中,有教师表示"幼小衔接只是幼儿园的责任,需要幼儿园向小学靠拢,小学没有责任,只需要接收这个时期的学生就行。"这种看法的教师需要转变观念,认真学习

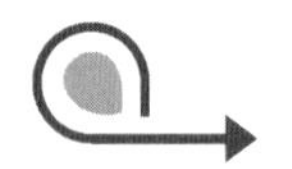

领会国家针对幼小衔接的政策等。

总体看,相较于之前普遍认为幼小衔接的主要开展者仅仅是幼儿园,现在更多教师认为幼小衔接工作需要幼儿园、学校和家庭三方共同配合。将幼小衔接的压力只压在幼儿园身上,就会出现“幼儿园小学化”的情况。而布鲁芬布伦纳的生态学理论视角强调个体所处的背景、背景之间的关系、变化发展以及它们与儿童的相互作用,提示我们应该关注到幼小衔接所根植的背景,包括儿童、家庭、社区、不同类型的学校、文化,而孤立探讨儿童个体能力的问题并不适宜。

(3)对幼儿园阶段学习拼音等知识的认识

表 1-3　对幼儿园阶段学习拼音等知识的认识

问题	选项	人数	所占比例
对于幼儿园阶段提前学习拼音和 20 以外的加减法的认识	非常有必要	80	49.08%
	不必要	17	10.43%
	弊大于利	6	3.68%
	无所谓	8	4.91%
	根据幼儿接受程度可以学习	52	31.9%

由表 1-3 可以看出,针对幼儿园阶段提前学习拼音和 20 以外的加减法仍存在争议,49.08%的幼儿教师认为非常有必要,31.9%的幼儿教师认为根据幼儿接受程度可以学习,10.43%的幼儿教师认为不必要,3.68%的幼儿教师认为弊大于利。有家长在访谈中表示:“如今‘内卷’现象越来越严重,从大学到初高中到小学最后把压力给到幼儿园,进入小学后不会拼音和数学在家长们看来已经是落后于其他孩子了。”

事实上,儿童提前学习拼音的水平参差不齐,提前学习的时长、频率、渠道也存在诸多差异,不过总体来看这些差异对家长认为的提前学习效果都无显著影响。入小学前,绝大部分提前学习拼音的儿童未能达到小学教育的基本要求。与此同时,儿童是否提前学习拼音以及提前学习的时长、频率、渠道、效果等都没有对一年级的学习成绩产生家长预期的显著影响。

(4)对幼小衔接教育作用的认识

表 1-4　幼儿教师对幼小衔接教育作用的认识

问题	基本信息	人数	所占比例
对“幼小衔接教育作用”的认识	对幼儿成长起着关键作用	122	74.85%
	培养幼儿学习和自理能力	117	71.78%
	激发幼儿向往小学学习的情感和动机	97	59.51%
	促进幼儿园发展	64	39.26%
	促进幼儿教师自身发展	64	39.26%

表 1-4 显示,越来越多的幼儿教师意识到了幼小衔接可以让幼儿更加平稳地过渡,升入小学,也能促进幼儿自身能力以及教师、幼儿园的发展。

在访谈中,有教师表明:“尽管现在幼小衔接已经得到了足够的重视,但目前幼小衔接更多的是停留在理论研究层面,相关幼小衔接活动以及策略仍待加强,幼儿教师对幼小衔接也需要更加重视,幼小衔接是幼儿至关重要的成长阶段,怎样重视都不为过。但这样的重视也不能只停留在知晓其重要性,更需要付诸行动去施行,将重要性落实在行动上,才是真正的重视。”

(5)对幼儿园阶段反对小学化倾向的认识

表 1-5　对幼儿园反对小学化倾向的各项规定和要求调查

问题	基本信息	人数	所占比例
对于幼儿园反对小学化倾向的各项规定和要求的认识	认同,坚决拥护并执行	76	46.63%
	认同,但觉得过于极端	70	42.94%
	不认同,没有针对具体现状	42	25.77%
	没什么想法	38	23.31%
	其他	1	0.61%

表 1-5 显示,幼儿教师对于反对小学化倾向的各项规定和要求的看法也不尽相同。幼儿教育小学化是指幼儿教育的管理、教学模式及内容偏重于小学阶段,注重了知识的传授而没有关注幼儿的生理及心理发展,直接向幼儿传授小学阶段才应该接受的具体教科书知识。大部分幼儿教师都对反小学化倾向的各项规定和要求表示认同,认为幼儿从幼儿园到小学的过渡更多的是各种能力习惯和身心发展,而非片面的知识的过渡。

2. 对幼小衔接实施现状分析

(1)幼儿教师幼小衔接工作开展的情况

调查发现,更多幼儿教师选择通过查找教育资源和与小学老师交流进行幼小衔接的准备,对小学一年级的教育目标和教育内容了解不深,但大部分向小学教师了解过幼小衔接相关事项。同时 76.84%的幼儿园对教师进行了系统培训,帮助幼儿教师掌握更多幼小衔接相关知识。

在具体教学策略方面,访谈中,有幼儿教师举例其园开展幼小衔接活动的主要内容:“我们经常开展模拟小课堂中的有关学习兴趣和生活习惯及学习习惯相关的幼小衔接活动,辅之以必要的家长开放日,向家长简单地介绍幼小衔接的目的和意义及活动形式。”另有教师提到:“我们是以幼儿为本进行教学的,但进入到大班阶段,总有个别家长让我们只进行识字、数学、拼音等方面的教学,还总是在班级群里明确要求。”一些教师在开展一些幼小衔接教育活动之前会学习专家专题讲座的视频,听有关幼小衔接的讲座,也有一些教师从网上观看优秀的大班幼小衔接的活动视频,总结反思自身实践活动的经验教训,改编、设计下一次的幼小衔接活动。

66.87%的幼儿教师在教育内容方面进行了尝试,71.78%的幼儿教师在教育方法方面进行了尝试,64.42%的幼儿教师在环境创设方面进行了尝试,53.37%的幼儿教师在作息制度方面进行了尝试,69.33%的幼儿教师在学习模式上进行了尝试,58.28%的幼儿教师在家校合作方面进行了尝试,44.17%的幼儿教师在教师培养方面进行了尝试。

(2)幼儿园幼小衔接工作开展情况

调查发现,幼儿园在园校合作、和小学联系起来以及实现双方共同进行幼小衔接等方面进行了诸多尝试。

①物质环境变化的适应与准备。幼儿园同小学的差异之一便是学习环境,幼儿园的氛围更加轻松,而且环境创设也是幼儿园非常重要的一部分,幼儿园一般都会顾及幼儿的情绪,布置出颜色鲜艳好玩有趣的漂亮环境,使幼儿在其中能够心情愉悦。而小学的环境更加严肃,是造成幼儿入学不适的一个非常重要的原因,完全不同的环境会让幼儿产生恐慌,难以适应。因此,65.64%的幼儿园选择组织幼儿走进小学参观,适应小学的生活学习环境,使幼儿对即将到来的环境有心理准备。

②行为规范要求变化的提前了解与准备。因为幼儿年龄较小,幼儿园的规矩性并不是非常强,对幼儿行为的规范要求也不多,幼儿在幼儿园也非常随性,上课可以不在自己的位置上,随时可以举手去厕所,活动的时间也较为灵活,不是非常固定,给了幼儿一个相对自由轻松的环境。而小学则更为强调规则性,上课下课严格以铃声为准,上课不能随意走动,在教室和户外站队都有固定的位置,有了很多必须遵守的规则,这些都是小学和幼儿园行为规范不同的地方。所以幼儿园据此实施了一系列措施,56.44%的幼儿园调整幼儿园作息,62.58%的幼儿园向幼儿展示小学生活,50.92%的幼儿园请小学生来园和幼儿交流,34.36%的幼儿园开设暑期衔接班。幼儿园试图通过这样的活动使幼儿提早适应小学更加严格的行为规范。

③"游戏"与"课程"学习方式转变的提前适应。学习方式也是幼儿园和小学非常显著的区别。幼儿园的课程活动更加丰富,以更为有趣更为吸引幼儿注意力的方式呈现,易于幼儿接受。63.19%的幼儿园调整教学方法,60.74%的幼儿园建立幼小衔接课程,41.42%的幼儿园建立课程双向互动机制,意图帮助幼儿更好地适应小学更为结构化的学习方式。

④寻求家、园、校三方合作。研究发现,在小学合作方面,63.19%的幼儿园组织幼儿园和小学联合教研;在家长合作方面,43.45%的幼儿园举行家长会和家长学校讲座,38.65%的幼儿园成立线上线下双轨制,促进家、园、校共育;同时有53.37%的幼儿园构建联系幼儿园、小学与社区的三方机制。

(二)河南省小学幼小衔接现状分析

基于儿童的行为发展理论,对河南省小学的幼小衔接工作现状进行调研,并对现状进行描述和分析。研究中,我们选取河南省325个小学一年级教师作为研究对象,最后

收回问卷 325 份,问卷回收率高达 100%,其中有效问卷 320 份,有效率高达 98.5%,其中担任班主任的占 65.63%。同时调查了河南省 100 多所小学一年级课程表(其中农村小学占 34.38%,城市小学占 65.62%),进行分析,旨在了解学校针对一年级学生的幼小衔接问题在课程设置、课程时间等方面的具体情况。

1. 小学教师对幼小衔接工作的认知

调查发现,有将近 60%的小学教师认为幼小衔接非常重要,有 37.5%的小学教师认为幼小衔接比较重要,认为幼小衔接不太重要的小学教师仅占 3.13%,可见,大部分小学教师认为幼小衔接很重要。

小学教师对幼儿园幼小衔接工作比较了解的占 46.88%,不太了解和不了解的占 53.13%,数据说明小学教师对幼儿园的幼小衔接工作了解程度较低,并且小学老师多数认为幼儿园的幼小衔接工作与小学需求的匹配不一致,有偏差,占比将近 60%。

87.5%的小学教师认为幼小衔接工作应该是幼儿园、家长、小学三方共同合力,相互配合,各尽其职。还有 6.25%的小学教师认为幼小衔接的责任主体应该是家长或者幼儿园。

2. 小学幼小衔接工作现状

(1)一年级学生身心适应方面

从图 1-2 可以看出,在一年级创设与幼儿园衔接的学校环境方面的具体工作中,59.38%的小学校允许儿童适当携带自己喜欢的图书、玩具去学校,40.63%的小学支持教师以游戏和活动的方式开展教育教学,81.25%的小学要求教师使用教具要适合幼小衔接,68.75%的小学张贴温馨的图文提示。仍有 12.5%以上的小学该项工作没有做。

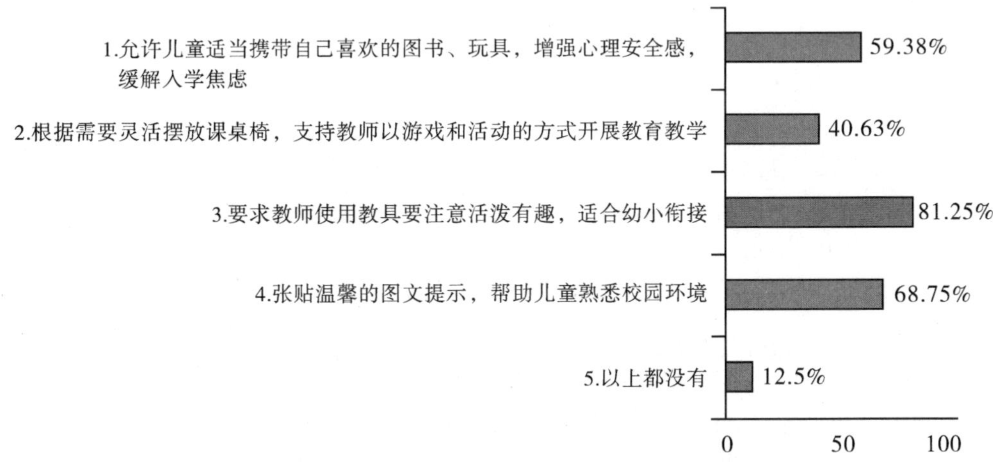

图 1-2　在一年级创设与幼儿园衔接的学校环境方面所做具体工作情况

研究发现,一年级总体较为重视创设与幼儿园衔接的学校环境,超过半数的一年级通过图书玩具、教师教具、图文提示帮助学生缓解入学焦虑,熟悉校园环境,只有少数一年级没有安排以上工作。

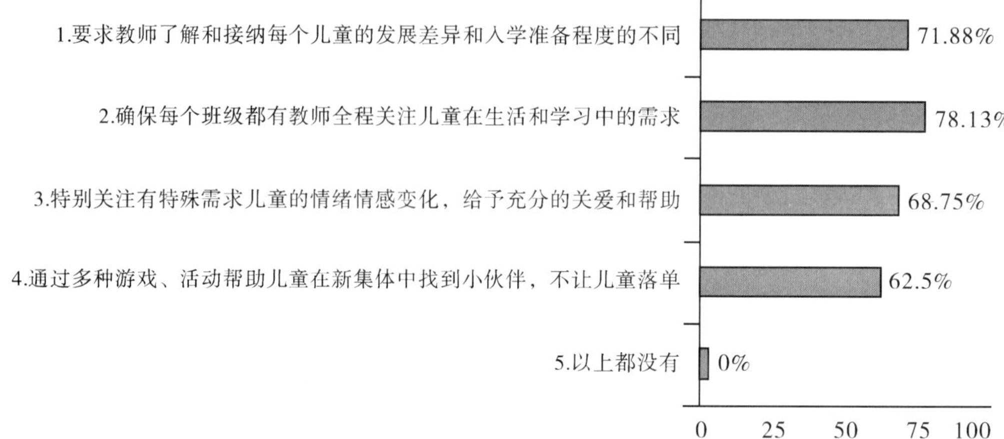

图 1-3　帮助一年级儿童逐步融入学校生活所做具体工作情况

图 1-3 显示，在帮助一年级儿童逐步融入学校生活所做的具体工作方面，71.88%的学校要求教师了解和接纳每个儿童的发展差异和入学准备程度的不同，78.13%的学校要求确保每个班级都有教师全程关注儿童在生活和学习中的需求，68.75%的学校对有特殊需求儿童给予充分关爱和帮助，62.5%的学校通过多种游戏活动帮助儿童找到伙伴。

研究发现，各小学非常重视帮助儿童逐步融入学校生活，努力帮助儿童做好生活、学习、情绪情感、人际交往等各方面的适应，体现出对一年级教师的极高专业要求。

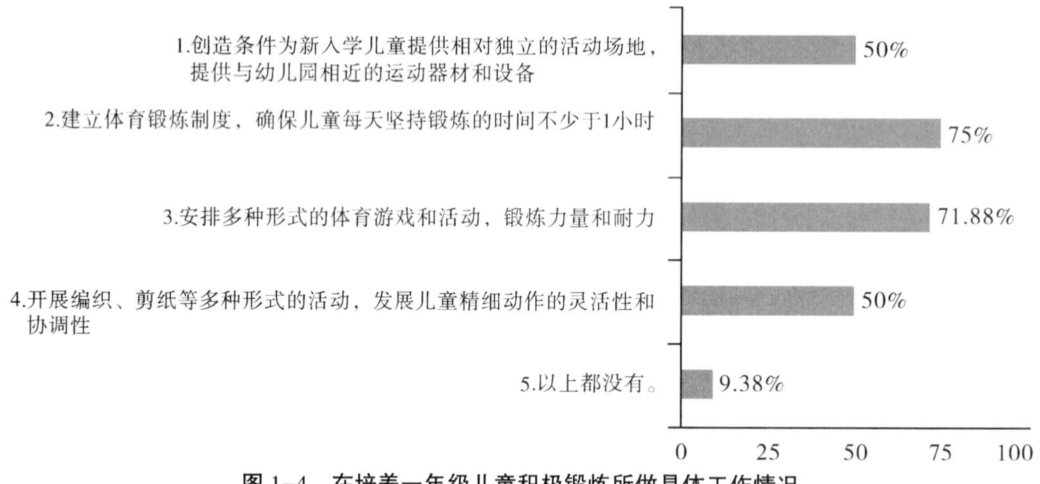

图 1-4　在培养一年级儿童积极锻炼所做具体工作情况

从图 1-4 可以看出，50%的学校能够创造条件为新入学儿童提供相对独立的活动场地，75%的学校能够确保儿童每天坚持锻炼时间不少于 1 小时，71.88%的学校能够安排多种形式的体育游戏和活动，50%的学校能够开展编织、剪纸等多种形式的活动，发展儿童精细动作的灵活性和协调性，9.38%的学校什么工作都没有做。

研究发现，一年级较为重视锻炼新入学儿童力量和耐力，能够建立起体育锻炼制度，但只有一半学校能够提供独立活动场地和开展培养灵活协调性的活动；还有一半的学校

硬件设施还不能符合需求,对儿童精细动作的培养还不够重视。另有近十分之一的学校一年级在儿童体育锻炼方面工作安排情况不容乐观。

(2)一年级学生生活适应方面

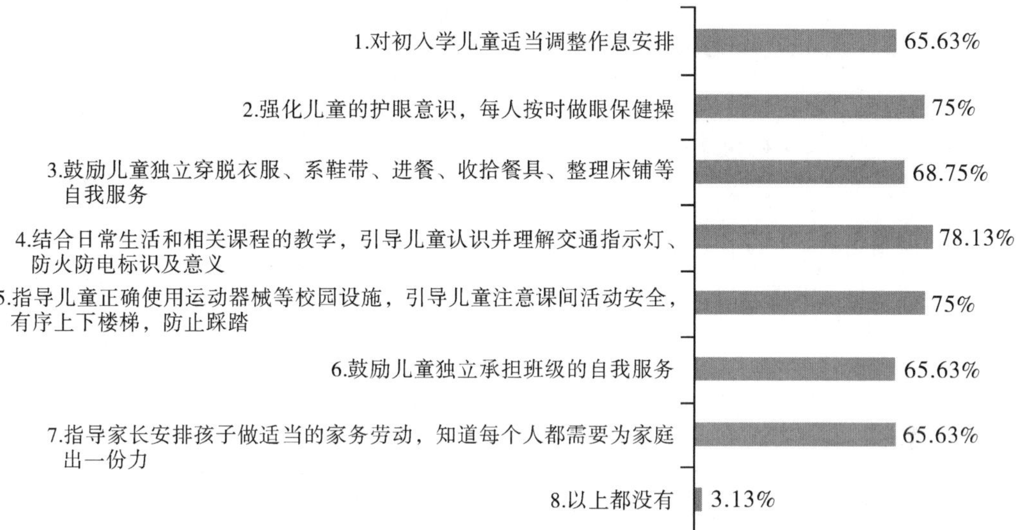

图 1-5 在一年级学生生活适应方面所做具体工作情况

从图 1-5 可以看出,65.63%的小学对初入学儿童适当调整作息安排,75%的小学强化儿童的护眼意识,68.75%的小学鼓励儿童独立进行自我服务,78.13%的小学结合日常教学引导儿童认识并理解交通及安全标识,75%的小学指导儿童正确使用运动器械等校园设施,引导儿童注意活动安全,65.63%的小学鼓励儿童独立承担班级自我服务,65.63%的小学指导家长安排孩子做适当家务劳动,3.13%的小学以上工作都没有开展。

由此看,小学普遍重视一年级学生生活适应,在作息、视力保护、自我服务、安全、家庭责任等方面都进行了具体工作安排,将生活适应能力的培养融入日常教育教学内容。

(3)一年级学生社会适应方面

表 1-6 在一年级学生社会适应方面所做具体工作的情况

序号	选项	比例
1	帮助儿童逐步融入新班级。通过多种游戏和活动帮助初入学儿童相互认识,组织儿童集体讨论环境布置、班规制定、活动计划等,感受自己是班级的一员	81.25%
2	引导儿童感受集体生活的快乐。通过组织开展小组游戏、集体活动等方式比一比、赛一赛,感受集体生活的快乐,增强归属感	78.13%
3	入学前,教师通过查阅儿童成长档案、与幼儿园教师交流、与新生家长沟通等多种途径了解新生的基本情况	46.88%

续表 1-6

序号	选项	比例
4	通过小组讨论等多种方式，帮助儿童理解班规校规的作用	56.25%
5	组织班级或小组活动时，鼓励儿童出主意、想办法，讨论制定各类规则	53.13%
6	引导儿童在完成任务的过程中理解每个人都应为集体承担一定的责任，增加集体责任感	62.5%
7	通过升国旗、传统文化教育、校园特色文化等多种活动，激发儿童爱家乡、爱祖国的情感	62.5%
8	以上都没有	0%

表 1-6 显示，81. 25%小学通过多种游戏和活动帮助儿童逐步融入新班级，78. 13%的小学引导儿童感受集体生活的快乐，46. 88%的小学教师在入学前通过多种途径了解新生的基本情况，56. 25%的小学通过小组讨论等方式帮助儿童理解班规校规的作用，53. 13%的小学鼓励儿童在班级或小组活动中讨论制定各类规则，62. 5%的小学引导儿童在任务中增加集体责任感，62. 5%的小学通过多种活动激发儿童爱家乡、爱祖国的情感。

研究发现，小学极为重视培养一年级学生社会适应能力，绝大多数学校及教师能够通过组织游戏和活动帮助学生融入班集体，增强归属感；大部分学校及教师较为注意培养一年级学生的集体责任感和爱国、爱家乡的意识，但是在培养一年级学生班规校规等各类规则意识方面还不够重视。

（4）一年级学生学习适应方面

表 1-7　一年级学生学习适应方面所做具体工作的情况

序号	选项	比例
1	根据学习需求为儿童提供可直接操作、亲身体验的材料，如：拼图、七巧板、积木、折纸等，吸引儿童主动参与各项活动	62.5%
2	创设轻松的听说环境。在日常生活和课堂教学中，引导儿童讨论感兴趣的话题，交流有趣的见闻、故事、图画书等，营造儿童敢说想说的氛围，鼓励他们主动参与、积极表达	75%
3	营造浓厚的阅读氛围。比如为班级提供多种多样的、适合初入学儿童阅读的图画书，在走廊、班级设立图书角供儿童自主取阅，支持儿童广泛阅读、轻松阅读	71.88%

续表 1-7

序号	选项	比例
4	教师坚持每日为儿童读故事书,定期给儿童推荐好书,指导家长亲子共读,培养儿童热爱阅读的良好习惯。鼓励和支持儿童在生活和阅读中识字	56.25%
5	提供比较丰富的数学游戏材料,创设解决实际问题的情境,帮助儿童积累数学经验。比如让学生去超市体验购物、小组活动统计购物等	56.25%
6	以上都没有	9.38%

表 1-7 显示,62. 5%的小学可根据学习需求为儿童提供可直接操作、亲身体验的材料,75%的小学能创设轻松的听说环境,71. 88%的小学能营造浓厚的阅读氛围,56. 25%的小学教师注意培养儿童热爱阅读的良好习惯,56. 25%的小学提供比较丰富的数学游戏材料,帮助儿童积累数学经验,9. 38%的小学以上工作都没有。

可见,大部分小学都能注重学生学习适应中的听说读方面,并且能够提供各种所需材料及环境,从而营造能学想学、敢说想说的氛围。但能够实现每日为儿童读书、推荐好书并指导亲子共读的教师还较少。同时学校对数学经验的积累工作远不及对于听说读的培养工作,侧面突显一年级忽视培养学生利用数学知识解决实际问题的能力。

(5)学校针对幼小衔接所做的整体工作

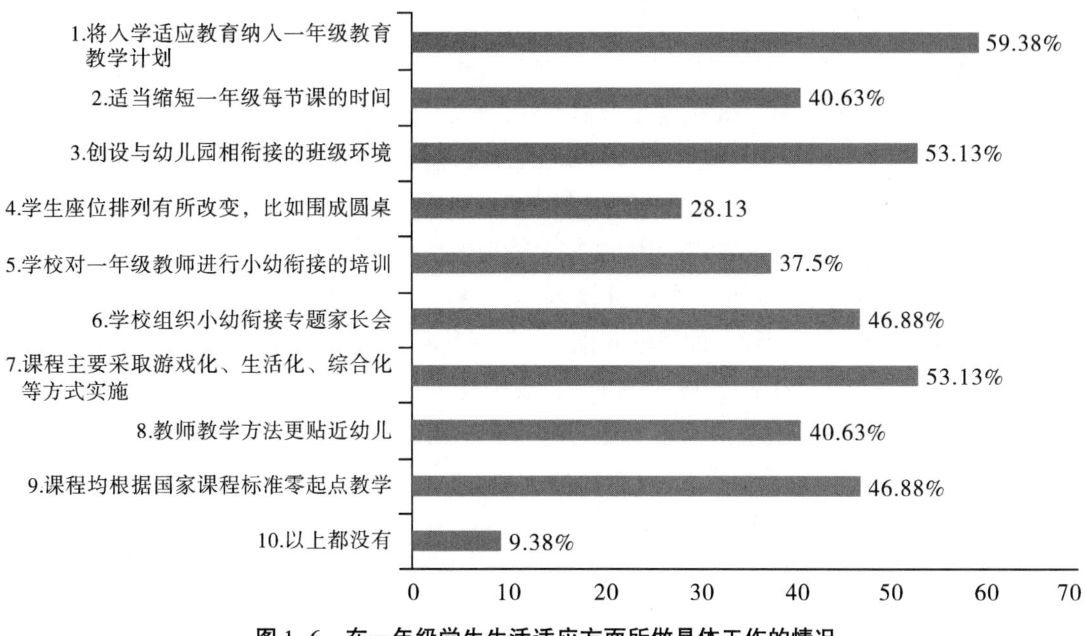

图 1-6　在一年级学生生活适应方面所做具体工作的情况

图 1-6 显示,59. 38%的小学将入学适应教育纳入一年级教育教学计划,40. 63%的小

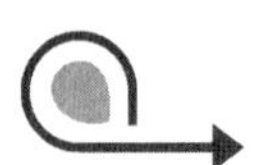

学适当缩短一年级每节课的时间,53.13%的小学创设与幼儿园相衔接的班级环境,28.13%的小学学生座位排列有所改变,37.5%的小学对一年级教师进行小幼衔接的培训,46.88%的小学组织小幼衔接专题家长会,53.13%的小学课程主要采取游戏化、生活化、综合化等方式实施,40.63%的小学教师教学方法更贴近幼儿,46.88%的小学课程均根据国家课程标准零起点教学,9.38%的小学以上工作都没有。

可以看出,促进幼小衔接的角度与工作方向较多,小学对于幼小衔接整体较为重视,但各项工作完成情况和重视程度不同。入学适应教育、衔接性班级环境、游戏化等课程实施方式都较为受关注,过半数学校实施相关工作。学校对于上课时长、小幼衔接专题家长会、教师教学方法、零起点课程标准的重视程度次之,同时较为忽视学生座位排列和一年级教师培训对幼小衔接的影响。

3. 小学一年级学生入学适应情况

(1)小学一年级学生总体适应情况

调查发现,在入学适应所需时间方面,花费不到一个月的学生最少,占6.25%;花费一个月的学生最多,占43.75%;花费一个月以上时长的学生占50.01%。数据显示花费一个月及以下时长的学生和一个月以上时长的学生各占一半,一年级学生适应小学所需时间普遍不短,这也从侧面体现出幼小衔接工作的重要性。

学生适应变化趋势方面,越来越好的占34.38%;没什么变化,还是常见问题的占46.88%;越来越差和有一些新问题的都占9.38%。说明近几年学生适应变化趋势整体向好,存在的问题也大多属于持续性的老问题,需要继续寻找合适的解决方法,并根据情况应对出现的新问题。

学生适应的困难方面,不适应小学的学习方式和要求的占62.5%;学习内容跟不上,知识掌握上有困难的占46.88%;学习习惯不好,或没有建立良好学习习惯的占96.88%;涉及/影响到一年级适应的一些行为习惯或能力没有建立、需要培养的占87.5%;人际交往能力弱的占37.5%;精细动作能力不足的占43.75%。学习习惯不好或没有建立是一年级学生适应小学生活存在的普遍困难,需要特别重视。

认为学生需要做的准备工作项目较多,学一些一年级知识占34.38%,学拼音占50%,能正确握笔占75%,倾听的习惯和能力、专注力占87.5%,自立自理能力等较好的生活习惯和能力占71.88%,自制、自控能力,规则意识和责任感占68.75%,时间观念占50%,学业语言、表达能力及口语表达能力占40.63%,人际交往能力,如同伴交往、冲突解决能力占46.88%,运动能力占37.5%,精细动作能力占28.13%,对小学的教学环境、形式、要求与生活有所认识、感受、体验占50%,参观小学占28.13%,激发上小学的愿望和兴趣占40.63%,有一定阅读经验占46.88%,有较好的学习品质和学习习惯占46.88%,其他准备为0%。数据说明一年级学生适应小学生活需要在基础知识、基本能力、基本经验、意识观念、品质习惯等各个方面做准备,这从一定程度上也反映出幼小衔接过程中需要重视的教育内容。其中能正确握笔、倾听的习惯和能力、生活习惯和能力、

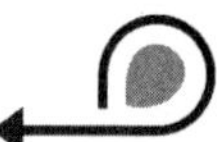

自制自控能力与规则意识和责任感等四项内容占比较多,是被认为适应小学生活尤其需要做的准备活动,而精细运动能力与参观小学占比较少,普遍较为忽视。

(2)小学一年级学生课堂注意力和倾听具体情况

调查发现,一年级学生课堂注意力不集中的占 9.38%,一般的占 65.63%,比较集中注意的占 25%。课堂倾听习惯从未养成、基本养成到较好养成的各占 6.25%、68.75%、25%。说明多数一年级学生的课堂注意力集中情况和倾听习惯不够好。

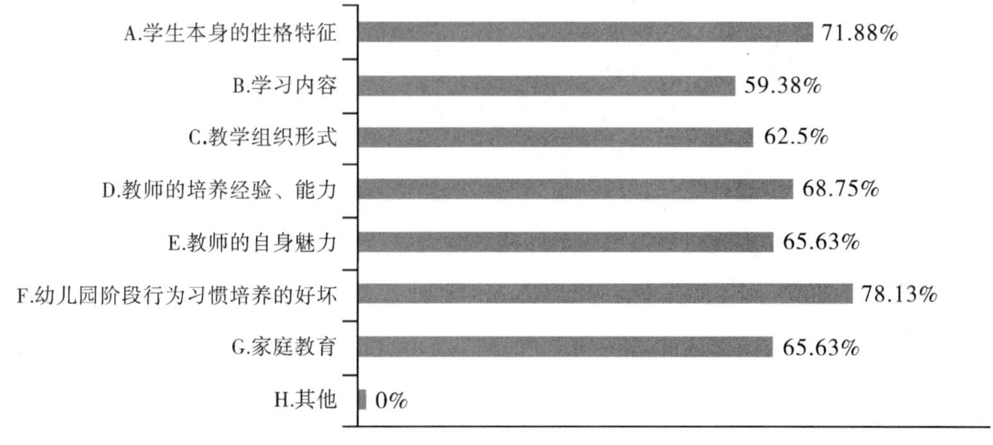

图 1-7 影响一年级学生课堂注意力的因素

从图 1-7 可以看出,影响一年级学生课堂注意力的因素中,学生本身的性格特征占 71.88%,学习内容占 59.38%,教学组织形式占 62.5%,教师的培养经验、能力占 68.75%,教师的自身魅力占 65.63%,幼儿园阶段行为习惯培养的好坏占 78.13%,家庭教育占 65.63%。可见,影响一年级学生课堂注意力的因素中,与学生本身的性格特征、教师的培养经验、能力和幼儿园阶段行为习惯培养的好坏有很大关系。

四、当前幼小衔接存在的问题

通过分析近年来幼小衔接相关研究热点及发展现状发现,人们对幼小衔接问题的逐步聚焦,是一个从“更新教育观念”到“观念转化为实践”的探索过程。

1. 教育政策制定与执行之间存在阻碍

即使教育行政部门已经出台“禁止小学招生考试”以及“防止幼儿园教育小学化”等相关政策,但由于无法从根本上解决学业负担下移问题,在一定程度上收效不明显,甚至催生了一些社会乱象。(华爱华,2021)

2. 幼儿园、小学存在衔接陡坡

《3~6 岁儿童学习与发展指南》背景下的幼小衔接,需要幼儿园和小学联合完成,但在现实实践中,往往会出现幼儿园和小学衔接“分离”的现象。“保教结合、游戏为主”的幼儿园教育与“课堂教学为主”的小学教育在活动形式、生活环境、教学方法、学习内容及

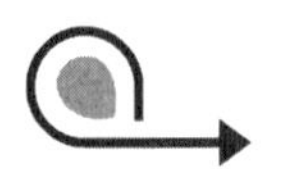

评价标准等方面都存在明显差异。一方面，幼儿园存在着幼小衔接“单打独斗”“一头热”的现象，他们往往按照既定的主题方案开展教学，与小学共同研讨交流不足，了解和对接小学阶段的教学任务、学习方式方面做得还不充分；另一方面，小学在衔接中缺位明显。小学方面未能充分重视幼小衔接在学段衔接中的重要作用，未形成低学段缓慢过渡的衔接意识；部分小学低年级教师在课时压力和年级竞争中，会放大幼儿园或校外培训机构对幼儿知识的传授，主观上认为孩子都有了拼音、数字等知识基础，从而导致小学教学零起点失去了现实基础。

3. 家、园、校教育理念未达成共识

随着家长的教育理念不断更新，能够意识到幼儿园和小学存在诸多方面的差异，但他们并不知道如何科学衔接，缺乏相关衔接经验和专业指导。许多家长对孩子进入小学后可能会出现的“跟不上”情况表示担心，因此本着“不能输在起跑线上”的想法，家长纷纷要求幼儿园提前教授语文、数学等基础知识，以便孩子在小学入学后能更好地适应小学教育并“领跑在前”。目前教育行政部门一系列相关“减负”政策出台，更是引起了许多家长的教育焦虑，刺激了许多家庭的教育“内卷”行为：“幼儿园不补家长补”“学校减负家庭加”“校内减负校外增负”“线下不教线上教”的现象层出不穷。（华爱华，2021）

4. 幼小课程改革不同步

尽管整个基础教育改革理念一致，但中小学教育始终难以摆脱高考指挥棒的影响，学业负担依然沉重，而幼儿园教育由于没有升学压力，主要以游戏为基本活动。小学和幼儿园课程改革各行其是，幼小之间鸿沟明显，在两个学段衔接教育的深入探讨上存在弱化倾向。（华爱华，2021）

5. 小学一年级教学模式与幼儿园脱节

学生在进入小学之后，主要需进行身心、生活、社会、学习四个方面的适应。虽然学校在帮助一年级儿童逐步适应小学的各方面都采取了行动，但是由于需求和角度较多，很难面面俱到，能在幼小衔接时期适当缩短上课时间的学校也只占 40.63%。初入小学，儿童需要了解并建立一定的规则意识。小学的规则比幼儿园更加严格和全面，需要培养的能力和习惯也更多，鼓励儿童参与规则制定过程有助于他们理解规则的必要性，同时从中产生成就感与主人翁意识。调查中我们发现通过小组讨论、班级活动鼓励儿童讨论制定各类规则的学校不够多，这可能导致儿童需要直接接受学校与教师已制定的规则，或是不能通过相关活动完全理解各项规则背后的意图，这与幼儿园一贯让儿童通过亲身参与游戏活动进行学习的模式不相符。

6. 小学对幼小衔接硬件设施材料准备不充分

在安排一年级儿童积极开展体育锻炼方面所做的具体工作中，只有半数学校有条件为新入学儿童提供相对独立的活动场地，提供与幼儿园相近的运动器材和设备。环境的改变本就容易使儿童产生不适应的状况，小学不能提供使用效果相近的器材设备，则不能给予学生自然的过渡，更不利于幼小衔接工作的顺利进行。即使一些学校能够安排多

种形式的体育游戏和活动，建立科学体育锻炼制度，在没有健全设施的情况下，锻炼效果也将大打折扣。

学习方面，大多数学校重视学生在听、说、读方面的培养，并注意相关材料的准备，但能够提供比较丰富的数学游戏材料、创设解决实际问题情境的学校只有 56.25%，占比偏低，不利于学生积累数学经验，发展思维能力。

7. 小学教师对幼小衔接工作不够了解

学校在幼小衔接具体工作中对教师的专业素质要求较高，但是对一年级教师进行幼小衔接培训的学校只占 37.5%，即具有充足幼小衔接相关教育教学知识的教师很少。教师普遍对于学校幼小衔接的工作认可者不到半数，并且不太了解和不了解幼儿园幼小衔接工作的小学教师占比 53.13%。教师普遍认为幼小衔接工作重要，但没有任何小学教师认为幼小衔接的责任主体是小学，因此工作积极主动性不足。

学生个体有差异性，查阅儿童成长档案、与幼儿园教师交流、与新生家长沟通是小学教师了解新生基本情况的主要途径，也是幼小衔接工作开展的重要环节，但调查数据显示完成者仅有 46.88%，即大部分教师对于学生幼儿园阶段的学习过程和个人的特点不够了解，不能有针对性地顺利开展幼小衔接工作，从而引导学生快速渡过适应期。

五、幼小衔接的对策与建议

幼小衔接工作离不开政府、幼儿园、小学、家庭的共同努力。幼儿园、小学、家长的教育观念是幼小衔接工作开展的前提，它直接影响三者自身教育的方式。幼儿园、小学、家长是否形成合力是幼小衔接工作开展的关键，它决定着幼儿从幼儿园到小学的过渡是否顺利。针对幼小衔接中存在的问题，现从幼儿园、小学和家长层面提出以下几点对策和建议，以期对河南省科学开展幼小衔接工作以启示。

（一）消除公识的谬见，重构衔接理念

落实《实施方案》中的基本原则——坚持儿童为本、坚持双向衔接，有效实施主要任务和主要举措。

1. 从“让儿童准备”向“为儿童准备”的转换

过渡常常与“准备就绪”一词联系在一起，从河南省幼小衔接的实施现状来看，这一词偏向于儿童的“入学准备就绪”。为了让孩子们“准备好”，通常采取的方法是让仍在幼儿园的孩子们接触小学文化。研究发现，小学教育文化与幼儿教育文化之间的差距越大，幼儿面临的挑战就越大，无法理解小学要求的风险就越大（Fabian & Dunlop，2006）。为了应对这一挑战，河南省各地区采取的主要做法是，让儿童在幼儿教育机构的最后一年接触学校文化，让儿童尽早熟悉小学知识。由此衍生的幼小衔接教育机构的出现，如“幼小衔接班”“学前补习班”，及其“幼儿教育小学化”教育模式逐渐成为教育过渡的主

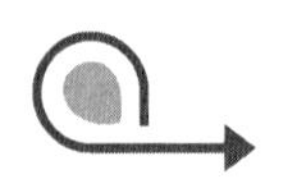

流。这种做法引起了专家及幼儿教育工作者对超前教育的批判，并主张提供适合儿童年龄和发展阶段的实践方式帮助幼儿衔接过渡。邓禄普、法比安（Dunlop & Fabian，2002）通过借鉴布朗芬布伦纳的人类发展生态系统理论，对幼小衔接进行了专门研究，提出处于幼小衔接阶段的儿童所处的生态系统，其中包括微系统、中间系统、外系统和宏系统四个方面。

该理论启示，成功的幼小衔接不能只强调儿童自身入学准备的评估，也需要强调儿童个性特点和环境之间的相互作用。因为一些儿童可能对于某一种学校环境做好了准备，而对另外一种环境则没有做好准备（李敏谊等，2010）。幼小衔接需要考虑各环境间的相互作用，并认识儿童和所有与幼小衔接相关的人们和机构为幼小衔接提供的互相交叠的经验，鼓舞我们注重各机构各环节之间的联系和合作对幼小衔接所起的重要作用。因此，从“让儿童准备”向“为儿童准备”的转换：

首先，改变“入学准备”的阐释，入学准备不单只是在幼儿教育机构为入小学做准备，小学同样需要积极为从幼儿教育环境来的儿童做适应准备，同时，幼小衔接利益相关者需要明晰家庭协同的重要性。

其次，对“儿童中心”理念的澄明，鼓励自下而上的儿童视角，将儿童视为衔接工作中积极的社会学习者，而不是被动安排的话语缺失者，尊重儿童的原有经验和发展差异，关注其发展的整体性和可持续性。

最后，政策倾斜，关照特殊需要儿童，避免有额外需要的儿童被阻拦在幼小衔接之外，政府需从经济援助、项目补偿、家庭支持三个方面为处境不利儿童提供支持。

2. 确立平等的合作意识

当前国内开展幼小衔接实践中，一个最常见的误解是将过渡视为一条单行道，即学前教育机构负责让儿童为上学做好准备。研究表明，幼儿随后的学校学习经历质量的高低会严重影响到学前整体教育质量的延续（Burchinal et. al，2002；Magnuson et. al，2007），而不仅仅是学前期间的学习经历。因此，开展幼小衔接实践重要的是将小学的早期教育与幼儿教育相结合，在幼儿机构向小学环境大步迈进的同时，小学需要以平等的姿态主动探寻幼儿已有的经验准备，以降低“淡出”效应的风险，确保在小学的头几年中，儿童在幼儿保育和教育方面的经验得到良好的跟进。

（二）关注断层现象，搭建机构合作的桥梁

强调落实《实施方案》中的坚持系统推进原则。政府需要提供机遇、构建机制以帮助幼儿园、小学和家庭三者形成合力，支持儿童走好漫漫求学路的第一步。

1. 为教师合作提供专业引领，保障专业持续，增进教学理解

教师间的隔阂深刻影响着教师间理念的协同与行动的一致，不利于幼小衔接工作的开展，教师合作是保障专业持续的关键途径。政府应牵头组建教师专业组织，促进教师就有关幼小衔接问题展开对话，可以采取线上线下双轨机制，线上开通网络平台，为学前

机构和小学教师提供经验交流与信息共享的路径，并服务于“衔接小组”的构建，线下可以组织专家定期总结评价线上收集的衔接实践问题与阻碍，依此汇总为对话主题，定期组织两机构教师的见面会谈讨论。借鉴 OECD 国家为教师提供的专业支持方式，政府还可以提供合作指导、传播科学的幼小衔接理念与方法、建构幼小衔接课程、组织幼小衔接培训会、共享儿童资料、举办相关活动等（OECD，2017；许浙川等，2019）。就教学理解而言，政府可对教师提供互相体验的机会。根据 OECD 的调查显示，其所调查涵盖的地区中，有 40%的地区回应，当地教师已经拥有了在学前机构与小学的工作体验。在一些地区，如维也纳，政府还推动了幼小机构共建项目，兴建面向 0—14 岁儿童的“校园模式”学校，为学前机构与小学提供共享的办公和学习场地（OECD，2017）。在中国，黔东南州是教育部的联合国儿童基金会“贵州省少数民族学前教育提升项目”试点地区。接受试点任务后，州里以“小幼连贯制办学”为切入点开展研究。经过教师和专家团队反复地研究实践，“小幼连贯制学校”在作息时间、师资水平、活动开展、教学研究和督查评估等方面有所改革且成效明显。

联合教研制度是中国特色下的产物，其本质是促进两个学段之间的教师交流与合作。上海早在 2010 年就联合区教育局基教科和进修学院等牵头，尝试探索构建部分幼儿园和小学幼小衔接联动机制，并提出了包括三方联合教研机制（幼儿园、小学、家长）、课程双向互动机制、联合研修机制等在内的六项具体内容。

综上，根据河南省幼小衔接教师间合作现状，借鉴国内外幼小教师合作经验，为加强幼儿机构与小学教师间的合作，可以从三个方面进行引领和保障：一是组织幼小衔接工作总负责小组，定期统筹线上线下幼小衔接交流活动，对省内各地幼小衔接小组的组建与科学开展实施定期监督；二是建立联合教研制度；三是通过线上线下双轨模式，完善家、园、校共育机制。

2. 优化劳动环境，弥合教师间的裂缝

幼儿教育机构与小学教师间的差异显著，具体表现在学历背景和职业认可度。就学历背景而言，相比较于小学教师，学前机构教师普遍拥有较低的学历背景。就职业认可度而言，社会对小学教师的职业认可度普遍高于学前机构教师。因此，为了优化劳动环境，河南省需致力于推进机构间教师在任职要求与工资收入两方面趋向一致，缩减机构间教师学历资质差异，提高社会对幼儿教师的职业认可度。

3. 统筹职前教育和在职培训，推动教育一致

职前教育和在职培训是学前机构教师与小学教师了解彼此专业背景，开始了解自己是平等合作者的第一个机会。在许多国家地区，有关幼小衔接的培训内容在职前教育和在职培训课程中很常见。在《指导意见》出台之前，国际上对促进学段间的教师交流已有诸多探索。例如，职前培养方面，东欧国家让两个学段的老师在相同的课程框架中接受教育；职后培训方面，斯洛文尼亚的地方行政机构每年会围绕 0—8 岁儿童的教育和发展，组织一次幼儿园和小学教师的集体培训。虽然调整两个教育部门工作人员的资格水

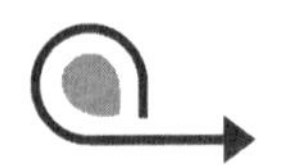

平可能需要较长的规划期,但为两个学段开展联合专业发展会是重要的第一步。在联合培训的过程中,政府可从中进行协调,并让双方有足够的时间进行准备和参与。为具体实施幼儿园和小学教师的集体培训,可以在教师教育课程中增加幼小衔接内容,以供学前机构和小学教师在校学习,增加两者之间的共识性理解;要求为学前机构教师与小学教师提供共同的幼小衔接培训,并适当增加小学教师的培训。培训的项目可参考阿赫特尔(2012)幼小衔接的七个核心模块:个性化、学习环境、家庭参与、有意义学习的教学策略、规划与评估、专业发展、社会包容。

(三)加强政府和教育行政部门职能

1. 完善全省各级政府有关专门性和非专门性幼小衔接教育政策体系

由于河南省各地方学前教育和小学教育发展存在着明显的区域差异,不能仅仅依赖于政府颁布的幼小衔接教育政策和河南省教育厅制定的《实施方案》等文件。教育行政部门要根据各区域幼小衔接教育工作的实际情况,结合国家颁布的专门性幼小衔接教育政策,并考虑选择和使用命令性政策工具"标准"、能力建设政策工具中的"政策倾斜"、权威重组工具中的"机制体制改革"等具体手段,进一步优化专门性和非专门性幼小衔接教育政策在本行政区域内的可行性。

2. 支持幼小衔接研究,促进政策不断改善

政策的研制与改善需要相关学术研究予以支持。如《上海市学前教育三年行动计划(2019—2021 年)》明确提出要深化幼儿园与小学教育的双向衔接,建立并开展幼儿园与小学教师联合教研机制、双向交流机制。尽管上海市进行了诸多探索,但通过检索文献发现,整体上我国关于联合教研的已有研究多集中于中小学的跨学科教研,以及同一学段的校际或跨区域教研,学段间(尤其是幼小学段间)联合教研的研究和优秀实践案例较少。

3. 加强监控保障,了解衔接的现实样态

监控有利于政府了解衔接的现实境况,便于政府调整政策,助力后期衔接质量的完善。根据《强势开端Ⅳ:学前教育质量监测》可知,OECD 许多行政地区已经将幼小衔接纳入学前教育质量监控内容。相关调查表明,有 16 个行政地区已经将幼小衔接监控作为政府部门的重要工作,其中,匈牙利、瑞典、西班牙、加拿大等 9 个国家的部分城市还实行了学前教育机构与小学的双重监测。

我们可以借鉴当前 OECD 国家针对幼小衔接采用的四种主流具体调查方式来实施地区监控,分别是儿童发展评价、父母调研、巡检和内部评估(许浙川等,2019)。

儿童发展评价主要是评估儿童发展报告以及儿童档案袋内的相关资料,了解儿童在衔接过程中的发展状况。

父母调研则是监控人员向家长发放相关问卷,并对部分家长组织深度访谈,以了解幼小衔接状况。

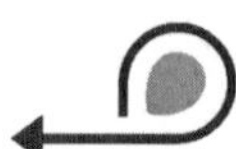

巡检主要是专业评估人员在机构自我评估的基础上对机构展开的实地调查,具体评估机构内部评价的科学性,衔接监控制度的建设以及衔接方案的调整等。

内部评估主要是学前教育机构和小学各自展开的自评,评估内容主要包括机构与家长的对话情况,幼小衔接的方案,特殊需求儿童的关照等。

(四)树立幼小衔接整体观

1. 幼儿园、小学、家长三者形成合力

教育无处不在,既活动于家庭中、幼儿园中和学校中,也活动于三者之外的其他社会环境之中。教育产生的作用可能是互相促进的,互补的;也可能是相互制约、抵消的。不管这些作用力方向是一致的还是分散的都对幼儿的成长产生深远的影响。因此,作为衔接工作的主体,幼儿园、家长、小学应该意识到教育的多样性和复杂性,应该相互协作,携手并肩,打破以往单打独斗的局面,形成合力。只有如此,才能使衔接工作少走弯路,少做无用功,达到预期的效果。

2. 从发展的阶段性和连续性看待幼小衔接

《3~6 岁儿童学习与发展指南》中明确指出:“幼儿的发展是一个持续、渐进的过程,同时也表现出一定的阶段性特征。”每个幼儿在沿着相似进程发展的过程中各自的发展速度和到达某一水平的时间不完全相同。要充分理解和尊重幼儿发展进程中的个别差异,支持和引导他们从原有水平向更高水平发展,按照自身的速度和方式到达《3~6 岁儿童学习与发展指南》所呈现的发展“阶梯”,切忌用“一把尺子”衡量所有幼儿。这一原则主要包含了两层含义:一是尊重幼儿发展的连续性与阶段性规律;二是尊重幼儿在相似发展进程中的个别差异。幼儿发展的连续性与阶段性表现在其发展是一个交织着不断进行量变和质变的过程。可以说,幼儿日复一日不断地、渐进地积累过程是发展的“量变”,阶段性特征则标志着其发展的“质变”。也就是说,幼儿是通过不间断的“量变”而逐步到达新的发展阶段的。

在帮助不同年龄阶段的幼儿学习与发展的过程中,要特别注意尊重幼儿发展的连续性与阶段性,不急于求成、拔苗助长,让每一个幼儿可以按照自己的速度、自己的节奏获得实实在在的发展。还需注意的是,幼儿这一交织着量变与质变的发展过程往往呈现非匀速性特征。

3. 进一步落实政策要求,明确“双向衔接”理念

《小学入学适应教育指导要点》明确提出,要围绕儿童进入小学所需的关键素质,从身心适应、生活适应、社会适应和学习适应四个方面帮助儿童做好入学适应工作。主要通过明确零起点教学,调整教学方式、注重游戏化和探究性,设置入学适应周期及入学适应课程等方面实施入学适应教育。从调查可知,小学教师双向衔接意识有待加强,现阶段以幼儿园单向衔接小学为主,小学阶段则更重视学习任务,部分幼儿存在过度重视知识储备,忽视了非智力因素的持续性培养。幼小衔接不仅仅是幼儿园阶段的任务,小学

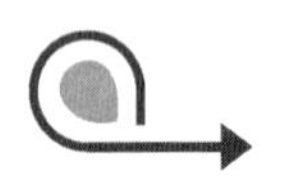

阶段的向下延伸也非常重要，幼小衔接是“双向衔接”，是幼儿园和小学的双向衔接。不仅幼儿园要调整自身学习方法和生活习惯，向小学阶段靠拢，小学阶段也要向幼儿园阶段看齐，调整小学低年龄阶段学习方式和要求，让幼儿初入小学能够更快衔接。在小学一年级阶段应更关注儿童发展的全面性与系统性，以考虑非智力因素的内容为主，结合游戏、学科、身体参与、体验的元素，将学科内容进行游戏化重构。明确“双向衔接”理念，进一步调整和加强小学阶段的双向衔接意识。

（五）幼儿园的幼小衔接工作

1. 重视幼儿非智力因素的培养，为幼儿做好入学准备

幼儿的非智力因素在衔接中越来越重要。所以幼儿园要有所侧重地进行培养，帮助幼儿降低入学后面对的适应困难。首先，注重幼儿社会性适应能力的培养。设计系列专题教育活动，把社会适应性能力的培养渗透在各项活动和游戏当中，如帮助幼儿树立良好的时间观念，做事不拖拉，不丢三落四；培养幼儿的纪律意识、规则意识，使之具备良好的礼议和社会行为规范，与他人和平共处；做到自己的事情自己做，大胆向成人（特别是老师）提出自己的诉求等。其次，注重幼儿学习能力的培养。从心理上（我要当小学生），能力上（我能当好小学生），知识上（通过开展前读写、前运算主题活动，激发幼儿的学习兴趣，培养幼儿良好的学习习惯）开展有针对性的准备教育，使幼儿更快更稳地适应小学的学习生活。在这方面，可以采取以下措施。

（1）适当延长大班幼儿的集体教学时间

幼儿园与小学相比，幼儿园大班的集体活动时间为 25 分钟左右，注重游戏，注重幼儿参与。小学上课时间规定是 35-40 分钟，并且要求遵守严格的课堂纪律。从幼儿园进入小学，一下子要坐四十分钟，对很多一年级小学生来讲，无疑是一场严峻的考验。所以，幼儿园在集体活动时间的安排上做适当延长，大班下学期集体活动时间安排在 30 分钟左右，让小朋友在心理上、时间概念上有所准备。

（2）学习习惯和常规要求上互相衔接

培养良好的学习习惯，要在幼儿园一日常规上有要求。如引导幼儿在集体活动时间里逐渐保持注意力的稳定和持久，尽量在活动后喝水、上洗手间。集体活动时能专心听讲，积极发言，加强对幼儿注意力和思维敏捷性的训练。

日常生活中，老师要注重激励幼儿发自内心地对事物的专注和兴趣，培养幼儿内在的学习兴趣和动力，使他们顺利适应小学的学习生活，养成良好的生活和学习习惯。

（3）培养幼儿良好的生活自理能力

幼儿园大班应加强生活能力的培养。如整理书包，管理自己的物品，准时上幼儿园，按时入睡，在自由活动时结伴玩耍，听指令完成任务或听老师口头通知带指定物品等，使幼儿在自理能力、时间概念、任务意识、责任感、解决问题的能力、独立交往能力，以及建立良好的人际关系能力等方面打下良好的基础，减少初上小学时丢三落四，东拉西扯的

现象，逐渐学会管理自己，进入小学后能开始忙而不乱、有条不紊的生活。

(4)提高语言表达能力

发展幼儿的语言能力，是为入小学打好基础的重要衔接工作，从小、中班开始，就要重视发展幼儿的语言能力，特别是口语表达能力。在语言教学活动中，可以常常提问问题，让幼儿带着寻求答案的心理，去开展活动，并鼓励幼儿大胆表达，这样可以激发幼儿参与语言教学活动的积极性。

(5)加强阅读能力的培养

升入大班坚持开展阅读活动，主要形式包括自由阅读和在老师指导下的阅读活动两种。这两种活动，使小朋友既有自由选择阅读内容的机会，又能得到老师的引导，在有目的、有计划的阅读中，阅读方法、阅读兴趣、阅读能力有了大幅度提高。人与书产生互动，学习能力和学习兴趣在互动中增长。拥有这样的基础进入小学，给小学的学习生活带来很大的方便。

(6)培养幼儿的任务意识和责任感

幼儿参与活动往往从兴趣出发，进入小学后，仅从兴趣出发调动孩子的积极性，有时难以奏效，因此，从培养幼儿的责任感入手，使幼儿对任务的责任心作为活动的动力是非常必要的。为此，教师要勤观察，多引导，布置了任务要坚持要求，坚持检查。

(7)培养幼儿同伴交往的能力

小学是一个更加独立、自主，更加复杂多变的生活天地，培养幼儿学会交往、善于交往，对幼儿愉快、成功地开展新的生活有着极其重要的作用。幼儿园阶段，教师与幼儿共同相处的时间较多，可以及时发现幼儿的情绪与问题，并且妥善解决。但在小学阶段，教师的主要精力在教学上，重视完成教学任务，师生个别接触时间少，教师较少能顾及每一个同学，很多时候很多问题需要幼儿自主解决，或者自主与同伴协商解决。刚到一个新环境，多数新同学之间都不了解，学习成绩好和生活自理能力较强的幼儿很快就会建立起新的同伴关系，从而较快地适应新的环境和新的人际关系。而一些心理柔弱、比较内向的儿童可能适应时间较长，甚至无法建立良好的同伴关系，难以适应小学生活。

2. 做好大班幼儿的入学准备

幼儿园大班要更集中、更直接地对幼儿进行入学准备教育，为幼儿从心理上、能力和生活习惯等方面做好入学准备。教师要有计划地向儿童介绍小学生的学习和生活以及各种行为规则等，帮助儿童明确小学阶段的任务。

(1)激发大班幼儿向往小学学习的情感和动机

大班幼儿对小学生活有向往，往往会希望自己长大，当一名光荣的小学生和少先队员，但是他们并不真正懂得入小学后的主要任务是学习，只是羡慕小学生的新书包、新文具，穿校服、戴红领巾等。这种入学愿望虽然简单，但给教师提供了教育引导的契机。教师可以鼓励幼儿向小学生学习，有计划地向幼儿介绍小学生的学习和生活以及各种行为规则等，借助故事、实例帮助幼儿了解小学生可能遇到的困难和问题，明确小学生的主要任务。

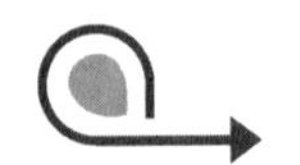

(2)帮助大班幼儿提升学习品质,完成简单的学习任务

从大班开始,教师要帮助儿童把学习和游戏分开,提出一些学习任务,要求儿童独立完成,如背诵儿歌、复述故事、练习书写自己的名字和10以内的数字,在规定时间内完成某项任务等,还可以布置一些家庭作业,如绘画、书写、收集某一个问题相关的素材等。

(3)锻炼大班幼儿的意志力和自制力,养成独立自主的良好习惯

儿童入小学之后要担负起紧张的学习任务,要能在课堂中集中注意力,不做小动作,这需要从幼儿园就开始有意识地锻炼意志,培养自制力,养成良好学习习惯。幼儿能做的事尽量让他们独立去做,还可以调整作息时间,增加教学活动的时间和智力活动的强度,以帮助儿童适应小学生活。

(六)小学的幼小衔接工作

在当前的幼小衔接工作中,幼儿园承担了大部分的衔接工作,而小学则更重视教学任务。从目前的调研情况来看,现阶段主要以幼儿园单向衔接小学为主,小学阶段的衔接意识有待加强。要想建立幼小衔接的长效机制,各级各类学校也应该主动向下延伸,调整小学低年龄阶段的教学手段和方法,使其更适合衔接幼儿园的教学路径和方法。

1. 充分落实“双向衔接”理念

在衔接过程中,为了充分落实“双向衔接”理念。首先要做到小学阶段严格零起点教学。《小学入学适应教育指导要点》中重申小学严格执行免试就近入学,严禁以各类考试、竞赛、培训成绩或证书等作为招生依据,坚持按课程标准零起点教学。

幼小衔接是基础教育的准备阶段,是幼儿从幼儿园向小学过渡的一个过程,是一项系统工程,幼儿的学习方式、认知能力和情感经历都会发生根本性改变。幼儿园是幼儿的“第二家庭”,培养其正确的衔接观念和必备的衔接能力是其工作的一部分;小学是衔接的目的地,应主动与幼儿园接洽做好衔接的准备工作;家庭是能否做好衔接工作的关键链接,家长应该发挥主观作用的同时积极配合幼、小做好衔接工作,以保证孩子能顺利进入小学。家、园、校协同不仅体现在教育理念达成共识,更应落实到行动中,形成合力,深度参与到幼小衔接的工作中来,确保幼小衔接工作的顺利开展与完成。

2. 采用“游戏化”教学模式,主动与幼儿园衔接

在小学低年级阶段,既要减轻课业负担又让学生学到该学的知识、养成该具备的学习习惯,是义务教育阶段实现“双减”目标的第一步。做好这项工作,很重要的一点在于做好幼小衔接。

幼儿园与小学是两个不同学段,儿童学习方式也不尽相同,幼儿园以游戏为基本活动。《指导意见》明确提出,改革一年级教育教学方式,国家课程主要采取游戏化、生活化、综合化等方式实施,强化儿童的探究性、体验式学习。小学低年级借鉴幼儿园“在游戏中学”的方式进行教学,让孩子在亲身体验和感知中学习并运用知识点,激发学习兴趣。最后,建立联合教研制度,开发入学适应课程。《指导意见》明确提出,相关小学要把

入学适应教育纳入一年级教育教学计划，小学将一年级上学期设置为入学适应期，坚决纠正超标教学、盲目追赶进度的错误做法。教研有制度，管理才有章法。

小学低年龄段教学强调“游戏化教学”，把“衔接”重点指向非智力因素。同时，推进课程内容重构，把“衔接”内容指向思维提升。这些举措也是实现小学低年级“双减”的有效方式。北京朝阳区通过对比研究发现，用游戏化教学方式的班级，学生识字率、对学习的兴趣和热爱程度分别超过对照班 10 个、29 个百分点。这样的衔接工作也是促进幼小衔接工作科学开展的重要保障。

此外，各地方政府、教育局应督促各级各类小学按照《指导意见》的要求建立联合教研制度，规定对教研机构的成员及工作要求。围绕“四个适应”进行课程开发，将政策落到实处，才能真正做好幼小衔接工作。

专题二　河南省中小学生发展指导课程体系与实践研究

一、研究背景

(一)核心概念界定

1. 学生发展指导

学生发展指导是指学校为促进学生全面而有个性地发展而向学生提供的一系列指导服务(方晓义,2013),在众多国家与地区已成为现代学校教育的三大职能之一。

本专题认为:"为实现全面育人、促进学生自主发展而提供的系列指导服务"。

2. 中小学生发展指导课程

本专题中中小学生发展指导课程内容涵盖了学生、教师和家长三个群体,其中面向学生群体的发展指导课程是指:"在大课程观视域下,为促进我省全体中小学学生全面、自主的发展,设置的内容包含'理想、学业、心理、生涯和生活'5个领域的学生发展指导课程"。

(二)背景介绍

飞速发展的时代和未来的不确定性呼唤着教育进行质的变革。基于学生核心素养,促进学生自由而全面的发展,培养创新型人才是时代的强音。

1. 国际趋势方面

国内外很多研究者认为,教学、管理和指导,是现代学校教育的三大职能。与普遍受重视的"教学"相比,随着社会不断发展变化,"指导"已从教育附属地位变为和教学工作、管理工作并重的一项工作。如果把学校的职能比作天平,天平的一端是教学,另外一端是指导,学校管理则是连接两者的部分,这也是学校职能发展的必然。指导,是一项相对独立的专业化工作,是教学和管理无法替代的、学校必须提供的常规服务。当前,开展全面的学生发展指导工作,已经是世界基础教育的主旋律。

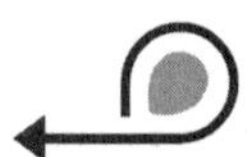

2. **政策要求方面**

国家政策方面，截至 2022 年 3 月，国家共下发了 38 个“学生发展指导”相关文件（指使用教育部官网搜索功能，以“学生发展指导”为关键词进行“全文”的精确检索，即国家级“公文”正文内容中包含“学生发展指导”关键词的文件数量）。部分重要文件如图 2-1 所示，如 2010 年 7 月，国务院发布《国家中长期教育改革和发展规划纲要（2010—2020 年）》，提出“建立学生发展指导制度，加强对学生的理想、心理、学业等多方面指导 。”这是 21 世纪我国的第一个中长期教育规划纲要，也是国家层面首次提出建立学生发展指导制度。近年来，国家集中发布了多个有关学生发展指导工作的文件。

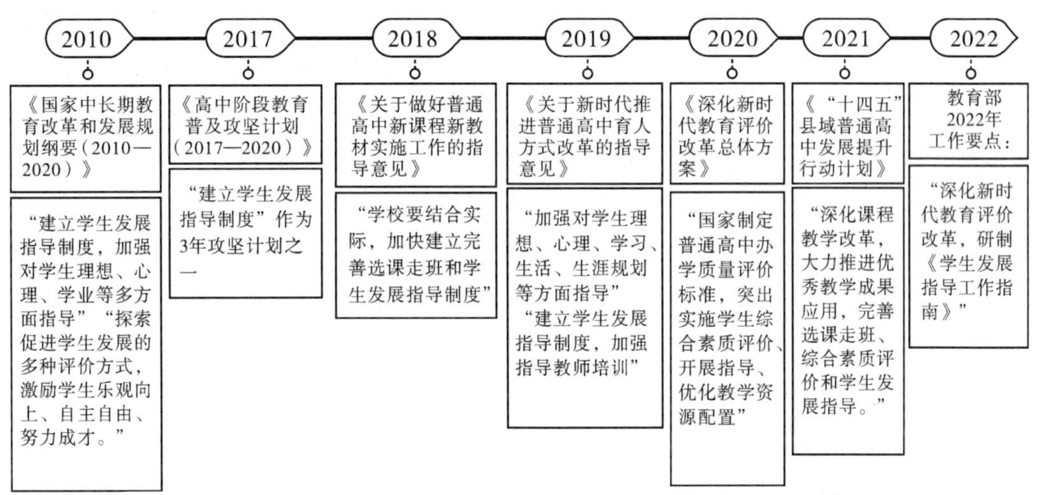

图 2-1　2010—2022 年国家级“学生发展指导”部分相关文件

2019 年 6 月，《国务院办公厅关于新时代推进普通高中育人方式改革的指导意见》（国办发〔2019〕29 号）中，明确指出“加强学生发展指导，要注重指导实效，加强对学生理想、心理、学习、生活、生涯规划等方面指导。”这是国家首次将“学生发展指导”提升到“推进育人方式改革”的高度。

2020 年 10 月，中共中央、国务院印发《深化新时代教育评价改革总体方案》，在“重点任务”中的“改革学校评价，推进落实立德树人根本任务”的第六部分“改进中小学校评价”中提出“国家制定普通高中办学质量评价标准，突出实施学生综合素质评价、开展学生发展指导、优化教学资源配置、有序推进选课走班、规范招生办学行为等内容。”

2021 年 12 月，教育部等九部门关于印发了《“十四五”学前教育发展提升行动计划》和《“十四五”县域普通高中发展提升行动计划》（教基〔2021〕8 号），其中“重点任务”中提到要“提高教育教学质量，深化课程教学改革，大力推进优秀教学成果应用，完善选课走班、综合素质评价和学生发展指导。”

2022 年 1 月,教育部关于印发《普通高中学校办学质量评价指南》的通知(教基〔2021〕9 号),在"评价内容"的"课程教学"部分:落实课程方案、规范教学实施、优化教学方式、加强学生发展指导和完善综合素质评价等 5 项关键指标,旨在促进学校严格落实国家课程方案,健全教学管理规程,深入推进育人方式改革,完善选课走班教学组织管理,健全学生发展指导机制,规范综合素质评价实施,整体提升教育教学质量。教育部最新发布的 2022 年工作要点中也指出,将会深化新时代教育评价改革,研制《学生发展指导工作指南》。

此外,2021 年 7 月,中共中央办公厅、国务院办公厅印发了《关于进一步减轻义务教育阶段学生作业负担和校外培训负担的意见》(以下简称"双减")。该文件一出台即成了社会各界广泛关注的焦点,它一方面引导学校教育、家庭教育、社会教育协同育人,另一方面引导学校提升作业设计和课后延时服务的水平,减负提质,转变育人方式,提升育人水平。"双减"背景下,包含自主学习能力的学生的自主发展成了学校、家庭关注的焦点。对于学生自主发展能力的提升,在促进学生的理想、心理、学习、生活、生涯规划等方面的成长上,学校的"指导"职能优势明显。贯彻落实"双减"政策是当前中小学教育教学中的重要任务。不同地区如何让"双减"政策在学校扎根,构建区域高质量教育体系,通过学生发展指导精准发力,促进学生的自主发展,可能是学校教育"提质增效"和"双减"减出实效的"最后一公里"。

2020 年 1 月,河南省人民政府办公厅印发《关于新时代推进普通高中育人方式改革的实施意见》(豫政办〔2019〕66 号),提出要"加强学生发展指导,制定普通高中学生发展指导意见,指导学校开设覆盖三个年级的学生发展指导课程,并纳入必修内容。普通高中要明确指导机构,建立专兼结合的指导教师队伍,构建学校、家庭、社会协同指导机制。"

3. 社会需求方面

郑州市域方面,自 2012 年起,郑州市教育局联合北京师范大学对郑州区域进行了连续十年的"教育质量健康体检",调查对象涵盖郑州区域 400 余所中小学的十余万学生及众多教师和家长,从"学生发展的五大维度"和"影响学生发展的四大因素"两个指标综合得出,在心理、学业、品德、生涯等方面郑州区域中小学的师生和家长均有明确的"指导"需求。这十年中,在河南省招生办公室(2021 年底更名为河南省教育考试院)主办的 CN 期刊《招生考试之友》的"心理氧吧"板块回复全省中学生心理来信 160 封,来信中涉及的各类主题占比约为心理类问题 40%、生活类问题 30%、学业类问题 16%、生涯类问题 8%和理想类问题 6%,从中可以看到在学生发展指导的多个领域有和郑州区域类似的社会需求。

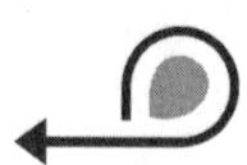

二、国内外研究现状

(一)学生发展指导的概念演变及国际趋势

1. 概念演变

学生发展指导最早起源于19世末20世纪初的美国,主要是给予学生职业指导;20世纪20年代开始扩大指导范围,关注学生生活适应性问题,代表国家有美国、德国、法国;20世纪60年代日本也加入其中,美、德、法、日的学生发展指导集中于学生生活发展性问题;进入21世纪后越来越多的国家开始重视学生发展指导工作,主要关注的是学生学业、生涯、个性社会性等方面的发展。

学生发展指导在国际上经历了从职业指导到心理健康指导,再到全面指导的发展阶段(见图2-2)。世界许多发达国家和地区不仅出台了很多有关学生发展指导的法律和政策文件,而且还形成了很多成熟的学生发展指导模式。

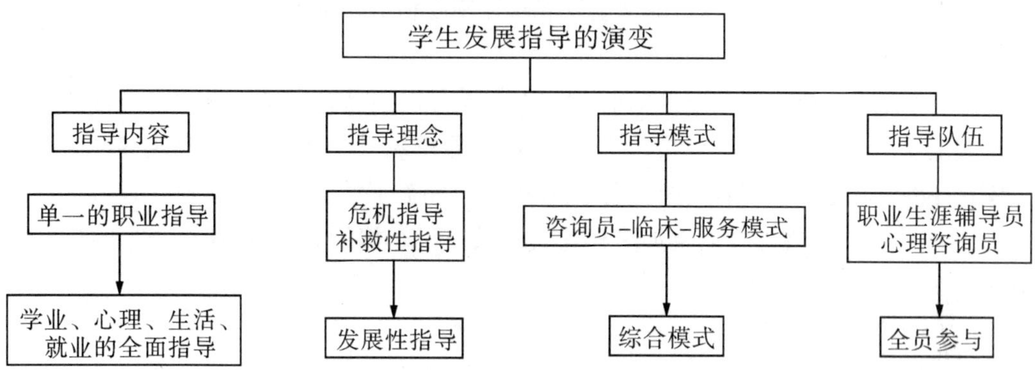

图2-2 学生发展指导的演变

著名学者罗伯特·迈里克(Robert D. Myrick)1987年提出学生发展指导泛指学校通过有组织、有特定目标的指导项目提供给学生的一整套个体发展服务,主要目标聚焦于学生在学业、个性、社会性以及职业领域的积极发展。有学者认为学生发展指导是以促进学生成长与发展为首要目标的系列课程活动与应答性服务,它聚焦于学生能力的获得,旨在满足不同年级的学生在个性、社会性、学业、职业方面的发展需求。国内学者张朝辉(2010)认为学生发展指导是学生在校期间,教育者除了完成教学任务外,还要对学生个人在学业、就业、生活等方面的疑难给予及时、必要的指导,以使其良好地适应、健全地成长。其共同点有三个方面:

①领域——涉及学生学业、个性、社会性、职业领域等的发展指导。

②形式——多为课程活动、团体辅导、个别辅导等。

③目标——促进学生全面发展。

国内学者方晓义将学生发展指导界定为学校在完成教学任务外,为全体学生在品

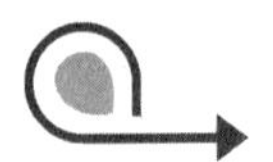

德、心理、学业、生涯、生活等方面提供课程活动、团体辅导、个别指导等一系列服务,旨在促进学生全面而有个性的发展,提高人才培养质量。

2. 国际趋势的变化

近年来,各国越来越重视对学生发展指导的研究,国际趋势也在不断变化,我国学者方晓义等人对变化趋势进行了梳理。方晓义等人认为,学生指导从形成之初到最终成熟,不断朝向全面化、积极化、综合化的趋势发展,已从教育附属地位变为与教学、管理同等重要的学校基本职能之一。目前开展综合性的学生发展指导已成为世界基础教育的普遍趋势,美国、加拿大、英国、德国、法国、日本等众多发达国家以及台湾、香港、澳门等地区都已建立比较完善的学生发展指导制度,菲律宾、马来西亚、尼日利亚等发展中国家也纷纷建立起较为成熟的学生发展指导制度。

(二)国内外已有重要研究成果

随着社会发展与教育理念的转变,无论是一些发达国家和地区,还是一些发展中国家,都纷纷建立了适合本国国情的学生发展指导制度和指导模式。

1. 国外研究成果

国外学生发展指导研究经过多年的发展,形成了各具特色的学生发展指导模式。经典模式主要是美国综合性指导模式、法国方向指导模式、日本生活指导模式等。这些指导模式在内容和形式上都有其相同之处,在内容上涵盖了学生发展的学业、生涯、个性和社会性等各个方面;在形式上更加多样化,包括课程、个体指导、团体辅导、心理咨询等,但又各具特点。

(1)美国:综合性指导模式

美国综合性指导模式是由吉斯博斯教授倡导,截至 20 世纪末美国已有超过一半的中小学生采用此模式来开展学校的指导工作。

美国综合指导模式的特点主要包含以下几个特点:一是重视学生指导,在美国,学生指导与教学工作同样重要;二是指导内容广泛多样,针对不同年龄段的学生设立不同的发展目标;三是注重服务性工作,如帮助学生寻找自己的兴趣爱好,指定课程计划,提供升学及就业指导等;四是强调整体性,充分调动各类专业人员,强调行政与管理人员、任课全体教师、咨询师通力配合,整合社区资源,面向全体学生的指导(吉斯博斯,亨德森,2012)。

(2)法国:方向指导模式

法国方向指导模式的指导重点主要是学生的升留级以及未来职业的选择(杨光富,2000),这种模式在实施过程中受到了专业技术人员的广泛参与、家长与社会力量的极大支持以及学校从领导到老师的积极配合(杨光富,2010)。法国政府解释方向指导是在把青年男女安置在工商业之前的全部工作,指导的目标是发现学生在道德、身体和智力方面的能力(邢克超,李兴业,2000)。

日常指导：指导人员分为指导顾问和主任教师。指导顾问采取面对面咨询的方式为学生解答疑惑；主任教师负责班级的日常工作。指导内容主要为升学、就业信息，发掘学生各方面的能力、兴趣和爱好，帮助学生制定未来的个人计划、学习实施方法等。

信息提供：全国教育与职业信息局和全国教育资料中心主要负责，制作视听资料，介绍企业工作场所等情况。

职业测验：主要引导学生完成智力测验、知识测验、兴趣测验、个性测验。

社会实践：学校通过安排学生到企业参观实习、制定和修改个人计划、提交参观实习报告、班级研讨报告和个人计划等方式帮助学生进行生涯探索，指导学生规划个人发展。

(3)日本：生活指导模式

日本的学生指导又被称为“生活指导”，是以社会为本位的生活方式的指导(马婷，2011)。生活指导模式主要是通过为有心理问题的学生提供个体心理咨询(仓光，2004)。20世纪60年代，日本的学生指导工作进入职业咨询为主的时期，着重个人分析，更多地对个人进行职业选择辅导。日本职业咨询工作的开展，在理论上受罗杰斯提倡的咨询心理学的影响较大。罗杰斯的《咨询心理学与心理治疗》一书于1951年被译成日文后，改变了日本学生指导工作的职业指导为主，注重对学生的心理辅导，同时强调“以人为中心”的指导模式，使得日本指导内容和方法都产生了很大的改变。

2. 国内研究成果

(1)“5L&5S”高中三级发展指导模式

北京师范大学方晓义教授创办了国内首个“高中学生发展指导联盟”，目前已有近100家认证会员，他所提出“5L&5S”高中三级发展指导模式得到了教育界的广泛认可。该模式转变了原有的指导理念，强调要建立适合学校的发展指导制度、机构和机制。同时，该模式具有多样性、层级性及步骤性三个显著特点，具体如表2-1所示 。

表2-1 “5L&5S”高中三级发展指导模式的特点

特点	主要内容
指导内容的多样性	强调学生的发展任务是全面而有层次的，包括品德、心理、学业、生涯、生活各个领域
发展指导的层级性	指导模式根据学生的不同需求而分为三个层级：一级指导、二级指导、三级指导
发展指导的步骤性	通过具体可操作的发展指导步骤来进行学生发展指导，促进全体学生的健康而有个性的成长

(2)学生发展全面指导

黄向阳教授认为，学生指导是高中不可或缺的教育职能，是教学、训练、管理替代不了的一种常规服务。我国普通高中亟待建立与教学并行的学生发展指导体系。他认为学生发展指导工作应着重从生活指导、学业指导和生涯指导等几个方面推进。

(3)华南师范大学附属中学学生发展指导实践模式

近年来,华师附中的学生发展指导在理想、心理、学习、生活、生涯等方面均衡推进,全面渗透到学校的各个领域。学校研发了一套基于数据收集与分析的学生发展指导测评体系,打造了一支具备基于数据分析进行学生发展指导能力的教师队伍,建构了一套符合校情学情的普通高中学生发展指导课程体系,探索了一种以培养时代新人为目标的学生发展指导实践模式。

(三)研究评述

学生指导就其广泛意义说,是指在正式教学之外,对学生个人在学业、就业和生活等方面的疑难问题给予辅导和服务,以使其良好地适应、健全地成长。自 20 世纪 20 年代起,随着社会发展与教育理念的转变,早期盛行的以职业指导为主的学生指导已不能满足教育需求,不断受到各种挑战。在此后的几十年间,学生指导在指导内容、指导理念、指导模式、指导人员等各方面不断发展与变革,最终形成了系统的学生发展指导体系,成为学校教育的三大职能之一。

就学生发展指导的内涵而言,几乎所有国家都不约而同地将个人生活指导、学业指导、心理健康教育和职业指导等内容作为学生发展指导的基础内容,只是在实践中侧重点各有不同。例如,美国称为"学生辅导与服务",强调服务;法国称为"方向指导",偏重于择业;加拿大称之为"学生指导与咨询",重在咨询;日本称为"学生指导",重点放在品德发展上。在我国,许多正在进行的心理健康辅导、生涯规划、品德与生活指导、选课指导等都可以归入学生发展指导的范畴,不过这些指导都是零散的、教师自发的、随机的个别行为,它们嵌在教师的日常教育活动之中,缺乏系统性和针对性对学生个性化发展的服务。

目前,我国的学生发展指导还处于初级探索阶段,尚未建立起成熟的学生发展指导制度,存在的主要问题如图 2-3 所示。

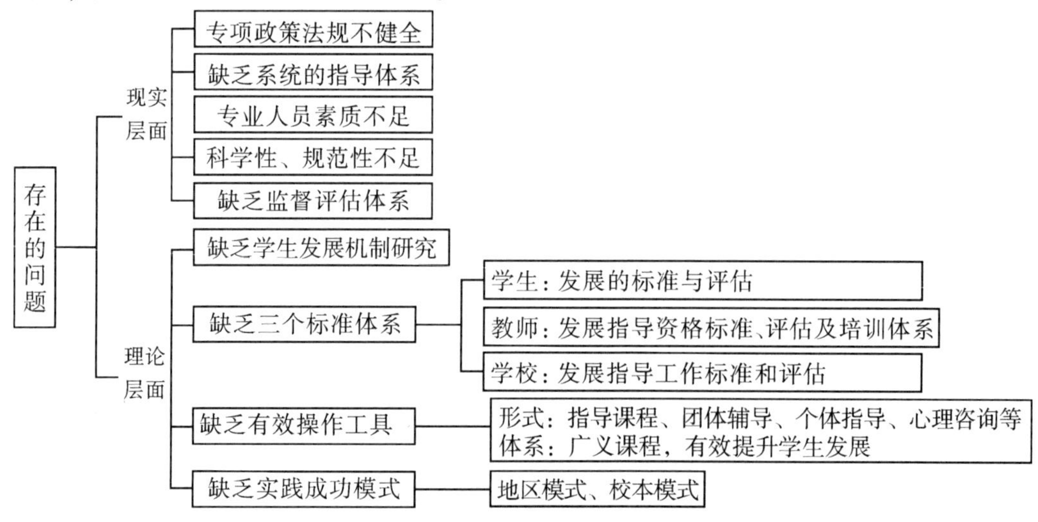

图 2-3　学生发展指导工作目前存在的问题

三、河南省学生发展指导现状与需求调查研究

(一)调查设计

1. 调查目的

(1)摸清学生发展指导制度在河南省的落实状况。

(2)“双新”“双减”新背景下学生发展指导的需求满足现状。

2. 调查对象

(1)调查范围

调研面向河南全省范围,按照1/10比例对全省中小学校进行分层随机抽样调研。

(2)调查群体

调研面向四个群体:学校校级领导群体、一线教师群体、学生群体、学生家长群体。

3. 调查内容

调查内容因群体而异,核心内容包含三个部分:

(1)学生发展指导各群体认知

了解不同群体现阶段对学生发展指导的认知水平和支持水平。

(2)学生发展现状与需求

学生发展指导五个领域的发展现状。通过在理想信念、心理品质、学习能力、生活能力、生涯规划等方面设置的问题全面了解受访学生目前的发展状态。

(3)学校指导体系建设

全面了解受访学校目前关于学生发展指导的硬件配置、师资力量、课程开设、体系特色等方面的情况。

(二)调查结果的呈现与分析

1. 问卷的回收情况

(1)学生问卷

共有来自全省394所中小学的111 134位同学参与了学生版问卷的调查研究。经筛选,共有94 723份有效问卷,其中男生48 384位,女生46 339位;小学生29 342位,初中生35 177位,高中生30 204位;来自市区学校42 494位,来自县市学校52 229位。

(2)教师问卷

共有来自全省262所学校的8 110位老师参与了教师问卷的调查研究。经筛选,共有7 781份有效问卷,其中男性教师1 579位,女性教师6 202位;班主任2 777位,一般行政人员28位,一般学科教师4 976位;小学教师2 742位,初中教师2 459位,高中教师2 580位;市区学校2 616位,县市学校5 165位。

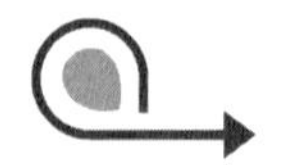

(3)领导问卷

共有来自全省 155 所学校的 364 位学校领导参与了领导问卷的调查研究。经筛选,共有 318 份有效问卷,其中男性领导 181 位,女性领导 137 位;校级领导 174 位,中层领导 144 位;市区学校领导 95 位,县市学校领导 223 位。

(4)家长问卷

共有 91 869 位家长参与了家长问卷的调查研究。经筛选,共有 89 766 份有效问卷,其中父亲 23 342 位,母亲 66 424 位;小学家长 34 198 位,初中家长 30 207 位,高中家长 25 361 位。

2.“学生发展指导”的认知现状

(1)教师和学校领导群体对学生发展指导理念的认同情况

在学校领导问卷和教师问卷中,我们均设置了关于“学生发展指导”理念认同程度的问题。在此问题中,教师群体都表现出极高的认同度。

领导问卷的统计结果(见图 2-4)显示,超过 90%的学校领导均对学生发展指导理念表示认同,其中超过一半的学校领导表示非常认同。

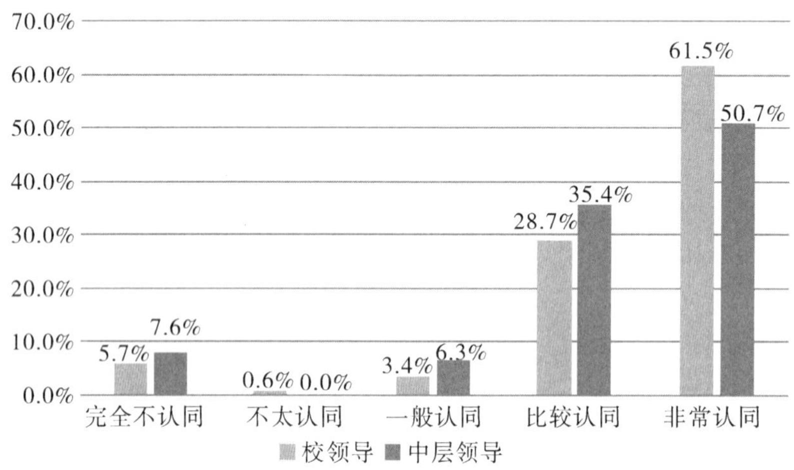

图 2-4 领导对学生发展指导理念的认同状况

教师问卷的统计结果(见图 2-5)显示,超过 80%的学校教师均对学生发展指导理念表示认同,其中超过 40%的学校教师表示非常认同。

(2)不同群体对“学生发展指导”课程的了解情况

在学生、教师、领导、家长四个版本问卷当中,我们均设置了关于“学生发展指导”课程了解程度的问题。

从图 2-6 可以看出,分学段来看,初中生对学生发展指导内容的了解程度最高,有 40. 2%的学生比较了解/非常了解,小学次之,有 37. 7%学生比较了解/非常了解,高中了解程度最差,只有 34. 3%学生比较了解/非常了解。

教师问卷的统计结果(见图 2-7)显示,初中教师对“学生发展指导”课程的了解程度

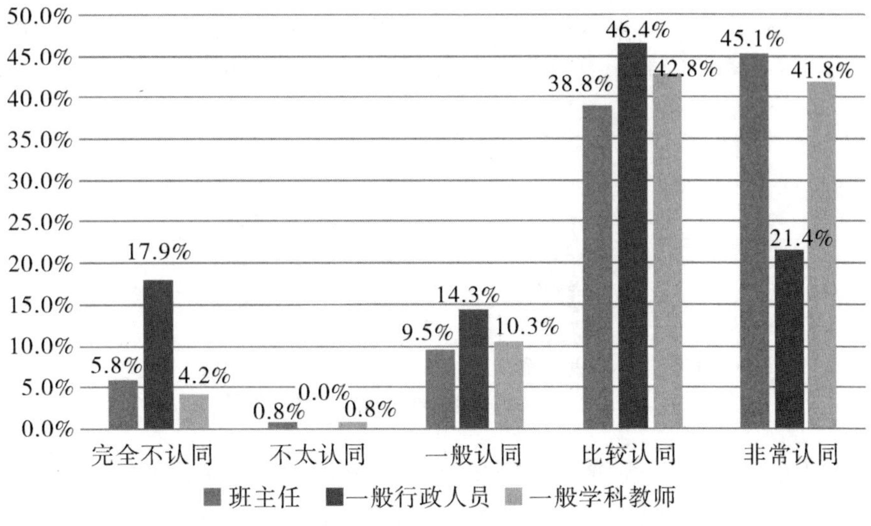

图 2-5 教师对学生发展指导理念的认同状况

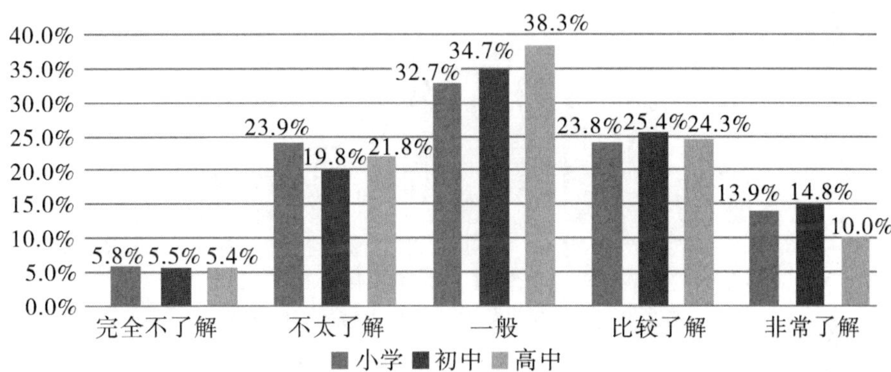

图 2-6 学生对学生发展指导内容的了解情况

最高,有 31.7%的教师比较了解/非常了解,小学次之,有 30.6%的教师比较了解/非常了解,高中了解程度最差,只有 29.2%教师比较了解/非常了解。

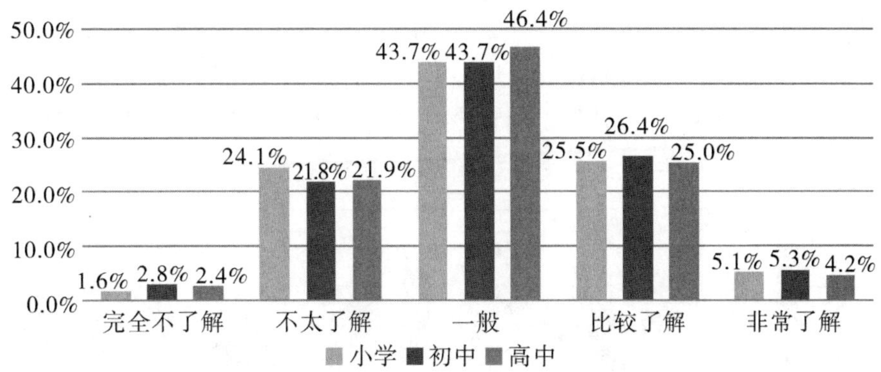

图 2-7 教师对学生发展指导内容的了解情况

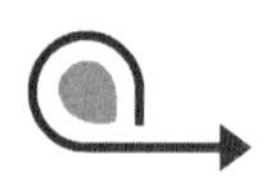

领导问卷的统计结果(见图 2-8)显示,有将近一半的学校领导(45%)对学生发展指导内容比较了解/非常了解;只有极个别学校领导(0.6%)完全不了解。

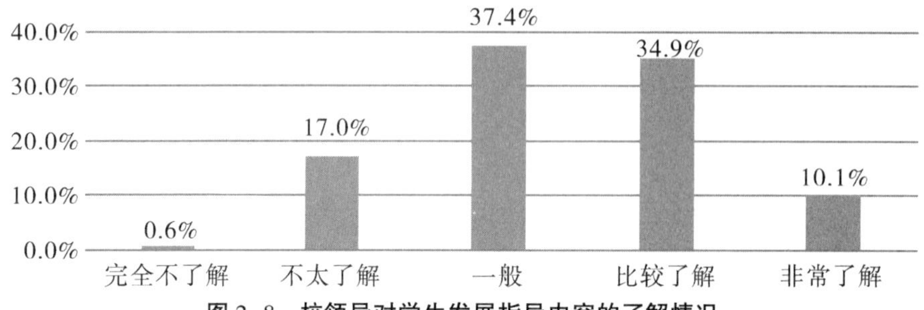

图 2-8 校领导对学生发展指导内容的了解情况

家长问卷的统计结果(见图 2-9)显示,初中生家长对学生发展指导内容的了解程度最高,有 15.8%的家长比较了解/非常了解,小学生家长次之,有 14.6%的家长比较了解/非常了解,高中生家长了解程度最差,只有 13.1%的家长比较了解/非常了解。

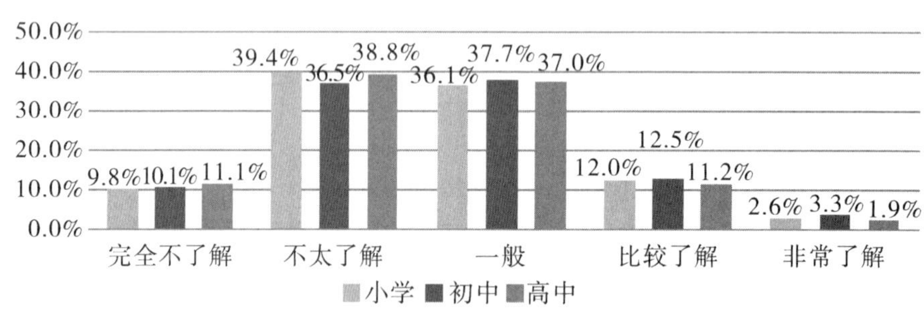

图 2-9 家长对学生发展指导内容的了解情况

(3)不同群体对“学生发展指导”主要内容的偏重

在学生、教师、领导、家长四个版本问卷当中,我们均设置了关于“学生发展指导课程五个方面的内容,您认为最重要的是哪一方面”的问题,来了解不同群体对“学生发展指导”主要内容的偏重情况。

学生问卷的统计结果(见图 2-10)显示,对学生群体而言,积极心理培养,是他们最偏重的“学生发展指导”相关内容,有将近 1/3 的学生(32.6%)选择了该选项;近年来,颇受大家关注的生涯发展教育,对学生而言,在“学生发展指导”领域偏重程度最低,仅有 6.6%的学生认为,该方面在“学生发展指导”领域最为重要,比例最低。

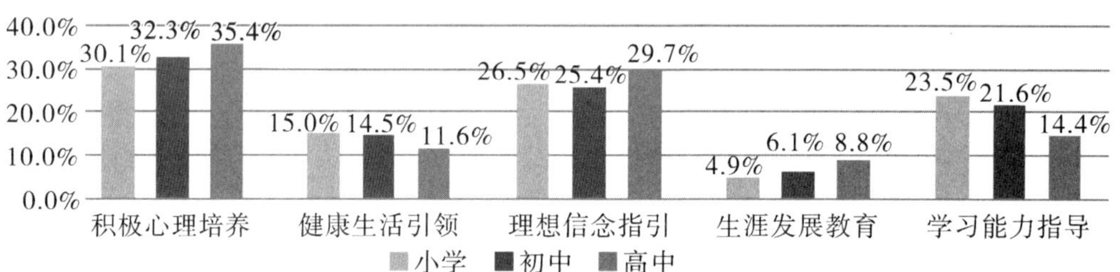

图 2-10 学生更重视的发展指导领域

教师问卷的统计结果(见图 2-11)显示,对教师群体而言,积极心理培养,是他们最偏重的“学生发展指导”相关内容,有超过四成的教师(44.2%)选择了该选项;同样,颇受大家关注的生涯发展教育,对教师群体而言,在“学生发展指导”领域偏重程度也是最低的,只有 4.8%的教师认为该方面在“学生发展指导”领域最为重要。另外,在教师群体中,学习能力指导的首选比例也很低,不足一成,仅有 7.8%。

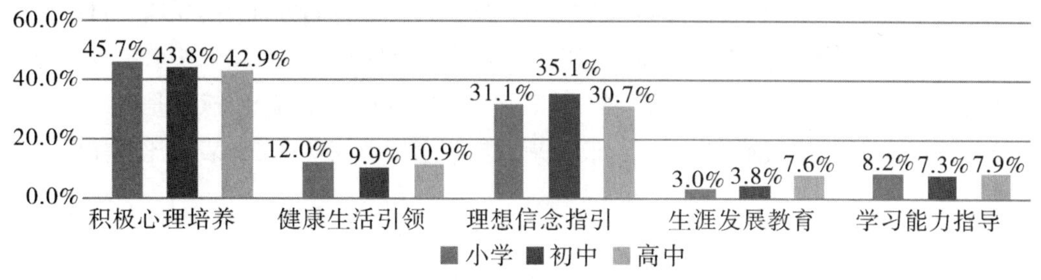

图 2-11　教师更重视的发展指导领域

领导问卷的统计结果(见图 2-12)显示,对领导群体而言,理想信念指引,是他们最偏重的“学生发展指导”相关内容,有超过一半的学校领导(55%)选择了该选项;其次受学校领导群体偏重的“学生发展指导”相关内容为积极心理培养,有 28%的学校领导选择了该选项。其余三方面内容,在学校领导群体中的首选度都不到 10%。

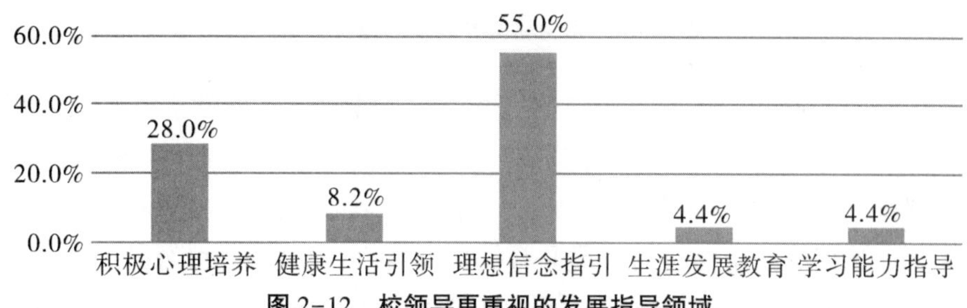

图 2-12　校领导更重视的发展指导领域

家长问卷的统计结果(见图 2-13)显示,对家长群体而言,积极心理培养,是他们最偏重的“学生发展指导”相关内容,有超过 1/3 的家长(35.7%)选择了该选项;同样,颇受大家关注的生涯发展教育,对家长而言,在“学生发展指导”领域偏重程度也是最低的,只有 5%的家长认为该方面在“学生发展指导”领域最为重要。

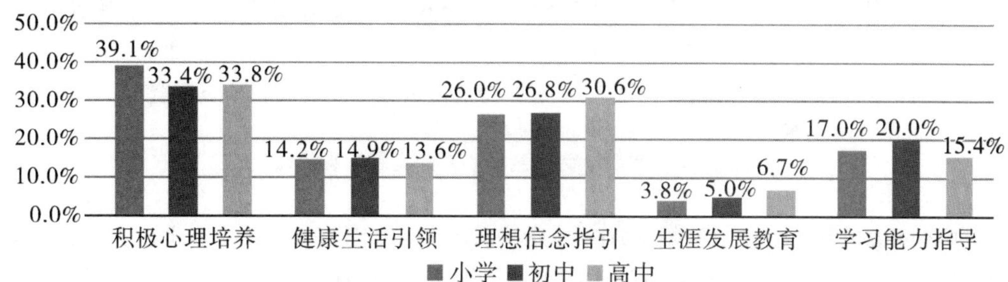

图 2-13　家长更重视的发展指导领域

3.“学生发展指导”的需求现状

在学生、教师、领导、家长四个版本问卷当中,我们均设置了关于“您(您的学生/您的孩子)在‘学生发展指导’五个方面的需求情况如何”的问题,来全面了解学生在“学生发展指导”五个方面的真实需求情况。

学生问卷的统计结果(见图 2-14)显示,对学生群体而言,“学生发展指导”五个方面均有超过半数学生表示比较需要或非常需要,需求程度最高的方面为学习能力指导,有 63.2%学生表示比较需要或非常需要;其次是生涯发展教育,有 59.2%表示比较需要或非常需要;再就是积极心理培养,有 58.3%表示比较需要或非常需要;然后是健康生活引领,57.2%表示比较需要或非常需要;最后是理想信念指引,有 53.2%表示比较需要或非常需要。

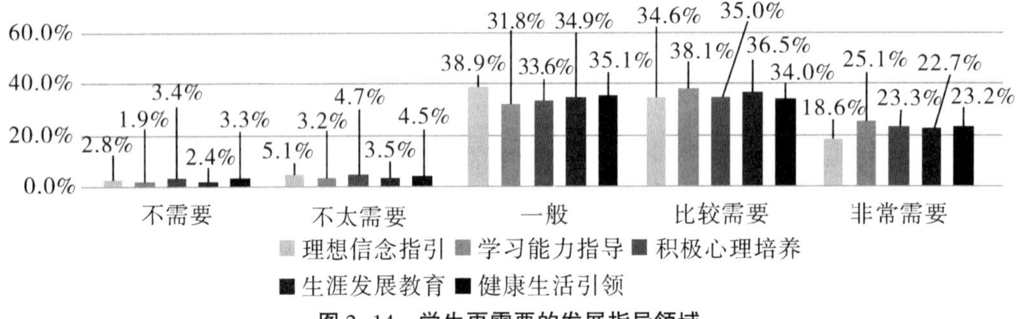

图 2-14　学生更需要的发展指导领域

教师问卷的统计结果(见图 2-15)显示,对教师群体而言,有超过 7 成认为他们的学生在“学生发展指导”五个方面均比较需要或非常需要,他们认为学生需求程度最高的方面是积极心理培养,有 81%认为他们的学生比较需要或非常需要;其次是学习能力指导,有 80.7%认为他们的学生比较需要或非常需要;再就是健康生活引领,有 80%认为他们的学生比较需要或非常需要;然后是生涯发展教育,有 78.6%认为他们的学生比较需要或非常需要;最后是理想信念指引,有 77.4%认为他们的学生比较需要或非常需要。

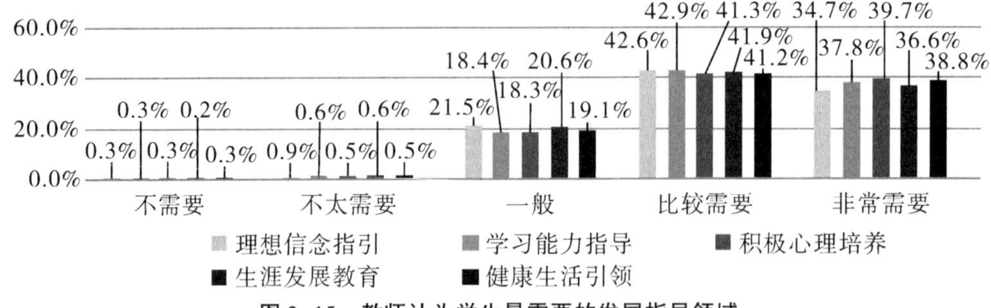

图 2-15　教师认为学生最需要的发展指导领域

领导问卷的统计结果(见图 2-16)显示,对领导群体而言,有超过 8 成认为他们学校学生在“学生发展指导”五个方面均比较需要或非常需要,他们认为学生需求程度最高的

方面是积极心理培养，有 90. 9%认为他们的学生比较需要或非常需要（其中非常需要 47. 5%），其次是学习能力指导，有 90. 8%认为他们的学生比较需要或非常需要（其中非常需要 44. 3%）；再就是健康生活引领，有 89. 6%认为他们的学生比较需要或非常需要；然后是生涯发展教育，有 88. 1%；最后是理想信念指引，有 85. 5%认为他们的学生比较需要或非常需要。

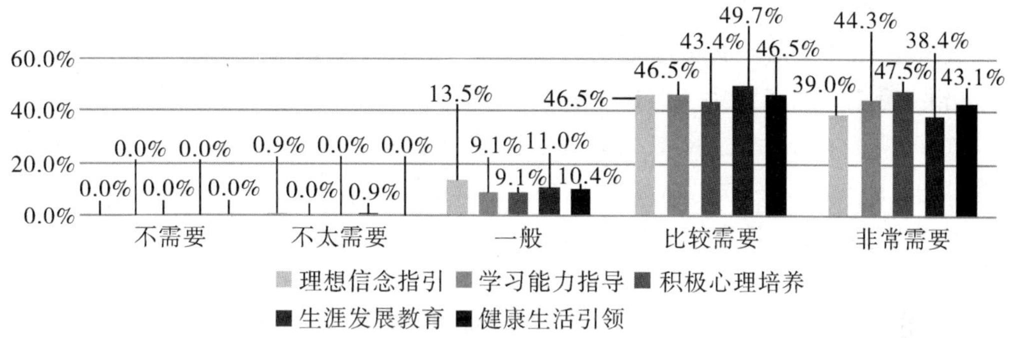

图 2-16　领导认为学生最需要的发展指导领域

家长问卷的统计结果（见图 2-17）显示，在家长群体当中，有超过 6 成的家长认为他们孩子在“学生发展指导”五个方面均比较需要或非常需要，他们认为学生需求程度最高的方面是学习能力指导，有 69. 1%认为他们的孩子比较需要或非常需要；其次是生涯发展教育，有 67. 1%认为他们的孩子比较需要或非常需要；再就是积极心理培养，有 66%认为他们的孩子比较需要或非常需要；然后是健康生活引领，有 65. 2%认为他们的孩子比较需要或非常需要；最后是理想信念指引，有 63. 5%认为他们的孩子比较需要或非常需要。

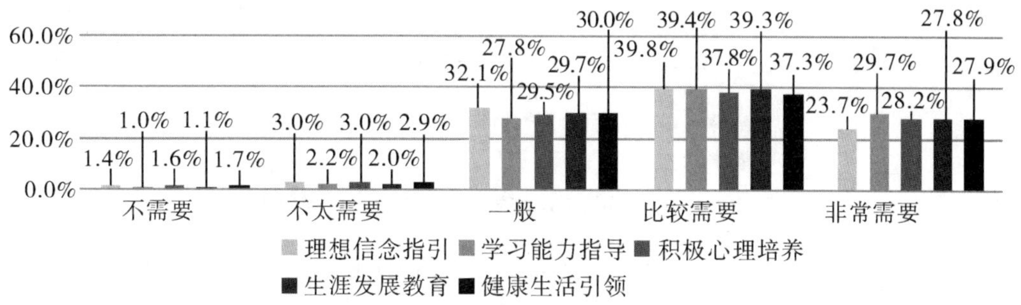

图 2-17　家长认为学生最需要的发展指导领域

4. “学生发展指导”现状

（1）学生在“学生发展指导”五个方面的发展情况

在学生、教师、领导、家长四个版本问卷当中，我们均设置了关于“您（您的学生/您的孩子）在‘学生发展指导’五个方面的发展状况如何”的问题，以全面了解学生在“学生发展指导”五个方面的真实发展状况。

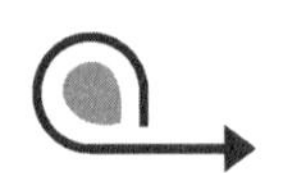

学生问卷的统计结果显示，对学生群体而言，在“学生发展指导”五个方面15个具体问题中，除学习能力指导方面的学习方法外，其余14个问题受访学生均有超过半数表示发展的较好，发展最好的方面是健康生活方面，有超过6成的学生认为自己在这一方面发展的比较好或很好。但遗憾的是，作为学生发展的最基本领域，学业发展状况最差，而且随着学段上升，有明显下滑趋势；同样，心理发展也有类似下滑趋势。

教师问卷的统计结果显示，对教师群体而言，有超过6成认为他们本校的学生在“学生发展指导”五个方面均发展的比较好或非常好，他们认为学生发展最好的方面是积极心理培养，有70.1%的老师认为学生发展得比较好或非常好；其次是健康生活引领，有69.7%的教师认为学生发展得比较好或非常好；再就是学习能力指导，有67.9%的教师认为学生发展得比较好或非常好；然后是理想信念指引，有65.7%的教师认为学生发展得比较好或非常好；最后是生涯发展教育，有61.2%的教师认为学生发展得比较好或非常好。

领导问卷的统计结果（见图2-18）显示，对领导群体而言，他们认为本校的学生在“学生发展指导”五个方面发展最好的方面是健康生活引领，有80.5%的学校领导认为学生发展得比较好或非常好；其次是学习能力指导，有78.9%认为学生发展得比较好或非常好；再就是积极心理培养，有75.1%认为学生发展得比较好或非常好；然后是理想信念指引，有73.6%认为学生发展得比较好或非常好；最后是生涯发展教育，有58.8%认为学生发展得比较好或非常好。

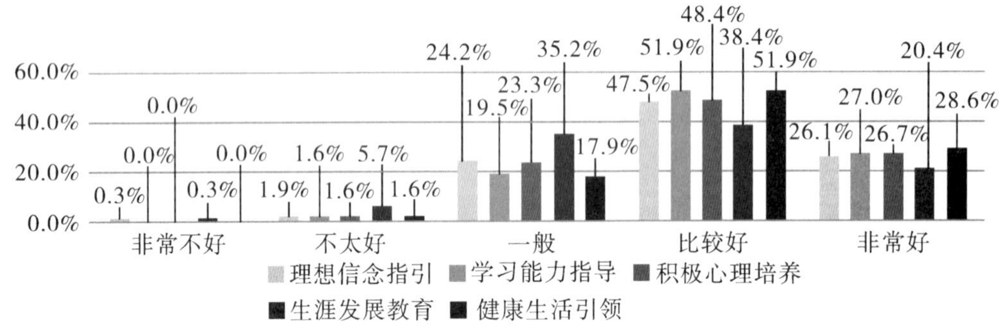

图2-18 在领导看来本校学生在各方面的发展状况

家长问卷的统计结果显示，在家长群体当中，他们认为自己孩子在“学生发展指导”五个方面发展最好的方面是积极心理培养，有60%的家长认为自己孩子发展得比较好或非常好；其次是健康生活引领，有55.9%认为自己孩子发展得比较好或非常好；再就是理想信念指引，有47.8%认为自己孩子发展得比较好或非常好；然后是生涯发展教育，有45.7%认为自己孩子发展得比较好或非常好；最后是学习能力指导，有45.4%认为自己孩子发展得比较好或非常好。各领域年级发展趋势与学生自身感受基本一致，同样是学业发展和心理发展存在下滑趋势。

(2)学生在“学生发展指导”各方面需求的满足情况

学生问卷的统计结果(见图 2-19)显示,对学生群体而言,在“学生发展指导”各个方面,家长对需求满足最好的方面是健康生活引领,有 62%的学生认为自己家长对于自己在健康生活方面的指导需求满足得比较多或者非常多;其次是积极心理培养,有 56.3%的学生认为自己家长对需求满足得比较多或者非常多;再就是生涯发展教育,有 51.3%的学生认为自己家长对自己的指导需求满足得比较多或者非常多;然后是理想信念指引,有 50.9%的学生认为自己家长对自己的指导需求满足得比较多或者非常多;最后是学习能力指导,有 45.9%的学生认为自己家长对自己的指导需求满足得比较多或者非常多。

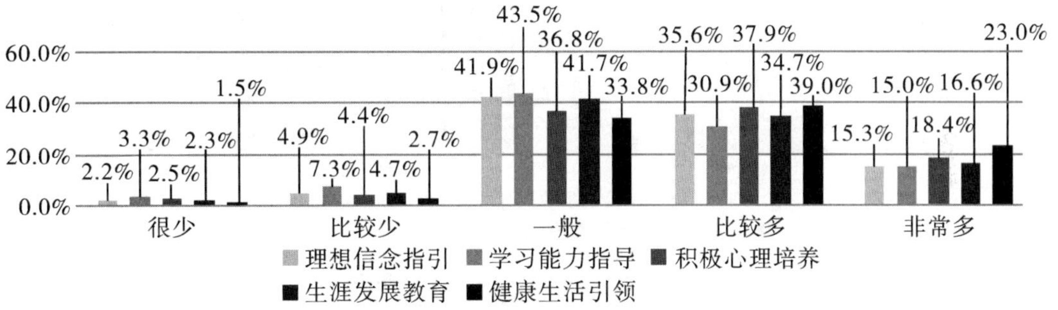

图 2-19 学生认为家长能满足自己发展指导需求的程度

学生问卷的统计结果(见图 2-20)显示,对学生群体而言,在“学生发展指导”各个方面,学校对需求满足最好的方面是学习能力指导,有 64.7%的学生认为学校对于自己在学习方面的指导需求满足得比较多或者非常多;其次是积极心理培养,有 58.7%的学生认为学校对自己的指导需求满足得比较多或者非常多;再就是健康生活引领,有 58.1%的学生认为学校对自己的指导需求满足得比较多或者非常多;然后是生涯发展教育,有 56.8%的学生认为学校对自己的指导需求满足得比较多或者非常多;最后是理想信念指引,有 56.3%的学生认为学校对自己的指导需求满足得比较多或者非常多。

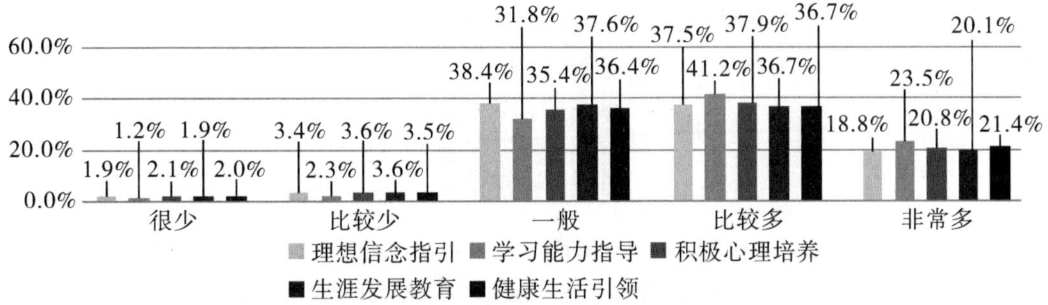

图 2-20 学生认为学校能满足自己发展指导需求的程度

家长问卷的统计结果(见图 2-21)显示,在日常生活中,他们在“学生发展指导”五个方面对孩子进行指导最多的是健康生活引领,有 61.3%的家长认为自己在这方面做得比较多或非常多;其次是积极心理培养,有 56.6%认为自己在这方面做得比较多或非常多;再就是理想信念指引,有 47.8%认为自己在这方面做得比较多或非常多;然后是生涯发展教育,有 46%认为自己在这方面做得比较多或非常多;最后是学习能力指导,有 45.3%认为自己在这方面做得比较多或非常多。

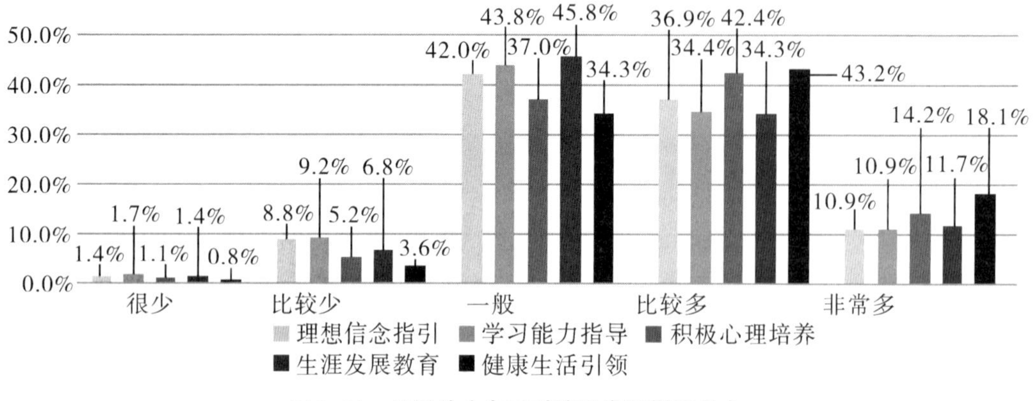

图 2-21 父母认为自己对孩子发展指导多少

(3)学校“学生发展指导”的实施情况

学生问卷的统计结果(见图 2-22)显示,目前在学校当中学生接受最多的“学生发展指导”课程是学习能力指导方面,有 48.8%学生选择了该选项,学生日常参加的活动当中,也是学习能力指导方面的居多,有 41.5%。同时,学生在满意度方面,除学习能力指导外,其余“学生发展指导”的四个方面满意程度的比例均高于该方面接受课程及参加活动的比例,在期待选项中,则是理想信念、积极心理、生涯教育三个方面的比例高于接受课程及参加活动。

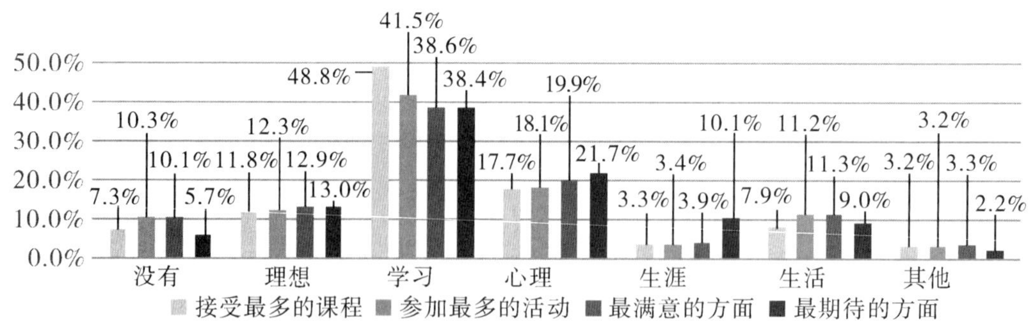

图 2-22 在学生看来,学校“学生发展指导”课程实施情况

学生问卷的统计结果还显示,在学校当中有 36%的学生没有到过任何活动室,学生到过最多的功能室是阅览室,有 35.4%的学生到过,其次是音乐放松室,有 30.4%的学生

到过。在学校学生所接受到的指导方式最多的是课堂讲授,有65.4%的学生选择了该选项,其次是主题班会,有54.9%的学生选择了该选项。

教师问卷的统计结果显示,有超过一半的教师表示其所在学校(51.9%)未建立学生发展指导体系,只有1/3左右教师(34.7%)表示其所在学校建立并落实了学生发展指导体系。与此同时,虽然表示学校建立学生发展指导体系的教师不足一半,但大部分教师都表示其所在学校在学生发展指导体系的某些方面已开展工作。例如,有72%教师表示其所在学校有学生发展工作的相关制度,有71.4%的教师表示其所在学校设立有学生发展指导中心,并设立有学生发展指导领导小组。

教师问卷的统计结果显示,受访教师有77.5%表示其所在学校在开设的"学生发展指导"课程中最侧重于学生积极心理培养。在受访教师所在学校对学生进行学生发展指导的主要方式中,排名前三的是课堂讲授(64.6%)、主题班会(59.1%)、个别辅导(51.7%)。在受访教师所在学校开设的活动室最多的前三类是阅览室(70.9%)、个体咨询室(66.2%)、音乐放松室(51.3%)。

领导问卷的统计结果显示,有超过一半的学校领导(59.1%)表示其所在学校未建立学生发展指导体系,有将近3成的领导(28.6%)表示其所在学校建立并落实了学生发展指导体系。与此同时,虽然表示学校建立学生发展指导体系的领导不足一半,但大部分领导都表示其所在学校在学生发展指导体系的某些方面已开展工作。例如,有73%的领导表示其所在学校开展了相关课程,有72%领导表示其所在学校建立有学生发展指导领导小组,有71.1%的领导表示其所在学校有学生发展工作的相关制度。

领导问卷的统计结果显示,受访学校领导有76.4%表示其所在学校开设的"学生发展指导"课程中最侧重于学生积极心理培养。在受访领导所在学校对学生进行学生发展指导的主要方式中,排名前三的是主题班会(77.7%)、课堂讲授(67.3%)、校园文化(66.7%)。在受访领导所在学校开设的活动室最多的前三类是阅览室(83.3%)、个体咨询室(68.6%)、音乐放松室(65.4%)。

(三)河南省学生发展指导存在的问题

1. 省域调研发现的"普遍"问题

本次面向全省的调研,对河南省"学生发展指导"的现状进行了全面细致的梳理,对全省"学生发展指导"课程实施现状有了摸底性了解。对不同地域、不同学段的课程开展情况有一个全面了解,摸清了学生、家长、教师及学校对学生发展指导的需求现状,为在"双减""双新"背景下开展学生发展指导提供了现实依据。同时,也在调研过程中发现了许多现实存在的问题,仍然需要我们警惕注意,努力改进。

(1)对"学生发展指导"课程的认知严重不足

在本次面向全省教师群体的调研中,有超过90%的学校领导以及超过80%的学校教

师都对“学生发展指导”的理念表示认同，这符合我们的预期，也与“学生发展指导”理念多年来的发展相匹配。然而，对理念的认同并不意味着对“学生发展指导”课程的真正了解，在后续进一步的调查中发现，人们对“学生发展指导”课程的了解情况并不太好。在学生、教师、领导、家长这四个群体当中，对“学生发展指导”课程表示比较了解或非常了解的占比均不到50%；最高的是领导群体，也只有45%表示比较了解或非常了解；最低的家长群体，仅仅只有14.5%表示比较了解或非常了解；而学生和教师群体均不到40%表示比较了解或非常了解。这说明“学生发展指导”理念的推广以及课程的实施存在着先天的困难条件。

(2)学生对“学生发展指导”课程的真实需求与实际供给严重不匹配

我们将学生对“学生发展指导”课程的真实需求情况与学校对学生在“学生发展指导”课程需求方面的满足情况进行分析对比后发现，“学生发展指导”课程的需求与满足情况严重不匹配，在学生发展指导的五个方面，p 值均小于 0.01，说明学生对“学生发展指导”课程的需求程度，远超目前学校所能满足的程度。

(3)“学生发展指导”课程的开展缺乏成熟体系

国家已在政策上明确提出了要建立“学生发展指导”制度，要将“学生发展指导”纳入到学校的日常教学管理当中，以便帮助学校完成立德树人的根本目标。在对教师群体的调查过程中，我们也着重了解了目前学校“学生发展指导”体系的建设情况，通过对教师、学校领导问卷的统计分析，我们发现了目前大部分学校在“学生发展指导”的一些具体方面，例如学生发展指导中心、学生发展指导领导小组、学生发展工作相关制度、学生发展指导工作相关经费、购置相关专门教材等方面均取得了不错进展，有半数以上受访者表示自己所在学校已开展或已配备。然而，虽然在这些具体举措方面，各学校均有不错的开展或配备情况，但在学校整体科学适切、内容丰富、一贯制的学生发展指导体系建设方面却显得严重不足，只有34.7%的受访教师以及28.6%的受访学校领导表示其所在学校建立有完善的学生发展指导体系并付诸实施。

2. 郑州等地的“特殊”问题

在对问卷数据进行整理分析时，我们单独将郑州数据拎出进行了比较分析，发现了一些“特殊”问题的存在。对在郑州地区进行相关指导提供了现实依据，也为其他地区的指导工作提供了一些参考。

(1)不同群体对“学生发展指导”各个方面重要性的偏重存在显著差异

通过表2-2、表2-3，我们可以看出在对不同群体对“学生发展指导”最看重方面交叉制表进行卡方检验后，$p<0.01$，差异显著。这说明，不同群体对“学生发展指导”的看法，不但存在差异，而且差异显著。具体来看，教师群体对理想信念指引和积极心理培养的看重程度，远高于学生及家长群体；学生群体对学习能力指导的看重程度高于教师、家长、领导群体。而传统印象中备受关注的生涯发展领域，在各群体中的首选比例均不高，

但依然可以看出学生与领导群体的看重程度高于教师和家长群体。

表 2-2 不同群体[*]最看重方面 交叉制表

		最看重方面					合计
		理想信念指引	积极心理培养	学习能力指导	健康生活引领	生涯发展教育	
学生	计数	6 273	8 635	4 384	3 573	1 830	24 695
	百分比%	25.4%	35.0%	17.8%	14.5%	7.4%	100.0%
教师	计数	344	459	86	123	59	1071
	百分比%	32.1%	42.9%	8.0%	11.5%	5.5%	100.0%
领导	计数	12	15	6	4	3	40
	百分比%	30.0%	37.5%	15.0%	10.0%	7.5%	100.0%
家长	计数	5 844	8 084	3 440	3 093	1 188	21 649
	百分比%	27.0%	37.3%	15.9%	14.3%	5.5%	100.0%
合计	计数	12 473	17 193	7 916	6 793	3 080	47 455
	百分比%	26.3%	36.2%	16.7%	14.3%	6.5%	100.0%

*1 单元格(5.0%) 的期望计数少于 5。最小期望计数为 2.60。

表 2-3 不同群体最看重方面 卡方检验

	值	*df*	渐进 Sig.(双侧)
Pearson 卡方	204.389[a]	12	.000
似然比	215.151	12	.000
线性和线性组合	69.363	1	.000
有效案例中的 *N*	47 455		

这样的结果显示了不同群体对“学生发展指导”各有所需,各有所重。同时,也从一个角度说明了当前学生对“学生发展指导”的需求无法得到充分满足的可能原因:不同群体之间的观念、偏重方面不统一,从而导致在开展相关工作时产生一定错位。

(2)郑州地区学生发展现状的自评显著低于省内其他地区

在对郑州市问卷数据进行专门处理的过程中,我们发现,郑州市学生受访者的问卷结果显示,郑州市学生在对自己发展情况进行评价时,选择比较好以及非常好的比例在全省 18 地市中排名靠后,且低于全省平均水平,而选择很差或比较差的比例却排名靠前,且高于全省水平,为了验证这种差异是否显著,我们对郑州市数据及全省数据进行了卡方检验分析,结果差异显著($p<0.01$),也就说明了我们观察到的差异是显著存在的。郑州学生在进行自评时,对自己发展情况的评价结果显著低于全省其他地市。

表 2-4　学生发展指导　郑州 *　全省　交叉制表

		学生发展现状("学生发展指导"五方面)					合计
		很差	比较差	一般	比较好	很好	
郑州	计数	6 577	19 180	143 991	133 387	67 290	370 425
	百分比 %	1.8%	5.2%	38.9%	36.0%	18.2%	100.0%
全省	计数	16 507	50 268	390 711	385 582	207 337	1 050 405
	百分比 %	1.6%	4.8%	37.2%	36.7%	19.7%	100.0%
合计	计数	23 084	69 448	534 702	518 969	274 627	1 420 830
	百分比 %	1.6%	4.9%	37.6%	36.5%	19.3%	100.0%

.0 单元格(0.0%)的期望计数少于 5。最小期望计数为 6018.24。

表 2-5　学生发展指导　卡方检验

	值	*df*	渐进 Sig.(双侧)
Pearson 卡方	747.929[a]	12	.000
似然比	748.943	12	.000
线性和线性组合	736.165	1	.000
有效案例中的 *N*	1 420 830		

郑州作为国家中心城市,也一直被国家赋予带动中原发展的任务。郑州市的学生发展水平普遍高于省里其他地市,每年中、高考成绩也优于其他地市。但数据表明,郑州学生的自我评价("学生发展指导"五方面)却显著低于全省平均水平,这不得不让人思考背后原因。

3. 课程推进问题

(1)增强认识,加快体系建设

调查发现,目前学校教育的参与主体,学生群体、教师群体、家长群体对"学生发展指导"课程的了解情况均不容乐观。在学生、教师、学校领导、家长这四个群体当中,对"学生发展指导"课程表示比较了解或非常了解的占比均不到 50%;最高的是学校领导,也只有 45%表示比较了解或非常了解;最低的家长群体,仅仅只有 14.5%表示比较了解或非常了解;而学生和教师群体均不到 40%表示比较了解或非常了解。这说明"学生发展指

导"课程理念距离真正落地实施还有较远的一段路程,加速课程建设,我们首先要增强参与教育的各主体对学生发展指导课程的基本认知。

(2)破除功利思想,推动均衡发展

虽然目前河南省学校在"学生发展指导"体系建设方面不乐观,但通过数据分析我们发现目前大部分学校在"学生发展指导"的一些具体方面,例如学生发展指导中心、学生发展指导领导小组、学生发展工作相关制度、学生发展指导工作相关经费、购置相关专门教材、编写相关校本课程教材、开展相关课程、制定相关特色课程发展规划、购买相关软件支持服务、组织相关专项培训等方面也取得了不错进展,有半数以上受访者表示自己所在学校已开展或已配备。然而,"学生发展指导"课程的具体实施方面存在着不均衡现象。学校现在已经开设的相关课程,更多的仍是集中在"积极心理培养"方面,换句话说目前很多已经开设的所谓"学生发展指导"课程也大概率只是之前学校心理健康课程的升级。这与真正的"学生发展指导"课程仍然存在着较大区别。

对学生数据进行分析发现,学生表示接受得最多的相关课程是"学习能力指导",这也说明了在不甚了解"学生发展指导"理念的学生群体当中,他们所认为自己在学校接受的"学生发展指导"课程,目前仍然主要聚焦在传授知识的传统教学方面。

(3)完善资源配置、加强队伍建设

通过对调查数据的分析发现,资源不足、"无米难为炊"是当前河南省在推进"学生发展指导"课程建设过程中大部分学校所面临的共同难题。具体表现在:

其一,缺乏专兼职的学生发展指导教师。一方面,缺乏指导学生发展的专职教师,大部分学校甚至没有专职的指导教师;另一方面,当前一些学校几乎全体教师都成为兼职指导教师,但绝大部分学校的这些担任兼职任务的"学科教师",有相当比例并不能完全适应或者胜任对学生发展的指导职责。

其二,部分学校的硬件设施不足,场地、资金等较为匮乏。针对不同类型的学生群体,学校需要不同的场所来开展有针对性的指导活动,但很多学校空间有限,如何能同时推进针对不同学生的指导活动就成为一道难题。

其三,用于支持学生发展指导的社会资源缺乏。"学生发展指导"是为了让学生更好地认识自己、把握个人发展与国家社会需求之间的关系,这种指导绝非仅凭学校常规的学科教学或者生涯课程就能实现的,需要学校之外相应社会资源的支持,比如家长的介入、高校的参与、与相应行业单位的合作。部分学校由于意识不足、思维封闭等多种原因,对社会资源挖掘不足,指导学生发展的资源相对比较缺乏。

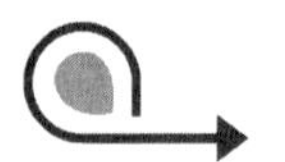

四、学生发展指导课程"一体两翼"总架构的建构与课程资源建设

(一)"1+35MN"育人模式

2019 年,中共中央、国务院印发了《中国教育现代化 2035》,在"发展中国特色世界先进水平的优质教育"部分提出要"明确学生发展核心素养要求"。在中小学校的"教学"职能方面,中小学校经历了从注重基础知识和基本技能的"双基"教学阶段,到注重知识与技能、过程与方法、情感态度与价值观的"三维"目标阶段,再到如今"双新"背景下聚焦学生"核心素养"的育人方式变革(见图 2-23)。针对"素养时代"对学生自主发展的需求与学生发展指导薄弱现状的矛盾,应积极进行教育的供给侧改革,本专题提出"1+35MN"育人模式。

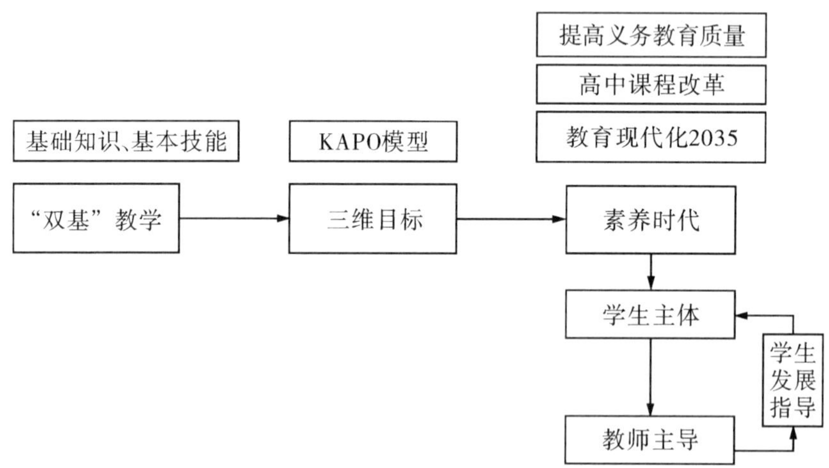

图 2-23 郑州区域教学改革的变化

1."1"的意义

(1)以国家课程的有效实施为主体

国家课程是学校落实"立德树人"根本任务,培养德智体美劳全面发展的社会主义建设者和接班人的核心载体和重要途径。"双新"背景下,中小学校的育人首先以国家课程的有效实施为主体,其包含以下四个方面的重要意义:①加强立德树人的教学目标;②完善情境导向的教学策略;③促进学科教学变革;④推进学习方式转型。

(2)国家学科课程融入学生发展指导的理念和技术

中小学校的国家课程融入学生发展指导的理念和技术包含以下三个方面:

"意义"有:①实现国家课程理念的育人价值;②推动国家课程目标的转化落实;③促使国家课程内容的更新发展;④能改进国家课程的实施与评价。

“原则”有:①保障国家课程的主导地位;②做国家课程的有益补充。

“策略”有:①发掘学生发展指导资源,融入国家课程教学;②创新教学方法,发挥学科课程的指导功能。

2.“35MN”的意义

“35MN”是本专题构建的中小学生发展指导课程体系,并在郑州区域百余所中小学的学生群体中进行了积极实践。

(二)学生发展指导课程“一体两翼”总架构的建构

基于“素养时代”对学生自主发展的需求与学生发展指导薄弱现状的矛盾,我们把学生发展指导工作的总目标确定为:“实现全面育人,促进学生自主发展”。以总目标为“一体”,以学生发展指导的“35MN 课程体系”和“大数据综合服务平台”为“两翼”,形成“一体两翼”的总架构。课程体系与数据平台如同两翼相互支撑,相辅相成。依据大数据反馈信息,运用课程精准落实,共同服务学生发展指导。

“一体两翼”总架构的内部结构可见其示意图(见图 2-24)。“35MN 课程体系”涵盖学生、教师和家长 3 个群体,包含“理想、学业、心理、生涯和生活”5 个领域,每一领域内,除了有相应的课程标准,又可分为 M 模块,即多个不同模块的课程内容。在课程实施层面,不同的学校进行具体实践时,可根据校情,选用 M 模块的组合,形成实践的 N 形态。对以上内容的“诊断、预警、指导;共享、联动、管理”,则由课程评价和大数据为基础的综合服务课程平台实现。

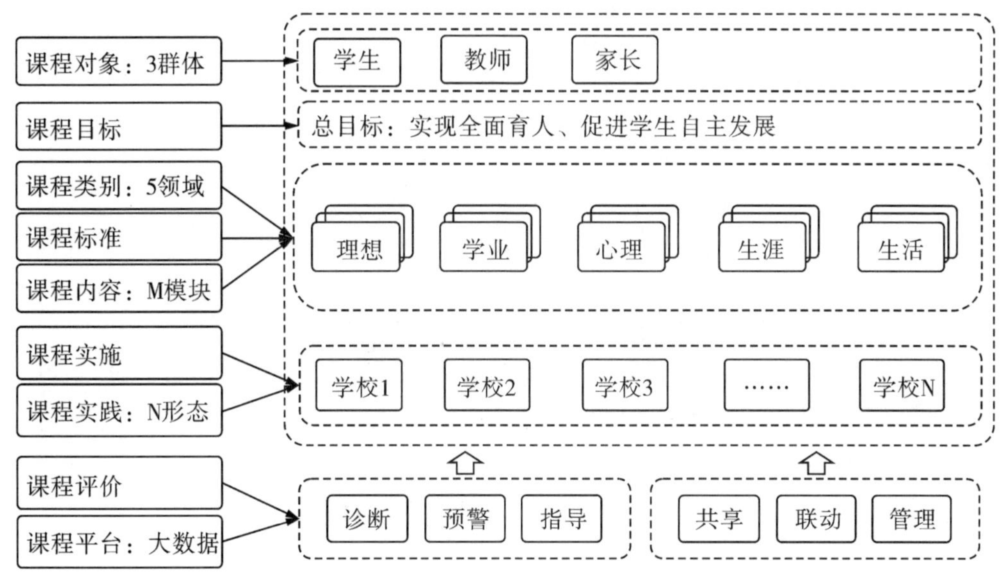

图 2-24 学生发展指导课程“一体两翼”总架构示意图

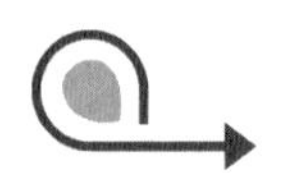

“一体两翼”的总架构用以强化学校学生发展指导职能，面向全体学生，提升其个人理想的自主建构能力、学业的自主学习能力、心理的自主调适能力、生涯的自主选择能力和生活的自主探索能力，促进学生全面、自主的发展。同时推动教师专业提升、家长同步提高、学校育人方式变革的良好教育生态建设。这个总架构为开展针对学生发展现状的分析、设计测评工具、开发课程资源等提供了理论支撑。

1.“35MN”课程体系构建

(1)课程对象

“3”是指：为学生、家长、教师三个群体设计相对应的学生发展指导课程。

(2)课程目标

以“实现全面育人，促进学生自主发展”的总目标为指引，着重提升学生的自主发展能力，为培养学生发展“核心素养”服务，为“教育必须为社会主义现代化建设服务、为人民服务，必须与生产劳动和社会实践相结合，培养德智体美劳全面发展的社会主义建设者和接班人”服务。

(3)课程类别

“5”是指：从学生、教师和家长三个群体，各自设置5大领域共15个门类的课程，如图2-25。学生群体和教师群体课程的五大领域相同，都为“理想”“心理”“学业”“生涯”“生活”；家长群体“五生”课程涵盖的五大领域为“生命”“生存”“生长”“生涯”和“生活”。

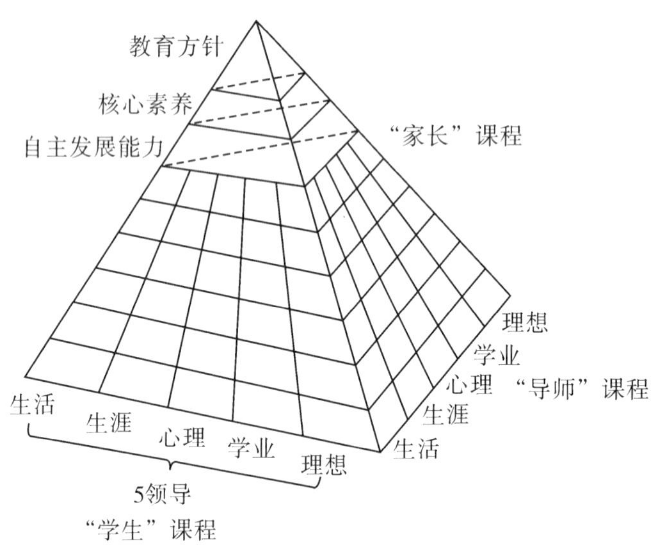

图2-25　3群体5领域课程体系示意图

(4)课程标准

针对不同群体、不同领域和不同学段，设置相应的课程标准，如表2-6所示。

表 2-6 不同学段学生的心理发展标准

学生心理课程总目标	心理发展标准(合格水平)				
	小学低年级	小学中年级	小学高年级	初中	高中
使学生学会学习和生活,正确认识自我,提高自主自助和自我教育能力,学会人际交往,增强调控情绪、承受挫折、适应环境的能力,形成健全的人格和良好的个性心理品质。积极开发自身心理潜能,自我身心和谐可持续发展,为健康成长和幸福生活奠定基础	能认识班级、学校、日常学习生活环境和基本规则 能感受到学习知识的乐趣,有良好的学习习惯 具有礼貌友好等交往品质,乐于与老师、同学交往 有安全感和归属感,初步学会自我控制 能适应新环境、新集体和新的学习生活,有纪律意识、时间意识和规则意识	能了解自我、认识自我 有学习能力、学习兴趣和探究精神,自信,乐于学习 有集体意识,善于与同学、老师交往,能自主参与各种活动,形成开朗、合群、自立的健康人格 能在学习生活中感受解决困难的快乐,会体验情绪并表达自己的情绪 有正确的角色意识,适应自身不同社会角色 有时间管理意识,能正确处理学习与兴趣、娱乐之间的矛盾	能正确认识自己的优缺点和兴趣爱好,在各种活动中悦纳自己 有学习兴趣和学习能力,学习动机端正,学习心态良好,能正确对待成绩,体验学习成功的乐趣 能初步认识青春期教育内容,进行恰当的异性交往,建立和维持良好的异性同伴关系,扩大人际交往的范围 能克服学习困难,正确面对厌学等负面情绪,可以恰当地、正确地体验情绪和表达情绪 有亲社会的行为表现,能逐步认识自己与社会、国家和世界的关系 有分析问题和解决问题的能力,能为初中阶段学习生活做好准备	能正确认识自我,客观地评价自己,认识青春期的生理特征和心理特征 能适应中学阶段的学习环境和学习要求,有正确的学习观念,发展学习能力,改善学习方法,提高学习效率 能积极与老师及父母进行沟通,把握与异性交往的尺度,建立良好的人际关系 能进行积极的情绪体验与表达,对自己的情绪进行有效管理,正确处理厌学心理,抑制冲动行为 能把握升学选择的方向,有职业规划意识,有早期职业发展目标 能逐步适应生活和社会的各种变化,有应对失败和挫折的能力	有正确自我意识,树立人生理想和信念,具有正确的世界观、人生观和价值观 有创新精神和创新能力,掌握学习策略,能发掘自身学习潜能,提高学习效率,积极应对考试压力,克服考试焦虑 能正确认识自己的人际关系状况,具备良好的人际沟通能力,能正确对待和异性同伴的交往,知道友谊和爱情的界限 能不断提升自己承受失败和应对挫折的能力,有良好的意志品质 能在充分了解自己的兴趣、能力、性格、特长和社会需要的基础上,确立自己的职业志向,有职业道德意识,能进行升学就业的自主选择和准备,具有担当意识和社会责任感

(5)课程内容

"M"是指:3 群体 5 领域共 15 个门类的课程集群各有数量不等的模块(Module)构成。课程模块"M"分不同的级别,例如学生群体的 5 个门类的课程集群所包含的"一级"课程模块数量有:"理想"门类 6 个(人文情怀、价值体悟、积极成长、世界情怀、责任担当、理想实现)、"学业"门类 6 个(学习阻力、外部动机、内部动机、深层动机、认知策略、元认知)、"心理"门类 5 个(生活和社会适应、情绪调适、人际交往、学会学习、认识自我)、"生

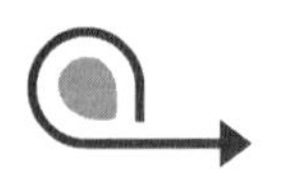

涯”门类4个(生涯准备、生涯规划、生涯探索、生涯认知)和“生活”门类6个(生活意义、自我管理、社会适应、健全人格、生存适应、珍爱生命)共27个,其中“心理”门类课程中的6个“一级”课程模块分别为“自我意识”“人际交往”“情绪管理”“学习心理”“升学择业”和“社会适应”(见图2-26)。

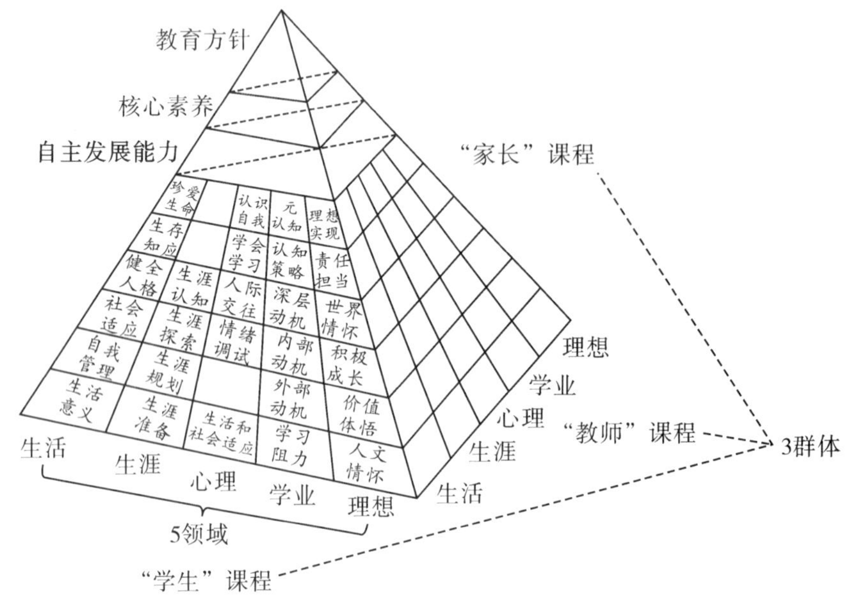

图2-26　学生群体5个门类的27个“一级”课程模块

以学生群体“心理”门类课程中的“一级”课程模块“认识自我”为例,它的“二级”和“三级”模块举例如图2-27所示:“二级”模块可以是上述“一级”模块中的某子模块如“高中—认识自我主题——级指导策略(发展策略)”,“三级”模块可以是上述“二级”模块中的某子模块如“高一年级—自我意识子主题—班级心理课指导形式”。

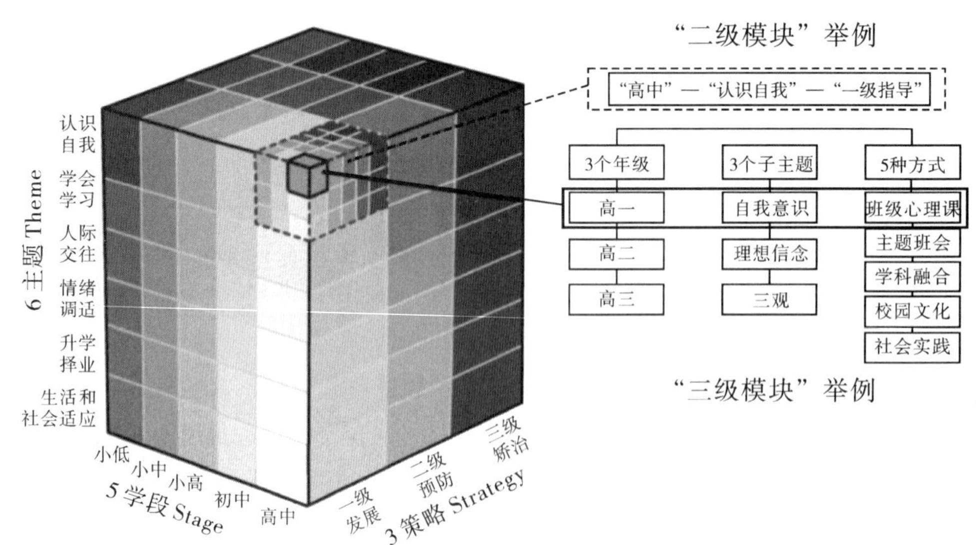

图2-27　学生“心理”指导课程“一级”模块“认识自我”下“二级”和“三级”模块举例示意图

模块自身不断更新迭代,模块数量也不断增长,开发课程模块是学生发展指导工作的核心任务之一。

(6)课程实施

课程实施层面,采用“三级指导”策略:一级指导面向全体学生,促进其全面发展,主要形式有专门的学生发展指导课程、测评、社会实践活动等;二级指导面向部分学生、全体家长和教师,解决和预防学生的发展性问题,主要形式有讲座、工作坊、团体辅导、社团活动等;三级指导面向个别学生,针对性地解决学生的各种发展问题,主要形式为个别辅导。

(7)课程实践

对于上述3群体5领域的学生发展指导课程的实践,即“N”形态是指:不同的实验校进行具体实践时,可根据自身教育理念、学情、校情与师资力量,选用M模块的组合,经探索实践,形成学生发展指导校本课程的“N”种特色实践形态(见图2-28)。

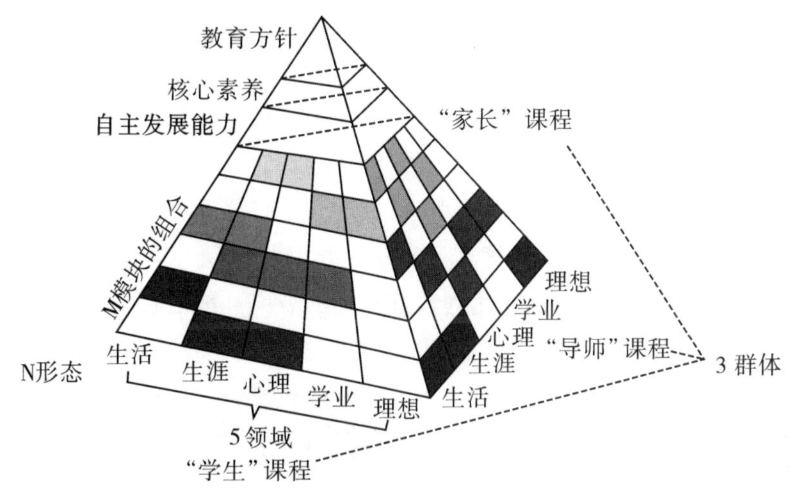

图2-28 课程实践形成的“N”形态举例

(8)课程评价

相关的课程评价采用“三维评价体系”:形成性评价——以学生发展指导手册形式呈现,内容有心理测试、学习历程、成长记录、生涯体验活动、社会实践记录、社区服务记录等;课程有效性评价——基于目标达成的五维度课堂观察量表,包括辅导目标陈述量表、教学方法量表、资料使用观察量表、辅导技巧观察量表、学生参与度量表。CIPP评价模式——含背景评价、输入评价、过程评价、结果评价。

2. 三群体课程相关的理论模型研究

针对“35MN”课程体系的三个群体、五大领域,课题组分别构建了各自课程的理论模型和相应内容的核心要点,如学生群体课程5领域关系的“灯塔模型”、5领域课程内容的29个核心要点和课程实施的“三级指导模型”,学业领域的“火箭模型”、心理领域的“心育魔方”、生涯领域的“渡桥模型”,以及家长群体课程的“不倒翁模型”、导师群体课程的“人形模型”等。各课程相关理论模型的构建有助于理清课程内容核心要点之间的关系,

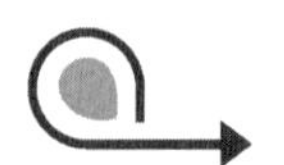

使各部分课程的结构框架更加清晰，为学生发展指导课程体系的构建提供基础。

(1)学生群体:5 领域课程的“核心要点”和“灯塔模型”

1)学生群体 5 领域课程的“核心要点”，我们在“一体两翼”总架构“实现全面育人，促进学生自主发展”总目标的指引下，面向全体学生，积极构建涵盖 5 大领域的课程目标和课程内容核心要点(见图 2-29)。

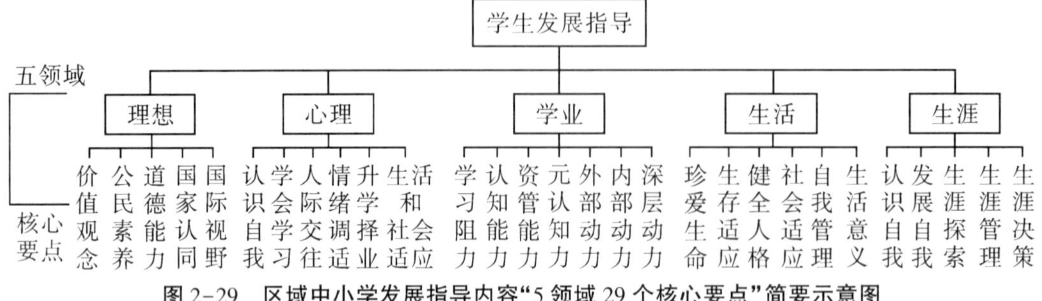

图 2-29　区域中小学发展指导内容“5 领域 29 个核心要点”简要示意图

2)学生群体 5 领域课程之间关系的“灯塔模型”，学生发展指导中的“指导”(guidance)二字，有“指示”“教导”“指点”“引导”的意义，进一步分解会发现它还会包含“指引”“点明”“带领”“启发”等意义(见图 2-30)。这些意义和指路人为问路人指明方向，甚至带领其到达他要去的地方，其寓意容易让我们联想到“灯塔”，引申到教育领域，就有了为学生指明教育方向，引导其达到教育目标的意义。因而在构建中小学生群体发展指导的 5 个领域之间的关系时，我们构建了“灯塔模型”(见图 2-31)。

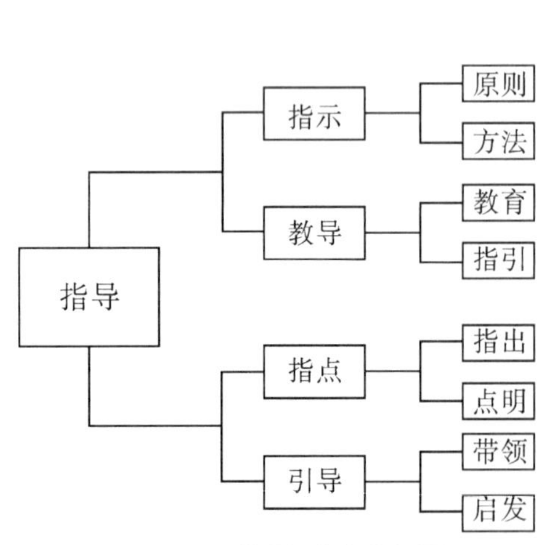

图 2-30　“指导”意义分解图

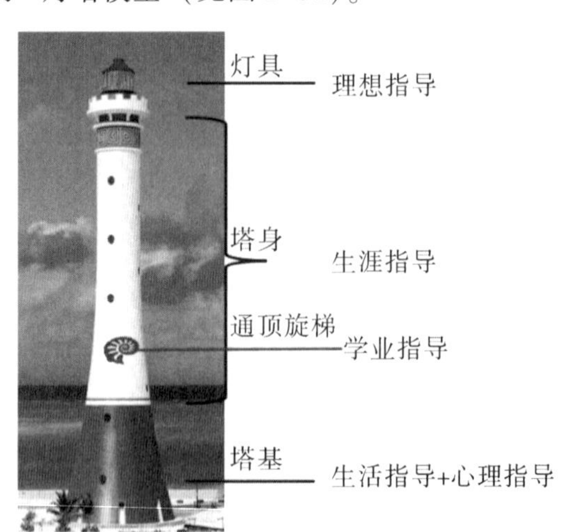

图 2-31　描述五领域关系的“灯塔模型”

学生发展指导学生群体课程五领域之间的关系是既“相互独立”“自成体系”，又“相互影响”“相互渗透”。

(2)学生群体:“学业”领域自主学习力“火箭模型”及相关课程

在“学业领域”基于自主学习领域对“学习能力”的研究，借用了学习力领域对“力”

的强调，纳入了自我决定理论的“学习动机自主性连续体”系列，提炼自主学习力是以“乐学、善学”为基本特征的学生学业自主发展的核心潜力。通过理论整合，提炼出自主学习的包括能力、动力和阻力三大潜力因子，确定自主学习力内涵（乐学、善学）和外延（并经实证检验进一步细化为三大潜力因子，26 个影响因素维度），建构自主学习力火箭模型（见图 2-32）。该模型的有效性通过 20 万中小学生的大样本调查和统计分析得到了验证。

图 2-32 自主学习力火箭模型

基于自主学习力火箭模型，设计自主学习力“学生训练手册”。在学习动力、学习能力、学习阻力 3 个方面 26 个维度分别设计 5 个练习策略，依据《自主学习力提升 26 维自测表》测评的结果，在分析学生学情的基础上，学生在教师的指导下，选择适合自己的提升目标，使用训练手册，提升自己的自主学习力。

（3）学生群体：“心理”领域课程的“心育魔方”

在学生“心理”领域的指导课程方面，课题组构建了“心育魔方”，它是以“学段（Stage）”“主题（Theme）”和“策略（Strategy）”为线索构建的三维、多级、模块化的素材性心育课程资源体系，形似魔方结构（见图 2-33）。下面结合各维度的一级指标和二级指标进行内部结构的具体介绍。

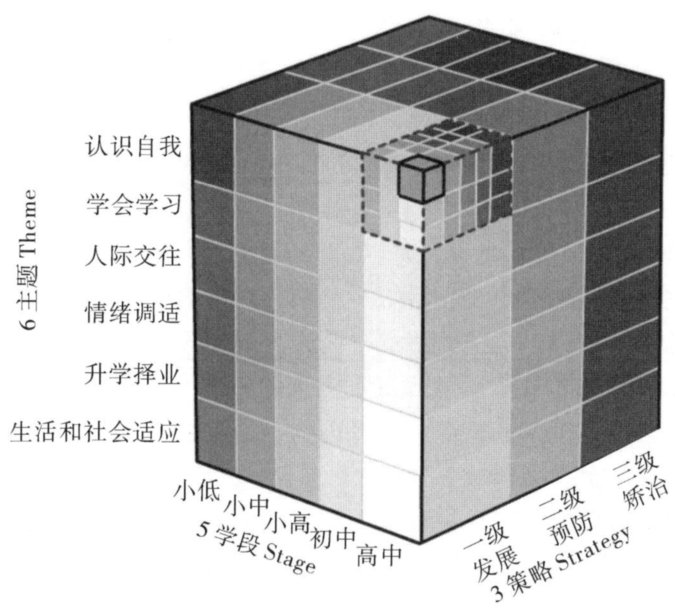

图 2-33 “心育魔方”：学生心育课程资源“STS”模块化体系

①学段维度。教育部《中小学心理健康教育指导纲要(2012年修订)》(以下简称《纲要》)中要求,心理健康教育应从不同地区的实际和不同年龄阶段学生的身心发展特点出发,做到循序渐进,按照小学低年级、小学中年级、小学高年级、初中年级和高中年级,设置分阶段的具体教育内容。基于此,我们把学段维度的一级指标定为小学低中高、初中和高中,二级指标则为更具体的每个年级。

②主题维度。我们把《纲要》中要求的中小学心理健康教育的6个重点内容:认识自我、学会学习、人际交往、情绪调适、升学择业及生活和社会适应,设置为此维度的6个一级指标,即6个最重要的心育大主题。二级指标为每个大主题下包含的内容不同且依次递进的3个子主题(见图2-34)。

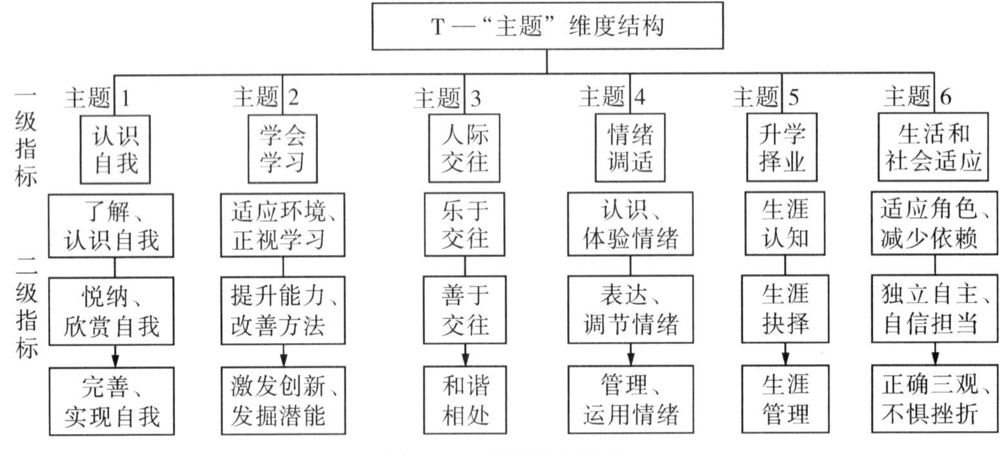

图2-34　主题维度结构

③策略维度。《纲要》中要求,开展中小学心理健康教育,要以学生发展为根本,遵循学生身心发展的规律和特点,并坚持发展、预防和危机干预相结合的基本原则。基于此,在构建中小学心育课程资源体系的策略维度时,我们选择了"发展""发展+预防""发展+矫治"的学生心理发展三级指导工作策略,方便为不同心理状态的学生群体分别提供相应的心育课程资源。

三级指导"策略"可进一步细化,通过对一线心育教师的调查、访谈,我们确定了游戏活动法、心理剧法、绘画法、故事法、书写法这五种方法作为面向团体学生的二级指标,认知行为法、沙盘游戏法、系统家庭法、焦点解决法、心理书信法这五种方法作为面向个体学生的二级指标,这些方法便于操作,无论是专业的心理老师还是班主任、学科教师都可以以这些方法为媒介,与班级心理课、主题班会、个体辅导等不同方式进行结合,实现不同程度的心育目的(见图2-35)。

在打造"心育魔方"的过程中,创建"四驱动"教研策略,搭建共建共享的全场景资源平台,经过四轮次操作演进,建立了多元多维评价体系,开发出了系列心理课程资源。在郑州市中小学率先以心育课程资源建设为切入点,以心育"STS"三个维度为支撑点,以模块化为着力点,构建心育"STS"三维模块化课程资源体系。

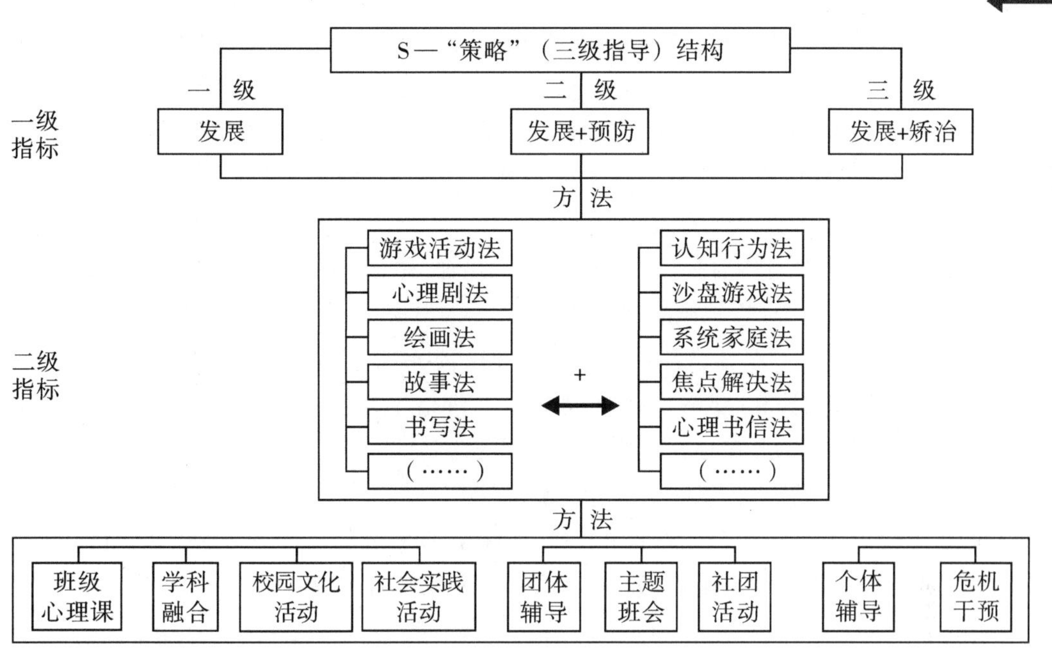

图 2-35　S—“策略”(三级指导)结构

(4)学生群体:“生涯”领域课程的“渡桥模型”

我们构建的中小学一体化生涯教育实践聚焦学生发展,以课程建设和教育实施为核心,从理论、标准、学段、主体、管理、队伍、评价等七个方面进行一体化建构,确立了“一本二线三体四全五生”的本土化生涯教育理论;构建了学段衔接、主体贯通的生涯教育课程资源;形成了四级教师队伍、四个评价标准为支撑的“1+3+X”实践样态。实现了理论与实践的有效衔接,完成了课程资源的一体化贯通,进行了评价体系探索,搭建起了从教育任务和学生需求走向育人方式变革和学生全面发展的“渡桥模型”(见图 2-36)。

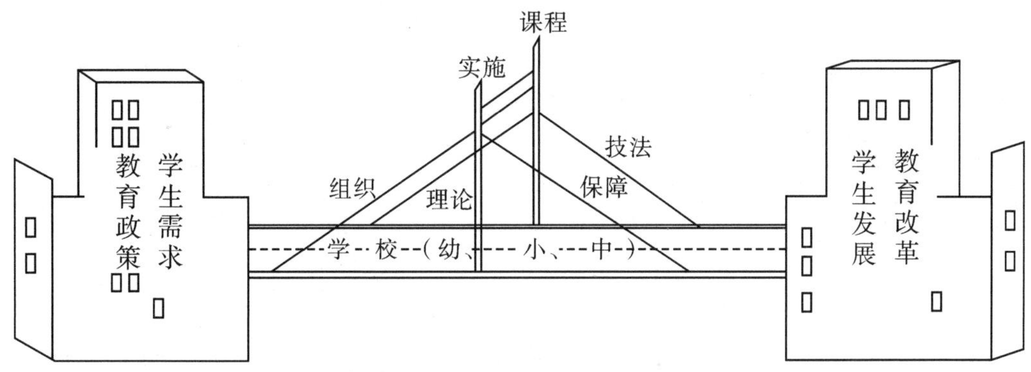

图 2-36　七维一体化生涯“渡桥”模型

本土化生涯教育理论中:

“一本”即以人为本,聚焦学生发展;

“二线”即生涯教育的开展是“课程研发”和“教育实践”两条主线同时进行。要统一区域化的课程标准,建构一体化的课程体系,拓展多样化的学校操作样态;

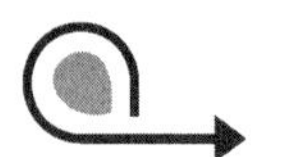

“三技”即在生涯教育的进行中充分利用心理技术、生涯技法和课程技术作为有效支撑；

“四全”即实施的全过程、全方位、全资源、全部人。全过程，即从入学到毕业的全部历程。全方位，即课内外和校内外的全面渗透。全资源，即多维联动，教职工、家长、学生、社会人士等全部资源的有效整合；

“五生”即生涯教育内容拓展为关注学生的生命、生存、生活、生长、生涯。

(5)教师群体：“心理”领域心理导师胜任力“人型模型”及相关导师课程

心理导师课程针对全体教师，主要包括心理健康教师、班主任、学科教师等，由于专业性、岗位角色、工作阶段和经验等的不同，教师在心理指导能力方面存在差异，需要学习成长的内容也不尽相同。为此在心理导师胜任力模型的基础上，通过对自编问卷《中小学教师心理指导水平现状及需求调查问卷》的施测和结果分析，了解中小学教师对学生进行心理指导的水平现状及需求，结合心理健康教师能力构成要素和郑州市心理健康教师培养的实践经验，建立了心理导师“基础篇”和“提高篇”两级分类课程体系(如图 2-37、图 2-38)。

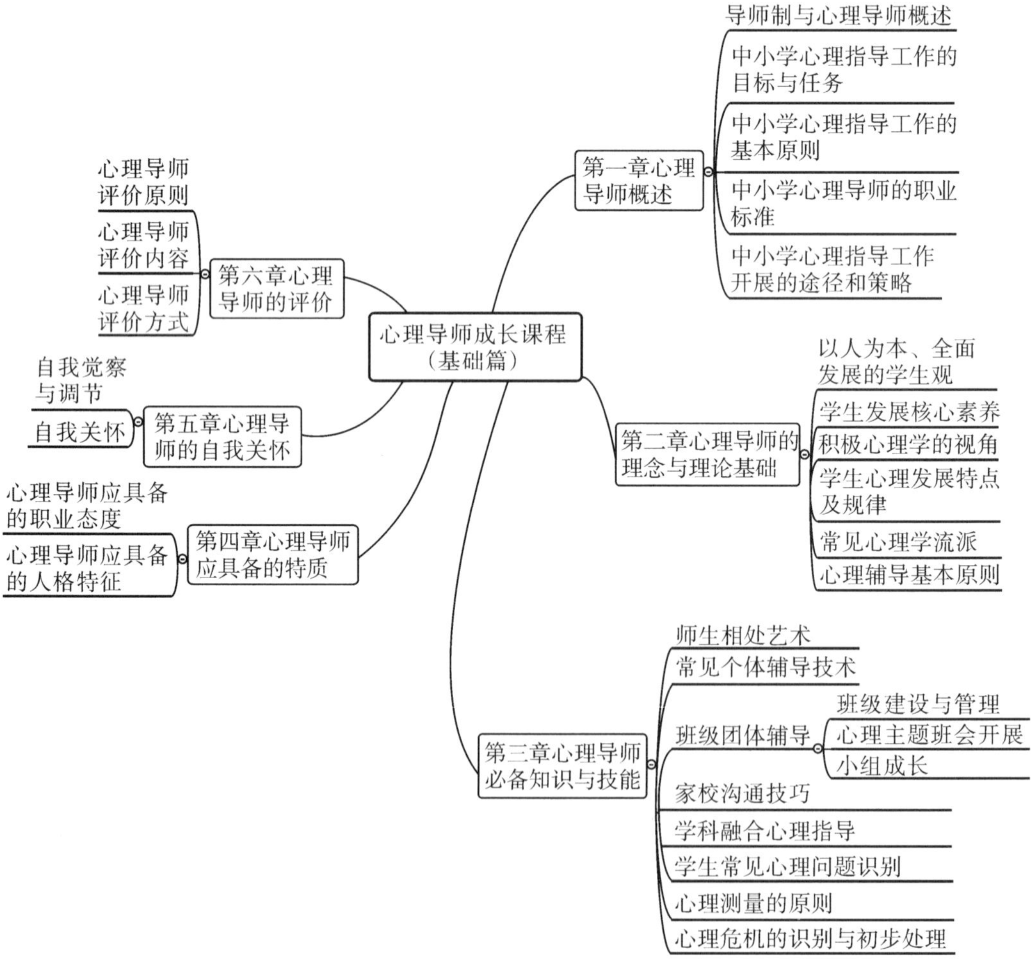

心理导师成长课程（基础篇）

第一章心理导师概述
- 导师制与心理导师概述
- 中小学心理指导工作的目标与任务
- 中小学心理指导工作的基本原则
- 中小学心理导师的职业标准
- 中小学心理指导工作开展的途径和策略

第二章心理导师的理念与理论基础
- 以人为本、全面发展的学生观
- 学生发展核心素养
- 积极心理学的视角
- 学生心理发展特点及规律
- 常见心理学流派
- 心理辅导基本原则

第三章心理导师必备知识与技能
- 师生相处艺术
- 常见个体辅导技术
- 班级团体辅导
  - 班级建设与管理
  - 心理主题班会开展
  - 小组成长
- 家校沟通技巧
- 学科融合心理指导
- 学生常见心理问题识别
- 心理测量的原则
- 心理危机的识别与初步处理

第四章心理导师应具备的特质
- 心理导师应具备的职业态度
- 心理导师应具备的人格特征

第五章心理导师的自我关怀
- 自我觉察与调节
- 自我关怀

第六章心理导师的评价
- 心理导师评价原则
- 心理导师评价内容
- 心理导师评价方式

图 2-37　心理导师成长课程(基础篇)

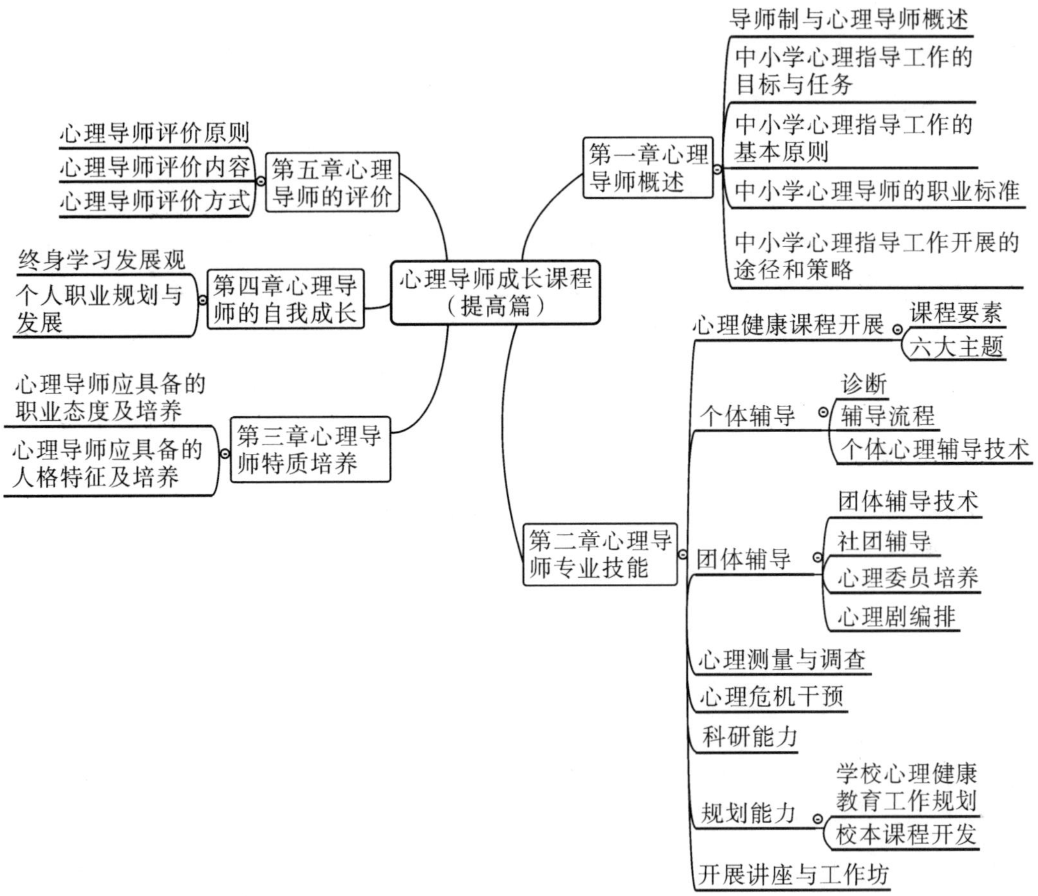

图 2-38　心理导师成长课程（提高篇）

心理导师两级成长课程体系内容由浅入深，针对不同群体、不同能力的教师都有涉及，“基础篇”主要面对班主任、学科教师及初入职的心理健康教师等，“提高篇”主要面对专职心理健康教师、有需求的优秀班主任等。“基础篇”和“提高篇”的课程均呈现模块化的特点，各模块化课程之间相互联系又各自独立，更具有包容性、扩展性和选择性，教师除可根据自己归属范围阅读外，也可以根据自己的需求，在两级课程体系中，自由选择合适的模块进行“套餐”组合，满足群体的共性需求和个性化需求。让教师通过学习，快速掌握心理导师所需要的相关知识和能力，提升胜任力，在日常教育教学工作中更好地开展心理指导工作。

(6)教师群体：“学业”领域学业导师相关课程

为帮助教师掌握学业指导的理念、理论、途径和方法，通过培训学习、主题教研、观课磨课等形式，梳理理论和教学实践经验，我们组织完成了《中小学生学业指导教师手册》，为教师开展学业指导提供系统的、丰富的指导资源。

学业导师指导手册围绕促进学生“乐学”“善学”“坚持学”的目标,详细论述课程理念、各部分理论基础、途径和方法等内容,帮助教师掌握:建立良好师生关系的策略,提升学生学习动力、学习能力和学习韧力的原理和方法。

(7)家长群体:智慧家长课程的“不倒翁”模型

智慧家长课程模型模拟不倒翁构建(见图 2-39),“底部”是四维课程体系,分别是:理论部分,梳理课程理论背景及依据;理念部分,介绍生涯教育、家庭教育新理念;工具部分,总结正面管教、积极语言技术、萨提亚家庭治疗、绘画疗法等 12 种在家长课堂方便使用的工具;实践部分,以生命、生存、生活、生涯、生长的“五生”教育为组织形式,分小学、初中、高中三个阶段,呈现一系列流程清晰、易于操作的课例,指导实践。

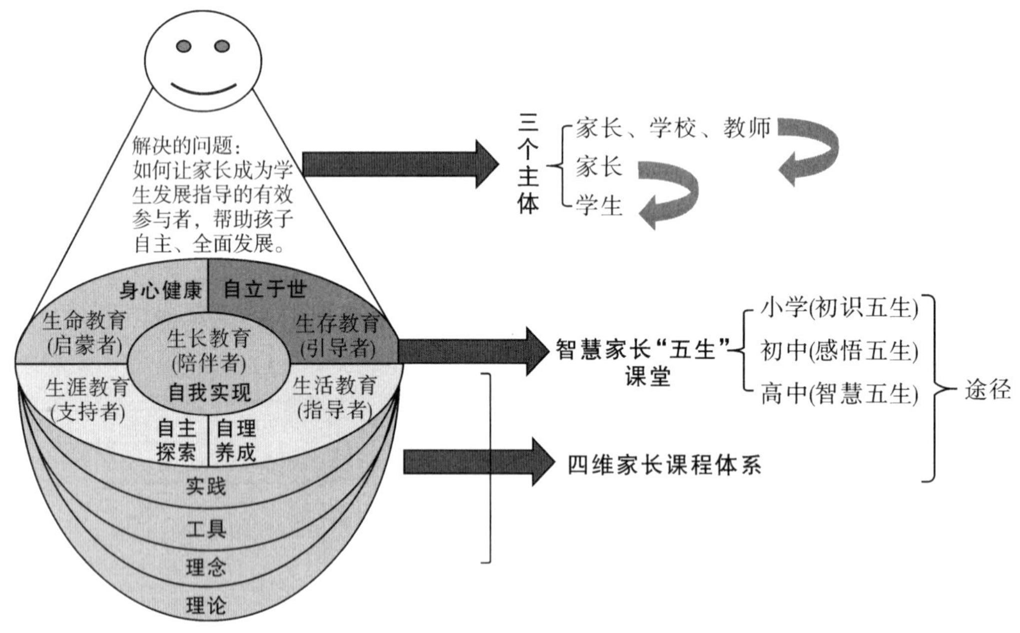

图 2-39 智慧家长课程的“不倒翁”模型

3. 大数据综合服务云平台建设

国内目前大多数地区的学生发展指导课程资源建设目标模糊、课程资源内容体系离散,呈现碎片化的特点,这导致课程资源不能有效地分配与使用,这对学生发展指导工作的可持续性造成了局限。找到一种怎样的架构体系,实现学生发展指导课程资源的实用、好用、够用,是云平台建设需要解决的首要问题。基于此,我们积极研发面向 3 个群体、涵盖 5 个领域的中小学生发展指导大数据综合服务平台。包括学业发展大数据诊断、心理发展大数据预警、生涯发展大数据指导、理想与生活发展大数据引导、家庭教育服务、导师成长服务等多个子平台的功能发挥。力求实现服务全省中小学校师生家长的具有资源共享、互通交流、区域联动、多级管理的多元功能(见图 2-40)。

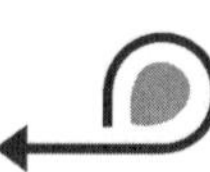

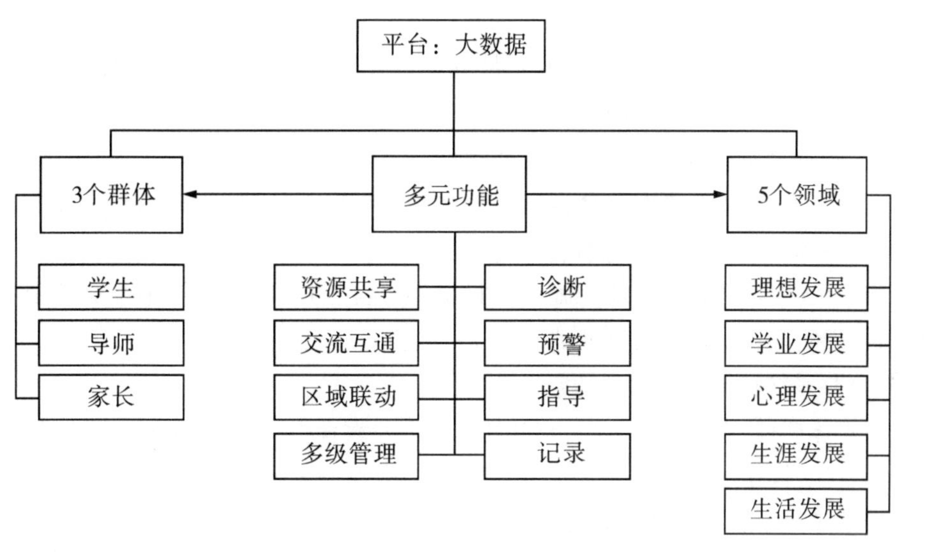

图 2-40 “大数据综合服务平台”内容设计

五、中小学开展学生发展指导的建议

从世界基础教育发展趋势来看，学生发展指导受到了越来越多的重视，已成为现代普通学校并列于教学、管理的三大职能之一。在我国，进行学生发展指导，不仅是适应国际教育改革发展的趋势，更是我国自身社会发展的需要。学生发展指导是新时代为国育人为党育才的要求，是“全面贯彻党的教育方针，落实立德树人根本任务”的需要。

目前我国中小学正处在从“育分”到“育人”的转变之中，学生发展指导工作尚未普及，科学性、规范性有待提升，在现实层面和理论层面存在一些具体的问题。如缺乏可促进“全员指导”的全面而有效的课程体系、缺乏可促进“精准指导”的统一而又灵活的数据平台、缺乏可促进学校转变育人方式的系统而有特色的课程实践。具体到河南省，省域学生发展指导现状与需求调研显示，还存在学生对学生发展指导“课程”的真实需求与实际供给严重不匹配和学校学生发展指导课程开展缺乏成熟体系的重要问题。

针对这些问题，课题组构建了学生发展指导的“一体两翼”总架构并进行实践。基于实践研究和省域调研结果，提出在河南省整体推进学生发展指导的工作建议和课程推进的具体建议。

（一）整体推进河南省中小学生发展指导工作

1. 遵循学生发展指导工作的基本原则

（1）坚持立德树人与育人为本相结合。

坚持用习近平新时代中国特色社会主义思想铸魂育人，全面贯彻党的教育方针，全面落实立德树人根本任务，培养德智体美劳全面发展的社会主义建设者和接班人。

(2)坚持科学性与时效性相结合。

遵循教育教学规律和学生的身心发展规律,聚焦核心素养,科学、专业、规范化开展中小学生发展指导,提高学生发展指导工作的时效性。

(3)坚持面向全体和尊重个体差异相结合。

坚持以生为本,注重将面向全体和尊重个体差异相结合,成就每一个学生。

(4)坚持发展性与动态性结合。

着眼学生终身发展,系统地实施发展指导,注重预防和动态了解学生成长中的发展问题,为学生实现自我价值奠定基础。

(5)坚持系统性与协同性相结合。

注重整体规划,坚持多方协同,充分利用校内外教育资源,整合家庭、学校、科研院所及社会等资源,构建多方参与、学科融合、家校共育、路径多元的学生发展指导格局。

2. 明确学生发展指导工作的主要内容

(1)理想指导

指导学生树立崇高理想,增加国家与文化认同,开阔国际视野,引导学生将个人理想融入新时代中国特色社会主义建设发展。

(2)心理指导

指导学生培养积极乐观、健康向上的心理品质,充分开发心理潜能,为学生健康成长和幸福生活奠定基础。

(3)学业指导

指导学生提升自主学习能力,培养良好的学习习惯,增强学业韧性,让学生乐学、善学。

(4)生涯指导

指导学生构建智慧生涯,探索自我,认识社会现实、发展生涯决策能力,根据社会环境的变化调整生涯发展方向。

(5)生活指导

指导学生学会健康的生活方式、必备的生活技能,获得社会适应能力,学会自我管理,体验生活的归属感与价值感,实现健康美好的生活状态。

3. 丰富学生发展指导的方法策略

(1)建立专门学生发展指导机构,实施中小学生发展指导的三级发展指导模式

各学校要建立学生发展指导中心,研究学生、服务学生、指导学生发展,把学生发展指导工作纳入学校发展规划和学校课程计划。构建并实施三级发展指导模式,满足学生的普遍化和个性化需求。探索"家—校—社"资源有效融合的学生发展指导体系,构建学校、校外专业机构与专门医疗机构等相结合的指导网络。

(2)构建学生发展指导特色课程体系

学校根据学生特点和需求,编制学生发展指导指南,建立科学的学生发展指导制度

体系，积极开发理想指导、心理指导、学业指导、生涯指导、生活指导五领域课程资源。把学生指导相关课程纳入学校选修课或必修课。建立管理联动平台、教研平台、资源活动共享共建平台。

(3)开展学生发展指导多元主题活动

创新活动方式，通过知识讲座、情景模拟、案例探讨、团体辅导、心理训练等互动方式，增强学生参与实践、自我探索、知识应用等能力，做好自我规划。大力推进家校共育，积极拓展校内外渠道，组织开展丰富多样的实践活动。

(4)应用科学评价系统

全面、客观、公正评价学生发展，充分运用综合素质评价系统，为每名学生建立个性化成长档案，对学生成长情况进行科学分析和诊断，为其未来发展提供指导。

4. 保障学生发展指导有效开展

(1)加强组织领导，完善制度建设

设立专门的学生指导管理部门，出台学生发展指导纲要，实现学生发展指导的制度化。指导学校因校、因地制宜，把学生发展指导纳入学校常规工作，并把它提升到与教学、管理并重的地位。强化党组织的引领、带动作用，加强经费保障，确保各类教育指导活动的顺利开展。

(2)加强队伍建设

探索建立符合河南省实际的学生发展指导培训体系，建立学生发展指导师资培训基地，加强对指导教师的管理和培训，将学生发展指导课程纳入中小学教师培训必修模块。各学校要建立以专职教师为骨干，全员参与的学生发展专兼职师资队伍。对导师制进行探究，充分发挥党组织、共青团、学生会在学生发展指导工作中的作用，形成合力。

(3)加强研究指导、交流分享、示范推广

各地教育行政部门和教科研部门要加强学生发展指导工作的理论和实践研究，注重研究先行、课题带动、实践跟进、成果运用。积极推进关于学生发展指导的跨地区学校与教师交流合作提高，引进和利用优质教育资源，搭建学习互助平台。加强示范推广，充分发挥示范引领和辐射带动作用，不断提升学生发展指导工作的整体水平。

(4)加强督导考核

建立学生发展指导教师绩效核定及定期增长长效机制，加强监督检查、确保落实。各市、县要将实施学生发展指导作为学校教育教学改革的重要内容，纳入对学校的总体督导检查范围。各校要将学生发展指导纳入教师工作量，作为绩效考核重要内容。

(二)建构河南省中小学生发展指导课程体系

1. 明确中小学生发展指导课程的目标

中小学生发展指导课程的总目标建议设定为："面向全体学生，提升其个人理想的自主建构能力、学业的自主学习能力、心理的自主调适能力、生涯的自主选择能力和生活的

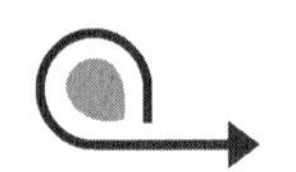

自主探索能力，促进学生全面、自主的发展。”即通过理想指导领域课程，使学生能够自主建构崇高理想，将个人理想的实现融入中华民族的伟大复兴；通过心理指导领域课程，使学生具备心理的自主调适能力，并拥有积极的心理品质；通过学业指导领域课程，使学生具备自主学习的能力，拥有动力乐于学习、掌握方法善于学习；通过生活指导领域课程，使学生能够自主探索并拥有幸福生活，珍爱生命、学会生存适应、拥有生活的智慧、探寻生活的意义并为自己未来生活幸福奠基；通过生涯指导领域课程，促使学生生涯的自我选择和自我实现，拥有探索内部世界与外部世界、生涯决策与生涯管理的智慧与能力。

2. 规划中小学生发展指导的课程内容

学生发展指导课程应统筹各类教育资源，从理想、学业、心理、生涯和生活五个领域，整合心理健康教育课程、生涯课程与活动实践、特色课程、主题班会课、学科融合课、系列德育实践课程、多元校本课程和社团活动，以及基于云教学系统的交互式教学改革实践，整体规划学生发展指导体系框架，构建多元学生发展指导课程体系。

(1)遵守学生发展指导课程内容的选择准则

①注意课程内容的基础性。

②课程内容应贴近社会生活。

③课程内容要与学生和学校教育的特点相适应。

(2)坚持以学生发展为导向组织课程内容

①纵向组织与横向组织。纵向组织是指将课程内容按照一定的指导原则进行先后顺序的排列。横向组织原则要求，为使学生有机会更好地探究社会和个人最关心的问题，打破学科之间的界限，打破传统的知识体系。

②逻辑层面与心理层面。逻辑层面是指将课程内容按学科自身的制度与内在的关系相结合；心理层面是指按照学生的心理发展特征来组织课程内容。

③直线式与螺旋式。直线式将课程内容组织为一条基本不重复的前后连接的直线。螺旋式要使课程内容在不同的阶段不断重复，但要逐渐扩展，逐渐扩大。

(3)明晰学生发展指导课程内容的五个领域

①理想指导课程内容：价值观念、公民素养、道德能力、国家认同、国际视野几个方面。

②心理指导课程的内：为认知自我、学会学习、人际交流、调节情绪、择业升学、适应生活、适应社会等。

③学业指导课程内容：认识并克服学习阻力、提升学习认知能力、学习资管能力、学习元认知能力，提高学习的外部动力、内部动力和深层动力几个方面。

④生活指导的课程内容：珍爱生命、生存适应、健全人格、社会适应、自我管理、生活意义几方面。

⑤生涯指导的课程内容：认识自我、发展自我、生涯探索、生涯管理、生涯决策几个方面。

3. 推进中小学生发展指导课程实施

(1)建立学生三级发展指导模式

在中小学开展学生发展指导工作,不是仅仅关注出现问题的学生,而是要面向全体学生,专注全体学生的多样化需求,促使每一位学生的个性化发展。学生三级发展指导模式包含一级指导"发展"面向全体学生、二级指导"发展+预防"面向部分学生、三级指导"发展+矫治"面向个别有特殊发展需要和问题的学生。其中发展为主,预防和矫治为辅,促进学生积极健康发展要比对危机的预防和对问题的矫治更为重要。

(2)丰富学生发展指导课程实施路径

①学生发展指导课程实施全程化。在课程实施过程中,不应只是在某些年级开展某些专门课程,而应该强调课程的全程化和多样化,在所有年级开设不同形式的学生发展指导课程,除专门、独立的必修、选修课程之外,学生发展指导还可以融入到各个学科课程当中进行学科渗透,或者以主题班会课、社会实践课等活动形式开展,让学生发展指导工作覆盖各类育人场景。

②学生发展指导课程实施全员化。学校要将学生发展指导的理念渗透到学校整体的文化氛围中,让全体教师都具备指导意识,促进学生发展指导教师全员化,建立一支"以学生发展指导专业教师为骨干,班主任、心理健康教师为主体,学科教师共同参与"的专兼结合、协调合作的学生发展指导教师队伍,让全体教师都能在日常教育教学中发挥人生导师的功能。

③全方位实施学生发展指导课程。学生所处的关系系统包括家庭环境、学校环境、社会环境,因此学生发展指导工作应由学校、家庭、社会共同承担,学生发展指导课程的实施不仅需要学校全体教师的普遍参与,还需要家庭及社会的紧密合作,共同构建"学校—家庭—社会"全方位一体化的指导队伍。

(3)提升教师指导意识和能力

①提升教师指导意识。学校要通过广泛宣传,培养教师对学生发展指导课程的参与意识。

②提高教师指导能力。学校要立足实际,开展内容全面、形式多样的学生发展指导相关培训,切实提高教师的理论素养和实践能力。

4. 完善中小学生发展指导的课程评价

(1)遵循学生发展指导课程评价的基本原则

遵循学生发展指导课程评价的基本原则有发展性原则、科学性原则、全面性原则、育人为本原则。

(2)建构学生发展指导课程评价体系

①课程资源背景评价。对基于各类课程资源背景所设计的教学方案所能达到的实际水平与预期目标之间的差距做出预判,保障学生发展指导课程实施的可行性。

②课程方案输入评价。输入评价是对课程方案的合理性、可行性和效用性进行的评

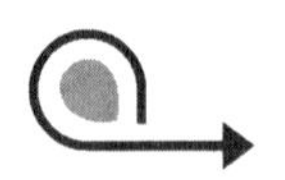

价，重点在于确定课程方案和策略，以帮助教师在组织课程内容、选择课程活动方式和策略上作出更客观的决定。

③课程实施过程评价。过程性评价应从学生参与过程和教师指导过程两方面进行评估。

④课程实施结果评价。课程实施结果阶段的评价是侧重于关注学生体验与收获和教师发展与收获等方面的评价。

（3）应用学生发展指导课程评价体系

①评价主体实现“多元化”。要将学生的自我评价、教师的评价、学生间的相互评价以及家长的评价结合起来，从多个角度对学生发展指导课程的教学活动作出公平、公正、全方位的评价。

②评价过程实现“立体化”。要实现评价过程立体化，需要关注学生课堂内外的全方位表现。可以采用课堂评价、课后评价、作品评价和期末总评相结合的评价方式，帮助学生建立成长档案袋。

③评价内容实现“全面化”。既要关注教师开设发展指导课程的质量，又要关注学生学习发展指导课程的成就。

④评价方式实现“多样化”。要注重结果评价与增值评价相结合、综合评价与特色评价相结合、自我评价与外部评价相结合、线上评价与线下评价相结合。

专题三　河南省中小学学生课业负担问题研究

一、小学生课业负担状况调查研究

学生课业负担过重问题及其危害,从最早关注学生的作业布置和课程开设、到校时间、睡眠不足、周末补习等问题,到系统地对小学生课业负担重不重的问题进行大规模调查统计,并对造成负担过重的原因进行思考和分析,直到今天对减轻过重课业负担的政策策略开展多视角、多学科、全方位的研究。

本专题是在中国和世界发展处于关键和大变的时代背景下,运用高质量发展的新理念做出的调查分析,用大数据处理的方法来总结课业负担存在的问题与特征,分析小学生当下的课业负担到底重不重,从人口学的角度进行统计并讨论存在的性别、年级、地域上的差异,进而验证小学生课业负担过重的危害和减负政策措施的执行力和有效性。

调查统计小学生课业负担的各种表现,总结小学生课业负担在客观课业负荷(课业数量和课业时间)、主观课业感受(个体感受和身心状态)维度下的一般特征,讨论在人口统计学变量(年级、性别、生源地)上的差异,不仅可以从量上了解当下的小学生课业负担问题的方方面面,还能够从质上判断过重课业负担给小学生造成的伤害,为破解减负困境,确实解决小学生课业问题提供解释,并为学校教育改革、校外培训治理、家庭教育提升、减负政策落实提供针对性的对策建议。

1. 研究对象

分城市、县城、乡村三类生源地和重点、一般、薄弱三类学校,从河南省各地市选取 28 所小学,以班级为单位,随机发放问卷并注意男女比例,以集体实测的方式进行问卷调查。共发放问卷 3 000 份,回收 2 765 分,回收率为 92. 17%,剔除无效问卷 327 分,保留有效问卷 2 438 份。其中男生 1 255 名,女生 1 183 名;三年级 468 人,四年级 617 人,五年级 707 人,六年级 646 人;城市 831 人,县城 1 064 人,乡村 543 人。研究对象的基本情况如表 3-1 所示。

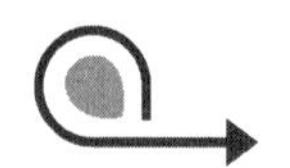

表 3-1　调查对象基本情况

变量	类别	人数(人)	百分比(%)	总数(人)
性别	男	1 255	51.47	2 438
	女	1 183	48.53	
年级	三	468	19.93	2 438
	四	617	25.31	
	五	707	29.00	
	六	646	25.76	
生源地	城市	831	34.09	2 438
	县城	1 064	43.64	
	乡村	543	22.27	

2. 研究工具

本专题在借鉴的基础上形成了《河南省小学生课业负担调查问卷》。该问卷共有 14 道题,全部为封闭式问题,没有反向计分,设计分为课业数量、课业时间、个体感受、身心状态四个维度。

3. 研究程序

采用以班级为单位集体施测方式,由课题组负责人或成员亲自担任主试,班主任辅助,随机抽取被试(并注意男女比例)发放调查问卷,测试前先由研究者统一宣读指导语和问卷要求,测试时间约为 10 分钟,学生根据自己的具体情况匿名作答,完成后当场收回问卷。

4. 统计工具

使用 SPSS 20.0 进行数据处理,主要统计方法包括描述性统计、单因素方差分析、独立样本 T 检验等。

(二)研究结果

本专题选取了年级、性别、生源地等人口统计学资料来考察小学生课业负担的现状特点和四个维度下的简单描述统计。

1. 小学生课业负担四个维度基本状况

表 3-2　小学生课业负担基本状况

	极小值	极大值	均值	标准差
课业数量	3	47	7.44	1.644
课业时间	5	19	9.02	2.556
个体感受	3	49	6.92	1.557
身心状态	2	8	3.56	1.324
总分	13	123	26.94	7.081

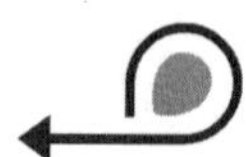

从表 3-2 可以看出,对小学生课业负担问卷结果进行总体描述性统计分析发现,小学生的平均分从高往低依次是课业时间 9.02、课业数量 7.44、个体感受 6.92、身心状态 3.56。

表 3-3　课业数量维度统计

每周音乐课和美术课上课情况	频率	百分比(%)	每周体育课上课情况	频率	百分比(%)
每周两门课都会上	1 451	59.5	0 节	140	5.7
每周选上一门	434	17.8	1 节	919	37.7
偶尔上一次	342	14.0	2 节	1 001	41.1
没有此类课程	203	8.3	3 节及以上	376	15.4

表 3-4　课业数量维度统计

对手中“教辅资料”的看法	频率	百分比(%)	是否参加双休日补课	频率	百分比(%)
太多,来不及做	210	8.6	否	1 823	74.8
比较多,大部分看不完	484	19.9			
适中,可以做完	1 358	55.7	是	609	25.2
较少	375	15.4			

表 3-3、表 3-4 可以看出,音乐课、美术课和体育课开设情况并不令人满意。音乐课、美术课每周都会上的占大部分,这个比例为 59.5%,每周选上一门或偶尔上一次的比例高达 31.80%,而没有此类课的比例为 8.3%;每周体育课有 1~2 节的比例最大为 78.8%,3 节以上的比例为 15.4%,竟然有一些学校不开体育课,比例为 5.7%,需要体力的课业负担不太多。对“教辅资料”的看法,大部分小学生认为适中可以做完,作业余量不是太多;而对于“是否参加双休日补课”,答案为“否”的比例是 74.8%,说明小学生的课业负担更多的来自校内,但仍然有四分之一的小学生参加双休日补课。

表 3-5　课业时间维度统计

每天起床时间(除双休日)	频率	百分比(%)	每天的到校时间	频率	比例	每天的离校时间	频率	百分比(%)
六点	785	32.2	七点	658	27.0	五点之前	1586	65.1
六点半	1106	45.4	七点半	1418	58.2	五点半	467	19.2
七点	469	19.2	八点	324	13.3	六点	188	7.7
七点半	77	3.2	八点半	31	1.3	六点以后	185	7.6

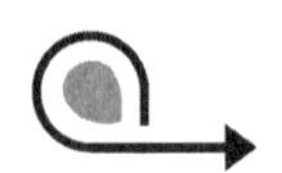

表 3-6　课业时间维度统计

每天的作业时间	频率	百分比（%）	每天上床睡觉时间（除双休日）	频率	百分比（%）
不到 1 小时	887	36.4	九点	1 433	58.8
1 小时	882	36.2	九点半	584	24.0
2 小时	466	19.1	十点	277	11.4
2 小时以上	198	8.1	十点半以后	137	5.6

从表 3-5、表 3-6 中可以看出，大部分小学生起床时间都在六点半之前，比例为 77.6%；在七点半之前到校的学生比例为 85.2%，而小学生上课时间基本是八点左右，符合作息规律。每天的离校时间在下午五点的占比 65.1%，六点以后离校的占比 15.3%，这可能与家庭作业不是太多，大部分都与随着放学而离校有关；而每天的作业时间小于等于 1 小时占比 72.6%，基本上都能很快完成；晚上睡觉的时间是 9 点半之前的占比 82.8%。

表 3-7　个体感受维度统计

每周考试或测验的次数	频率	百分比（%）	完成作业的难度	频率	比例	对课堂教学的评价	频率	百分比（%）
没有	420	17.2	太难完不成	127	5.2	很好	1392	57.1
一次	1 261	51.7	较难但能完成	454	18.6	较好	649	26.6
两次	516	21.2	完成但要努力	980	40.2	一般	344	14.1
三次及以上	232	9.5	能轻松完成	863	35.4	较差	49	2.0

从表 3-7 可以看出，一半以上的小学每周考试或测验一次，比例为 51.7%，两次及以上的比例也高达 30.7%，说明一些学校考试或测验的次数过多，会给学生带来较重的压力；在作业难度上，75.6%的小学生经过努力都能按时完成，占比只有 5.2%小学生认为“作业太难完不成”，说明教师布置的作业难度不大，个体学业压力不大；在“对任课教师的课堂教学评价”问题上，“很好和较好”比例占到了 83.7%，“一般和较差”的比例只有 16.1%，说明教师的课堂教学水平较高，符合小学生的个体感受，但仍有提升的空间。

表 3-8　身心状态维度统计

对功课是否感兴趣	频率	百分比（%）	课堂上大部分时间的表现	频率	百分比（%）
很有兴趣	957	39.3	被讲课吸引	1 045	42.9
对部分课感兴趣	1 013	41.6	偶尔想其他事情	1 038	42.6
兴趣不大	397	16.3	经常想其他事情	273	11.2
没有兴趣	61	2.5	不想听课	72	3.0

从表 3-8 中可以看出,39.3%的小学生对功课“很感兴趣”,41.6%的小学生“只对部分课感兴趣”,而“没有兴趣、兴趣不大”的比例占到 18.8%;“在课堂上大部分时间的表现”问题中,“被讲课吸引、偶尔想其他事情”占比为 85.5%,“经常想其他事情、不想听课”的比例为 14.2%,说明小学生在课堂上表现主要是在听课,并没有因为身心状态不佳而注意力分散,但在一定程度上说明小学生的课程和课堂的吸引力不够,学校的课程开设和教师的教学艺术有待提高。

从以上调查统计中可以总结出小学生课业负担的具体表现:

(1)课业数量维度

调查发现,小学一、二年级周课时 26 节左右,三到六年级 30 节左右,平均每天 5~6 节课;每周都上音乐课、美术课的比例为 59.5%,每周只上一门的比例为 17.8%;每周上 1 节体育课的比例为 37.7%,2 节体育课的比例为 41.1%,3 节体育课的比例为 15.4%;71.1%的学生很快做完作业,也有 28.5%的学生反映作业太多做不完;有 1/4 的学生双休日参加补习班。

(2)课业时间维度

调查发现 98.6%的学生在早晨 7 点前起床,其中 32.2%的学生早晨 6 点起床;58.2%的学生早晨 7 点半到校,65.1%的学生下午 5 点前离校,在校时间 6~7 小时;72.6%的学生作业时间在 1 小时以内;82.8%的学生晚上 9 点半前上床睡觉,每天睡眠时间在 9~10 小时。

(3)个体感受维度

调查发现,认为作业不多不难,能够完成的学生比例为 75.6%;认为老师教学效果好的学生比例为 83.7%,其中很好的比例为 7.1%;较差的比例为 2.0%。

(4)身心状态维度

调查发现,学生对功课感兴趣的比例为 80.9%;能够专心听课的比例为 85.5%。

2. 小学生课业负担四个维度在每个因子上的分析

把小学生课业负担问卷调查的四个维度及其诸因子的得分作为分析变量,在年级、生源地的人口统计学变量上,依次做单因素方差分析;在性别的人口统计学变量上,依次做独立样本 T 检验。具体见下。

(1)小学生课业负担四个维度在性别上做差异分析

表 3-9　各维度在性别差异上分析(T 值)

	性别	标准差	T	均值	显著性
课业数量总分	男	1.8	0.43	7.45	0.67
	女	1.4		7.42	
课业时间总分	男	2.5	1.53	9.10	0.13
	女	2.6		8.94	

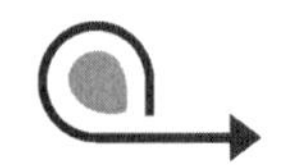

续表 3-9

	性别	标准差	T	均值	显著性
个体感受总分	男	1.3	-2.61	6.84	0.01
	女	1.7		7.00	
身心状态总分	男	1.3	3.99	3.66	0.00
	女	1.3		3.45	

从表 3-9 中我们看出，在总分上，个体感受、身心状态的性别差异比较显著（显著性分别为 0.01、0.00，小于 0.05）。具体特征：男生的个体感受得分均值为 6.84，标准差为 1.3，女生的个体感受得分均值为 7.00，标准差为 1.7，男生低于女生，说明男生主观上更认为课业负担重，并在心理上比女生承受更大的压力；男生的身心状态得分均值为 3.66，标准差为 1.3，女生的身心状态得分均值为 3.45，标准差为 1.3，女生低于男生，说明女生身心状态比男生差，比男生承受更多的过重课业负担带来的伤害；在课业数量总分、课业时间上，不同性别的小学生差异不显著（显著性>0.05），说明无论男生女生在客观课业负担上没有区别。

（2）小学生课业负担四个维度在年级上做单因素方差分析

表 3-10　各维度在年级上做描述统计

年级		课业数量	课业时间	个体感受	身心状态
三年级	均值	7.43	8.45	6.73	3.50
	标准差	2.315	2.149	2.472	1.309
四年级	均值	7.51	9.10	7.02	3.52
	标准差	1.409	2.579	1.241	1.322
五年级	均值	7.42	9.32	6.85	3.59
	标准差	1.425	2.895	1.304	1.379
六年级	均值	7.39	9.03	7.03	3.60
	标准差	1.493	2.332	1.172	1.273

从表 3-10 中我们看到，小学生在课业负担的四个维度上都存在差异。课业数量维上四年级最多，六年级最少；课业时间上五年级最长，三年级最短；个体感受上六年级最差，三年级最好；身心状态上六年级最差，三年级最好。尽管在客观课业负担上，六年级并不是最多最长的，但在主观负担上六年级却是最差的，符合教育规律和现实情况，提醒我们要重点关注六年级的小学生的课业负担问题以及他们的身心健康。

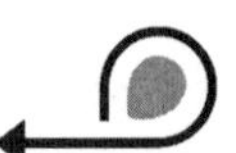

表 3-11 方差齐性检验

因变量	df_1	df_2	显著性
课业数量	3	2 348	.830
课业时间	3	2 348	.000
个体感受	3	2 348	.000
身心状态	3	2 348	.077

从表 3-11 中我们看到,各年级组的课业时间、个体感受方差在 0.05 的显著性水平上差异显著,即各年级组方差为不齐性,显著性分别为 0.000,0.000,都小于 0.05;各年级组的课业数量、身心状态方差在 0.05 显著性水平上差异不显著,即各年级组方差为齐性,显著性分别为 0.830,0.077,都大于 0.05,差异不显著。说明小学生每天用在课业上的时间过长,因此带来个体感受的降低。

表 3-12 单因素方差分析

因变量	类别	均方	F	显著性
课业数量	组间	2.106	.790	.499
	组内	2.667		
课业时间	组间	68.032	10.489	.000
	组内	6.486		
个体感受	组间	10.452	4.337	.005
	组内	2.410		
身心状态	组间	1.933	1.101	.348
	组内	1.756		

从表 3-12 我们看到,课业时间显著性为 0.000,个体感受显著性为 0.005 都小于 0.05,这说明小学生在这两个维度上的年级差异最显著。

从多重均值比较中我们看到,课业时间维度上三年级与四、五、六年级差异显著;个体感受维度上五年级与六年级差异显著。

(3)小学生课业负担在生源地上的差异分析

表 3-13 小学生课业负担在生源地上单因素差异分析(F 值)

因变量	学校所在地	N	均值	标准差	标准误
课业数量	城市	818	7.63	1.201	.042
	县城	1 053	7.11	1.871	.058
	乡村	539	7.78	1.639	.071

续表 3-13

因变量	学校所在地	N	均值	标准差	标准误
课业时间	城市	821	9.51	2.386	.083
	县城	1 048	8.54	2.412	.074
	乡村	539	9.22	2.894	.125
个体感受	城市	820	6.94	1.240	.043
	县城	1 053	6.81	1.340	.041
	乡村	538	7.08	2.229	.096
身心状态	城市	830	3.83	1.277	.044
	县城	1 054	3.43	1.314	.040
	乡村	533	3.38	1.352	.059

从表 3-13 中我们看到，在总分上，四个维度都存在差别，其中课业数量高低依次是乡村、城市、县城，乡村小学生数量最多；课业时间高低依次是城市、乡村、县城，城市小学生时间最长；个体感受高低依次是乡村、城市、县城，乡村小学生感受最差；身心状态高低依次是城市、县城、乡村，城市小学生身心健康最差。

表 3-14　方差齐性检验

因变量	df_1	df_2	显著性
课业数量	2	2 407	.000
课业时间	2	2 405	.000
个体感受	2	2 408	.165
身心状态	2	2 414	.001

从表 3-14 中我们看到，课业数量、课业时间的方差不齐性检验结果显著性为 0.000，均小于 0.001，说明不同生源地在这两个维度上差异最显著；身心状态的方差不齐性检验结果显著性为 0.001，小于 0.005，说明不同生源地在这个维度上差异较显著，个体感受的方差不齐性检验结果显著性为 0.165，大于 0.05，说明不同生源地在这个维度上差异不显著。

表 3-15　单因素方差分析

因变量	类别	平方和	df	均方	F	显著性
课业数量	组间	205.031	2	102.516	39.143	.000
	组内	6 304.008	2 407	2.619		
课业时间	组间	463.961	2	231.980	36.556	.000
	组内	15 262.042	2 405	6.346		

续表 3-15

因变量	类别	平方和	*df*	均方	*F*	显著性
个体感受	组间	26.075	2	13.037	5.397	.005
	组内	5 816.500	2 408	2.415		
身心状态	组间	92.816	2	46.408	27.052	.000
	组内	4 141.267	2 414	1.716		

从表 3-15 我们看到,课业数量、课业时间、身心状态三个维度在生源地上差异显著,显著性值都为 0,000,都小于 0.001,这说明以上几个维度在 0.001 水平上生源地差异显著;个体感受维度在 0.05 水平上差异显著。

表 3-16　多重比较

因变量	(I) 学校所在地	(J) 学校所在地	均值差 (I-J)	标准误	显著性
课业数量	城市	县城	.519*	.071	.000
	乡村	县城	.667*	.091	.000
课业时间	城市	县城	.974*	.112	.000
	县城	乡村	-.684*	.145	.000
个体感受	县城	乡村	-.266*	.082	.001
身心状态	城市	县城	.393*	.061	.000
		乡村	.445*	.073	.000

根据表 3-16 各组均值多重比较,其中课业数量维度下城市与县城、乡村与县城差异显著;课业时间维度下城市与县城、县城与乡村差异显著;个体感受维度下县城与乡村差异显著;身心状态维度下城市与县城、城市与乡村差异显著。

(三)讨论

1. 小学生课业负担的总体特点讨论

本研究结果表明,小学生的课业负担在课业时间、课业数量、个体感受和身心状态四个维度的平均分 9.02>7.44>6.92>3.56。课业时间包括每天的起床时间、到校时间、离校时间、上床睡觉时间、家庭作业时间、玩耍的时间和双休日的培训时间,此项得分高达 9.02,说明超长的学习时间是小学生课业负担的主要体现,并因此降低学生的主观感受;身心状态得分最低,说明学校的教学、教师的教学水平能够满足大多数学生的兴趣、爱好和成长需要,但体育、音乐、美术等技能课、活动课开设不全、课时不足,会降低学生愉悦精神感受和对学校教育教学的评价。

2. 小学生课业负担在性别上的差异讨论

调查数据研究表明,尽管男女学生承担着相同的课业时间和课业数量,但男生对课业负担的压力感受更强烈、更敏锐,女生的身心状态也差于男生。小学阶段的男生身心

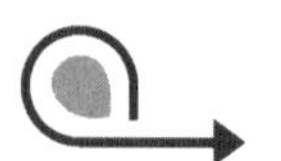

发育晚于女生,女生更能适应学校生活,更能承受各种课业负担;小学男生应该得到更多的关注与帮助。

3. 小学生课业负担在年级上的差异讨论

调查数据研究表明,小学阶段三年级和六年级是学习的关键年级,他们对课业负担压力的感受都差于其他年级的学生,身心状态也比较差。学校要在任课教师等资源上给予倾斜,委派教学水平高的老师担任任课教师和班主任。

4. 小学生课业负担在生源地上的差异讨论

调查数据结果显示,城市小学生的课业数量最多和课业时间最长;县城小学生的个体感受最差;乡村小学生的身心状态最好。说明城市小学生课业负担最重,乡村小学生课业负担最轻。与不同生源地的经济水平、家庭条件、升学压力、同伴竞争、评价方式存在较大差异有关。政府要加大教育投入,增加优质教育资源,关注乡村教育发展,使教育更加公平。

(四)结论

1)小学生课业负担的突出表现是时间长,身心状态差。具体表现在起床时间早,作业时间长,睡眠不足。

2)小学生每周考试和测验次数过多,作业难度大,课堂教学质量有待进一步提高。

3)小学生的体育课、音乐课、美术课等技能、活动类课程开设不全,课时不足。

4)小学生的教辅资料多,学生根本做不完,双休日有四分之一的学生参加校外培训。

5)男生的课业负担压力比女生大,女生的身心状态比男生差。

6)小学三年级和六年级的学生课业负担压力最重。

7)城市小学生课业负担压力最重,乡村小学生课业负担压力最轻。

二、初中生课业负担状况调查研究

国内关于初中生课业负担的研究早已经展开,从初中生课业负担的调查量表编制到初中生课业负担初步调查再到初中生课业负担在人口统计学变量上的调查,研究进一步复杂。初中生课业负担在教育变量的研究都是师范类院校、中学课改所、高校的院报等见多。

初中生课业负担在人口统计学变量只做一般研究较多,对其他变量如收入、亲属状况、人口密度、父母职业等高层次研究很少,变量之间的关系有待进一步研究。

调查统计初中生课业负担的各种表现,总结初中生课业负担在课业数量、课业时间、个体感受、身心状态四个维度下的一般发展特征,讨论在人口统计学变量(年级、性别、生源地)上的差异,不仅可以从量上了解当下的初中生课业负担问题的方方面面,还能够从质上判断过重课业负担给小学生造成的伤害,为破解减负困境,切实解决初中生课业负担问题提供解释,并为学校教育改革、校外培训治理、家庭教育提升、减负政策落实提供针对性的对策建议。

(一)研究方法与研究程序

1. 研究对象

从河南省各地市分城市、县城、乡村三类区域和重点、一般、薄弱三类学校,选取31所初级中校,以班级为单位发放问卷并注意男女比例,如表3-17所示。共发放2 400份问卷,回收2 258份,回收率94.08%。首先对问卷进行回答有效性与真实性检查,对无效问卷予以剔除,结果共剔除142份,保留有效问卷2 058份。

表3-17 被试基本情况

变量	类别	人数	百分比	总数
性别	男	1 036	50.3	2 058
	女	1 022	49.7	
年级	初一	402	19.5	2 058
	初二	1 083	52.6	
	初三	573	27.8	
生源地	城市	906	44.0	2 058
	县城	1 059	51.5	
	乡村	93	4.5	

2. 研究工具

本专题研究采用自编的《河南省中学生课业负担调查问卷》。该量表共有24道题,23道为封闭式问题,1道为开放式问题,没有反向计分,设计分为物理负担、经济负担、心理负担、精神压力四个维度。

3. 研究程序

采用以班级为单位集体施测方式,由课题组负责人或成员亲自担任主试,班主任辅助,随机抽取被试(并注意男女比例)发放调查问卷,测试前先由研究者统一宣读指导语和问卷要求,测试时间约为10分钟,学生根据自己的具体情况匿名作答,完成后当场收回问卷。

4. 统计工具

使用SPSS 20.0进行数据处理,主要统计方法包括描述性统计、单因素方差分析、独立样本 *T* 检验等。

(二)研究结果

本研究选取了年级、性别、生源地等人口统计学资料来考察初中生课业负担的现状特点。

1. 初中生课业负担四个维度基本状况

首先对初中生课业负担问卷结果进行总体描述性统计分析,由表3-18可知,初中生课业负担中问卷平均分从高到低依次是物理负担是19.02,心理负担10.65,精神压力9.07,经济负担3.89。物理负担是学生的客观负担,包括作业、课程、考试、作息时间、休

闲运动等,其平均分高达 19.02,最高分为 63,标准差为 3.67,说明初中生在学科学习方面的负担确实很重。

表 3-18　初中生课业负担基本状况

	均值	标准差	极大值	极小值
物理负担总分	19.02	3.67	63	7
经济负担总分	3.89	2.04	24	1
心理负担总分	10.65	2.50	50	1
精神压力总分	9.07	2.17	38	3
总分	42.63	10.38	175	12

从表 3-19 中可以看出,在初中阶段,对初中老师布置的作业量,认为老师布置"适中"的约占 45.5%,比例最多,"较多"约占 31.1%,"非常多"约占 16.7%,"很少"约占 6.7%。调查表明数学作业负担最沉重,其次是英语和语文,传统的学科占比最大;每月考试频率最多的是 1~3 次,占考试频次的 51.8%;老师会经常布置练习题或者抄写课文、词语来加重课业负担,而研究性作业很少;希望老师布置作业的性质是综合性的占比最大,其次是简单点的;40 节以上课时的占到 68.7%。每天睡眠 7~8 小时占比 51.6%,睡眠比高中充足;1~2 小时完成作业的时间占比最大。每天可以玩耍的时间和高中相比,有 1 小时自由支配的时间占到了 35.1%,课业负担从时间上看比高中阶段轻松。

表 3-19　初中生家庭作业量及测验情况

老师每天布置家庭作业量	频率	百分比	每月考试或测验的次数	频率	百分比
很少	138	6.7	0 次	107	5.2
适中	937	45.5	1~3 次	1066	51.8
较多	640	31.1	4~6 次	528	25.7
非常多	343	16.7	6 次以上	357	17.3

从以上调查统计中可以总结出初中生课业负担的具体表现:

(1)作业量大,作业时间长,作业形式单一,作业性质机械重复

调查发现,47.8% 的初中生认为作业量大;35.5%的初中生作业时间为 2 小时左右,23.4%的初中生作业时间在 3 小时以上;初中作业多为抄写(51.0%)和练习题(72.8%),66.7%的初中生希望老师多布置综合性、研究性、挑战性作业。

(2)周课时多,运动和自由活动时间短

调查发现,68.7%的初中生反映周课时在 40 节以上;运动和自由活动时间在 1 小时的初中生比例为 35%,0.5 小时的初中生为 28%,没有时间的初中生为 13.4%。

(3)睡眠时间明显不足,严重影响了身心健康

调查发现,25.9%的初中生睡眠时间不足 7 小时,77.5 的初中生睡眠时间不足 8 小时,睡眠时间在 9~10 小时的初中生只有 19.8%。

(4)学习时间长,课业难度大,考试次数多,心理负担重,精神压力大

调查发现,初中生每天平均在校时间12小时以上,学习时间每天平均10小时以上,并且呈现出不断延长的趋势。随着年级的上升,学生感到作业难度越来越大,完成作业的疲劳程度越来越高。考试或测验频繁,每月至少3次考试的初中约占51.8%;考试次数每月在4~6次的约占25.7%,6次以上是17.3%。过于频繁的考试给初中生带来巨大的心理负担和精神压力。

(5)数学、英语、语文3科作业量过大

调查发现,初中作业量最大的学科是传统语、数、外3门,其作业总量是其他学科作业总量的2倍。

2. 初中生课业负担四个维度在每个因子上的分析

以初中生课业负担问卷的四个维度得分作为分析变量,在年级、生源地人口统计学变量上,依次做单因素方差分析;在性别人口统计学变量上,依次做独立样本 T 检验。

(1)中学生课业负担四个维度在性别上做差异分析

表3-20 物理负担、经济负担、心理负担、精神压力在性别差异上的分析(T值)

因变量	性别	标准差	T	均值	p
物理负担总分	男	3.85	1.75	19.16	.080
	女	3.47		18.87	
经济负担总分	男	1.99	-1.63	3.82	.103
	女	2.07		3.97	
心理负担总分	男	2.84	1.98	10.76	.049
	女	2.06		10.54	
精神压力总分	男	2.32	.489	9.10	.625
	女	2.00		9.05	

(注:$*p<0.05$, $**p<0.01$, $***p<0.001$)

从表3-20中可以看出,心理负担总分的性别差异显著(P小于0.05)。具体表现:男生(均值=10.76,标准差=2.84)的心理负担高于女生(均值=10.54,标准差=2.06)的心理负担;不同性别的中学生课业负担在物理负担、经济负担、精神压力不显著。

(2)初中生课业负担四个维度在年级上做单因素方差分析

表3-21 各因子在年级上做单因素方差分析

因变量	年级	N	均值	标准差
物理负担总分	初一	402	18.81	4.56
	初二	1 083	19.09	3.51
	初三	573	19.02	3.23

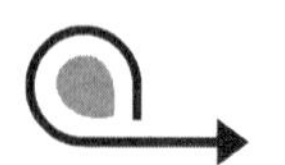

续表 3-21

因变量	年级	N	均值	标准差
经济负担总分	初一	402	3.22	1.58
	初二	1 083	3.89	2.01
	初三	573	4.35	2.22
心理负担总分	初一	402	10.36	1.90
	初二	1 083	10.75	2.80
	初三	573	10.63	2.19
精神压力总分	初一	402	8.83	2.05
	初二	1 083	9.13	2.31
	初三	573	9.11	1.93

从表 3-21 中可以看出,物理负担总分高低依次是初二、初三、初一;经济负担总分高低依次是初三、初二、初一;心理负担总分高低依次是初二、初三、初一;精神压力总分高低依次是初二、初三、初一。

表 3-22　方差齐性检验

因变量	df_1	df_2	显著性
物理负担总分	2	2 055	.000
经济负担总分	2	2 055	.000
心理负担总分	2	2 055	.027
精神压力总分	2	2 055	.532

从表 3-22 中可以看出,物理负担、经济负担、心理负担的各年级组的方差在 0.05 的显著性水平差异显著,即各年级组方差为不齐性,P 分别为 0.000,0.000,0.027 小于 0.05;精神压力在各年级组的方差在 0.05 显著性水平上结果不显著,即各年级组方差为齐性,P 为 0.532 大于 0.05。

表 3-23　单因素方差分

因变量	类别	F	显著性
物理负担总分	组间	.858	.424
	组内		
经济负担总分	组间	38.08	.000
	组内		
心理负担总分	组间	3.481	.031
	组内		
精神压力总分	组间	3.053	.047
	组内		

从表 3-23 中可以看出,依次列出了组间、组内的离差平方和、自由度、均方、*F* 值、*P* 值。其中经济负担、心理负担、精神压力的 *P* 值分别为 0.000,0.031,0.047,都小于 0.05,这说明以上三个各维度在年级上差异显著。

表 3-24 多重比较

因变量	(I) 年级	(J) 年级	均值差 (I-J)	标准误	显著性
经济负担	初一	初二	-.66901*	.11	.000
		初三	-1.13563*	.13	.000
	初二	初一	.66901*	.11	.000
		初三	-.46662*	.10	.000
	初三	初一	1.13563*	.13	.000
		初二	.46662*	.10	.000
心理负担	初一	初二	-.38346*	.14	.008
精神压力	初一	初二	-.30304*	.12	.017
		初三	-.28434*	.14	.044

根据表 3-24 各组均值多重比较,其中经济负担在初一、初二、初三差异都显著;心理负担中初一、初二差异显著,*P* 为 0.008,小于 0.05,精神压力负担初一、初二,初三、初一差异显著。

(3)初中生课业负担在生源地差异分析

表 3-25 初中生课业负担在生源地上单因素差异分析(*F* 值)

因变量	类别	均方	F	显著性
物理负担总分	组间	150.35	11.27	.000
	组内	13.33		
经济负担总分	组间	222.81	56.67	.000
	组内	3.93		
心理负担总分	组间	5.75	.92	.396
	组内	6.21		
精神压力总分	组间	17.00	.63	.027
	组内	4.67		

从表 3-25 可以看出,物理负担、经济负担、精神压力的 *P* 值分别为 0.000,0.000,0.027,都小于 0.05,这说明以上几个维度在生源地上差异显著。

表 3-26 多重比较

因变量	(I) 学校	(J) 学校	均值差 (I-J)	标准误	显著性
物理负担	乡村	城市	1.46206*	.39957	.001
		县城	1.81481*	.39689	.000
经济负担	城市	县城	.88952*	.09236	.000
		乡村	1.29969*	.18712	.000

根据表 3-26 各组均值多重比较，其中物理负担下乡村与城市、乡村与县城差异显著，P 值分别为 0.001、0.000，都小于 0.05；经济负担下城市与县城、城市与乡村差异显著。

(三) 讨论

1. 初中生课业负担的总体特点讨论

本研究结果表明，初中生课业负担初中问卷平均分从高往低依次是物理负担是 19.02，心理负担 10.65，精神压力 9.07，经济负担 3.89。物理负担包括课程数量、作业数量、考试数量、周课程数、周学时数、补课科目、辅导资料数、考试次数等客观因素，在此因素上得分较高可能与课业的数量和课业时间严重过超有关；心理负担得分高可能与学生为成绩烦恼、教学单一枯燥沉闷的一般障碍、学生心理素质不高、学习压力大有关；精神压力可能与来自身体反应、近视、疲劳、肩腰颈的自然压力，家庭期望、学校期望、社会期望的外部期望，考试多少、排名、评优评先、升学等内部竞争有关；经济负担最低可能与教辅材料、复习资料、课外校外补习辅导、择校费、赞助费有关，随着社会经济水平的不断提高，家庭一般都能够支付得起。

2. 初中生课业负担在性别上的差异讨论

由数据研究表明，心理负担总分的性别差异显著，男生的心理负担高于女生的心理负担；这可能与当前的社会对男孩有更多的期望，男孩比较多，父母对其抱有过高的希望，造成男孩子心理负荷普遍超过女孩，处于中学生阶段的男孩无论从身体、心理、思维、认知上都处于转折期，这些变化不同程度影响了心理发展，具体可能表现在学业成绩上；不同性别的中学生课业负担在物理负担、经济负担、精神压力上不显著。

3. 初中生课业负担在年级上差异讨论

根据研究结果显示，经济负担初一、初二、初三差异显著，这可能与各年级的教辅材料费用、课外补习辅导、复习资料的使用有关，初三阶段关乎升学可能这方面的费用用得多，初二学生可能没太关注升学的因素，适应了初中的学习方式，可能在学习方面游刃有余；初一阶段由于刚刚进入中学，主要是适应、习惯生活方式，还没有把太多的精力放在学习上，注意力还没有完全投入考试升学上。

心理负担初一、初二差异显著，这可能与没有适应过渡时期的生活学习方式，心理上

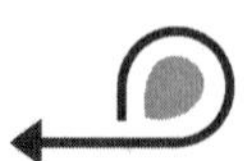

有些许的枯燥沉闷,没有了初一时老师同学的及时关心和心理关怀。精神压力初一、初二,初三、初一差异显著,这可能与各个年级学期内的考试排名、评优评先、升学带来的精神压力有关,而初二到初三大部分都过渡得比较顺利,所以在此阶段没有表现显著差异。

4. 初中生课业负担在生源地差异讨论

研究结果显示,在物理负担下,乡村与城市、乡村与县城差异显著。这可能与乡村可选择的科目少、课外辅导的机构少、学生可自由支配的时间多、学生做完家庭作业后是运动游戏而不是参加各种辅导班有关,而县城、城市的初中生大多是被老师家长增加课业数量,挤占休息时间和睡眠时间。经济负担下,城市与县城、城市与乡村差异显著。这可能与城市的经济发展水平比较高有关,在课业负担所用的费用这方面城市家庭都能够担负得起,而县城、乡村经济发展水平稍微欠缺,在初中生的学习花费方面有些压力。

(四)结论

1)初中生课业负担影响因素从高往低依次是物理负担、心理负担、精神压力、经济负担。

2)初中生课业负担的心理负担在性别上差异显著,不同性别的中学生课业负担在物理负担、经济负担、精神压力下不显著。

3)初中生课业负担的经济负担在年级上差异显著,主要是初一、初二、初三差异显著;心理负担主要是初一、初二差异显著;精神压力主要是初一、初二,初三、初一差异显著。

4)初中生课业负担的物理负担在生源地上的差异主要表现在乡村与城市、乡村与县城的差异;经济负担在生源地上的差异主要表现在城市与县城、城市与乡村的差异。

三、高中生课业负担状况调查研究

高中生课业负担的研究从2000年开始开展,2008年以后每年都会有大约20篇的调查报告出现,研究基本出自师范类的高校,当地的教育机构针对本地区的调查报告、高中的教育学刊等。研究的内容也都大多是基本的描述状况、单科目的课业负担、当地的高中生课业负担、课程的数量、课时的设置、课程的用时上。

高中生课业负担在人口统计学变量几乎都没有做过多研究,研究的空缺有待填补。例如与其他变量没有做相关研究,利用统计学来做调查研究、处理数据的报告几乎没有。

探讨高中生课业负担在人口统计学变量(年级、性别、生源地、)上的差异,不仅了解在物理负担、经济负担、心理负担、精神压力四个维度下的发展特征,而且为教育改革、教育服务提供多视角的观点,让社会、学校、家长关注高中生课业负担过重的事实,共同为学生减负,促进学生身心健康地发展。

（一）研究方法与实验设计

1. 研究对象

从河南省各地市分城市、县城、乡村三类生源地和重点、一般、薄弱三类学校，选取 25 所高级中校，以班级为单位发放问卷并注意男女比例。共发放 2 500 份问卷，回收 2 369 份，回收率 94.76%。首先对问卷进行回答有效性与真实性检查，对无效问卷予以剔除，结果共剔除 300 份，保留有效问卷 2 069 份，被试基本情况如表 3-27 所示。

表 3-27　被试基本情况

变量	类别	人数	百分比	总数
性别	男	1 034	49.9	2 069
	女	1 035	50.0	
年级	高一	974	47.1	2 069
	高二	467	22.6	
	高三	628	30.4	
生源地	城市	1 060	51.2	2 069
	县城	943	45.6	
	乡村	66	3.2	

2. 研究工具

本研究采用自编的《河南省中学生课业负担调查问卷》。该量表共有 24 道题，23 道为封闭式问题，1 道为开放式问题，没有反向计分，设计分为物理负担、经济负担、心理负担、精神压力四个维度。

3. 研究程序

采用以学校为单位集体施测方式，由研究者亲自担任主试，随机抽取被试发放调查问卷，测试前先由研究者统一宣读的指导语和问卷要求，测试时间约为 10 分钟，学生根据自己的具体情况匿名作答，完成后当场收回问卷。

4. 统计工具

使用 SPSS 20.0 进行数据处理，主要统计方法包括描述性统计、单因素方差分析、独立样本 *T* 检验等。

（二）研究结果

本专题研究选取了年级、性别、生源地等人口统计学资料来考察中学生课业负担的现状特点。

1. 高中生课业负担四个维度基本状况

首先对高中生课业负担问卷结果进行总体描述性统计分析，由表 3-28 可知，高中生

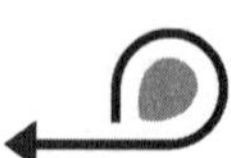

课业负担问卷平均分从高往低依次是物理负担 18.49,心理负担 10.73,精神压力 9.14,经济负担 3.08。

表 3-28　高中生课业负担基本状况

	极小值	极大值	均值	标准差
物理负担总分	9.00	55.00	18.49	2.52
经济负担总分	2.00	9.00	3.08	1.44
心理负担总分	1.00	56.00	10.73	1.82
精神压力总分	3.00	24.00	9.14	1.87
总分	25.00	94.00	41.45	4.63

从表 3-29 中可以看出,在高中阶段,对高中老师布置作业的统计量看出,认为老师布置"适中"的约占 50.7%,比例最多,"较多"约占 30.5%,"非常多"约占 13.1%,"很少"约占 5.6%。

表 3-29　高中生老师作业布置设计

老师每天布置家庭作业量	频率	百分比(%)	每月考试或测验的次数	频率	百分比(%)
很少	116	5.6	0 次	111	5.4
适中	1 050	50.7	1~3 次	1 360	65.7
较多	631	30.5	4~6 次	429	20.7
非常多	272	13.1	6 次以上	169	8.2

调查表明高中阶段数学作业负担最沉重,其次是英语和语文,传统的学科占比最大;每月考试频率最多的是 1~3 次,占考试频次的 65.7%;高中老师经常布置做练习题作为作业的形式;综合性质的作业形式是高中阶段学生最希望老师布置的;每周 40 节以上的频率占比 89.7%;从每天的睡眠时长来看,不足 7 小时的占到 57%,7~8 小时占到 37%,只有很小部分的比例在 10 小时以上;完成作业 2 小时以上占比 39.0%,3 小时以上的比例是 26.1%。30 分钟以内完成作业的比例为 8.6%;30 分钟以内的玩耍时间比例为 37.8%,说明自由时间少,而没有玩耍时间的大约 18.7%。随着能够玩耍时间的增长,比例呈下降趋势,说明学习时间多,课业负担重。

从以上调查统计中可以总结出高中生课业负担的具体表现:

(1)作业量大,作业时间长,作业形式单一,作业性质机械重复

调查发现,43.6%的高中生认为作业量大;39.0%的高中生作业时间为 2 小时左右,26.1%的高中生作业时间在 3 小时以上;高中的作业多为练习题、模拟题(86.7%),77%的高中生希望老师多布置综合性、研究性、挑战性的作业。

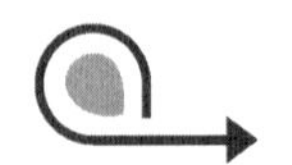

(2)周课时多,运动和自由活动时间短

调查发现,89.7%的高中生反映周课时在 40 节以上;运动和自由活动时间在 1 小时的高中生比例为 26.9%,半小时的高中生为 37.8%,没有时间的高中生为 18.7%。

(3)睡眠时间明显不足,严重影响了身心健康

调查发现,57%的高中生睡眠时间不足 7 小时,94%的高中生睡眠时间不足 8 小时,睡眠时间在 9-10 小时的高中生只有 4.7%。

(4)学习时间长,课业难度大,考试次数多,心理负担重,精神压力大

调查发现,高中生每天平均在校时间 12 小时以上,学习时间每天平均 10 小时以上,并且呈现出不断延长的趋势。随着年级的上升,学生感到作业难度越来越大,完成作业的疲劳程度越来越高。考试或测验频繁,每月至少 3 次考试的高中为 65.7%;每月在 4-6 次的高中是 20.7%;6 次以上的高中是 8.2%。过于频繁的考试给高中生带来巨大的心理负担和精神压力。

(5)数学、英语、语文 3 科作业量过大

调查发现,高中作业量最大的学科也是传统的语、数、外 3 门,其作业总量比其他学科作业总量多 1/3。

2. 高中生课业负担四个维度在每个因子上的分析

以高中生课业负担及其诸因子的得分作为分析变量,在年级、生源地人口统计学变量上依次做单因素方差分析;在性别人口统计学变量上依次做独立样本 T 检验。具体见下。

(1)高中生课业负担四个维度在性别上做差异分析

表 3-30 物理负担、经济负担、心理负担、精神压力在性别差异上分析(T 值)

	性别	标准差	T	均值	p
物理负担总分	男	2.71	2.31	18.63	.021
	女	2.31		18.37	
经济负担总分	男	1.55	3.81	3.21	.000
	女	1.30		2.96	
心理负担总分	男	1.65	1.75	10.80	.081
	女	1.98		10.66	
精神压力总分	男	1.91	3.00	9.27	.003
	女	1.83		9.02	

从表 3-30 中可以看出,物理负担总分、经济负担总分、精神压力总分的性别差异显著(P 分别为 0.021、0.000、0.003 小于 0.05)。具体表现:男生(均值=18.63,标准差=2.71)的物理负担高于女生(均值=18.37,标准差=2.31)的物理负担总分;男生(均值=3.21,标准差=1.55)的经济负担高于女生(均值=2.96,标准差=1.30)的经

济负担总分;男生(均值=9.27,标准差=1.91)的精神压力负担高于女生(均值=9.02,标准差=1.83)的精神压力负担总分。不同性别的中学生课业负担在心理负担总分不显著($P>0.05$)。

(2)高中生课业负担四个维度在年级上做单因素方差分析

表 3-31 各因子在年级上做单因素方差分析

		N	均值	标准差	标准误
物理负担总分	高一	974	18.52	2.81	.09
	高二	467	18.21	2.43	.11
	高三	628	18.65	2.05	.08
经济负担总分	高一	974	3.13	1.49	.04
	高二	467	2.92	1.31	.06
	高三	628	3.13	1.44	.05
心理负担总分	高一	974	10.64	1.50	.04
	高二	467	10.81	2.61	.12
	高三	628	10.81	1.52	.06
精神压力总分	高一	974	8.91	1.85	.05
	高二	467	9.40	1.88	.08
	高三	628	9.29	1.85	.07

从表 3-31 中可以看出,物理负担高低依次是高三、高一、高二;经济负担高低依次是高一、高三、高二;心理负担高低依次是高二、高三、高一;精神压力高低依次是高二、高三、高一。

表 3-32 方差齐性检验

	df_1	df_2	显著性
物理负担总分	2	2 066	.000
经济负担总分	2	2 066	.005
心理负担总分	2	2 066	.114
精神压力总分	2	2 066	.975

从表 3-32 中可以看出,物理负担、经济负担的各年级组的方差在 0.05 的显著性水平差异显著,即各年级组方差为不齐性,显著性分别为 0.000,0.005,都小于 0.05;心理负担、精神压力在各年级组的方差在 0.05 显著性水平上结果不显著,即各年级组方差为齐性,显著性分别为 0.114,0.975,都大于 0.05。

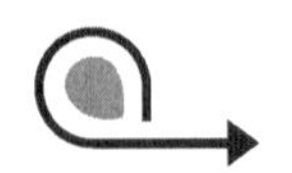

表 3-33　单因素方差分析

		均方	*F*	显著性
物理负担总分	组间	27.240	4.285	.014
	组内	6.358		
经济负担总分	组间	8.243	3.979	.019
	组内	2.072		
心理负担总分	组间	7.363	2.220	.109
	组内	3.316		
精神压力总分	组间	47.835	13.785	.000
	组内	3.470		

从表 3-33 可以看出，物理负担、经济负担、精神压力显著性值分别为 0.014，0.019，0.000，都小于 0.05. 这说明以上三个维度在年级上差异显著。

表 3-34　多重比较

因变量	(I) 年级	(J) 年级	均值差(I-J)	标准误	显著性
物理负担	高三	高二	.44247*	.13	.005
经济负担	高一	高二	.21578*	.07	.016
	高二	高三	-.20980*	.08	.037
精神负担	高一	高二	-.48256*	.10	.000
		高三	-.38150*	.09	.000

表 3-34 多重均值比较，其中物理负担高二、高三差异显著；经济负担高一与高二、高二与高三差异显著；心理负担各年级差异不显著；精神压力高一与高二、高二与高三差异显著。

（3）高中生课业负担在生源地上的差异分析

表 3-35　高中生课业负担在生源地上单因素差异分析（*F* 值）

		N	均值	标准差	标准误
物理负担总分	城市	1 060	18.53	2.56	.07
	县城	943	18.48	2.50	.08
	乡村	66	17.92	2.15	.26
经济负担总分	城市	1 060	3.08	1.38	.04
	县城	943	3.11	1.51	.04
	乡村	66	2.67	1.12	.13
心理负担总分	城市	1 060	10.67	1.49	.04
	县城	943	10.83	2.15	.07
	乡村	66	10.33	1.29	.15

续表 3-35

		N	均值	标准差	标准误
精神压力总分	城市	1 060	9.08	1.90	.05
	县城	943	9.16	1.84	.06
	乡村	66	9.78	1.61	.19

从表 3-35 中可以看出,物理负担总分高低依次是城市、县城、乡村,经济负担总分高低依次是县城、城市、乡村,心理负担总分高低依次是县城、城市、乡村,精神压力总分高低依次是乡村、县城、城市。

表 3-36　方差齐性检验

	df_1	df_2	显著性
物理负担总分	2	2 066	.084
经济负担总分	2	2 066	.000
心理负担总分	2	2 066	.354
精神压力总分	2	2 066	.397

表 3-36 显示,经济负担各生源地的方差在 0.05 的显著性水平差异显著,即各生源地方差不齐性,显著性为 0.000,小于 0.05;物理负担、心理负担、精神压力在各生源地的方差在 0.05 显著性水平上结果不显著,即各生源地方差为齐性,显著性分别为 0.084、0.354、0.397,都大于 0.05。

表 3-37　单因素方差分析

		平方和	df	均方	F	显著性
物理负担总分	组间	23.293	2	11.647	1.828	.161
	组内	13165.913	2066	6.373		
经济负担总分	组间	12.701	2	6.351	3.063	.047
	组内	4283.985	2066	2.074		
心理负担总分	组间	23.214	2	11.607	3.505	.030
	组内	6842.580	2066	3.312		
精神压力总分	组间	31.072	2	15.536	4.437	.012
	组内	7233.866	2066	3.501		

从表 3-37 可以看出经济负担、心理负担、精神压力的显著性值分别为 0.047、0.030、0.012,都小于 0.05,这说明以上几个维度在生源地差异显著。

表 3-38　多重比较

因变量	(I) 学校	(J) 学校	均值差 (I-J)	标准误	显著性
经济负担	乡村	城市	-.41541*	.14	.016
		县城	-.45316*	.14	.009
心理负担	乡村	县城	-.49700*	.23	.032
精神压力	乡村	城市	.70109*	.23	.003
		县城	.62775*	.23	.008

根据表 3-38 各组均值多重比较，其中心理负担上县城与乡村差异显著；精神压力方面城市与乡村、县城与乡村差异显著；经济负担上县城与乡村、城市与乡村差异显著；物理负担在生源地上没有显著差异。

（三）讨论

1. 高中生课业负担的总体特点讨论

研究结果表明，高中生课业负担高中问卷平均分从高往低依次是物理负担 18.49，心理负担 10.73，精神压力 9.14，经济负担 3.08。这和初中生课业负担总体特点一致，物理负担包括课程数量、作业数量、考试数量、周课程数、周学时数、补课科目、辅导资料数、考试次数等客观因素，在此因素上得分较高这可能与课业的数量和课业时间严重过超有关；心理负担得分高可能与学生为成绩烦恼、教学单一枯燥沉闷的一般障碍、学生心理素质不高、学习压力大有关；精神压力大可能与来自身体反应、近视、疲劳、肩腰颈的自然压力，家庭期望、学校期望、社会期望的外部期望，考试多少、排名、评优评先、升学等内部竞争有关；经济负担最低可能与教辅材料、复习资料、课外校外补习辅导、择校费、赞助费有关，随着社会经济水平的不断提高，家庭一般都能够支付得起。

2. 高中生课业负担在性别上的差异讨论

数据研究表明，物理负担总分、经济负担总分、精神压力总分的性别差异显著，都是男生高于女生，这可能与传统家庭“重男轻女”的思想有关，男孩被赋予了更多的期望，对其教育投资偏多，也因此带来的精神压力比女生多。不同性别的高中生课业负担在心理负担总分差异不显著，这可能与内在的主观感觉、体验学习的心理有关。

3. 高中生课业负担在年级上的差异讨论

研究结果显示，物理负担方面高二、高三年级差异显著，这可能与高三阶段主要任务是考大学，无论在课业数量、课业时间上、各种教辅资料上，投入的时间和精力、高三都远远高于高二。经济负担方面高一与高二、高二与高三差异显著，这可能与各个年级段的侧重点不同有关，而此时正处于高中文理科分科节点，文科投入的较少，理科对辅导资料的选择要多于文科，这也可能与高一、高三的择校费、转学有关，高一是刚升入高中，成绩差点的会有部分的择校费，而高三也会有同学为了考上理想的大学选择更好的学校转学

学习,这也会造成经济上的负担。精神压力方面高一与高二、高二与高三差异显著,这可能与各个年级学期内的考试排名、评优评先、升学带来的精神压力有关,而高一与高三是刚进入高中和即将离开高中的时期,对高中的期待和离开的精神感受度差不多,因此这两个阶段差异不显著。心理负担各年级差异不显著,这可能与初中阶段适应了过渡时期的生活学习方式、为高中阶段做了铺垫有关。

4. 高中生课业负担在生源地上的差异讨论

研究结果显示,心理负担方面城镇与乡村差异显著,这可能与乡村的基础设施较落后,而高中大都设在县城、城市,使乡村的学生初到城市在生活学习上有种焦虑痛苦感觉有关。精神压力方面城市与乡村、县城与乡村差异显著,这可能与各级生源地的社会、学校、家庭的期望有关,可能表现在高中阶段课业负担上。经济负担方面县城与乡村、城市与乡村差异显著,这可能与各生源地对高中的学习重视程度、对教育观念不一样有关。物理负担在生源地上没有显著差异,这可能与高中生同处在一个省内,接受的教育目标一样,培养方案存在较小差别有关。

(四)结论

1)高中生课业负担影响因素从高往低依次是物理负担、心理负担、精神压力、经济负担,这与初中阶段的课业负担影响因素高低顺序一致。

2)高中生课业负担的物理负担、经济负担、精神压力负担在性别上差异显著,不同性别的高中生课业负担在心理负担方面不显著。

3)高中生课业负担的物理负担在年级上差异显著,主要是高二、高三差异显著;经济负担主要是高一、高二,高二、高三差异显著;精神压力主要是高一、高二,高二、高三差异显著;心理负担各年级差异不显著。

4)高中生课业负担的心理负担在生源地上的差异主要表现在乡村与县城的差异;经济负担在生源地上的差异主要表现在乡村与县城、城市与乡村的差异;精神压力负担在生源地上的差异主要表现在城市与乡村、县城与乡村的差异;物理负担在生源地上没有显著差异。

四、中小学生课业负担过重的危害

(一)中小学生课业负担的特点与规律

研究发现,河南省小学生校内课业负担过重问题基本得到解决,但校外负担却大大增加;一、二年级课业压力不大,三年级以上课业压力加大。23.84%的小学教师认为负担更重了,37.46%的小学教师认为没有变化,只有38.70%的小学教师认为课业负担轻了;77.09%的小学教师认为来自校外的课业负担明显重于校内。

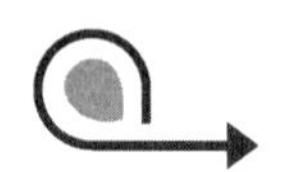

中学生的课业负担依然很重。33.99%的中学教师认为更重了,30.72%的中学教师认为没有变化;只有35.29%的中学教师认为课业负担轻了;认为校内负担重的中学教师比例是20.29%,认为校外负担重的中学教师比例是37.98%,认为二者持平的比例是32.93%,说明来自校外的课业负担重于校内的课业负担。

21世纪教育研究的调查表明,50.85%的家长认为课业负担更重了,44.48%的家长认为没有变化,仅有4.67%的家长认为课业负担轻了;1/3的家长认为校内、校外课业负担持平,1/3的家长认为校内课业负担重于校外,1/3的家长认为校外课业负担重于校内。

(二)中小学生课业负担过重的危害

1.过重课业负担危害学生健康

课业负担过重的直接伤害对象是学生,也是本专题最为关注的。长久的超时、超量、超纲的课业负担,不仅伤害学生当下的身心健康,造成价值观缺陷,更影响学生未来的可持续发展。

第一,损害学生的身体健康。调查表明,77.6%的小学生早上六点半以前起床,84.3%的小学生下午五点半前离校,82.8%的小学生晚上九点半前睡觉,63.4%的小学生作业时间超过一小时,82.4%的小学每周考试或测验1次以上;77.5%初中生、94%的高中生睡眠时间在8小时以内,58.9%的初中生、66.1%的高中生作业时间超过2小时,68.7%的初中、89.7%的高中每周课时40节以上;在校时间、作业时间长,周课时、考试次数多,睡眠不足。造成学生记忆力减退,运动能力下降,睡眠障碍,精力无法集中,身体发育不均衡,气喘病、胃病、颈椎病、肩周炎、腰肌劳损等器官疾病。

第二,损害学生的心理健康。调查显示,河南省中学生的心理负担较重,初中生心理负担的均值为10.65,最大值为50,在四个维度中排名第二;高中生心理负担的均值为10.73,最大值为56,在四个维度中排名第一。中国科学院心理研究所2021年发布的《中国国民心理健康发展报告(2019—2020)》显示,2020年我国青少年抑郁检出率为24.6%,其中重度抑郁为7.4%,从小学到高中,随着年级的升高,抑郁检出率呈现上升趋势。①

第三,造成学生的价值取向、思维方式和行为方式缺陷。调查显示,41.6%的小学生只对部分课程感兴趣,18.8%的小学生对课程不感兴趣;14.2%的小学生上课不听课或根本不想听课;少数学生觉得生活无趣,缺乏目标和意义,对生活有强烈的孤独感,没有感情,所有的事情都是为了自己。思维方式极端或二元对立,有暴力倾向和欺凌行为;极少数学生有自杀意念,不知道为什么活下去,活着的价值和意义是什么。

---

①傅小兰,张侃,陈雪峰.心理健康蓝皮书:中国国民心理健康发展报告(2019—2020)[M].北京:社会科学文献出版社,2019.

2. 过重课业负担危害家庭和睦

调查显示，25%的小学生双休日参加了校外培训，超过 90%的家长为孩子报名校外培训机构；18.89%的小学教师、19.4%的中学教师支持学生参加校外培训。

家长为了提高孩子的考试分数购买了大量的教辅资料，额外增加了一大笔经济支出。为了接送孩子上辅导班、辅导孩子功课和作业，家长还得付出大量的时间和精神成本。没有时间和精力陪孩子运动和玩耍，更不会与孩子进行深度的思想交流、情感互动并关注品行。42.48%的家长过分看重考试分数而给孩子施压，部分家长教育观念偏激，教育方式粗暴，亲子关系冲突不断。

3. 过重课业负担危害学校安全

调查显示，有 16.1%的小学生对教师的课堂教学不满意；有 66.7%的初中生、77.0%的高中生对教师布置的作业不满意；72.45%的小学教师、70.5%的中学教师认为片面追求升学率给学生施加过重的课业压力，也带来教师的工作时间长，教学任务重，压力超负荷，身心长期处于“亚健康状态”。部分教师和班主任为了提高本班的排名和升学率，对学习不好、排名靠后的学生放任自流，个别教师违反师德师风规范。教师育人方式简单化，只关心分数，师生关系疏远，生生关系淡漠，家校关系矛盾，成为影响校园师生安全的直接因素。

4. 过重课业负担危害社会和谐

调查显示，接近九成的家长不满意减负和治理校外教育培训机构的效果；80.04%的家长认为择校竞争和升学压力过大，60.05%的家长认为校长教师片面追求升学率给孩子施加过重压力；小学有近四分之一的教师存在课内不讲，让学生参加课外培训的现象，中学有三分之一以上的教师存在课内不讲，让学生参加课外培训的现象。个别家长对教师和学校教育不信任，对政府和教育主管部门不满意，过度干预学校教育教学，把责任完全推给学校和教师。

五、中小学生课业负担过重的归因分析

教师在学生课业负担过重原因的多选题中，“社会过分看重考试分数，给学生施压”是首位原因（中学 75.31%，小学 76.16%），其次是“义务教育阶段的择校竞争和升学压力”（中学 72.13%，小学 73.68%），居第三位的是“片面追求升学率，给学生施加过重压力”（中学 70.50%，小学 72.45%），居第四位的是“培训机构推波助澜”（中学 35.45%，小学 38.08%）。

家长在回答学生课业负担过重的原因时，第一位的原因是“义务教育阶段的择校竞争和升学压力”（80.04%），第二位的原因是“片面追求升学率，给学生施加过重压力”（60.05%），第三位的原因是“培训机构推波助澜”（49.08%），第四位的原因是“社会过分看重考试分数，给学生施压”（42.48%）。

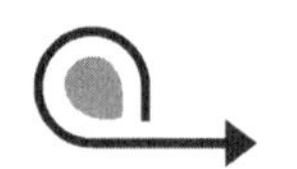

通过调查研究,我们把造成学生课业负担过重的原因归结为教育性因素、社会性因素和背景性因素三个层面,三个层面又相互叠加,相互影响,使得减负效果大打折扣,出现越减越重的怪圈,学生、家长、教师、社会怨声一片,如图 3-1 所示。

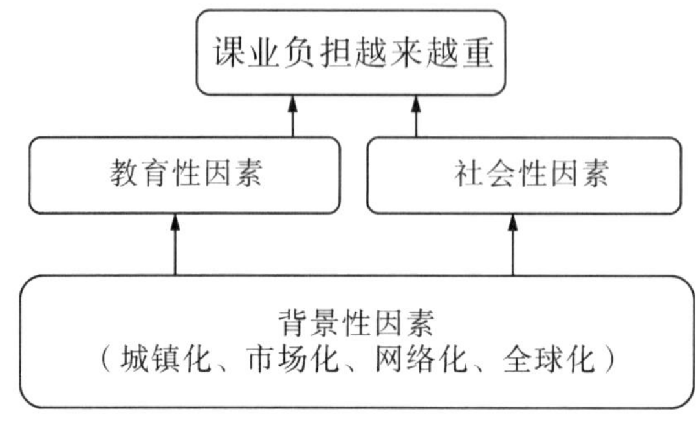

图 3-1　过重课业负担原因结构模型

(一)教育性因素

1. 教育的知识本位价值取向是本源,而以分数为唯一依据的考试评价方式又为这一追求加码

知识本位是一种以知识为唯一或几乎唯一目标的教育教学观,它有两大特征:一是将知识简单理解为符号和结果,以书本知识、静态知识、显性知识代替全部知识,忽视知识本身的逻辑关系和意义价值,忽视人的生活与生命更高层次需要的人生观、价值观、世界观以及思维方式、行为方式的引导与养成。二是以强制灌输、被动接受的方式记忆显性的结论,课堂教学表现为考试考什么教师就教什么,学生就学什么,学生的成绩体现为分数的高低,决定于教师对知识点的把握和学生机械记忆力的强弱。

以知识本位为价值取向的中小学课堂教学,仅仅把知识窄化为现象与符号,教师的教与学生的学演变为静态的、浅显的、结论的、简单化口头语言传递和机械记忆的识记,学生对逻辑的把握和意义的理解被边缘化,学习于是就变成对量的占有,记忆力好态度又用功的学生成绩就好。最适合的考试方式就是闭卷考试,而衡量成绩高低的标准只能是表面的分数。

2. 优质教育资源稀缺和公私优质教育资源配置失衡是课业负担过重的制度性根本

调查显示,80. 04%的家长认为义务教育阶段的择校竞争和升学压力,是造成学生课业负担过重的第一位原因;73. 68%的小学教师、72. 13%的中学教师认为,义务教育阶段的择校竞争和升学压力,是造成学生课业负担过重的第二位原因。在调查中发现,有个城市市区小学有 15 所,家长认可并优先选择的有 8 所;初中有 12 所,家长认可并优先选择的有 4 所;高中有 6 所,家长认可并优先选择的有 3 所。影响家长选择的因素是升学率、校风、教师和学校办学历史。而且优质学校高度集中于市区、县城和乡镇,越往上优质资源越多。学生、优秀教师、资金、社会支持主要集中于少数区域和几所学校里,郊区学校、农村学校生源不足。

3. 公办学校主导地位的弱化和部分民办学校的不规范办学行为进一步推波助澜

受到教育市场化和产业化的影响,公办学校的主导地位不断被弱化,学校和教师的主体责任逐渐被削减,而私立学校依仗其强大的资本优势、灵活的办学策略和政策支持,不断抢夺生源和优秀教师资源,突破底线开展应试训练。在竞争中,公办学校常常处于弱势地位,甚至有被边缘化的危险。

(二)社会性因素

1. 家庭自主增负的刚性需求为社会培训机构提供了生存的土壤和空间

调查显示,30.34%的小学教师、32.93%的中学教师认为学生的校内负担和校外负担持平;虽然有74.92%的小学教师、八成以上的中学教师不支持学生参加校外培训,认为没有作用,甚至有6.19%的小学教师、8.47%的中学教师认为校外培训会产生副作用,但仍有超过9成的家长为孩子报了校外培训班;小学生双休日参加补习班或校外培训的比例为25%。58.70%的家长选择校外培训的首要原因是为了提高成绩,增强竞争力,35.79%的家长是为了培养孩子的广泛兴趣,提高素质。这些数据不仅仅是表明家长的教育观念问题,在一定程度上也说明我们的学校教育满足不了家庭对学生全面发展的需要。

2. 中华民族对教育的高度重视和强调教育的工具性价值的传统是其广泛的文化基础

重视教育的传统,是中华民族古老的美德。历史上每到国家稳定、政治清明的时期,社会重视教育的程度就会空前高涨。汉、唐、宋、明、清皆如此。尤其宋朝,国家大兴学校。很多乡绅把自己所有的积蓄拿出来,在乡里办学。自己宁愿过清贫的生活,也要让一方百姓接受更多的教育。清末,虽然国运衰微,可是政府知道国家落后了,应该从教育入手。洋务派张之洞、李鸿章等人又掀起了兴办学习风潮,培养了大批人才。当下中国更是如此,每个家庭为了孩子,父母省吃俭用,不辞辛苦早送晚接,花高价购买"学区房"。

中华民族的教育文化传统特点是"学而优则仕",强调"学以致用",突出实用性和功利性。年轻人求学的目的就是为了通过"科举",取得功名利禄,出人头地,光宗耀祖。强调的是工具性价值,追求的是实实在在的看得见的好处。当下教育中,一些校长与教师片面追求升学率,一些家长与学生过分追求考试分数,就是这一文化传统的具体表现,是"应试教育"的文化基础。

3. 社会追求高学历的畸形用人观造成的人才浪费加剧家长的教育焦虑是其社会心理基础

近年来,我国社会,无论是公司、企业、公务员,还是大学、中小学、幼儿园招聘,对学历的要求越来越高。广州市白云区2021年招聘中小学教师50名,涉及语文、英语、数学、物理、化学、生物、历史、心理健康八个学科,全部要求是博士学历。① 这种过分拔高学历

---

①https://www.360kuai.com/pc/9584dbe00bc35c177? cota=3&kuai_so=1&tj_url=so_vip&sign=360_57c3bbd1&refer_scene=so_1.

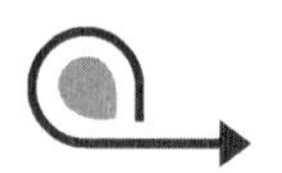

的做法，将会加剧家长的教育焦虑，强化学校片面追求升学率，逼迫家长和学生过度追求考试分数。这种过分追求高学历的用人观，成为减轻学生过重课业负担的一大阻力。

（三）背景性因素：城镇化、全球化、网络化带来的困扰与挑战是其复杂的时代背景

1. 城镇化

城镇化是人类文明进步和经济社会发展的大趋势，也是世界各国实现工业化、现代化的必经阶段，对我国现代化发展确实带来很多益处。随着城镇化的发展，大批农村人口从农村向城市迁移。在进入城市的过程中，形成了职业分化，主要从事于非农产业。职业的分化改变了流动人口的收入来源和收入构成，使其社会化程度更高，社会地位随之改变。

人口从农村聚集到城市，对于衣食住行等资源的需求量极大，城市用原有的资源，尤其是教育资源无法承载增加的需求。学校和班级规模增大，不利于师生交流和互动，无法因材施教，适合于集体讲授和海量训练，增加学生学习难度和教师教学压力；一些应该是学校和教师的责任，却分摊给家长和校外辅导机构，进一步加剧了教育竞争和家长的教育焦虑。

2. 网络化

根据 CNNIC 发布的第 47 次《中国互联网络发展状况统计报告》显示，截止到 2020 年 12 月，我国网民规模已经达到 9.89 亿。① 互联网是把双刃剑，对于中小学生来说，网络化改变了他们的生活，也给他们的身心健康带来了危害。

网络化给中小学生带来了信息接受方式和接受渠道的变革，由此引发了众多矛盾冲突。一是信息过载，增加学习难度。由于互联网络的开放性、隐匿性、即时性特征，致使信息发布门槛越来越低，互联网上信息极大丰富，且泥沙俱下。学生通过互联网获取自己想要得到的信息的同时，也要面对大量的冗余信息，甄别过程需要耗费大量时间。二是碎片化学习，减弱深度思考。互联网改变了人们的阅读方式，碎片化成为当下的网络阅读习惯。中小学生也深受影响，长此以往，导致学生难以形成深度阅读，无法形成完整的知识体系。三是削弱教师的主体地位，降低教师的权威。由于网络上信息极大丰富，只要搜索，几乎能够为中小学生提供所需的全部信息。这无疑会对教师的主体地位形成挑战。

2. 全球化

全球化带来的危害。首先，政府监管减弱，执行力下降。其次，国外教育思潮冲击我

---

①中国互联网络信息中心（CNNIC）：第 47 次中国互联网络发展状况统计报告. http://www.hg-news.cn/yuanchuang/202102/999918035.html.

国教育领域改革。全球化时代,西方发达国家把其政治经济体制、道德观念和生活方式等通过“信息霸权”的方式强加给中国,这是更为隐蔽的霸权手段,这些价值观念和意识形态的灌输无疑会对我国中小学生的身心健康、道德行为和思想意识等方面带来危害。最后,西方个体利益至上的个人主义价值观危害了师生关系、家校关系。全球化对部分学生的个性品质产生影响,西方国家鼓吹个性、自由,造成了部分学生以自我为中心的个性品格,影响师生、学生、家校之间的和谐关系。

六、减轻中小学生过重课业负担的政策建议

在讨论“减负”政策之前,我们有必要先来分析一下过重课业负担产生的基本逻辑。在内涵上,课业负担主要来源于学校以知识为主的学科课程内容与时间,以及由此产生的超量超纲的作业与重复训练;在外延上,课业负担来源于家长和培训机构的应试训练。两者叠加,就会使学生的课业负担过重。而其理论基础就是教育的知识本位价值取向和以分数为唯一依据的考试评价方式。

在“减负”的四个责任主体中,家长和校外培训机构只能是引导和规范,政策无法强行禁止;只有做好了学校教育改革和宏观教育管理,才能带动社会各方产生合力,共同治理,真正实现“减负”期望。

(一)学校教育的深层改革

1. 减少课程门数和课程内容,减少课时

“仅从数量上满足对教育的那种无止境的需求(不断地加重课业负担)既不可能也不合适。”①早在 1957 年,毛泽东就提出,教材要减轻,课程要减少。并且在 1964 年再次指出:课程可以砍掉一半,学生要有娱乐、游戏、打球、课外自由阅读的时间。② 调查发现,河南省小学 1 至 2 年级课程门数 7 门,每周课时 26 节,3 至 6 年级课程门数 11 门,每周课时 30 节以上,平均每天 5~6 节;初中生每周课程门数 14 门,每周课时 40 节以上,平均每天 8 节以上;高中每周课程门数 18 门,每周课时 40 节以上平均每天 8 节以上。小学 1 至 2 年级学生的作业基本上能够在学校内完成,3 至 6 年级学生的作业基本上要在放学后回家完成;初中和高中学生的作业只能在晚自习或回家完成。从小学三年级开始,课程门数过多,而且呈上升趋势。

2. 减少学科课程,增加活动课程

根据国家规定,小学 1 至 2 年级共设置课程 7 门,周课时 26 节,其中学科课程 15 节,活动课程 11 节;3 至 6 年级共设置课程 10 门,周课时 30 节,其中学科课程 16 节,活动课

---

①联合国教科文组织. 教育:财富蕴藏其中[M]. 北京:教育科学出版社,1996:75.

②俞家庆,李永贤. 毛泽东同志的“减负”思想及启示[J]. 教育研究,2004(3):3-8.

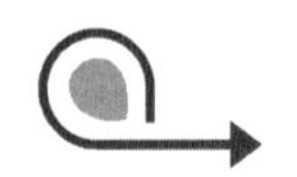

程 14 节。初中共设置课程 14 门,周课时 34 节(调查数据大多数学校是 40 节),其中学科课程 23 节,活动课程 11 节;高中共设置课程 18 门,1 至 2 年级周课时 39 节,其中学科课程 32 节,活动课程 7 节;3 年级周课时 40 节,其中学科课程 35 节,活动课程 5 节。分析发现,从小学到高中,学科课程多于活动课程,中学的学科课程是活动课程的 2 至 7 倍。建议扩大活动课程的比例,小学 30%为学科课程,70%为活动课程;初中 60%为学科课程,40%为活动课程;高中 70%为学科课程,30%为活动课程。

3. 降低教学难度和考试难度

我国中小学的课程难度总体并不高,在世界上的 10 个国家中处于中等水平,但实际教学难度和考试难度远远大于这些国家。调查发现,只有 35.4%的小学生能轻松完成作业,18.6%的小学生非常努力才能完成作业,还有 5.2%的小学生因为太难完不成作业;18.8%的小学生对课程兴趣不大或不感兴趣,41.6%的小学生只对部分课程感兴趣;忘了听课和不想听课的小学生高达 14.2%。从初中开始,学生普遍感觉课堂教学难度和作业难度越来越大,投入的时间和精力越来越多,劳累程度越来越重。

4. 改变单一分科考试制度,实行综合考试

我国中小学校内考试制度是按照学科实施的,其优点是方便命题、评卷和组织,有利于促进学生掌握学科知识,但缺点是考试内容和考试次数过多,导致教师的教学和学生的学习必然是以知识点为主,训练的是教师的讲授水平和学生的机械记忆能力,既增加了学生的学习时间和压力,也不利于培养学生的情感、态度和价值观等更高级的素质,让教与学变成知识的浅层次教授与量的重复。建议小学校内考试为综合考试(一张卷)+素质展示,中学校内考试为综合考试(一张卷)+分科考试+素质展示。

5. 恢复学校课后辅导、补习的传统功能

曾经在公办学校开展的课后兴趣特长活动和启蒙教育,受到社会的一致欢迎。在培训机构商业化的运作中,这种启蒙性质的兴趣教育就很容易转化为应试训练,家长还要为此付出数十倍、上百倍的资金。轻易地取消公办学校的课后教育,将这一刚需推向市场, 是一种公共政策的失效。应该积极发挥公办学校课后教育的功能和作用,实施对孩子的启蒙教育和培养兴趣能力。

(二)宏观教育的政府管理

1. 提高教师待遇,改革绩效工资制度

改善教师待遇,当前涉及三个问题。第一个是降低班额。班额太大,分数权重很大,那么教师从考虑自身的利益最大化出发,自然会选择省事而出分的应试训练方法,把更多训练任务施加给学生。第二个是减少淘汰压力。现在教师末位淘汰制压力不小,这个压力某种意义上讲不应该有;用淘汰制校正或补正,其实是加大了教师之间的不当竞争,教师之间的竞争不断强化,那么在教师绩效评估主目标确定的约束条件下,学生多少成

了各科教师的“义务争分者”。第三个是平衡教师待遇。当前教师待遇中问题太多,要么是高校与中小学之间悬殊,要么是贫校与富校之间悬殊,构成了基础教育内部的贫富两极分化。

2. 减轻教师负担,保护教师的权益

中小学教师的负担较重是毋庸置疑的客观存在,其特点是正常的教育教学任务并不算重,而非教育教学任务过多,具体表现为督查检查评比考核事项、社会事务进校园、报表填写工作、抽调借用中小学教师事宜和其他临时性的事务。这些额外的任务消耗了教师过多的时间和精力,其危害不仅仅是让教师身心疲惫,更主要的是让教师无暇去研究、思考和提高教育教学水平,甚至无法静下心来进行正常的备课、课堂教学、课外辅导和批改作业,不能及时地发现学生身心健康上出现的问题。许多教师会采取简单的方式处理正常的教育教学工作,也在一定程度上增加学生的课业负担。

各级政府、教育主管部门、学校要依法保护教师的教育教学权益,对扰乱学校教学秩序、影响教师教育教学、危害师生安全的言论和行为,要及时有力地给予处理,勇于保护教师的权益。

减轻中小学教师的负担,保护教师的权益,排除不必要的干扰,维护学校正常的教育教学秩序,保证教师能够安心地教书育人,也是减轻学生课业负担的基本保障。

3. 消除中小学校校际差别,统一配置硬件和软件

由于各种原因,我国学校客观存在着差异,城乡之间、区域之间、学段之间差异较大。尽管国家早就取消了重点学校制度,但因为优质教育资源的不足和配置不均衡,优质教育资源就集中在少数几所学校,造成事实上校际仍然等级分明。校际的差异不消除,不仅会影响素质教育和课程改革的实施,进一步强化应试教育和不规范的办学行为,加重师生负担,还会带来家长的教育焦虑和教育的无序竞争,恶化教育的生态环境,影响社会稳定。建议无论是城市还是乡村,学校面积、学生人数、校舍建设、教学设施等硬件和教师质量、教学要求、考试评价等软件配置统一标准。

4. 禁止私人资本进入义务教育或基础教育阶段

义务教育或基础教育的基本属性是公益性,是强制的和非营利的。校外教育培训机构为了获取价值,高价抢夺生源、高薪挖公立学校优秀教师、无底线的抢跑教学和应试训练等不规范的办学行为,不仅严重恶化了教育生态,弱化了公立学校的主导地位和职能,更是加重了学生、教师和家长的负担。从“双减”政策角度来分析,有效减轻义务教育阶段学生过重作业负担和校外培训负担,需要家长履行监护义务、树立科学育儿观念,也需要学校、政府等各方的通力合作。单单强调公办学校为主导的办学格局,不清理私人资本办学问题,不但不能净化基础教育生态环境,更不利于减轻学生课业负担!

5. 落实和完善课业负担监测公告制度

从目前的实践来看,大部分人还是把监测和报告课业负担作为一个简单的技术问题

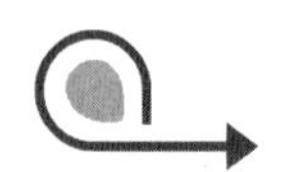

来看待,而没有看到监测和报告课业负担这个举措可能是抓住了如何系统地解决我国基础教育顽疾——学生课业负担过重的一个新思路或者“牛鼻子”。而我们恰恰需要的就是从这个全局的高度来认识课业负担监测和报告的内在意义和价值,否则我们又会错失一次“减负”的良机。建议尽快在全省开展中小学生课业负担监测。

6. 建立地方政府教育问责机制

目前各地区教育生态仍存在问题:第一,部分地方政府对于“应试教育”治理不力,片面追求升学率现象严重;第二,部分地方政府资源分配向“超级中学”倾斜,影响区域内教育的整体发展;第三,默许“超级中学”违规办学,以办学名义追求经济增长。

针对上述问题,迫切需要优化教育生态评价,推动建立地方政府教育问责机制:①应将教育生态纳入地方政府政绩考核指标,建立教育生态评估监测体系。将教育优先发展、区域教育质量、教育公平等指标纳入区域教育生态评估监测体系。根据监测体系,对各地进行教育生态评估监测。②应推动建立地方政府教育问责督导机制,对教育生态问题严重的地区进行问责。对教育生态监测评估不合格、教育生态问题严重的地区要求整改,并问责地方政府负责人。以问责机制加强地方政府对教育发展规律的认识,解决教育生态失衡的突出问题。③应对地方教育生态进行专项评估,对典型“超级中学”现象进行治理。从调控社会舆论入手,杜绝对“超级中学”的鼓吹和粉饰,反对唯分数论,杜绝一切域内随意扩招、域外任意乱招、无依据任意收费等违规现象,根据《民办教育促进法》等有关法律法规,对出现违规办学的学校进行相应惩罚。通过典型案例治理,推动提高构建健康教育生态的社会意识。

(三)社会教育的有效引领

1. 分类管理校外教育培训机构

校外教育培训机构一般分为三类,分别是学科知识培训类、兴趣爱好培养类和智力能力开发类。对于学科知识培训类教育机构,一是要坚决取缔一批抢跑应试训练和与招生入学挂钩的培训机构,因为他们不仅仅增加了学生的课业负担和家庭的经济负担,还加重了家长的教育焦虑,破坏了教育生态;二是规范引导以学科知识为主的培训行为,使之成为学生更好地理解和运用知识的良师益友。对于兴趣爱好培养类和智力能力开发类教育机构,要大力支持和扶助,以弥补学校教育的不足,使之成为学校教育的“有益补充者。”

2. 警惕国外国内污名化教师和学校的阴谋

他们利用发达的网络,拼接故事,传播谣言。没有学校名称,也没有教师名字,只说某某老师“课上不教课下讲”,某某老师“打学生了,收礼了”,某某老师“与书店、校外机构合作,挣大钱开豪车了”等,配合个别教师的师德不良案例,污名化教师和学校,大肆炒作师德问题,嘲讽教师的教育教学,夸大家校对立和师生冲突。降低教师权威,干扰学校

秩序,其结果是让整个社会付出沉重的代价。因此,树立教师正面形象,保护学校教育正常运行,是政府、家长、社会的共同责任。

3. 引导家长提高教育素养,转变育儿方式

教育高质量发展离不开家长的支持,减轻学生课业负担更需要家长的配合。随着我国社会的进步和开放,各种教育思潮和理念也在冲击着家长,在多元的世界里如何科学育儿,使得家长面临选择的困境,迫切需要政府、学校、大学等专业人士给予指导。家长的教育素养提高,也有利于支持学校教育,成为教师的助力而不是阻力,家校合作才是"减负"成功的基础。

专题四　河南省中小学教师职业幸福感调查研究

一、研究背景

教师职业幸福感是指教师在从事教育教学工作时，感受到教师职业可以满足自己的需要，能够实现自身的理想和价值，从而产生持续的愉悦体验。我国研究者从1995年左右开始关注主观幸福感的研究，其研究范围涉及伦理学、教育学、文化学等诸多方面。进入21世纪初，教师职业幸福感引起了研究者们的广泛关注，研究成果也日益丰富。

（一）国外的相关研究

国外早在1984年就开始有关幸福感的研究，主要有主观幸福感（subjective well-being）和心理幸福感（psychological well-being）两大流派。主观幸福感主要关注人们积极、快乐情感的数量和所经历时间的最大化，以及消极、不愉快情感的数量和所经历时间的最小化。心理幸福感主要关注个体与生俱来的潜能和才华的实现与发展，可以使个体的功能更加健全。后来，凯斯（1998）提出了社会幸福感（social well-being）的概念，指个体对与他人、集体、社会之间关系质量的评估，包括社会整合、社会认同、社会贡献、社会实现、社会和谐五个维度，其进一步丰富和扩展了幸福感研究的领域。随着研究的深入，研究者们将幸福感研究延展到职业领域，逐渐形成职业幸福感这一研究热点，其中教师的职业幸福感是研究者们关注的研究课题之一。

国外有关教师职业幸福感已有较多研究，如金努南和乌拉（2012）等人调查了1 012名年龄超过45岁的芬兰教师的职业幸福感，结果发现36%的教师存在与幸福感相关的情感、健康和行为方面的困难。伯迪和卡马尔（2013）等人对员工的年龄与职业幸福感的关系进行了相关研究，结果发现工作满意与年龄之间呈"U"型曲线的关系，而工作压力与年龄的关系正好相反，工作倦怠与年龄仅呈现出反向的线性关系。提图斯（2012）发现英国教师对于教学工作、物理环境和领导管理感到满意，但是对工资和晋升感到不满。迪恩哈恩和斯科特（2011）对新西兰和澳大利亚教师的研究发现，教师对于其工作的内在方面感到满意，这些内在方面包括学生成就、师生良好关系、自我成长、职业技巧、归属感和

社会支持等,对社会地位等外部因素感到不满意。认为教师的幸福感是教师生活当中,不同层面所感受到的舒适度与和谐度,提出教师要身心和谐才会幸福。

(二)国内的相关研究

关于教师职业幸福感的研究,国内主要集中在对小学、初中、幼儿教师以及农村教师的研究上,同时研究区域主要集中在东南地区。通过相关文献的查阅,国内对教师职业幸福感的研究主要涉及教师职业幸福感的现状、测量、影响因素和教师职业幸福感的提升策略等方面。

国内的教师职业幸福感研究主要从教师工作满意度、主观幸福感、职业幸福感三个关键词进行实证调查。陈云英等(2014)对北京等四省市的小学教师的工作满意度进行了测量,结果发现教师们在工作性质、职业投入感及人际关系等内在因素上的满意度较高,而在收入、领导管理、进修提升及物理条件等外在因素上的满意度较低。张忠山(2012)对上海市的461名中小学教师的工作满意度进行了调查,研究发现从总体上看上海市小学教师对工作基本满意。杨婉秋(2013)对116名教师和113名非教师群体的主观幸福感进行了横向的比较研究,结果发现教师群体在生活满意度和幸福感指数上得分均显著高于非教师群体。束从敏(2014)对90名幼儿教师进行职业幸福感调查,结果表明45.6%的教师经常能体验到幸福感,50.0%的教师偶尔能体验到幸福感。总体看来,我国教师的职业幸福感现状不够理想,只有少数教师能够在工作中体验到幸福感,而大多数教师无法从工作中获得幸福感。影响教师职业幸福感因素有很多,相关的研究表明,影响教师职业幸福感的因素主要为:职业认同、薪资待遇、教学兴趣、教学压力、社会地位、师生关系、学校管理等。

综合相关文献,教师职业幸福感的研究,研究对象主要为小学、初中、幼儿教师以及农村教师,被试取样主要集中在我国东南沿海地区,而中部地区则很少,尤其是对河南省教师职业幸福感的研究几乎没有。河南省作为我国的人口大省,教师队伍庞大,教师是否幸福直接关系到教育质量以及学生健康成长和成才,因此对河南省教师职业幸福感的现状进行调查研究很有必要。

二、中小学教师职业幸福感研究回顾

(一)教师职业幸福感的概念界定

教师职业幸福感是客观幸福感、主观幸福感和心理幸福感等幸福概念的外延,是针对教师职业的理论具体化,强调职业幸福感在实践领域的具体应用。

1. 教师职业幸福感

教师职业幸福感是教师在教学工作中可以使其职业理想自由地实现,其个体的需求

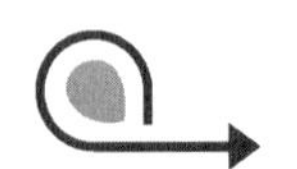

得到满足,以及潜能得到发挥的持续快乐的体验,即教师在教育工作中的需要获得满足、实现自己的职业理想、发挥自己的潜能并伴随着力量增长所获得的持续快乐体验。但是,对于教师职业幸福感的界定,是一个仁者见仁、智者见智的问题。

檀传宝(2002)认为,教师幸福就是教师在自己的工作中自由实现自己的职业理想的一种教育主体生存状态。刘次林(2000)认为,作为幸福教育的教师,教育不是牺牲,而是享受;不是重复,而是创造;不是谋生手段,而是生活本身。有专家认为,教师职业幸福感即教师在职业生涯中,需要得到满足,潜能得到发挥,自我价值得到实现,得到外在和自我双重的良好评价的一种持续快乐的心理感受和精神状态。一般认为,教师的职业幸福是指教师本人对自己的职业充满激情、责任感和满足感,并能为实现个人的教书育人价值而积极进取的一种精神状态或体验,是教师在从事教育活动时由于需要得到满足、潜能得到发挥、力量得以增长所获得的快乐愉悦体验。

职业幸福感直接决定着教师的工作状态。在没有职业幸福感,充满着职业倦怠的教师心中,每天的教学活动是枯燥无味的、重复的、机械的,没有创造,没有收获。因为教师仅仅把教书当作一种谋生的手段。如果教师没有激情去创造去感悟,教育教学就会变成单调乏味的简单重复。相反地,把教书当作事业的教师则截然不同。因为这是他心甘情愿从事,愿意为之付出心血并不断收获快乐的职业。他把教育当作一种毕生的事业,在付出的同时,也在收获,而且是巨大的收获。在教学活动中他享受着学生进步带给他的幸福,同时也在其中感受到自我发展带来的幸福。看似平凡、平淡的教育工作,使他收获三重的快乐:学生的健康成长使他意识到自己生命的价值;家长与社会的认可与尊重使他看到自身的价值;品德灵魂的净化,使他永葆未泯的童心。这种因全身心投入而带来的愉悦感、成功感和幸福感是任何东西都比不上的。因此,在有着职业幸福感的教师的心中,工作是美丽的,忙碌是愉快的。他享受着教育、体验着幸福,也以自己的幸福观,向世人诠释着什么是教师的职业幸福。

本专题结合以上观点和对职业幸福感的理解,认为教师职业幸福感是指教师在从事教育教学工作时,感受到这个职业可以满足自己的需要,能够实现自身的理想和价值,从而产生持续的愉悦体验,是教师对工作各方面满意程度的认知评价,并由此产生以积极情感占优势的心理状态。虽然概念中也含有少部分心理幸福感和社会幸福感的成分,但本研究更倾向于主观幸福感的内涵和结构。

2. 教师职业幸福感与教师幸福感的区别

"教师职业幸福感"仅仅比"教师幸福感"多了职业二字,虽然都是研究教师的幸福感,但严格来说,两者还是有区别的。第一,在研究范围上,教师职业幸福感限定了必须是工作中的幸福体验,而教师幸福感的范围则更加宽泛,集合了生活中的各个领域,其中也包括工作领域,因此可以理解为职业幸福感从属于幸福感。第二,在研究取向上,教师职业幸福感通常提取并融合了主观幸福感、心理幸福感和社会幸福感的核心成分,相对来说比较综合全面,而教师幸福感更趋向于单独来研究这三种幸福感,其中教师主观幸

福感的研究较多,其他幸福感较少;第三,在研究工具上,测量教师职业幸福感的工具必须仅针对工作中的幸福体验,而测量教师幸福感的工具则是以生活中的总体感受为主,不会具体到某些特定的领域。如果两者的测量工具互换,都会使研究的结果针对性不强,可靠性和准确性降低。

(二)教师职业幸福感的理论模型

从幸福感的层次来看,职业幸福感是幸福感的二阶概念,而教师职业幸福感又是职业幸福感的具体化形式。从逻辑上来说,所有有关幸福感的理论都可作为教师职业幸福感的理论基础或主要参考。基于过往的幸福感理论,本课题依据以下几种理论模型作为研究的基础。

1. 主观幸福感模型

主观幸福感的三因素模型包括生活满意度、积极情感和消极情感。对生活满意度的评价越高,感受到的积极情感越多,消极情感越少,则个体的主观幸福感越强。这五种理论从不同的角度解释了主观幸福感的作用机制:①目标理论:该理论认为主观幸福感的产生源于需求的满足和理想价值的实现;②活动理论:该理论与目标理论截然相反,认为个体能否获得主观幸福感与所设定的目标是否实现没有本质的联系,实现目标的过程才是最重要的;③人格理论:该理论认为人格特质对主观幸福感起决定性作用;④判断理论:又称为社会比较理论,该理论强调个体与他人的比较,感觉优于他人,则会有幸福感;⑤适应理论:该理论认为随着时间的推移,人们会适应好的或坏的事情,随之将不再对主观幸福感产生影响。

2. 心理幸福感模型

里夫等人提出了无特定背景的心理幸福感六维模型:①自我接受,能够意识、承认并接纳自己的不足,从而保持良好的状态;②积极的人际关系,主动寻求并保持真诚、融洽的人际关系;③自主性,能独立思考、自主决定、自我调整;④环境掌控,能够有效适应、利用、控制或改变外部环境,使其符合自己的需要和个人价值;⑤生活目标,对生活有目标和信念,能体会生活的意义;⑥个人成长,激发自身的潜能,不断提升,实现价值,这是心理幸福感的核心成分。

3. 沃尔的职业幸福感模型

沃尔认为职业幸福感由四个主要维度(情感、抱负、自主性和胜任力)和一个具有整合前四个维度功能的第五维度组成:①情感维度:由几对不同的情绪体验构成,如压抑—愉快、疲倦—活力、焦虑—满意等,情感维度是幸福感的核心成分;②抱负:反映了对工作的兴趣和动机,是否有意愿从事有挑战的任务;③自主性:对环境的掌控和保持自我态度、个性的程度,适中的自主性有利于提高幸福感;④胜任力:应对困难的心理能力。

4. 琼的职业幸福感模型

琼等人提出了职业幸福感由五个维度构成:情感、职业、社会、认知和身心健康。

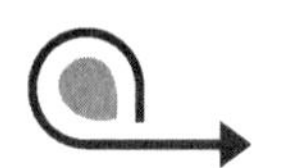

①情感维度：不仅包括不同的情绪体验，还新增了情感衰竭、工作满意度和组织承诺；②职业维度：包含了与工作相关的动机、抱负、自我效能感、个人成就感、自主性、职业能力等方面；③社会维度：包含去个性化和社会和谐两个概念，前者指对他人消极冷漠的态度，后者指在工作中保持良好的社会关系；④认知维度：与马斯拉奇的情感衰竭相似，但更多的反应在认知功能上的疲劳；⑤身心健康维度：是否存在头痛、背痛等身心疾病，身心健康通常与幸福感有显著相关。

5. 马斯洛的人本主义幸福观

马斯洛以“需要层次论”作为理论基础，建构了一种以个人基本需要的满足为核心价值取向的人本主义幸福观。对幸福的本质、实现条件、个人思考幸福和建构个人幸福观的应有逻辑等方面提出了自己的看法，强调个人基本需要的满足为核心价值取向的人本主义幸福观。第一，马斯洛所说的“需要”是个人的基本需要，因而他所说的幸福也是指个人的幸福。第二，个人基本需要及其得到满足的层次性决定了个人幸福的层次性。第三，不同的人在某个特定时候所处的基本需要及其得到满足的层次往往不同，因此，不同的人在这个特定时候所达到的幸福也通常具有人际差异。第四，“需要层次论”并不贬低人的最基本需要，即生理需要，但它确实鼓励人们追求高级需要的满足，以不断增强他们对人生幸福的体验。第五，个人幸福为个人需要设置了价值边界。个人需要的合理性不仅在于它们能够得到心理学意义上的实证辩护，而且在于它们能够得到伦理学意义上的道德价值支撑。

三、中小学教师职业幸福感的现状及原因

（一）教师职业幸福感的调查研究

通过文献分析发现，我国小学教师的职业幸福感总体状况并不乐观。杨金凤（2013）运用自编的调查问卷对学校 135 名教师进行了调查，对其中 7 名教师进行了访谈。调查发现小学教师中多于 50%的教师在工作中没有或基本没有感觉到喜悦和兴奋；46.2%的教师不认为从事小学教育是一种享受；有 84.8%的教师认为工作压力很大或比较大；有 80.3%的教师认为自己的工作生活很累或比较累。武红梅（2015）的研究发现，小学教师的职业状态并不理想，约 50%的被调查教师很少或没有职业幸福感体验，38%的教师对自己的工作有较高的满意度，12%的被调查教师对待职业幸福感的态度很模糊。学校经济条件好的教师的职业幸福感要高于贫困地区的教师。罗琼（2016）的研究发现，有 50%以上的乡村小学老师很少有幸福感或者幸福感较低，偏远地区的小学教师很少体验到职业幸福感。

对于中学教师，其职业幸福感偏低。吴世学（2009）的研究发现，在所调查的教师人数中，不到 20%的中学教师认为教学能够给自己带来幸福感，而超过 36.3%的教师表示

自己在工作中感受不到幸福。接近50%的中学教师对于幸福感并没有什么概念。贺晓龙(2011)的研究发现,只有10.7%的初中教师表示体验不到幸福感,其他教师还是能够感受到幸福感的存在的。张诗敏(2013)发现,中学教师的职业幸福感并不高,教育部门应该采取相应措施来提高他们的职业幸福感。李吉(2014)的研究发现,所在学校为公办学校的教师,他们的职业幸福感要高一些,并且编制问题解决的教师职业幸福感更高。李欣(2015)在对中学初任教师职业幸福感的调查研究发现,半数以上的中学初任教师无法拥有职业幸福感。高中教师的职业幸福感指数处于中等水平。陈露丹(2015)研究表明,收入不一样的高中教师在职业幸福感上有所差别,工资高的教师幸福感较高。而李虹(2014)的研究发现,高中教师的职业幸福感并不乐观。女教师对教师这个职业更为满意,更能在教学中获得幸福感;教师的职业幸福感随着学历的提高而增加。

(二)教师职业幸福感的人口学特征

我国教师职业幸福感的取样范围并不广泛,多以区域性的调查研究为主,各地区的经济条件和发展状况都不太一样,再加上采用的测量工具并不统一,所以测量的结果也不尽相同。除了地域不同外,还可以从以下三个方面对教师职业幸福感的调查进行具体划分。

1. 按不同年级学段划分

我国教师职业幸福感的研究涉及小学、中学、高校、幼儿园、中高职等教师,其中单独研究初中或高中教师的比较少,把中小学合在一起研究的也并不多。武红梅采用人脸量表对小学教师进行调查,结果表明小学教师的职业幸福感状态并不理想,有一半的教师很少或根本感受不到职业幸福。刘侠对上海市中学教师进行调查发现,中学教师的职业幸福感处于一般水平,有32.4%的教师在不同程度上觉得工作无聊乏味,有86.5%的教师在不同程度上感到工作压力大。

2. 按具体学科划分

不同学科的教学压力和学科地位都不一样,因此分学科进行细化研究,可以更精确地把握不同学科教师的职业幸福感状况。目前研究多集中在体育、音乐、英语、政治等学科上。温星对山西省中学体育教师进行问卷调查,结果表明山西省中学体育教师的职业幸福感现状不容乐观,仅有8.9%的体育教师感到非常幸福。曹京采用人脸量表和自编职业幸福感量表对高中政治教师进行调查,结果表明74.2%的高中政治教师感觉自己的职业幸福感较低,大部分政治教师对身心健康、工资福利和工作环境表示不满意。

3. 按特定人群划分

还有一部分研究者针对农村地区的教师、刚刚踏入岗位的教师、80后教师等特定人群,进行了更为细致的研究。李欣对中学初任教师进行调查,结果表明中学初任教师的职业幸福感现状不容乐观,一半以上的初任教师无法感受到职业幸福。许赞对"80后"

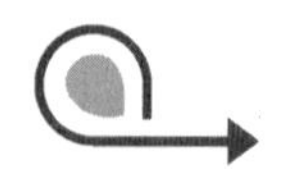

小学教师进行问卷调查,结果表明“80 后”小学教师职业幸福感状况良好,能够感受到幸福的教师达 75.2%,处于中上等水平。罗琼对农村小学教师进行研究,发现有 2/3 的农村小学教师对目前的工作和生活状况感到不满意,缺少足够的职业幸福感。

(三)影响教师职业幸福感的现实原因

通过对中小学教师职业幸福感的文献梳理后发现,影响教师职业幸福感的原因主要有以下几个方面。

1. 来自社会方面

社会对教育赋予了太多太高的期望。他们希望教育是万能的。在强调教育的超功能的同时,却忽略了社会本应有的教育功能。将所有的希望都寄托在教育甚至是个别教师身上。社会上的一些人讲到教师就是“禁锢学生的思维”“侵犯学生的权利”“伤害家长的感情”等等。可是,又有谁知道现在的考试不仅是考学生,更是考老师! 学生有良好的品质,学习成绩好是学生生而优秀,生而聪明。学生学习不好,品质不良,教师就负有不可推卸的责任。在“没有教不好的学生,只有不会教的老师”的口号下生存的中小学教师每天诚惶诚恐,如履薄冰,哪里还谈得上什么职业幸福。

作为一个特殊的群体,社会对教师的要求又有别于其他社会群体。“学高为师,身正为范”,社会要求教师在精神上必须是一个完人——时时刻刻警惕自己为人师表,万万不可放松自我约束。在物质上,社会又要求教师成为贫寒的表率,两袖清风方称得上是师德典范。而在学识上,社会更是对教师提出了更高层次的要求。不仅要求他们上知天文下晓地理,而且要求他们紧跟时代和科技的发展,通晓一切他们认为教师应该了解的问题。殊不知,知识经济和信息技术的飞速发展使知识、信息的普及化程度大大提高,教师早已不是学生唯一的信息源了。这样,社会对教师的高要求使广大教师不得不面对升学率、学生考分排队、家长期望以及管理方面的职称评定、实行末位淘汰的聘任制、学校奖金条例等多重压力。尤其是以新课程为载体的素质教育的全面推行,使传统的教育价值观发生着根本的变化,对教师素质提出了全新的要求,冲击着教师的心理。

总之,社会对教师缺乏信任、缺乏真正的关爱与同情。社会对教师的要求太高,广大教师不堪重压。再加上一些教师不善于调整,于是,教师就乱了方寸,找不到幸福感了。

2. 来自学生家长方面

学生家长同样对教师提出了比较高的要求。一些本应由家长行使的监护责任也成了教师的事情。如教师要负责学生的成长、教育、思想状态等。只有一个孩子的家长们对自己一个孩子的管教都力不从心,一个需要管理几十个学生的班主任所付出的艰辛自然也就可想而知了。然而,家长们似乎都在思想意识中形成了这样一种怪圈——学生天生就听老师的,这些养尊处优的学生只要一放到老师那里就会变得乖巧可人。所以,为了督促学生的学习,教师有时要面对家长的冷脸;为了其他学生的健康成长,教师有时要

容忍家长的白眼；为了保护学生的安全，教师有时要承受家长的指责。家长们在无形之中逃避了自己的责任与义务。在无意识之中转嫁了自己的困难与烦恼，却给广大教师带来了很大的压力与困扰。

3. 来自各级教育行政管理部门

各级教育行政管理部门对教师要求太高。他们每提出一套方案，做出一个指示，第一线的教师必须立即跟上。否则，批评与呼吁就会接踵而至。就像"减负"，喊着"减负"的人不但不取消考试，反而让应试的难度越来越高。结果必然导致每个教师都变成超人——既要追求能力素质的培养，又要应付难度一点都不减的考试。学生们同样也非常苦恼，不但没有减负，反而增加了新的困惑——对提高个人素质无所适从。各级教育行政管理部门必须清醒地认识到教育不是万能的，不能对教育要求太高，更不能给广大教师如此大的压力。

4. 来自学生方面

当前，部分学生敏感的性格使中小学教师不能再像以前那样信奉"严师出高徒"的古训了。现在的学生要求愉快学习，鼓励式学习，甚至是哄着学，求着学。导致中小学教师难以走进一群从心理到外在都裹着厚厚铠甲的学生的内心世界去教育他们。古人说"玉不琢，不成器"。在这个过程中，璞玉一定是很痛苦的。教师教育学生也是这个道理。教师每天起早贪黑地工作，才可以让自己的学生成长、成才。与此同时，学生也要付出相应的努力。只有师生双方共同努力，教育才可能成为成功的教育。

5. 来自教师自身方面

社会、家庭、各级教育行政管理部门以及学生形成了一种共识，教师必须在人格上是完人，在学问上全能，在道德上是圣人。但这种要求与教师目前的现实条件实质上是有差距的。这种差距让教师对自己的个体价值产生了巨大的怀疑。很多教师悲哀地发现即使他们再努力，也很难达到社会各方面对他们的要求。在社会、家长、领导、学生形成的巨大压力面前，他们感觉自己是在夹缝中生存。同时，长期形成的职业定势、职业心理使教师比其他任何职业更渴望、最需要得到人们的尊敬。这本身就是一种心理弱势的表现。如果在现实中得不到社会的理解，家长、学生的尊敬，或者这种理解与尊敬比他们想象得要少都会让他们感到不安，进而感到不幸。对自身价值认同的普遍下跌，缺乏理解，成就感丧失，这正是教师职业幸福感缺失的根本原因。事实上，职业幸福感的缺失也已经严重影响了教师职业专长和天赋的发挥，从事教育工作的幸福从某种程度上来说已变得非常渺茫。

另外，由于现阶段各个地区关于教育资源分配问题并不是很均衡，不同地区的中小学教师在工作环境、教学设备的利用以及资薪待遇等方面都会有很大的区别，这也就容易使得处在偏远地区的教师产生不公平感，对教师工作失去激情，体会不到幸福感的存在。

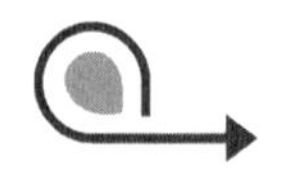

四、河南省中小学教师职业幸福感的测量

(一)河南省中小学教师职业幸福感测量工具的编制

1. 河南省中小学教师职业幸福感的理论结构

教师职业幸福感是指教师在从事教育教学工作时,感受到这个职业可以满足自己的需要,能够实现自身的理想和价值,从而产生持续的愉悦体验。不管是对工作的认知评价(主观幸福感的研究范畴),还是自我价值的实现(心理幸福感的研究范畴),以及人际和谐的需要(属于社会幸福感的研究范畴),最终都主要体现为一种主观的心理感受(主观幸福感的研究范畴),因此本研究基于对河南省中小学教师职业幸福感的前期调查研究,更多地倾向于主观幸福感的概念和内涵。从定义中可以看出,教师职业幸福感研究的内容更加丰富全面,整合了主观幸福感、心理幸福感和社会幸福感三大研究取向中的核心成分,因此最完整的量表结构应该是将三大幸福感各自的维度都融合进来,或者仅提取与职业幸福感定义有关的部分核心维度,从而形成有别于其他幸福感的结构。然而为了简化编制与测量的过程,本研究决定采用主观幸福感的经典三维结构(生活满意度、积极情感和消极情感),同时提取了心理幸福感的核心成分——自我实现,以及社会幸福感的核心成分——人际和谐,但是将自我实现与人际和谐的内容以部分条目的形式融入三个维度中,而不再另外形成单独的维度。虽然本研究采用了主观幸福感的结构,但是在其基础上进行了调整和丰富,使其不单单测量教师职业中的主观幸福感,还涉及了小部分心理幸福感和社会幸福感的成分。三维结构中的生活满意度涵盖了生活中所有领域(工作、婚姻、家庭、健康、经济等)的满意度,而中小学教师职业幸福感主要考察的是教师在工作领域的幸福感,不考虑其他方面的幸福感,因此在本研究中,生活满意度专指工作领域的满意度,为了以示区别,将生活满意度更名为工作满意度。所以最终确定教师职业幸福感的三因素结构为:工作满意度、积极情感和消极情感。

中小学教师职业幸福感的相关定义:职业幸福感是指中小学教师在从事教育教学工作时,对工作满意度的认知评价以及对工作中积极情感和消极情感的权衡。较高的职业幸福感就是拥有较高的工作满意度、较多的积极情感和较少的消极情感。工作满意度是指中小学教师在从事教育教学工作时,对工作总体以及各个方面满意程度的认知评价。积极情感是指中小学教师在从事教育教学工作时,感受到如愉快、自豪等积极的情感体验。消极情感是指中小学教师在从事教育教学工作时,感受到如悲伤、焦虑、倦怠等消极的情感体验。

2. 河南省中小学教师职业幸福感问卷条目的来源

本专题主要结合以下三种方法来搜集和编制量表条目:

一是文献搜集。搜集国内外相关研究文献,将有关教师职业幸福感、主观幸福感、工

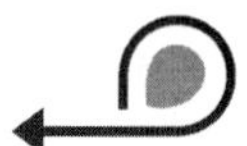

作满意度、职业倦怠等的量表,按照不同的维度进行系统性的分类汇总,形成300个条目的题目库,为后续初始条目的筛选、修改和优化提供丰富的来源,同时也能初步了解到哪些因素对教师的职业幸福感影响较多,哪些维度是以往研究的重点。

二是个别访谈。通过对(河南省)15名一线中小学教师展开个别访谈,深入了解中小学教师如何认知、理解职业幸福感这个概念,哪些因素对教师职业幸福感产生的影响较多,教师每天的工作内容和工作场景都有哪些,教师日常体验到的积极和消极情感都有哪些,等等。每位教师的访谈时间不低于30分钟。通过个别访谈,可以更准确地了解教师的真实想法,为编制更加贴近教师工作场景的条目做准备。

三是专家评定。根据教师职业幸福感的结构假设和操作性定义,将汇编后的初始条目分发给1位心理学教授,1位心理学讲师,2位心理学研究生,8位中小学高级教师,由他们对初始条目进行审核、评定并提出修改意见。经过反复修改后,最终形成了含有62个条目的初始量表,包括工作满意度、积极情感和消极情感三个维度,每个维度各20题,外加2道测谎题。

表4-1 河南省中小学教师职业幸福感初始量表的结构

维度	所含条目	反向计分
工作满意度	a2、a5、a8、a11、a14、a17、a21、a24、a27、a30、a33、a36、a39、a43、a46、a49、a52、a55、a58、a61	a27、a61
积极情感	a1、a4、a7、a10、a13、a16、a19、a23、a26、a29、a32、a35、a38、a42、a45、a48、a51、a54、a57、a60	a4、a60
消极情感	a3、a6、a9、a12、a15、a18、a22、a25、a28、a31、a34、a37、a41、a44、a47、a50、a53、a56、a59、a62	a18、a22

工作满意度中涵盖了教师对稳定程度、工资待遇、晋升发展、自我实现、人际和谐等方面的内容,如a5:我对教师工作的稳定程度感到满意;积极情感中涵盖了教师在工作中有可能感受到的积极情感体验,如a42:我对每一天的教学工作都充满期待;消极情感中涵盖了教师在工作中有可能感受到的消极情感体验,如a6:我越来越觉得教师工作单调枯燥、无聊乏味。涉及有关自我实现的部分则以条目的形式融入三个维度,如工作满意度中的a2:通过教书育人,使我的人生价值得以实现;积极情感中的a45:从事教师工作能为社会做出贡献,我感到很光荣;消极情感中的a50:得不到领导的重视和赏识,我感到很郁闷。人际和谐部分亦是如此,如工作满意度中的a14:我与学校领导关系融洽;消极情感中的a37:学生上课不遵守纪律,我难以抑制自己的气愤。

3. 初始问卷的施测

(1)被试信息

在河南省信阳市、洛阳市3所中小学校(小学、初中、高中各1所),采用方便取样的

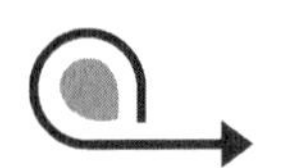

方法对教师进行问卷初测，发放问卷共计 300 份，收回 260 份，按照筛选标准剔除无效问卷 43 份，最终得到有效问卷为 217 份。被试的人口学特征见表 4-2。

表 4-2　被试的人口学特征

学段	$n_{男}$	$M_{年龄}$ ±SD	$n_{女}$	$M_{年龄}$ ±SD
小学	2	36. 50±0. 71	41	36. 39±5. 74
初中	38	42. 79±6. 12	49	40. 08±5. 71
高中	44	43. 11±8. 81	43	40. 21±8. 53
总计	84	42. 81±7. 61	133	38. 98±6. 93

（2）研究工具

个人基本信息，包括性别、年龄、学历、是否任教毕业班、是否担任行政职务等在内的共计 10 项人口学变量。自编中小学教师职业幸福感量表，共 62 个条目，其中 2 道为测谎题，三个维度每个维度各 20 题。量表采用 5 点计分，从“完全不符合”到“完全符合”分别用数字 1~5 表示。总体幸福感单题量表（general well-being scale，简称 GWBS）：“总的来说，您有多幸福？”。该量表采用 7 点计分，从“非常不幸福”到“非常幸福”分别用数字 1~7 表示，主要是为了检验自编教师职业幸福感量表的效标关联效度。为避免社会赞许效应，将初测问卷的名称改为《中小学教师调查问卷》，采用不记名方式，以提高测量结果的真实性。

（3）数据管理

部分问卷是由研究者利用老师大课间 20 分钟的时间，当面施测当面回收，部分问卷是联系个别老师，由他们在其学校或教学组里施测，最后统一回收。依据以下原则进行问卷筛选：大面积空白或有明显作答规律的问卷一律作废；漏答题目 5 个以上，或有重要信息缺失的问卷一律作废。测谎题全部为特别肯定的回答，如“我对学生从来没有生气过”，如果回答是完全符合，则显然有撒谎的成分；部分描述相反的题目，回答却明显前后矛盾，如“我很享受教课带给我的乐趣”和“我厌倦天天给学生上课”，若都选择了完全符合，则说明并未认真作答。用 SPSS 22. 0 对筛选后的有效数据进行管理和描述性统计，并对数据进行项目分析、信度分析和效度分析，用 AMOS 22. 0 对数据进行验证性因素分析。

4. 初测量表的数据分析

（1）初测量表的项目分析

使用 SPSS 20. 0 计算各维度题目与各维度总分之间的题-总相关，删除了 13 个相关系数小于 0. 4 的条目，包括工作满意度的 4 个题目，分别是 a17、a27、a55、a61；积极情感的 2 个题目，分别是 a4、a51；消极情感的 7 个题目，分别 a3、a12、a18、a22、a31、a44、a56。见表 4-3。

表 4-3 初测量表的项目分析结果

工作满意度	r	积极情感	r	消极情感	r
a2	0.73***	a1	0.74***	a3	0.30***
a5	0.55***	a4	0.31***	a6	0.67***
a8	0.62***	a7	0.30***	a9	0.64***
a11	0.60***	a10	0.49***	a12	0.36***
a14	0.56***	a13	0.47***	a15	0.46
a17	0.32***	a16	0.45***	a18	0.23**
a21	0.62***	a19	0.66***	a22	0.21**
a24	0.52***	a23	0.45***	a25	0.70***
a27	0.24**	a26	0.56***	a28	0.52***
a30	0.67***	a29	0.53***	a31	0.28**
a33	0.68***	a32	0.56***	a34	0.60***
a36	0.42***	a35	0.75***	a37	0.68***
a39	0.54***	a38	0.60***	a41	0.72***
a43	0.59***	a42	0.64***	a44	0.37***
a46	0.60***	a45	0.68***	a47	0.63***
a49	0.51***	a48	0.66***	a50	0.55***
a52	0.56***	a51	0.32***	a53	0.45***
a55	0.35***	a54	0.64***	a56	0.16*
a58	0.52***	a57	0.73***	a59	0.72***
a61	0.25**	a60	0.54***	a62	0.73***

(2)初测量表的验证性因素分析

在对初测量表进行完项目区分度筛选之后,利用 AMOS 20.0 对剩下的条目进行验证性因素分析。因为主观幸福感的三因素模型是经过大量研究验证过的经典结构,所以在本研究中没有必要再进行探索性因素分析,而是直接进行验证性因素分析即可。为了使每个分量表里的条目尽可能多地涵盖教师的工作场景,使测量结果更加全面和精确,因此对三个分量表分别展开验证性因素分析。严格按照心理测量学的标准,逐题删除各分量表中因素载荷小于 0.4 的条目,每删除一题则重新运行程序,同时还兼顾各维度条目的数量以及内容上的均衡,最终又删除了 17 个条目,包括工作满意度分量表里的 6 道题,分别是 a8、a30、a36、a39、a43、a58;积极情感分量表里的 8 道题,分别是 a7、a10、a13、 a16、a23、a26、a29、a60;消极情感分量表里的 3 道题,分别是 a15、a47、a53。结合项目分析和 CFA 因素载荷分析两个步骤,最终形成了含有 30 个条目的职业幸福感正式量表,每个分量表各含 10 个条目。三个分量表所有条目的标准化载荷均在 0.45~0.81,且达到了极其显著的水平($p<0.001$),说明自编教师职业幸福感量表具有较好的结构效度。利用验证性因素分析来考察教师职业幸福感三因素模型与数据的拟合程度。结果显示,教师职业幸福感三因素模型拟合度较好,三个分量表的 χ^2/df(卡方/自由度)均小于 3,GFI(拟合优度指数)、IFI(增量拟合指数)、CFI(比较拟合指数)均大于 0.9,RMSEA(近似误差均方根)均小于 0.08,表明工作满意度、积极情感、消极情感三个分量表是可以接受的三因素结构。见表 4-4。

表 4-4　教师职业幸福感三因素模型的拟合指数

维度	χ^2	df	χ^2/df	GFI	IFI	CFI	RMSEA
工作满意度	78.90	35	2.25	0.94	0.92	0.91	0.076
积极情感	71.99	35	2.06	0.90	0.96	0.96	0.070
消极情感	68.95	35	1.97	0.94	0.96	0.96	0.067

(3)初测量表的效标效度和信度分析

为了考察自编教师职业幸福感量表的效标关联效度,用 SPSS 22.0 分析了工作满意度、积极情感、消极情感和职业幸福感总分与总体幸福感得分的相关。结果显示工作满意度($r=0.77, p<0.01$)、积极情感($r=0.84, p<0.001$)和职业幸福感总分($r=0.87$, $p<0.001$)与总体幸福感之间分别呈显著的正相关,消极情感($r=-0.51, p<0.001$)与总体幸福感呈显著的负相关。同时职业幸福感及其各维度间也达到了显著的两两相关。表明自编职业幸福感量表具有良好的效标关联效度。为了考察自编量表的信度,用 SPSS 20.0 进行了信度分析,结果显示三个分量表的 α 系数在 0.81~0.89 之间,总量表的 α 系数为 0.808,表明自编职业幸福感量表具有良好的信度。见表 4-5。

表 4-5　职业幸福感量表的信效度分析结果

维度	工作满意度	积极情感	消极情感	职业幸福感	总体幸福感
工作满意度	$\alpha=0.82$				
积极情感	0.79***	$\alpha=0.89$			
消极情感	-0.19**	-0.42***	$\alpha=0.87$		
总体职业幸福感	0.78***	0.90***	-0.73***	$\alpha=0.81$	
整体幸福感	0.77***	0.84***	-0.51***	0.87***	1

五、河南省中小学教师职业幸福感量表的应用

(一)研究方法与程序

1. 研究被试

考察河南省中小学教师职业幸福感总体特点以及人口学变量与职业幸福感的关系，用方便取样的方法在郑州、开封、安阳、信阳、南阳等地30所中、小学校(各地的小学、初中、高中各2所)教师中进行施测,发放问卷共计4 000份,收回3 764份,按照筛选标准剔除无效问卷152份,最终得到有效问卷为3 612份。

表4-6 被试的人口学特征

学段	$n_{男}$	$M_{年龄}\pm SD$	$n_{女}$	$M_{年龄}\pm SD$
小学	308	32. 50±0. 71	644	31. 39±5. 74
初中	546	36. 79±6. 12	728	35. 08±5. 71
高中	714	38. 11±8. 81	672	37. 21±8. 53
总计	1 568	35. 80±5. 21	2044	34. 56±6. 65

2. 研究工具

(1)个人基本信息表

包括被试的性别、年龄、学历、是否任教毕业班、是否担任行政职务等10个人口学变量。部分题目给出选项供被试直接选择,如性别等,部分题目则需要被试自己填写具体数值,如年龄等。考虑到经济收入的敏感性,有些被试不愿公开该信息,所以表中并未涉及,但鉴于中小学教师的收入与职称相对应,因此职称的等级可以间接反映收入的水平。

(2)中小学教师职业幸福感量表

量表包含工作满意度、积极情感和消极情感3个分量表,每个分量表各10个条目,外加2个测谎题,共32个条目。量表采用5点计分,从“完全不符合”到“完全符合”分别用数字1~5表示。各分量表得分为该维度各题目得分之和,范围在10~50之间。职业幸福感总分为三个分量表得分之和,其中消极情感维度的10道题反向计分。职业幸福感总分越高,说明个体在工作中越能感受到幸福;工作满意度分量表得分越高,说明个体对工作越满意;积极情感分量表得分越高,说明个体在工作中体验到的积极情感越多;消极情感分量表得分越高,说明个体在工作中体验到的消极情感越多。工作满意度和积极情感的得分越高,消极情感的得分越低,说明个体的职业幸福感越高。正式施测时的 α 系数为0. 805,各分量表的 α 系数均在0. 808以上。

(3)总体幸福感单题量表

GWBS 包含一个题目:“总的来说,您有多幸福?”。量表采用 7 点计分,从“非常不幸福”到“非常幸福”分别用数字 1-7 表示,得分越高,说明越幸福。该量表用来考察自编职业幸福感量表的效标效度,同时也是对教师职业幸福感量表及其三个维度的补充测量,可以更全面地考察教师职业幸福感的整体水平。

3. 数据处理

部分问卷是由研究者利用老师大课间 20 分钟的时间,当面施测当面回收,部分问卷是联系个别老师,由他们在其学校或教学组里施测,最后统一回收。依据以下原则进行问卷筛选:大量空白或有明显作答规律的问卷一律作废。漏答条目超过 5 个以上,或有重要信息缺失的问卷一律作废。测谎题全部为特别肯定的回答,如“我对学生从来没有生气过”,如果回答是完全符合,则显然有撒谎的成分。部分描述相反的题目,回答却明显前后矛盾,如“我很享受教课带给我的乐趣”和“我厌倦天天给学生上课”,若都选择了完全符合,则说明并未认真作答。用 SPSS 22.0 对筛选后的有效数据进行管理和描述性统计、独立样本 T 检验和单因素方差分析。

(二)河南省中小学教师职业幸福感的总体特点

1. 河南省中小学教师职业幸福感的总体水平与各维度的关系

河南省中小学教师职业幸福感的总体水平以职业幸福感及其三个维度的均分为衡量标准,同时以整体幸福感得分作为补充说明。职业幸福感总分、工作满意度、积极情感和消极情感的最低均分为 1 分,最高均分为 5 分,理论中值为 3 分,职业幸福感总分、工作满意度和积极情感的得分越高说明在工作中越能体验到幸福感,消极情感的得分越高说明工作中的幸福感越低。总体幸福感最低分为 1 分,最高分为 7 分,理论中值为 4 分,得分越高说明总体上越觉得幸福。

表 4-7 河南省中小学教师职业幸福感的总体分数(n=3612)

维度	M	SD
工作满意度	3.38	0.70
积极情感	3.66	0.73
消极情感	2.81	0.83
总体职业幸福感	3.40	0.59
整体幸福感	4.58	1.16

由表中的得分均值可以看出,工作满意度、积极情感、职业幸福感和总体幸福感得分均高于理论中值,消极情感得分低于理论中值,说明河南省中小学教师职业幸福感总体上处于较高水平。

2. 河南省中小学教师整体幸福感的频次分布

从河南省中小学教师整体幸福感的频次分布可以看出，非常不幸福（84 人），占比 2.33%；比较不幸福（126 人）和有点不幸福（532 人），总体占比 18.22%；不能确定（1113 人），总体占比 30.81%；而有点幸福（987 人）和比较幸福（602 人），总体占比 44.00%；非常幸福（168 人），占比 4.65%。此结果表明，非常不幸福和非常幸福的河南省中小学教师在实际的职业生活中所占比重较小。综合职业幸福感和整体幸福感的调查结果，表明河南省中小学教师的职业幸福感状况整体较为乐观，处于中等偏上的水平，如图 4-1 所示。

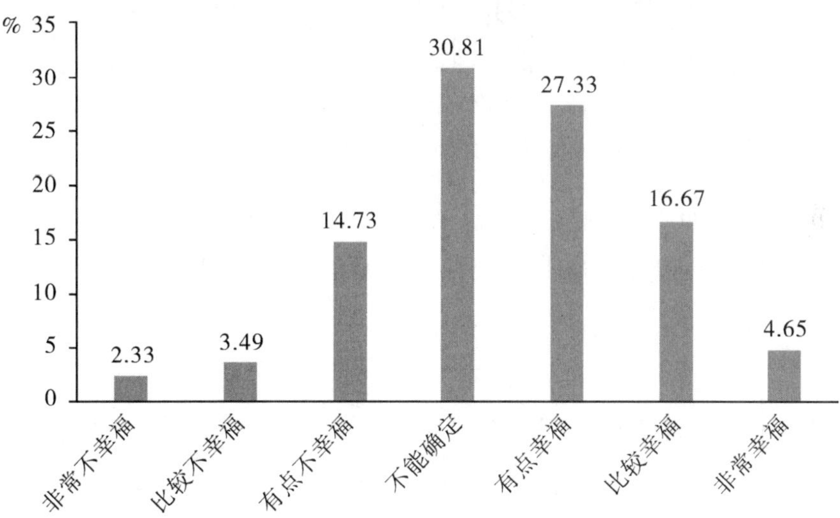

图 4-1　河南省中小学教师整体幸福感的频次分布

（三）河南省中小学教师职业幸福感的人口学特征

1. 河南省中小学教师职业幸福感在任教学段的差异

为考察河南省中小学教师职业幸福感在年级学段（小学、初中、高中）上的差异，以职业幸福感及其三个维度为因变量，以年级学段为自变量进行单因素方差分析。工作满意度、积极情感、消极情感和职业幸福感在任教学段上存在显著差异。多重比较表明，在工作满意度和积极情感上，初中教师的得分显著高于小学和高中教师的得分；在消极情感上小学教师的得分显著高于初中和高中教师；在职业幸福感上，初中教师的得分显著高于小学和高中教师的得分，高中教师的得分显著高于小学教师的得分。结合均值比较和事后检验，可以明显看出初中教师的职业幸福感水平最高，其次是高中教师，小学教师的职业幸福感水平最低，如图 4-2 所示。

3. 河南省中小学教师职业幸福感在学历上的差异

经单因素方差分析可知，消极情感和职业幸福感在不同层次的学历上存在显著差异，专科及以下学历的教师，其消极情感要显著高于本科和硕士及以上学历的教师，拥有

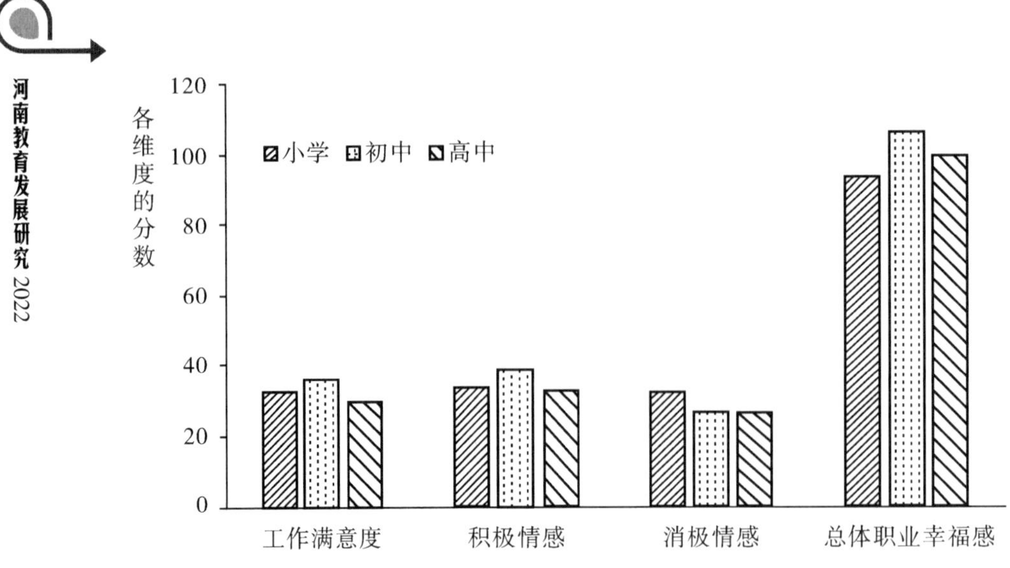

图 4-2　河南省中小学教师职业幸福感在任教学段上的分数

本科学历的教师,其职业幸福感要显著高于专科学历的教师。工作满意度和积极情感在学历上并不存在显著差异。均值比较表明,职业幸福感随着学历层次的提升而呈上升趋势,如图 4-3 所示。

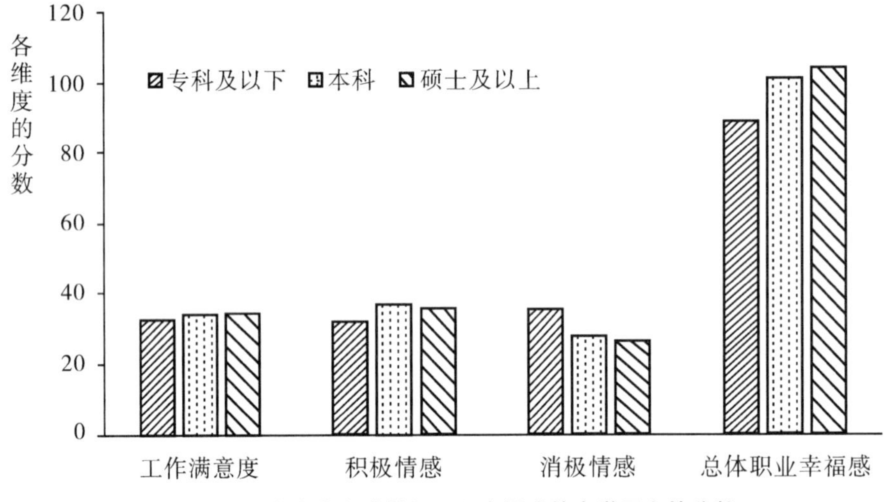

图 4-3　河南省中小学教师职业幸福感的在学历上的分数

4. 河南省中小学教师职业幸福感在是否任教毕业班上的差异

以职业幸福感及其三个维度为因变量,以是否任教毕业班为自变量进行独立样本 t 检验,考察职业幸福感在是否任教毕业班上的差异。消极情感和职业幸福感在是否任教毕业班上存在显著差异,任教毕业班的教师在职业幸福感上的得分显著高于非任教毕业班的教师,在消极情感上的得分显著低于非任教毕业班的教师。工作满意度和积极情感在是否任教毕业班上不存在显著差异,但由均值比较可以看出,任教毕业班的得分均略高于非任教毕业班,如图 4-4 所示。

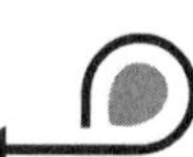

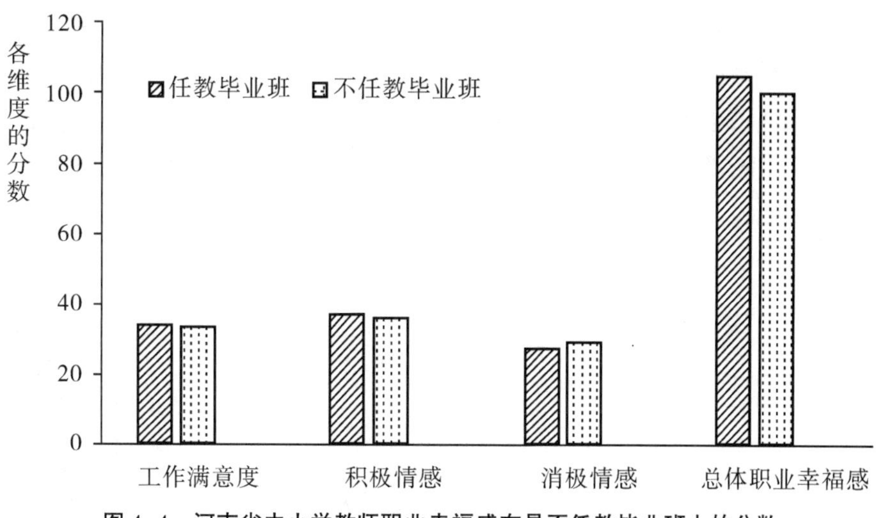

图 4-4 河南省中小学教师职业幸福感在是否任教毕业班上的分数

5. 河南省中小学教师职业幸福感在职称上的差异

在职称上的差异分析。经单因素方差分析可知，积极情感在不同水平的职称上存在显著差异，拥有中教(小教)一级职称教师的积极情感要显著高于拥有中教(小教)二级及以下职称的教师。工作满意度、消极情感和职业幸福感在职称上并不存在显著差异。但通过均值比较可以发现，拥有一级职称的教师，其职业幸福感的整体水平要高于拥有高级和二级及以下职称的教师，而拥有高级职称的教师，其职业幸福感要略高于拥有二级及以下职称的教师，如图 4-5 所示。

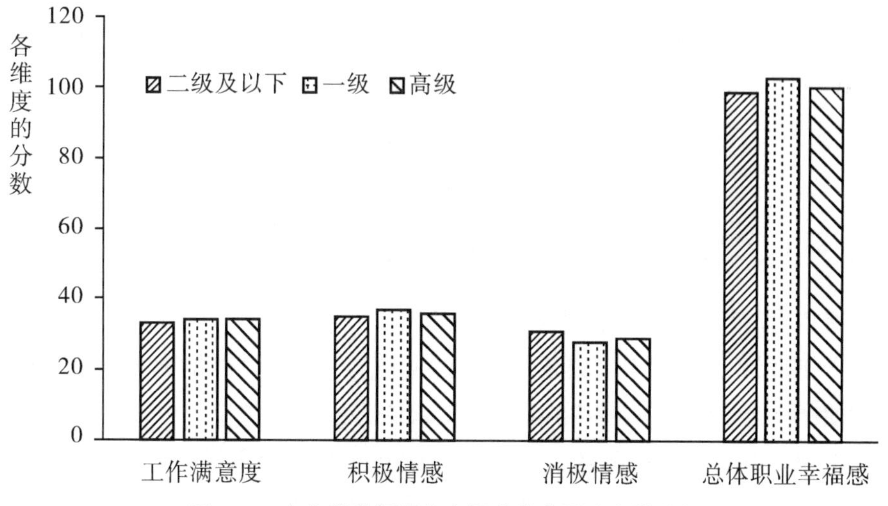

图 4-5 中小学教师职业幸福感的在职称上的分数

6. 河南省中小学教师职业幸福感在课时量上的差异

在课时量上的差异分析。将课时划分为三个水平：10 节及以内(占 30.1%)、11～15 节(占 49.3%)、15 节以上(占 20.6%)，并进行重新编码。经单因素方差分析发现，工作满意度在课时的多少上存在显著差异。周课时只有 10 节以内的教师,在工作满意度上要显著高于周课时在 15 节以上的教师,周课时在 11~15 节的教师,在工作满意度上要显著高于周课时 15 节以上的教师。结合事后检验和均值比较表明,在工作满意度、积极情感和职业幸福感上,随着周课时数量的增加,得分逐渐降低,即课时越少,职业幸福感越高,如图 4-6 所示。

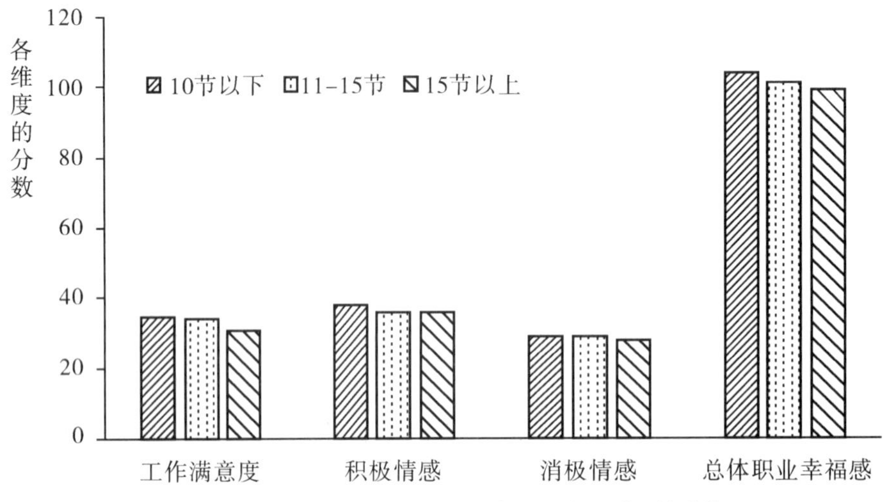

图 4-6　河南省中小学教师职业幸福感在课时上的分数

六、河南省中小学教师自我情绪智力与职业幸福感的关系研究

在本研究对中小学教师职业幸福感的访谈内容中,实证研究、人口学特征分析都表明情绪智力和职业倦怠是影响其职业幸福感的主要因素。又鉴于情绪智力的整体概念过大、内容太多,而本研究主要涉及的是教师主观幸福感,故仅使用自我情绪智力作为研究对象。

(一)中小学教师的情绪智力与职业幸福感

1. 情绪智力与职业幸福感的关系

近几十年来,积极心理学领域越来越多的实证研究关注个体的幸福问题。积极心理学一般指使个体与社会繁荣昌盛的力量和美德的科学研究领域。很多研究者依据这个视角提出把一些新的个体资源作为个体最优化功能和不同积极结果的重要决定因素。在这些积极个体差异的概念中,情绪智力作为预测变量对人类某些重要生活标准和人类价值的功能成为很多理论和实证研究的主题。情绪智力指人们有效运用情绪所蕴含的丰富信息以适应性应对生活中压力事件的能力,或个体加工情绪或情绪性信息的能力。人们有效的知觉、表达、理解和调节心理痛苦,能够避免产生心理适应不良,增加更多的积极情绪体验,减少消极情绪体验进而获得更高水平的健康快乐。研究表明情绪智力与

更经常的体验积极情感、更高的自尊、更高的生活满意度和幸福感有关。解读他人所表现出的情绪信息能够提升人际关系质量,利用情绪信息进行推理能够提升创造性、领导能力、销售业绩进而获得职业成功,利用加工情绪信息的能力提升生活满意度。个体对自己生活的积极和消极情绪反应所产生的情感体验以及对自己生活满意度的认知评价是主观幸福感的两个主要维度。幸福感的因果系统理论认为生活满意度是积极和消极情感的结果变量,意味着某些重要预测变量与生活满意度的关系可能受到情感体验的调节。相关研究发现情感体验在情绪智力与心理痛苦之间的中介作用,外向性和神经质对生活满意度的预测效应受到积极情感和消极情感的中介。

2. 情绪智力对教师职业倦怠和工作满意度的影响

教师是实现教育大计的重要领导者,关于教师情绪智力与其相关因素的实证研究有很多。姚计海(2013)通过调查研究发现,中小学教师的情绪智力与职业倦怠之间存在显著的负相关关系。谢天麟(2013)研究发现,中小学教师情绪智力与职业幸福感之间呈显著正相关。张诗敏(2013)研究表明高情绪智力的个体容易获得幸福感。王朝伟(2015)对中学教师情绪智力、应对方式与工作倦怠的关系进行了研究,表明中学教师情绪智力与工作倦怠中情绪衰竭呈现负相关性。有研究表明教师情绪智力对教师的工作绩效有显著的预测作用。教师的工作绩效随情绪智力水平的增高而有所提升。教师情绪智力通过降低他们的压力反应,进而可以提高他们的工作绩效。教师的情绪智力对教师的积极职业心态有着积极的影响。茄学萍的研究中也提到了教师情绪智力对教学效能感起着直接的影响作用。李明军的研究表明,教师情绪智力的高低影响着他们对教师工作的满意度。

综上所述,当前关于中小学教师情绪智力的相关研究中,研究最多的是关于教师的自我效能感、心理资本、工作倦怠以及工作满意度等方面的研究。针对中小学教师情绪智力与职业幸福感的实证调查近几年才开始出现,得出的结果也不太一样。因此,本研究以许远理的情绪智力三维结构模型为理论基础,来探究中小学教师自我情绪智力对其职业幸福感的影响。

(二)河南省中小学教师自我情绪智力与职业幸福感的关系

1. 中小学教师自我情绪智力与职业幸福感的相关分析

如表4-8所示,中小学教师自我情绪智力与职业幸福感呈显著正相关,相关系数为0.65。自我情绪智力与消极情感呈显著负相关,与工作满意度和积极情感呈显著正相关。

自我情绪智力的六个因素和职业幸福感的三个因素之间,职业幸福感中的消极情感与自我情绪智力的六个因素都呈负相关,相关系数都在-0.38~-0.30,工作满意度和积极情感与自我情绪智力六个因素呈显著正相关,相关系数都在0.28~0.39。

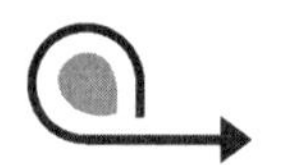

表 4-8　中小学教师情绪智力与职业幸福感的相关分析

维度	工作满意度	积极情感	消极情感	职业幸福感
感知与体验积极情绪	0.31***	0.34***	-0.30***	0.42***
感知与体验消极情绪	0.32***	0.35***	-0.30***	0.43***
表达与评价积极情绪	0.33***	0.39***	-0.36***	0.48***
表达与评价消极情绪	0.28***	0.30***	-0.38***	0.44***
调节与控制积极情绪	0.33***	0.37***	-0.36***	0.47***
调节与控制消极情绪	0.33***	0.37***	-0.30***	0.44***
总分	0.46***	0.51***	-0.49***	0.65***

2. 中小学教师自我情绪智力与职业幸福感的回归分析

为了进一步验证中小学教师自我情绪智力与职业幸福感中有相关关系的维度存在何种因果关系，本研究以自我情绪智力的各个因素为自变量，以职业幸福感及其各个因素为因变量，来进行回归分析。结果如表 4-9 所示。

表 4-9　中小学教师职业幸福感对自我情绪智力的回归分析

	β	t	R^2	F
工作满意度			0.213	22.152**
PSP	0.188	1.953		
ESP	0.123	3.397**		
RSP	0.131	3.265**		
RSN	0.213	2.152*		
积极情感			0.265	29.412**
PSP	0.184	3.290**		
ESP	0.170	2.792**		
RSP	0.140	2.385**		
RSN	0.233	4.306**		
消极情感			0.245	26.497**
PSP	-0.167	-3.272**		
PSN	-0.143	-2.633**		
ESN	-0.239	-4.523**		
RSP	-0.172	-3.040**		
职业幸福感			0.428	48.741**
PSP	0.225	4.552**		

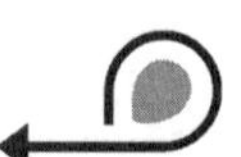

续表 4-9

	β	t	R^2	F
ESP	0.112	1.887		
ESN	0.192	3.802**		
RSP	0.185	3.556**		
RSN	0.250	5.228**		

为了进一步考察中小学教师自我情绪智力对职业幸福感的预测效应,以自我情绪智力的各个因素为自变量,以职业幸福感及其各个因素为因变量进行回归分析。

(1)工作满意度对各因素的回归分析

结果发现,以工作满意度为因变量,感知和体验、表达和评价自己消极情绪能力这两个维度未进入方程,进入方程的四个因素共解释了因变量 21.3%的方差。通过标准化系数可知,调节和控制自己消极情绪能力对工作满意度的影响最大。建立中小学教师工作满意度的回归方程如下:

工作满意度=0.188*感知和体验自己积极情绪能力+0.123*表达和评价自己消极情绪能力+0.131*调节和控制自己积极情绪能力+0.213*调节和控制自己消极情绪能力

(2)积极情感对各因素的回归分析

结果发现,以积极情感为因变量,感知和体验、表达和评价自己消极情绪能力两个因素未进入方程,进入方程的四个因素共解释了因变量 26.5%的方差。通过标准化系数可知,调节和控制自己消极情绪能力对积极情感的影响最大。建立中小学教师积极情感的回归方程如下:

积极情感=0.184*感知和体验自己积极情绪能力+0.170*表达和评价自己积极情绪能力+0.140*调节和控制自己积极情绪能力+0.233*调节和控制自己消极情绪能力

(3)消极情感对各因素的回归分析

结果发现,以消极情感为因变量,表达和评价自己积极情绪能力以及调节和控制自己消极情绪能力两个因素未进入方程,进入方程的四个因素共解释了因变量 24.5%的方差。建立中小学教师消极情感的回归方程如下:

消极情感=-0.167*感知和体验自己积极情绪能力-0.143*感知和体验自己消极情绪能力-0.239*表达和评价自己消极情绪能力-0.172*调节和控制自己积极情绪能力

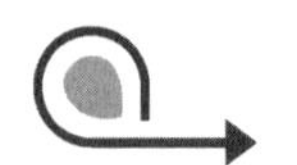

（4）职业幸福感对各因素的回归分析

结果发现，以职业幸福感为因变量，感知和体验自己消极情绪能力未进入方程，进入方程的五个因素共解释了因变量 42.8%的方差。建立中小学教师的职业幸福感的回归方程如下：

职业幸福感=0.225*感知和体验自己积极情绪能力+0.112*表达和评价自己积极情绪能力+0.192*表达和评价自己消极情绪能力+0.185*调节和控制自己积极情绪能力+0.250*调节和控制自己消极情绪能力

七、河南省中小学教师职业倦怠与职业幸福感的关系研究

（一）河南省中小学教师职业倦怠的特征

本研究的目的主要是考察河南省中小学教师职业倦怠的总体现状、人口学变量上的差异以及与职业幸福感的关系。研究被试来自河南省 15 所有代表性的中小学校（小学、初中、高中各 5 所）。个人基本信息包括被试的性别、年龄、学历、是否任教毕业班、是否担任行政职务等在内的共计 10 项人口学变量。

采用教师职业倦怠量表（MBI-ES 中文版）。MBI-ES 是 Maslach 单独为测量教师职业倦怠状况而编制的，具有较强的针对性。该量表在世界范围内得到了广泛的认可，具有良好的信效度以及跨区域和跨文化的稳定性。MBI-ES 共 22 道题，包含三个维度：情绪衰竭（1、2、3、6、8、13、14、16、20，共 9 题）、去个性化（5、10、11、15、22，共 5 题）和低成就感（4、7、9、12、17、18、19、21，共 8 题）。在本研究中采用 5 点计分，从“非常不符合”到“非常符合”分别用数字 1~5 表示，其中低成就感维度的 8 道题为反向计分。各维度得分和职业倦怠总分越高，说明职业倦怠程度越严重。该量表在本研究中的 α 系数为 0.895。

随机抽取教师进行施测，发放问卷共计 450 份，收回 407 份，按照筛选标准剔除无效问卷 52 份，最终得到有效问卷为 355 份。被试的人口学特征见表 4-10。

表 4-10　被试的人口学特征（M±SD）

年级	男	女	年龄（男）	年龄（女）
小学	9	65	36.33±5.07	34.74±5.84
初中	53	58	40.51±6.84	39.64±5.98
高中	87	83	43.03±9.48	38.92±9.20
总计	149	206	41.73±8.56	37.80±7.67

本研究主要从以下三个方面的调查结果进行考察，包括中小学教师职业幸福感的调查结果（总体状况和人口学特点）、中小学教师职业倦怠的调查结果（总体状况和人口学特点）以及中小学教师职业幸福感与职业倦怠的关系研究结果（相关分析和回归分析）。

1. **中小学教师职业倦怠的总体状况**

中小学教师职业倦怠的总体水平以职业倦怠总分及其三个维度的均分为测量标准。情绪衰竭、去个性化、低成就感和职业倦怠总分的最低分为1分，最高分为5分，理论中值为3分，3分以下说明职业倦怠的程度低，3～4分说明有中度的职业倦怠，4分以上说明职业倦怠的程度高。职业倦怠及其三个维度的得分情况见表4-11。

表4-11 中小学教师职业倦怠得分情况

维度	M	SD
情绪衰竭	3.04	0.82
去个性化	2.44	0.74
低成就感	2.33	0.67
职业倦怠	2.65	0.64

由表中得分可知，除了情绪衰竭的均分刚好介于理论中值的范围内，去个性化、低成就感和职业倦怠均低于理论中值，说明河南省中小学教师的职业倦怠总体水平处于较低的程度，整体较为乐观。

2. **中小学教师职业倦怠在是否任教毕业班上的差异**

以职业倦怠及其三个维度为因变量，以是否任教毕业班为自变量进行独立样本 T 检验，结果如表4-12所示。去个性化（$T=-2.29, p<0.05$）在是否任教毕业班上存在显著差异，任教毕业班的得分显著低于非任教毕业班。情绪衰竭、低成就感和职业倦怠在是否任教毕业班上不存在显著差异，但由均值比较可以看出，任教毕业班的得分均低于非任教毕业班。总体来看，任教毕业班的教师，其职业倦怠水平要低于非任教毕业班的教师。

表4-12 教师职业倦怠在是否任教毕业班上的差异（M±SD）

维度	任教毕业班	非任教毕业班	T
情绪衰竭	26.54±6.88	27.71±7.58	-1.35
去个性化	11.47±3.75	12.46±3.62	-2.29*
低成就感	18.19±5.83	18.84±5.13	-0.98
职业倦怠	56.20±14.21	59.02±13.81	-1.71

3. **中小学教师职业倦怠在年级学段上的差异**

为考察中小学教师职业倦怠在年级学段（小学、初中、高中）上的差异，以职业倦怠及其三个维度为因变量，以年级学段为自变量进行单因素方差分析，结果如表4-13所示。情绪衰竭[$F_{(2,352)}=10.38, p<0.001$]、去个性化[$F_{(2,352)}=15.30, p<0.001$]、低成就感[$F_{(2,352)}=15.16, p<0.001$]和职业倦怠[$F_{(2,352)}=17.88, p<0.001$]在年级学段上均存在显著差异。经事后多重比较发现，在情绪衰竭上，小学教师的得分显著高于初中教师和高中教师；在去个性上，小学教师的得分显著高于初中教师，高中教师的得分也显著高于初

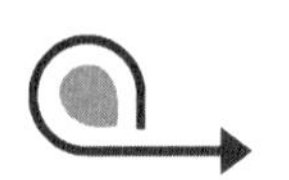

中教师;在低成就感和职业倦怠上,小学教师的得分显著高于初中教师和高中教师,高中教师的得分又显著高于初中教师。结合事后检验和均值比较,可以明显看出小学教师的职业倦怠程度高于高中教师,高中教师又高于初中教师,三个年级学段当中,小学教师的职业倦怠程度最高,初中教师的职业倦怠程度最低。

表 4-13　教师职业倦怠在年级学段上的差异(M±SD)

维度	小学	初中	高中	F	事后比较
情绪衰竭	30.49±8.12	25.58±6.32	27.22±7.34	10.38***	1>2,1>3
去个性化	13.58±4.17	10.77±2.98	12.51±3.57	15.30***	1>2,3>2
低成就感	21.11±5.58	16.87±4.23	18.76±5.46	15.16***	1>2,1>3,3>2
职业倦怠	65.18±15.52	53.23±11.39	58.49±13.50	17.88***	1>2,1>3,3>2

注:1=小学,2=初中,3=高中。

4. 中小学教师职业倦怠在学历上的差异

经单因素方差分析可知,情绪衰竭[$F_{(2,352)}=3.71$,$p<0.05$]和职业倦怠[$F_{(2,352)}=4.13$,$p<0.05$]在不同层次的学历上存在显著差异,专科及以下学历的得分显著高于本科和硕士及以上。去个性化和低成就感在不同层次的学历上并没有显著差异。结合事后检验和均值比较可以看出,专科及以下学历的得分高于本科,本科学历的得分高于硕士及以上。总体来说,教师职业倦怠程度随着学历的提升而降低,专科及以下学历的职业倦怠程度最高,硕士及以上学历的职业倦怠程度最低,见表 4-14 所示。

表 4-14　教师职业倦怠在学历上的差异(M±SD)

维度	专科及以下	本科	硕士及以上	F	事后比较
情绪衰竭	32.77±6.76	27.21±7.39	26.13±6.06	3.71*	1>2,1>3
去个性化	14.38±3.91	12.10±3.65	12.25±3.62	2.43	—
低成就感	21.77±6.77	18.57±5.26	17.25±4.89	2.55	—
职业倦怠	68.92±15.12	57.88±13.85	55.63±10.70	4.13*	1>2,1>3

注:1=专科及以下,2=本科,3=硕士及以上。

5. 中小学教师职业倦怠在职称上的差异

经单因素方差分析可知,去个性化[$F_{(2,352)}=3.91$,$p<0.05$]在不同水平的职称上存在显著差异,拥有二级及以下职称的教师,在去个性化上的得分显著高于拥有一级和高级职称的教师。情绪衰竭、低成就感和职业倦怠在不同水平的职称上并没有显著差异。从均值比较上可以大致看出,二级及以下职称的教师职业倦怠程度最高,其次是高级职称的教师,一级职称的教师职业倦怠程度最低,见表 4-15 所示。

表 4-15　教师职业倦怠在职称上的差异(M±SD)

维度	二级及以下	一级	高级	F	事后比较
情绪衰竭	28.00±6.92	27.05±7.48	27.52±7.63	0.46	—
去个性化	13.24±3.45	11.91±3.66	11.90±3.75	3.91*	1>2,1>3
低成就感	19.46±4.58	18.11±4.85	19.03±6.44	2.03	—
职业倦怠	60.70±12.83	57.07±13.49	58.46±15.33	1.79	—

注:1=二级及以下,2=一级,3=高级。

6. 职业倦怠各维度之间的相关分析和信度分析

对数据进行相关分析发现,情绪衰竭($r=0.881,p<0.01$)、去个性化($r=0.887,p<0.01$)和低成就感($r=0.784,p<0.01$)分别与职业倦怠总分达到了显著的正相关;情绪衰竭、去个性化和低成就感两两之间也达到了显著的正相关($r=0.432\sim0.704,p<0.01$),如表 4-16 所示。进一步验证了教师职业倦怠量表(MBI-ES)具有较好的效度。

表 4-16　教师职业倦怠各维度之间的相关分析和信度分析

维度	情绪衰竭	去个性化	低成就感	职业倦怠
情绪衰竭	$\alpha=0.844$			
去个性化	0.704**	$\alpha=0.696$		
低成就感	0.432**	0.654**	$\alpha=0.791$	
职业倦怠	0.881**	0.887**	0.784**	$\alpha=0.895$

对正式施测的教师职业倦怠量表(MBI-ES)进行信度分析,结果发现情绪衰竭分量表、去个性化分量表和低成就感分量表的 α 系数分别为:0.844、0.696、0.791,职业倦怠总量表的 α 系数达到了 0.895,如表 4-16 所示。进一步验证了教师职业倦怠量表(MBI-ES)具有良好的信度。

(二)河南省中小学教师职业幸福感与职业倦怠的关系

1. 教师职业幸福感与职业倦怠的相关分析

对教师职业幸福感和职业倦怠各维度得分进行相关分析发现(见表 4-17):

情绪衰竭与工作满意度($r=-0.296,p<0.01$)、积极情感($r=-0.398,p<0.01$)和职业幸福感($r=-0.664,p<0.01$)分别呈显著负相关,与消极情感($r=0.823,p<0.01$)呈显著正相关。

去个性化与工作满意度($r=-0.440,p<0.01$)、积极情感($r=-0.571,p<0.01$)和职业幸福感($r=-0.729,p<0.01$)分别呈显著负相关,与消极情感($r=0.696,p<0.01$)呈显著正相关。

低成就感与工作满意度($r=-0.569,p<0.01$)、积极情感($r=-0.748,p<0.01$)和职业

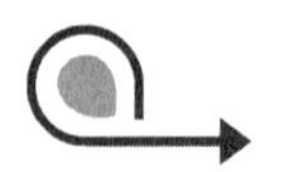

幸福感($r=-0.769, p<0.01$)分别呈显著负相关,与消极情感($r= 0.522, p<0.01$)呈显著正相关。

职业倦怠与工作满意度($r=-0.490, p<0.01$)、积极情感($r=-0.648, p<0.01$)和职业幸福感($r=-0.838, p<0.01$)分别呈显著负相关,与消极情感($r=0.819, p<0.01$)呈显著正相关。

表 4-17　教师职业幸福感与职业倦怠的相关分析

维度	工作满意度	积极情感	消极情感	职业幸福感
情绪衰竭	-0.296**	-0.398**	0.823**	-0.664**
去个性化	-0.440**	-0.571**	0.696**	-0.729**
低成就感	-0.569**	-0.748**	0.522**	-0.769**
职业倦怠	-0.490**	-0.648**	0.819**	-0.838**

2. 教师职业幸福感与职业倦怠的回归分析

通过相关分析可知,教师职业幸福感与职业倦怠之间存在显著的负相关,但为了进一步验证两者之间的因果关系和预测效应,以职业倦怠的三个维度为自变量,以职业幸福感及其三个维度为因变量,采用逐步多元回归分析法,来探讨教师职业倦怠各维度对职业幸福感总分及其三个维度的预测作用。

(1)多重共线性诊断

本研究主要采用 TOL(容忍度)和 VIF(方差膨胀因子)来对回归方程进行多重共线性检验。如果 TOL 小于 0.1,VIF 大于 10,说明自变量间可能存在共线性问题。纵观以下回归分析中的检验指标,TOL=0.354~0.572>0.1,VIF=1.748~2.829<10,说明自变量间存在多重共线性问题的可能性非常小。

(2)工作满意度对职业倦怠各维度的回归分析

根据对方程总变异的贡献大小,低成就感、去个性化依次进入方程,对工作满意度有显著影响[$F_{(2,352)}=87.165, p<0.001$],联合解释变异量的 33.1%。标准化系数分析显示,低成就感对工作满意度的影响最大,其次是去个性化。见表 4-18。建立中小学教师工作满意度标准化回归方程如下:

$$工作满意度=-0.491\times 低成就感 -0.118\times 去个性化$$

表 4-18　工作满意度对职业倦怠各维度的回归分析

预测变量	β	T	TOL	VIF	R^2	$\triangle R^2$	F
低成就感	-0.491	-8.522***	0.572	1.748	0.323	0.323	87.165***
去个性化	-0.118	-2.053*	0.572	1.748	0.331	0.008	

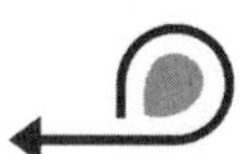

(3)积极情感对职业倦怠各维度的回归分析

根据对方程总变异的贡献大小,低成就感、去个性化依次进入方程,对积极情感有显著影响[$F_{(2,352)}=235.009$,$p<0.001$],联合解释变异量的57.2%。标准化系数分析显示,低成就感对积极情感的影响最大,其次是去个性化。见表4-19。建立中小学教师积极情感标准化回归方程如下:

$$积极情感=-0.655\times低成就感-0.143\times去个性化$$

表4-19 积极情感对职业倦怠各维度的回归分析

预测变量	β	T	TOL	VIF	R^2	$\triangle R^2$	F
低成就感	-0.655	-14.204***	0.572	1.748	0.560	0.560	235.009***
去个性化	-0.143	-3.097**	0.572	1.748	0.572	0.012	

(4)消极情感对职业倦怠各维度的回归分析

根据对方程总变异的贡献大小,情绪衰竭、低成就感、去个性化依次进入方程,对消极情感有显著影响[$F_{(3,351)}=296.708$,$p<0.001$],联合解释变异量的71.7%。标准化系数分析显示,情绪衰竭对消极情感的影响最大,其次是低成就感,最后是去个性化。见表4-20。建立中小学教师消极情感标准化回归方程如下:

$$消极情感=0.669\times情绪衰竭+0.150\times低成就感+0.127\times去个性化$$

表4-20 消极情感对职业倦怠各维度的回归分析

预测变量	β	T	TOL	VIF	R^2	$\triangle R^2$	F
情绪衰竭	0.669	16.697***	0.502	1.990	0.677	0.677	
低成就感	0.150	3.984***	0.570	1.753	0.711	0.034	296.708***
去个性化	0.127	2.667**	0.354	2.829	0.717	0.006	

(5)职业幸福感对职业倦怠各维度的回归分析

根据对方程总变异的贡献大小,低成就感、情绪衰竭、去个性化依次进入方程,对职业幸福感有显著影响[$F_{(3,351)}=324.122$,$p<0.001$],联合解释变异量的73.5%。标准化系数分析显示,低成就感对职业幸福感的影响最大,其次是情绪衰竭,最后是去个性化。见表4-21。建立中小学教师职业幸福感标准化回归方程如下:

$$职业幸福感=-0.527\times低成就感-0.327\times情绪衰竭-0.155\times去个性化$$

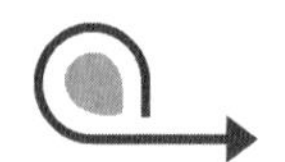

表 4-21　职业幸福感对职业倦怠各维度的回归分析

预测变量	β	T	TOL	VIF	R^2	$\triangle R^2$	F
低成就感	−0.527	−14.468***	0.570	1.753	0.592	0.592	
情绪衰竭	−0.327	−8.429***	0.502	1.990	0.726	0.134	324.122***
去个性化	−0.155	−3.346**	0.354	2.829	0.735	0.009	

八、河南省中小学教师职业幸福感的提升途径

(一)外在提升途径

①政府和教育行政部门的政策支持与经费投入。②学校的合理规章和管理者的社会支持:建立健全学校的规章制度,建立科学、合理的评价机制;学校要实行人本化管理,为教师创建和谐的工作环境;管理者应关心和关注中小学教师的中观和微观需要;构建“和谐合作,共同发展”的学校文化,营造“以人为本”的职业环境。③促进教师的职业发展动力:搭建专业发展平台,引领教师走向成功;打破常规,让创造性思维激昂士气;学校要力求建立一支积极高效、乐观向上的教师团队;从教师的心态入手,塑造良好的精神风貌。④优化教师的职业环境:优化教师职业情境的舒适感;营造教师人际交往和谐感的社会氛围;等等。

(二)内在提升途径

①教师本身要树立正确的动机观:确立健康向上的人生观和价值观;中小学教师要树立正确的职业价值观;树立崇高的教育理想和信念;加强师德修养,提升思想境界。②教师职业发展过程中收获幸福:教师要准确把握自身角色,建立良好的自我定位;教师要学会自我评价,并通过自我评价来追求自我的完善;教师要推动自我超越,完善职业价值观;积极参与教育、教学和班级管理的教研;提高职业技能,让课堂教学焕发出生命的活力。③保持积极的工作情绪:热爱学生要求教师尊重学生;热爱学生要求教师常怀感恩之心;角色转换,学会拥有快乐的心态;胸怀梦想是前进的动力。④拥有良好的教师职业心态,培养良好的生活习惯,缓解和降低职业倦怠,等等。

专题五　河南省高等教育资源优化与结构布局战略研究

本专题通过研究优质高等教育资源实现合理配置，探索优化高等教育类型结构、科类结构、层次结构和区域结构的具体策略。深入分析研究河南省高等教育资源优化与结构布局战略和高等教育结构及其内部构成是高等教育大众化阶段的必然要求，也是调整优化河南高等教育体系的重要前提。

一、优化河南省高等教育布局结构

高等教育布局结构又称地区结构，主要是指各级各类高等教育机构和高等教育资源在地区分布上的构成状态和组合方式，它在高等教育结构中占有重要地位。

（一）发展现状

1. 从省际高校分布看

河南省优质高等教育资源欠缺，高水平大学核心指标欠缺。据统计，2017 年，河南省高等教育毛入学率 41. 78%，低于江苏 54. 7%，山东 51. 35%，浙江 58. 2%，也低于全国平均水平 45. 7%；“双一流”建设高校中，河南有两所，而北京有 31 所，江苏 15 所，四川 8 所，湖北和陕西各 7 所；在全国一级学科国家重点学科中，河南只有 1 个；全国第四次学科评估结果显示，河南高校尽管有 159 个一级学科入围，但 A 类学科只有 1 个，而北京 A 类学科 194 个，上海 91 个，江苏 80 个，湖北 52 个；以第一依托单位建立的国家重点实验室，河南只有 1 个，而北京 79 个，上海 32 个，江苏省 20 个，湖北省 18 个；博士点高校河南只有 9 个，江苏 27 个，湖北 14 个，陕西 14 个；每千万人拥有的公办本科大学（所）河南只有 1. 15 所，江苏 3. 54 所，湖北 3. 27 所，陕西 5. 26 所，湖北 3. 27 所。获批立项国家自然科学基金经费，河南 2. 98 亿元，江苏 19. 53 亿元，湖北 12. 33 亿元，陕西 9. 80 亿元，山东 8. 0 亿元。由于优质高等教育资源稀缺，导致重点大学在河南的招生比例低。作为生源大省，河南省考生在优质高等教育资源的获取方面一直处于十分不利的境地。

2. 从省内高校分布看

与全国整体优质高等教育资源区域分布格局类似，河南省内部也存在着高等教育发展不平衡、不充分的问题。据《2017 年河南统计年鉴》，郑州高校 56 所，占全省高等院校

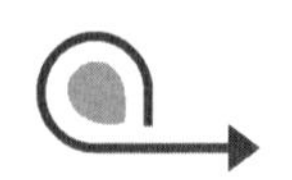

数量的43%。每10万人拥有的高校在校生数，郑州10 450人，全省平均2 339人，低于全省平均数的有14个地市，濮阳只有309人。[①] 从55所本科高校区域布局看，郑州25所，占45%。目前河南省还有5个地市，即濮阳、三门峡、鹤壁、漯河、济源没有布点本科高校。在全省55所本科院校中，陇海线以南的广大地区有10所，不到全省高校的四分之一。

从高职高专区域布局看，目前河南高职高专院校有79所，只占全国高职院校总数的5.8%。河南高技能人才有179.41万人，只占全国高技能人才总量的3.6%。南阳、驻马店、信阳、周口、商丘等5个城市的乡村劳动力资源占全河南乡村劳动力资源的50.5%，但是高职高专院校数仅占全省的19.8%。同时“2009年洛阳市人均GDP在河南省各市中位居第三，经济发展水平高，但是没有一所高职院校；而漯河市总人口比较少，却有3所高职院校。”[②]这反映出优质高等教育资源在全省各地市分布相当不合理，高水平大学集中分布于省会郑州附近，豫西南、豫东和豫北等地区高等教育薄弱。

3. 从大别山革命老区高校分布来看

大别山革命老区共有21所高校，其中公办本科7所、专科21所。7所公办本科高校分布是：河南省有3所，分别是信阳师范学院、黄淮学院、信阳农林学院，约占全省本科高校的7%；湖北有两所，分别是黄冈师范学院、湖北工程学院；安徽有两所，分别是安庆师范学院、皖西学院。据统计，本区域内高等教育整体办学层次较低，目前没有一所省部共建学校，没有综合性大学，也没有博士学位授权点高校，更没有国家级重点学科和重点实验室等高层次科研平台。

由此看来，河南省高等院校“点状集积”现象较为严重，致使高等院校布局结构不均衡，优质高等教育资源也难以得到合理配置。作为人口大省，这不但使许多适龄人口不能更公平地接受优质高等教育，同时也影响到高等教育整体质量的提升，而且也给河南经济社会发展带来诸多弊端。其结果，一方面个别地市人才饱和，供过于求，而另一方面一些地市却缺乏亟需相关专业人才，缺乏高等教育的人才支撑和智力支持，人才培养的结构性矛盾和高等院校强者愈强、弱者愈弱的“马太效应”突出。

造成河南目前这种布局结构不合理的原因有很多，有政策因素、历史因素、经济发展因素、城市化因素、地理因素、经费因素等。就教育投入来说，近年来，河南高度重视高等教育资源对区域经济社会发展的重要推动作用，不断加大高等教育投入，全省财政教育支出占公共预算支出的20%，高于全国平均水平（14%）。河南省国民经济和社会发展统计公报显示，“十二五”期间，河南省国民生产总值增加了1.5万亿，经济增速年均保持9.6%，高于全国1.8个百分点。然而，长期以来，教育投入却并没有随着经济总量同步增长，教育经费不足一直是制约高等教育发展的重要障碍。

---

①河南统计局. 2017年河南统计年鉴[M]. 北京：中国统计出版社，2017：550-565.

②李艳红，曹晔. 河南省高职高专院校专业设置现状调查与调整对策[J]. 河南科技学院学报，2010(2)：13-17.

（二）发展目标

1. 基本定位

对河南省高等教育布局结构进行优化调整，不能简单地理解为学校地理位置的调整变化，也不是简单地对高等院校进行增设、缩减或重组合并，而应站在建设高等教育强省、人力资源强省和创新型省份的高度，主动适应区域经济社会发展，尤其是经济结构、新型城镇化和中原文化发展特点，把布局结构调整与层次结构、学科专业结构、类型结构与管理体制结构调整有机结合起来，高等教育内部结构有一个合理的比例，彼此相互适应，使高等教育规模、结构、质量和效益保持一种合理均衡的发展状态，最大程度地展现高等教育结构之间的合力作用，发挥高等教育的溢出效应和扩散效应，以适度超前的发展战略，构建河南高等教育发展新格局。

2. 基本目标

大力开展以中原城市群为中心的新型城镇化建设，是未来很长一段时间河南经济社会发展的重要目标，这是全省高等教育发展的立足点和基本遵循。《河南省主体功能区规划》提出，构建以中原城市群为主体的城市化战略格局，坚持“核心带动、轴带发展、节点提升、对接周边”的原则，强化郑州、洛阳、开封市的重要支撑作用，发挥商丘、三门峡、安阳、鹤壁、新乡、许昌、平顶山、漯河、驻马店、信阳等城市的支撑作用，形成高效率、高品质的组合型城市地区和中原经济区的核心区域，建设辐射带动能力强、经济联系紧密、城市层级分明、体系结构合理、具有国际竞争力的开放型城市群。《河南省新型城镇化规划（2014—2020 年）》提出，未来五年河南各地级城市的发展思路，着重实施中心城市带动战略，提高中心城市辐射能力，构筑以郑州为中心、支撑中原城市群的“米”字形城镇发展轴，增强三门峡、洛阳、开封、商丘等城市支撑能力，提升安阳、鹤壁、新乡、许昌、平顶山、漯河、驻马店、信阳等城市综合实力。根据《河南省主体功能区规划》对中原经济区发展的规划和《河南省新型城镇化规划（2014—2020 年）》对河南各主要城市未来发展提出的目标，结合河南高等教育发展现状和各地级市区域经济发展实际，提出应强化区域高等教育中心建设，着力构建“一体两翼多点全覆盖”的高等教育布局结构。具体来说，就是构建以郑州为中心，洛阳和开封为支撑，新乡、信阳、商丘为高等教育骨干节点，其他省辖市合理布局的高等教育结构。

（1）“一体”就是以郑州作为河南高等教育发展的中心

郑州作为省会城市，是全省的政治、经济、科技和文化中心，也是中原城市群的核心，是河南省实施国家战略和进行新型城镇化建设的重点区域。在这个过程中，作为区域智力高地和文化高地，郑州高等教育承担着重要的社会责任。可是，通过横向比较，郑州高等教育的发展不但无法与西安、南京、武汉等高等教育中心城市相比较，也无法与成都、重庆、济南等高等教育较为发达的城市相比较，与北京、上海等高等教育强市相比更是相差甚远。因此，“我们必须明确定位，努力将郑州建设成高等教育的战略重镇，这是提升

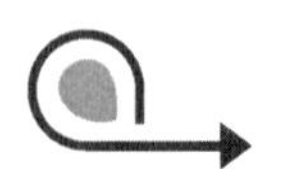

中原城市群核心竞争力所采取的必要措施。”①目前郑州的高等院校总数相对于总人口来讲已经趋于饱和。要发展郑州高等教育，数量不再是发展重点，关键是要进一步优化高等教育结构，整合区域内高等教育资源，提高高等教育质量，增强其对区域经济社会的贡献率。

(2)“两翼”就是以洛阳和开封作为河南省高等教育发展的重要支点

洛阳是河南省重要的工业和先进制作业城市。2012年11月，国务院批复的《中原经济区规划》中明确了洛阳的中原经济区副中心城市定位。深入推进郑汴洛一体化，提升三地产业和人口集聚水平，打造核心发展区域，实现在郑州这个核心带动下，洛阳和开封作为两翼的轴带发展。目前两地的高校无论在数量上还是在质量上，都与郑州市存在着较大差距，也与两地在中原崛起中扮演的角色和承担的责任不相符，如高等教育机构数量不足，规模效应不够，人才和科技资源没能充分集聚，高层次院校和一流学科缺乏，没有深度融入河南经济社会发展，高等教育对区域经济社会发展的辐射效应和贡献率没有充分展现。因此，应着眼于郑汴洛一体化，坚持中原经济区和中原城市群建设的服务面向，立足于两地各自的产业特点，大力发展洛阳和开封两市的高等教育，增加高等院校数量，扩大高等教育办学规模，以每个地市增加2所左右本科层次行业院校、3所以上高职高专院校为宜。在此基础上，优化区域高等教育资源配置，推动办学模式相近或者雷同的高校，采取抱团发展的方式，避免同类高校无序竞争，提高规模效益。

(3)“多点”就是以新乡、信阳、商丘等地市作为高等教育骨干节点

在未来河南省城市发展战略规划中，在强化郑州市、洛阳市、开封市的重要支撑作用的同时，将依托东北西南向、东南西北向运输通道，培育新的发展轴，形成“米”字形重点开发地带。逐步扩大轴带节点城市规模，完善城市功能，推进错位发展，形成大中小城市合理布局、城乡一体化发展的新格局。新乡、信阳和商丘分别位于河南的北部、南部和东部，属于区域布局的节点城市，地理位置优越，对推动河南城乡发展一体化，实现均衡发展至关重要。因此，应站在全局发展和长远发展的高度，采取跨越式发展的思路，着力加强新乡、信阳、商丘这三个节点城市的高等教育发展，构建高等教育发展骨干节点，尽快摆脱目前高等教育发展相对滞后的局面，加强骨干节点高等教育基础能力建设，逐步形成各具特色的区域性高等教育中心，发挥其示范引领和带动扩散作用，由“据点式”逐步发展成为“网络式”，以点带面，提升辐射能力，提高区域内的整体高等教育水平，满足地方经济社会发展需要。

(4)“全覆盖”就是指其他省辖市的高等教育得到合理布局和均衡发展

目前，河南省还有个别地市没有布点本科高等院校，严重制约了地方经济社会发展，造成了实质上的教育不公平。因此，应认真研判高等教育发展规律和经济发展规

①宋伟，韩梦洁.教育公平视野下河南高等教育发展对策研究[J]，河南大学学报(社会科学版)，2009(1):121-135.

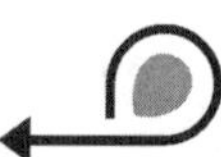

律，根据各地市产业、人口和城市化等因素，合理调整高等教育布局结构，确保每个地市都布点至少一所本科高校和高职高专院校，对基础条件好、有基础教育支撑、经济基础较为雄厚的个别县级市，也可以考虑布点一所高等院校，以促进河南高等教育协调发展。

（三）调整原则

党的十八大报告明确提出，要大力促进教育公平，继续加强薄弱环节和关键领域，进一步缩小城乡、区域教育发展差距，通过合理配置教育资源，重点向农村、边远、贫困、民族地区倾斜。高等教育均衡发展是指在不同的区域之间、城乡之间、人群之间合理配置教育资源特别是优质教育资源，它是促进我国教育公平的重要基础和必要条件，是我国乃至世界绝大多数国家调整布局结构的过程中追求的目标。“高等教育均衡发展的实质就是在教育公平思想和教育平等原则的支配下，使各区域间教育资源得到均衡配置，受教育者在教育机会、教育过程、教育结果等方面得到平等对待，使区域高等教育与社会经济两者发展相协调。”①调整高等教育布局结构，促使贫困地区、革命老区等区域增加优质高等教育资源，兴办一批高水平大学，有利于优化高等教育系统内外生态，提升高等教育水平，推动均衡发展。

在调整高等教育结构的过程中，需协调好均衡发展与非均衡发展之间的关系，实现公平与效率的有机统一。一方面，如果一味强调效率，把有限的高等教育资源投入到郑州等高等教育相对发达地区，不重视高等教育资源相对匮乏的地区，会让大量的适龄青少年失去更公平的受教育机会，不能充分实现人力资源的优化配置，造成区域劳动力结构失衡，也会影响到区域经济发展水平的提高。另一方面，如果没有协调公平与效率的关系，片面强调高等教育均衡发展，脱离了高等教育发展规律和经济发展规律，忽视发展效率和办学效益，在每个县城都布点高校，这是不足取的，会引起一个区域内同类高等院校趋同发展，不可避免地造成高等教育资源浪费，这在河南省高等教育发展历史上是有深刻教训的，应引起足够重视。目前河南省高等教育布局结构不合理、不均衡的原因非常复杂，要考虑到高等教育布局结构对外部因素的依赖作用。提出构建“一体两翼多点全覆盖”的高等教育布局结构并不是要四面出击，全面布点。那种希望投入大量资源在县城，甚至在乡村兴办高等院校，以期实现均衡发展的想法是很不理性的，势必会使高等教育发展失去必要的依托和支撑，导致区域经济结构和整个省的高等教育发展双双陷入僵局。目前，兴办高等院校主要还应立足于地级市。同时，增设高等学校要充分利用现有教育资源，避免资源过剩及投资浪费。

---

①刘六生，温爱花，杨超. 云南高等教育区域均衡发展的问题思考[J]. 云南师范大学学报(哲学社会科学版)，2007(6)：32-37.

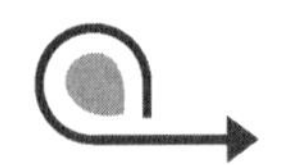

(四)调整策略

对河南省高等教育布局结构进行优化,应该采取内外有别的调整思路。从全国的角度来看,中央政府应坚持公平优先、兼顾效率的发展思路,实行高等教育均衡发展和协调发展,对由于历史原因等因素造成的高等教育发展滞后的河南省,给予适当弥补;从河南省内部来讲,应考虑效率优先,兼顾公平。在保障教育公平的前提下,实行高等教育非均衡发展,坚持差异化的发展思路,引导高等院校开展合理竞争,保持适度的高等教育发展落差,形成区域间高等教育梯度发展格局。

1. 中央政府实施积极差别政策

与发达省份相比,河南省经济发展水平相对不高,对人才资源的集聚能力有限,人才外流的现象相当突出。高等教育又属于准公共产品,具有非排他性和收益的外溢性。每年河南省高校培养的大量毕业生并没有留在本地,而是源源不断地流向经济发达区域,这使得河南省高等教育发展步履维艰,对区域经济社会发展并没有起到应有的作用。“区域高等教育的受益范围是全国,它属于全国性的公共产品,那些经济发达区域成为主要的受益者。”①鉴于这种情况,中央政府有责任突破省级政府的局限,对河南省高等教育发展采取积极差别政策,给予一定的政策倾斜和补偿机制。

(1)分类规划河南省高等教育发展

河南省高等教育应享受国家西部大开发战略中支持高等教育建设和发展的相关政策。建议中央教育主管部门依据区域地方经济社会发展需要与支撑能力,结合高等教育现有发展实际和区域优势,合理规划高等学校设置。在高等学校设置工作中,打破思维惯性的束缚和身份固化的限制,整合、优化该区域高等院校设置发展工作,尝试在行业类高校,尤其是河南省经济社会发展亟需的院校实行单列审批,推动区域内高等教育结构协调发展。

(2)应享受国家西部大开发战略中支持高等教育建设和发展的相关政策

组织教育部直属高校或东部重点高校,通过多种方式一对一对口支援河南省特别是大别山革命老区,豫北、豫东等落后区域的高校建设;采取倾斜政策,对河南省推动创新驱动发展急需的国家特色专业、国家重点实验室、国家重点学科、博士学位授权点等方面给予重点扶持;在农学、医学等学科专业设置、重点项目审批、高层次人才引进等方面,享受西部高校的优惠政策,等等。

(3)加大经费投入

教育经费投入总量不足、优质高等教育资源匮乏是长期制约河南省高校实现高层次发展的重要障碍。因此,在未来的发展规划中,应本着高等教育均衡发展和对河南省高校补偿的原则,实行高等教育经费投入倾斜政策,加大对河南省,尤其是大别山革命老区

---

①严全治. 协调区域高等教育发展的路径[J]. 教育研究,2012(1):89-94.

高等教育的财政投入,重点支持本区域内高校加强基础能力建设,夯实高等院校办学基础,改善办学条件,提高教学基础能力。在加大教育经费投入的同时,还应建立科学的财政转移支付制度,特别是均衡性转移支付,着力解决河南省高等教育财政失衡问题,推动区域之间的高等教育均衡发展。同时,构建多元化投入体系和利益协调机制,加大高等学校向社会开放办学力度,鼓励更多社会捐赠和民间资本投资高等教育。建立合理上调大学学费的机制。目前,随着高校办学成本的增加,全国多数省份已经上调了大学学费。

2. 地方政府统筹管理

(1)实行分区规划和指导

省级政府要发挥统筹管理的作用,制定高等教育设置和发展规划,主动纳入河南省经济发展规划,将高等院校布局结构调整与经济社会发展规划主动对接,提高区域内高等教育资源的利用效率。同时,结合省域经济社会发展实际和各地市高等教育发展现状,分地区进行指导,从而提出有针对性的发展思路。"组织各区域制定与区域发展相适应的高等教育战略,确定各区域高等教育发展的目标、任务、速度、规模以及人才培养的种类、规格、数量和质量。"①在高等教育大众化和地方化的大背景下,尽管河南省各地市高等教育发展取得了巨大的成就,但还未达到饱和的状态,没有完全满足区域经济社会发展和人们接受高等教育的需求,各地市高等教育尚有很大的发展空间。与全国同类省份进行比较,河南省高等院校总数并不落后,但若以每千万人拥有的高校数量计,河南省则排名倒数,这与建设高等教育强省的目标相去甚远。因此,新建一批高校,特别是一批本科高校是当前和未来一段时间内河南省不少地市要努力的重点。根据统计数据显示,在未来的几年内,河南省的高等教育要达到全国中等水平,至少要新增15~20所普通本科高校。那么这些新增高校在布点的过程中,首先,应考虑省域内部尚未设置本科高校的几个地市;其次,郑州作为未来河南重点建设的科技研发中心,应设置3~5所高水平研究型院校;其他地市可以根据自身的人口、城市化格局和区域经济发展特色,合理布点有特色的行业类高校。

具体途径:一是升格。鼓励河南省各地市办学条件优越、办学特色鲜明的部分高等专科院校升格为本科高校,如黄河水利职业技术学院,等等。鼓励历史较长、办学实力雄厚的本科高校,尤其是部分经济发展较为落后地区的本科高校提升办学层次,实现更名大学目标,如信阳师范学院、中原工学院和河南科技学院等。二是创办分校。创办分校指的是进一步鼓励国内外高层次大学和省内特别是郑州地区的高水平大学在高等教育发展滞后地区建立分校,逐步使省域内的优质高等教育资源得到合理配置。这样就可以让更多的本区域适龄青年有接受优质高等教育的机会,同时也可以为区域经济社会发展培养更多高层次人才。当然,不能盲目创办分校,在进行区域布点的过程中,既不能都集中于郑州等发达地区,也不能完全忽视地市经济发展承受能力,搞"扶贫式"办学。分校

①刘六生,温爱花,杨超.云南高等教育区域均衡发展的问题思考[J].云南师范大学学报(哲学社会科学版),2007(6):32-37.

的类型、结构和层次,既要考虑创办高校自身的发展特色优势,也要注重与现有区域高校形成优势互补,同时又要符合地方产业结构的特点。

(2)建立区域高等教育发展极

坚持教育公平的价值取向,推动河南省高等教育均衡发展,使各个地市不同类型、不同层次的高等院校得到合理布局。但是高等教育的均衡发展并不意味着各个地区的高等院校都能实现同步发展、均等发展,而是要根据各地区发展差异,坚持错位发展,实施部分区域的重点高校优先发展战略,建立高等教育发展极。整合高等教育资源,首先,在郑州等地区优先创建一批名牌高校和特色学科专业,发挥其引领作用。其次,在高等教育不发达地区选择相对发达的地区以及实力较为雄厚的高校作为发展极,通过集聚效应,最终提高省域内的整体教育水平。就大别山革命老区高等教育发展来说,应认真贯彻落实国务院《大别山革命老区发展规划》精神,推动革命老区振兴发展,发挥区域高等教育对推动经济结构转型升级的作用,重点将该区域内一至两所高校,如信阳师范学院,作为区域经济发展和区域高等教育均衡的发展极。与现有同类高校相比,信阳师范学院的比较优势十分明显,重点支持信阳师范学院推进重点学科和优势特色学科建设,加快急需专业、硕士点及博士学位授权点建设,实现更高层次发展,可以充分发挥其示范引领和辐射带动作用。

(3)建立跨地区高等教育联动机制

《教育部关于全面提高高等教育质量的若干意见》明确提出,要建设优质教育资源共享体系,鼓励地方建立大学联盟,发挥重点高校优质资源的辐射效应,实现跨地区高校资源共享、优势互补。为此,应探索郑州高校与省内其他地区的高校联合办学、联合培养,统筹建立大学联盟,通过结对子、横向援助等方式,发挥优质高等教育资源的辐射作用。

(4)加强高等教育信息化建设

教育信息化能突破"时空限制",是缩小教育差距、促进教育公平的有效途径。大力发展远程教育,推动落后地区高等教育跨越式发展和均衡发展,把教育信息化建设纳入全省信息化建设整体建设规划,加快实施以"三通两平台"为核心目标的教育科研信息网工程建设,即推动宽带网络校校通、优质资源班班通、网络学习空间人人通,构建高等学校公共服务资源共享体系,搭建教育资源公共服务平台和教育管理公共服务平台,实现全省优质高等教育资源共享。

二、优化河南省高等教育层次结构

高等教育层次结构是指高等教育上下衔接、相互联系的结构形式,一般包括学生的层次结构和学校的层次结构,属于一种纵向结构。按学生的层次划分,高等教育通常划分为专科教育、本科教育和研究生教育。按学校的层次划分,高等教育通常划分为重点高校和地方普通高校。更具体来说还可以分为研究型大学、教学研究型大学和教学型大学等。

(一)发展现状

1.总体情况

(1)办学规模

《2017年河南省教育事业发展统计公报》显示,全省研究生培养机构27处;普通高等学校134所,其中,本科院校55所,高职(高专)院校79所;成人高等学校11所。全省有博士学位授权普通高等学校9所,硕士学位授权普通高等学校19所;博士一级学科授权点53个,硕士一级学科授权点273个。全省研究生毕业1.29万人(其中博士生318人),招生1.84万人(其中博士生648人),在学研究生4.48万人(其中博士生2345人),预计毕业生1.41万人(其中博士生836人)。普通本专科毕业生50.41万人,本专科分别为25.38万人和25.03万人,本专科之比为5.03∶4.97;招生63.57万人,本专科分别为29.78万人和33.79万人,本专科之比为4.69∶5.31;在校生200.47万人,本专科分别为107.71万人和92.76万人,本专科之比为5.37∶4.63;预计毕业生57.06万人,本专科分别为26.76万人和30.30万人,本专科之比为4.69∶5.31。普通高校校均规模由14 513人增加到14 935人,其中,本科院校校均规模24 235人,高职(高专)院校校均规模8 460人。

(2)省部共建高校

目前,河南省省部共建高校10所,分别是河南省政府和国家国防科技工业局共建河南科技大学;省政府与教育部共建郑州大学、河南大学、河南师范大学;省政府与水利部共建华北水利水电学院;省政府与农业农村部共建河南农业大学;省政府与国家粮食和物资储备局共建河南工业大学;省政府与国家应急管理部共建河南理工大学;省政府与国家中医药管理局共建河南中医药大学;省政府与国家烟草专卖局共建郑州轻工业大学。

(3)具有硕士学位授权单位的高校

目前,河南省共有学术型硕士学位授权高校17所,其中博士学位授权高校9所,分别是郑州大学、河南大学、河南师范大学、河南农业大学、河南理工大学、河南工业大学、河南科技大学、华北水利水电大学、河南中医学院。

(4)河南省高层次人才总量

据统计,2004年至2016年,硕士在校生比重和博士在校生比重两个指标,全国的平均值分别是河南省的2.9倍和12.6倍。2017年在校研究生和博士生只有5.3万和0.2万人,而江苏省21.96万和2.90万人,湖北省18.4万和2.42万人,陕西省14.61万和2.0万人。同时,河南省高校毕业生流失严重。2017年,全省共毕业学生51.7万人,其中约有35.3万人留在省内就业,占68.25%,有31.75%的毕业生到省外就业。另外,省外高校招录河南学生13.7万人,河南省招收外省本专科学生7.3万人,其中本科4.99万人,而来河南省就业的外省毕业生仅2.3万人。河南省人才输出大省的局面并没有从根本上改变。

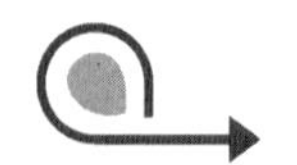

2. 基本特点

(1)层次结构总体比例不合理

统计数据显示,河南省研究生、本科和专科在校生人数比例为1∶27∶20。高等教育层次结构呈现陀螺型,既不是人数逐步递增的金字塔型,也不是两边小、中间大的纺锤形。层次结构没有拉开,明显反映出顶部过尖、底部不够宽的发展特点,不符合当前和今后一段时期内经济和社会发展对人才的需求。

(2)院校结构(能级结构)不合理

河南省高等教育整体办学水平不高,优质高等教育资源欠缺,缺少进入我国高等教育第一方阵的高水平精英大学,只有 1 所"211"高校,即郑州大学,没有"985 大学"。"双一流"建设高校中,河南有两所,而北京有 31 所,江苏省 15 所,四川省 8 所,湖北省和陕西省各 7 所。其他 9 所省部共建也都属于地方政府管理,办学实力与全国排名靠前的部属重点高校无法相提并论。河南省众多本科高校和高职高专在发展过程中出现了比较典型的"高原"现象,缺乏"高峰"大学,各个层次大学结构内部也没有形成梯度发展格局,办学定位和目标雷同,办学条件和办学水平大同小异,造成河南省高等教育的院校结构或者能级结构相当不合理。

(3)层次结构与各产业结构之间的比例不合理

从区域经济发展需求看,应用型较强的学科如农学、工学,需要研究生、本科、专科三个不同层次的学生和人才,而一些理论性较强的学科,如历史、哲学和教育学,则只需要研究生和本科两个层次。从现状来看,一是河南省高等教育的层次结构不合理,比重失调。三个层次与产业结构三个层次不吻合、与河南省人口结构不吻合、与各地区经济发展水平不相吻合。以高水平大学为代表的优质高等教育资源稀缺,无法发挥示范引领作用。高职高专教育整体上缺乏特色,不能充分融入区域经济社会发展。二是不切实际的盲目升格冲动。与全国很多高校类似,河南省也有不少高校脱离办学实际,在发展定位和培养目标上盲目攀高,与学校办学水平差距过大。在利益的驱使下,很多学校纷纷要求升格或者更名,专科院校要升本科院校,本科院校希望通过获批硕士点或者博士点,等等。

(二)发展目标

优化高等教育层次结构的目标,就是要使不同层次高等教育和不同层次的高校的构成比例合理化。应着眼于省域经济社会发展实际,着力优化河南省高等教育的层次结构,构建"层次合理、发展均衡"的高等教育梯形结构,使高等学校层次间保持合理的比例关系,引导高校层次间有序发展、层次内合理竞争,推动三个层次的高等教育都能够在各自领域创造一流,更好地满足区域产业结构调整对各层次人才的需求。

1. 稳定发展本科教育

本科教育在高等教育层次结构中具有十分重要的作用,处于专科教育与研究生教育中间,扮演着承上启下的角色。在几十年的发展过程中,特别是 1999 年扩招以来,本科

教育承担了大量的扩招任务。除了原有部分本科院校继续承担本科教育以外,大量专科院校通过更名、升格、转设等途径变更为本科院校,也承担了大部分的本科教育任务,助推了河南省高等教育大众化的步伐。目前,从就业结构和需求结构看,河南省高等教育结构与人口结构、产业结构间已经基本均衡。很多本科院校为了追求规模效应和规模经济,无视高等教育发展规模和高等教育结构与经济结构之间的关系,脱离学校办学实际,盲目设置新专业,增加招生人数,出现"全科式"发展的误区。一些地方本科院校与重点大学类似,学科门类齐全,动辄就有六七十个专业,导致了较为严重的结构性失业。据统计,麻省理工学院、普林斯顿大学、斯坦福大学的学科覆盖率分别为 54.2%、62.5%、70.8%[①]。根据高等教育发展的一般规律,在高等教育结构的三个层次中,本科教育的比重应稳定在 35%~40%。应压缩"平原",多建"高峰"。河南省本科教育已经到了从规模扩张到强化内涵建设和提高办学质量的关键阶段。应立足于学校办学实力,面向区域经济社会发展,稳定本科生招生规模,着力优化学科专业结构,以一流本科教育为目标,提高办学质量,培养具有创新精神和实践能力的高素质人才。

2. 大力发展专科教育

在我国,高等专科教育其实和高等职业教育是一体的,简称高职高专。它在高等教育层次结构中处于底座位置,是高等教育发展的基石。2005 年,河南省高职高专院校只有 55 所,在校生 46.25 万人,本、专科在校生之比为 4.6∶5.4。到 2014 年,高职高专院校已经增加到 77 所,在校生增加到 72.45 万人,本专科之比为 5.7∶4.3。近十年来,虽然河南省高职院校的数量和在校生人数都有所增加,但是从结构上看,在高等教育大众化的进程中,专科教育的扩展速度和所占比例明显不及本科教育,这与国内外众多地区专科教育主要承担高等教育大众化任务的发展历程不一致,也与河南省的经济社会发展现状和产业结构不相符。河南省是一个农业大省,同时也是一个新兴的工业大省。近年来,河南省产业结构出现了"二三一"的发展特征,与此相对应的是,河南省高职专业结构呈现出明显的"三二一"的特征。一定程度上可以说,河南省高职院校缺乏明确的办学定位,培养目标不清晰,服务面向不精准,低水平重复建设较为严重,重文轻理的现象非常普遍,盲目向本科高校甚至一些研究型高校看齐,开设一些办学成本较低的专业,专业设置过于雷同。这就造成专科层次的高等教育整体办学特色不鲜明,办学质量不高,没能充分支撑起高等教育大众化和经济结构转型升级的重任。为此,亟需大力发展专科层次的高等教育,扩大办学规模,明确办学定位,强化办学特色,推动河南省专科高等教育实现跨越式发展。

应着眼于优化专科高等教育的区域结构,增设一批高职高专院校,尤其是在南阳市、驻马店市、信阳市、周口市、商丘市等劳动力资源比较丰富的地区以及濮阳市、三门峡市、鹤壁市、漯河市、济源市没有布点本科高校的 5 个地市,各重点布点建设 1 所高等专科院

---

①杜玉波. 深化高等教育综合改革要转变发展方式[N]. 光明日报,2014-8-5.

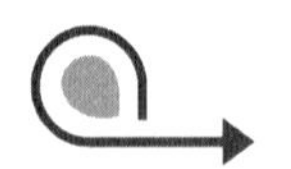

校。在扩大办学规模的同时,高职高专还需要进一步明确办学定位和发展目标。与本科层次和研究生层次的高等院校培养理论型和学术型人才不同,高等职业专科院校主要面向生产、建设、管理、服务等一线建设需要,培养具有熟练操作技能和一定实践能力的专科层次技术技能人才。应以就业为导向,面向市场,根据行业、产业和企业的实际需求,立足学校办学实际,有针对性地开办相关专业,培养大批适销对路的应用型人才。应强化内涵建设,在提高办学质量和品质上下功夫,树立学校品牌意识,以质量求生存,以服务求发展,更好地推动河南省专科层次的高等教育向规模化、特色化、品牌化方向发展。

3. 积极发展研究生教育

研究生教育处于高等教育层次结构的最顶部,主要是培养高精尖的创新研究型人才,为科技创新和科研发展储备人才。在知识经济时代,全社会对高层次高素质的人才具有强烈的需求,而研究生教育就是培养该类人才的主要途径。河南省研究生教育始于1978 年,从纵向发展看,经历了一个从无到有,规模从小到大的发展历程,取得了较大的发展成就,为区域经济社会发展提供了众多高层次人才和研究成果。但与全国平均水平,特别是与发达省份如北京、上海、湖北、陕西、江苏等省份比较,还存在很大的差距。2014 年的统计数据显示,河南省研究生在校生数占在校生总数的 2%,远低于全国 6. 8%的平均水平。2004 年至 2015 年 12 年来,硕士在校生比重和博士在校生比重两个指标,全国的平均值分别是河南省的 2. 8 倍和 13 倍。总的来说,河南省的高等教育层次结构不合理,突出表现为办学层次重心偏低,研究生培养规模过小,全省高校的研究生院偏少,高层次人才培养能力较弱,整体办学实力薄弱,这与经济社会发展对高层次人才的迫切需求形成了较为突出的矛盾。这一矛盾如果得不到有效解决,势必影响创新驱动发展,对河南省教育事业发展和经济社会发展全局造成不良后果。

对此,应积极发展研究生教育,扩大研究生招生规模,提高研究生层次的人才比重。参照国际研究生教育发展的一般规律,结合河南省生产力发展水平,河南省研究生教育比例应由目前的 2%逐步增加到 5%~10%。应扩大学术型和专业型硕士研究生招生规模,大力发展博士研究生教育,优化学位授权点区域布局和人才培养类型结构。应促进学术学位与专业学位研究生教育的协调发展,积极发展硕士专业学位研究生教育,发展博士专业学位研究生教育,重视发展非全日制研究生教育,增加专业学位研究生招生比例,以适应经济社会发展对应用型高级人才的需求。应支持非省会城市的地方骨干特色高校发展研究生教育,特别是博士研究生教育,根据区域经济社会发展整体布局,在豫南、豫东等河南省区域节点地区的重点高校各布点一批博士授权点。应大力推动河南省研究生培养制度改革,形成人才培养、科学研究、社会服务等多元一体的合作培养模式;完善导师管理评价机制,健全以导师为第一责任人的责权机制;改革评价监督机制,建立以培养单位为主体的研究生质量保证体系,最终建成培养模式特色突出、整体质量不断提升、拔尖创新人才和高层次应用型人才不断涌现的研究生教育体系。同时,为更好地开展硕士、博士人才培养及进行基础研究工作,满足国家经济建设、社会发展和科技进步

对高层次人才的需求，应在现有承担研究生培养任务的大学中，增加研究生院的设置数量，提升河南省高等教育的整体办学层次。

4. 优化院校结构

根据美国卡内基高等教育分类标准（2010 年版），美国现有高校 4 634 所，其中有博士学位授予权的高校 297 所，有硕士学位授予权的高校 724 所，平均每千万人拥有的研究型大学（博士学位高校）达 9.3 所。对比发现，河南省优质高等教育资源却非常稀缺，一些关键指标不但与美国无法相提并论，而且也落后于一些兄弟省份。对此，河南省应结合国家正在大力实施的“双一流”建设，优化河南省的院校结构（能级结构），实现院校分工的合理化。应立足河南省人口基数，着重扩大优质高等教育资源规模，提高高水平大学人均拥有量，在将郑州大学、河南大学列入世界“双一流”建设计划的同时，按照河南省实施的分类管理办法，对全省拥有学术型硕士学位授权点的高校给予重点支持，提升其综合实力。同时，将郑州大学、河南大学确立为国内高水平大学，将所有拥有学术型硕士学位授权点的本科高校均列入特色骨干大学行列，更好地优化全省高校层次结构，形成优质高等教育资源梯度发展格局。

（三）调整原则

河南省高等教育层次结构呈现“陀螺”形态，层次内部结构不尽合理，不能适应区域经济社会对人才的需求，因此，亟需调整优化层次结构。在调整优化的过程中，应坚持如下原则。

1. 稳中求进，适度超前

高等教育结构的合理程度主要是由生产力发展水平和区域经济发展结构尤其是产业结构决定的。不同的生产力发展水平和不同层次的产业结构会对人才数量和人才结构尤其是层次结构有不同的需求，这必然要求高等教育优化层次结构。“判断一个省份研究生教育系统的高低，就要看其规模和结构是否与当地的社会经济发展相协调。”①近年来，河南省经济发展势头迅猛，国民经济生产总值超过 3.7 万亿元，稳居全国第五位。河南省三大产业之间的比例关系也随之发生变化，第一产业比重逐渐下降，第二产业和第三产业逐步上升，由过去的“一二三”模式、“二一三”模式，逐步转变为了“二三一”模式。应该转变发展思路，坚持稳中求进，适度超前的发展原则，积极适应、主动预测产业结构变化的发展趋势，促进层次结构优化，着力培养不同层次和领域的人才，着力提高人才培养的使用效益，实现有针对性的发展和错位发展。从世界众多发达国家、中等发达国家高等教育发展阶段与生产力发展水平的相互关系中可以看出，在高等教育大众化的发展阶段，人均 GDP 处于 2 000 美元阶段时，研究生教育占 5%～10%；本科教育占

---

①袁本涛，王传毅，胡轩. 我国研究生教育区域结构与经济、科技发展的协调性研究[J]. 高等教育研究，2013(7)：37-44，55.

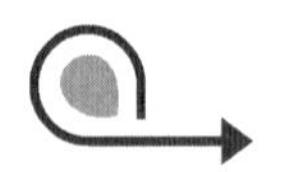

35%~40%；专科教育占40%~60%。[①] 这对于河南省高等教育优化层次结构，具有重要的借鉴意义。

2. 稳定中间，发展两头

根据河南省经济发展趋势和产业结构调整，坚持“稳定中间，发展两头”的调整原则，形成研究生、本科和专科教育相互衔接的人才培养体系。也就是说，应稳定发展本科教育，适度扩大本科生招生规模，重点是强化内涵建设，巩固提高本科生教育质量。防止脱离学校办学实际和市场发展规律，盲目开设新专业，搞“摊大饼式”的发展；大力发展高职高专教育，培养大量面向行业、产业、企业一线的技术型、技能型人才；积极发展研究生教育，重点在培养高层次人才、凝聚高层次人才队伍、培育国家重点实验室、产出重大成果、增强自主创新能力等方面取得实效，有效支撑创新驱动发展。聚焦“双一流”建设，以具有学术型学位授权点的本科高校为中心，重点发展高水平综合性大学和特色骨干大学，提高培养层次，发挥示范引领作用，提升河南省高等教育的总体实力。

3. 多梯度，多元化

河南省高等教育的层次结构尤其是学科专业结构与产业结构之间存在不合理的地方，一些理论性过强的学科专业几乎在每个层次都招收大量的学生，而另外一些实用性很强的学科专业却分布不均衡，大量存在于专科和本科层次，研究生层次培养规模偏小，培养重心过低。与此同时，各层次结构与区域布局结构之间也存在不合理的地方，不同层次高等院校的区域分布，与各地区人口规模、人口结构、产业结构严重脱节，“离开了各学科人才层次与生产力发展水平的适应，所谓总体人才层次与生产力水平相适应就会落空。”[②]为此，应坚持多梯度、多元化、均衡化的发展原则，以各区域三大产业结构为牵引，将高等教育的层次结构与科类结构、布局结构有机结合起来，实现分层错位发展。首先，对于一些应用性较强、又是河南省发展亟需的学科专业如工学、农学、医学等，需要扩大外延，拓展培养层次，在专科、本科、硕士和博士阶段都要能培养人才，而不仅仅是专科和本科层次。对于一些理论性较强、跟经济社会发展联系不紧密的学科专业，如哲学、历史和教育学，不应搞规模扩张，应提升培养层次，减少专科层次甚至本科层次的招生人数。其次，应立足于各地区经济发展水平和人口、产业结构特征，坚持多元化的发展原则，着眼于保持教育公平和效率之间的平衡，推动优化各区域高等教育层次结构。不搞“一刀切”，比如只允许郑州市等少数地市发展高层次的高等院校，让信阳、驻马店、濮阳等地市发展专科层次的高等院校等。而是应依托现有发展条件和发展基础，鼓励郑州市重点发展研究生教育，控制高职高专院校的规模扩张；鼓励洛阳、焦作、安阳等工业基础比较好

---

①邓晓春. 21世纪初中国高等教育发展战略与布局结构的研究(上)[J]. 辽宁高等教育研究，1999(4)：9-21.

②邓晓春. 21世纪初中国高等教育发展战略与布局结构的研究(上)[J]. 辽宁高等教育研究，1999(4)：9-21.

的地区，重点发展几所本科层次的应用型高校；鼓励南阳、驻马店、信阳、周口、商丘等乡村劳动力资源丰富的地市，在巩固提高现有 1～2 所本科高校的基础上，重点发展一批高职高专院校；鼓励濮阳、鹤壁等高等教育发展薄弱的地区，重点发展专科层次的高职教育。

4. 强化内涵，控制外延

长期以来，高等院校在进行人才培养的过程中，存在着一个很突出的办学层次错位问题，即不把发展重点放在强化内涵建设方面，而是盲目攀比，一味延伸和拓展发展外延，人才培养层次定位不清楚。“研究型大学办高职，高职学校办研究生班”的现象较为严重。河南省大多数普通本科高等院校，尤其是有硕士点的本科院校不同程度存在这样的问题，这些院校的人才培养层次基本上都涵盖了专科、本科和研究生三个层次，在追求研究生教育，特别是博士点教育的同时，也不放弃低层次的专科教育，出现了从高到低大而全的人才培养结构。另外，“一些没有研究生和本科教育举办资格的高职高专院校，则通过合作办学、联合招生、共同培养等种种方式，进行高一层次人才培养活动。”①出现这种办学层次错位问题的原因很多，既有历史的原因，也有政策的原因，更重要的是高等院校自身的利益驱动问题。这些院校通过扩张办学外延，可以招生更多层次的生源，从而获取到更多的办学资源，增加办学收入。长此以往，特别是高水平大学也参与到高职高专层次的教育上来，势必会破坏省域高等教育生态，造成高等院校的无序竞争。为此，高等院校亟需明确自身的人才培养定位、办学指导思想和重点发展方向，立足发展实际，强化内涵建设，要在专科、本科、硕士还是博士教育中间，确立发展主体和发展的核心层次。应控制外延无序扩张，确保从事其他层次的人才培养工作不能影响和冲击核心层次的人才培养质量，以便更好地提高学校的核心竞争力。

（四）调整策略

1. 建立分层管理制度

从培养层次上看，我国普通高校已经形成了学士—硕士—博士三级学位体系。这样的人才培养层次是一个历史积淀的过程，是依照经济社会发展的需求、知识劳动的层次特点以及社会分工趋势来划分的。《国家中长期教育改革和发展规划纲要（2010—2020年）》提出，要促进高校办出特色，建立高校分类体系，实行分类管理。发挥政策指导和资源配置的作用，引导高校合理定位，克服同质化倾向，形成各自的办学理念和风格，在不同层次、不同领域办出特色，争创一流。这为河南省建立分类分层管理制度提供了基本的政策依据。在建立大学分层管理方面，1960 年美国加州进行的高等教育总体规划具有重要的参考价值。该规划建立了高等教育分层管理制度，明确了加州三大公立高教系统的层次定位，确立了大学功能分类、层次内竞争、层次间合作的发展原则，对河南省乃至

①刘晖. 从大众化到普及化：北京高等教育发展研究[M]. 北京：人民出版社，2009：216.

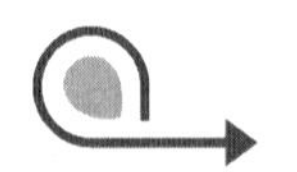

全国高等教育分层管理具有重要的参考价值。

值得注意的是,当前人们热衷于谈论高等教育分类管理,对分层管理有不同的看法。有人认为,分层管理将会给大学贴上层次高低的身份标签,有违教育公平的价值取向。其实,这是典型的讳疾忌医的做法。我们提出要建设高水平大学、特色骨干大学、应用技术型大学、高等职业院校等,也是主要从横向分类的角度来理解的。大学分层既是历史发展的结果,又是一个客观存在。应该从思想观念上认识到高等院校进行层次定位的必要性,不盲目攀比,不一味追求升格,每个层次都有本层次的"一流",特别是专科层次的高等教育应着力提高核心竞争力,体现出高职高专院校的差异性和办学特色。同时还应积极进行制度创新,探索不同层次高等院校(根据科研程度和研究生的拥有量等,一般把高校大致分为学术研究型、应用研究型、应用技术型和应用技能型等)的管理模式和运行机制。

2. 加大政策倾斜

应在未来的发展规划中,对由于历史、政策原因等造成的河南省高等教育发展整体滞后、优质高等教育资源欠缺问题给予适当补偿,在"双一流"建设、高校设置和研究生教育方面给予政策倾斜。河南省研究生教育基础比较薄弱,特别是博士层次的教育资源非常短缺,已经成为制约河南省高等教育人才培养层次结构的重要因素。因此,国家应该在研究生,特别是博士生招生、师资、学科点培育、博士点布局等方面给予河南省适当的政策倾斜。除了要扩大研究生招生规模外,更为重要的是,引导提高研究生教育质量,着力培养具有创新精神和创新能力的高层次人才。

3. 增加高水平大学数量

当前乃至今后一段时间内,经济社会发展对高层次大学等优质高等教育资源的迫切需求与优质高等教育资源供给不足,是河南省高等教育发展面临的突出问题。应采取超常规的发展思路,坚持高端引领和适度超前的发展原则,着力引进优质高等教育资源,进一步优化合作办学模式,提升国际合作办学层次,着力破解科教发展短板,推动河南省高等教育实现跨越式发展。国内已有不少地方正布局谋篇,采取超常规措施,着力扩大优质高等教育资源规模,把建设高水平大学和高水平学科作为高等教育改革发展的重点。如深圳市在 2016 年 10 月份出台了《深圳市委市政府关于加快高等教育发展的若干意见》,提出未来 10 年深圳将新建 10 所大学,使 3~5 所高校排名进入全国前 50,构建国际化、开放式、创新型的高等教育体系,成为南方重要的高等教育中心;青岛市将优质高等教育资源作为城市创新发展的助推器,积极引进国内外高等教育第一方阵,仅 2016 年上半年就有国内外 20 所名校如北京航空航天大学、中国科学院等正式签约落户,并计划在"十三五"期间引进高等教育机构不少于 30 所。

习近平总书记 2018 年 5 月 2 日在北京大学师生座谈会上的讲话中指出,"目前,我国大学硬件条件都有很大改善,有些学校的硬件同世界一流大学比没有太大差别了,关键是要形成更高水平的人才培养体系。人才培养体系必须立足于培养什么人、怎么培养人这个根本问题来建设,可以借鉴国外有益做法,但必须扎根中国大地办大学。"近年来,

经过不断探索和尝试，宁波诺丁汉大学、上海纽约大学、昆山杜克大学、西交利物浦大学、温州肯恩大学等已成为中外合作创建高水平大学的成功典范。2017 年 8 月，郑州市发布的《郑州市国家自主创新示范区发展规划纲要（2016—2025）》也提出，河南省、中国科学院、加州大学洛杉矶分校（UCLA）三方将共同建设中科院 UCLA（河南）大学，作为郑州市"双一流"建设项目之一。2017 年 12 月，郑州市出台了《郑州市人民政府关于加快引进优质高等教育资源的意见》①，计划设立 100 亿元专项资金，用于引进优质高等教育机构。这为河南省其他地市乃至全省引进优质教育资源开了好头。

为进一步加快河南省中外合作办学步伐，有效吸引世界一流大学和高层次人才来豫落户，建议出台关于引进优质高等教育资源的政策措施，对引进方向、合作模式、激励办法等予以确认和规范，营造良好的制度环境。全面深化已经签署的京豫、沪豫教育合作协议等，充分利用北京、上海等地区的名校资源，与重点高校结对子，共同培养高层次人才。应立足河南省高校自身发展优势和产业布局，聚焦省域重大需求和战略性新兴产业发展，有针对性地在区域急需或短缺等重点学科引进优质高等教育资源，开展国际协同创新。

三、优化河南省高等教育类型结构

高等教育类型结构，又称形式结构，是指依据一定的标准划分的不同形式高等教育机构的构成状态及其比例关系。高等教育类型结构制约着人才培养的规格和水平，也影响着人才培养的进度和方向，从而进一步影响到高等教育与区域经济发展之间的关系。根据不同的分类标准，高等教育类型结构有不同的表现形式。按招生对象不同，分为普通高等教育、成人高等教育；按办学体制不同，分为公办高等教育、民办高等教育；按人才培养类型不同，分为普通本科教育、高等职业教育；按普通学校培养性质不同，分为综合类高等教育、师范类高等教育、理工类高等教育、财经类高等教育等。目前，河南省的高等教育主要由四个类型的高校组成，即全日制普通高等学校、成人高等学校、民办高等学校、高等职业院校。我们将着重围绕这四个高等教育类型进行分析说明。

（一）发展现状

1. 总体情况

（1）成人高等教育增速放缓

成人高等教育作为河南省高等教育的重要组成部分，在河南省高等教育发展历史上扮演着重要角色，是河南省高等教育大众化的重要力量，满足了人们对于不同层次成人学历教育的追求。1998 年，河南省共有高校 96 所，其中普通高等院校 51 所，成人高等院校 45 所。普通高等院校在校生规模 14. 64 万，所占比例为 50. 12%；成人高等院校在校

①訾利利. 郑州拿出 100 亿吸引"双一流"高校[Z]. 河南商报，2017-12-7.

生规模 14.52 万,所占比例 49.79%。从办学规模看,成人高等教育与普通高等教育各占据半壁江山,呈现出二分天下的格局。随着高等院校特别是普通高等院校的扩招,河南省成人高校招生数量不断减少,致使成人高等教育规模不断萎缩,所占比例也逐年减少。到 2007 年,河南省普通高校 105 所,其中普通高等院校 82 所,成人高等院校 23 所。普通高等院校在校生规模 109.51 万,所占比例为 81.45%;成人高等院校在校生规模 24.94 万,所占比例 18.55%。到 2014 年,普通高等学校 129 所,成人高等学校 12 所,普通高等院校在校生规模 167.97 万人,所占比例为 82.4%;成人高等教育规模在校生 35.89 万人,所占比例为 17.4%。截至 2017 年,河南全省成人高等学校 11 所。成人本专科毕业生 15.92 万人,招生 12.50 万人,在校生 28.22 万人,预计毕业生 12.47 万人。成人高等学校教职工 0.15 万人,其中,专任教师 0.11 万人。专任教师中副高级及以上专业技术职务 311 人,占总数的 28.17%;本科学历 152 人,占总数的 13.77%;硕士及以上 262 人,占总数 23.73%。

(2)民办高等教育规模逐步扩大

河南省民办高等教育起点低,底子薄。改革开放以后,河南省民办高等教育办学规模不断扩大,办学水平不断提高,逐步成长为河南省高等教育发展的重要组成部分。1984 年,胡大白在郑州市创建了黄河科技学院,这是河南省第一所独立设置的民办高等院校。1990 年以后,河南省民办高等教育缓慢发展。到 2001 年,河南省民办高等学校数量仅 4 所,在校生规模为 0.73 万人。但随后逐步增加,短短四年时间,到 2004 年,民办高等学校数量增加到 10 所,在校生规模增加到 6.34 万人。到 2010 年,民办高等学校数量又增加到 28 所,在校生规模增加到 25.37 万人。到 2014 年,民办普通高等学校增至 37 所,普通本专科在校生 35.51 万人,占全省普通本专科在校生总数的 21%。截至 2017 年,全省民办普通高等学校 37 所(其中,本科 17 所,专科 20 所);普通本专科在校生 45.66 万人,占全省普通本专科在校生总数 22.82%,其中,本科 27.92 万人,专科 17.74 万人。作为一种高等教育类型,民办高等教育不但为河南省高等教育大众化做出了重要贡献,也在探索高等教育办学体制改革方面发挥着不可或缺的作用。

(3)高等职业教育发展迅速

作为应用型、技能型人才培养的摇篮,高等职业教育在区域经济社会发展和新型城镇化建设中起着至关重要的作用。高等职业教育与社会等各因素的关系非常密切,它的兴起和发展必然受制于经济社会发展。改革开放以后,我国恢复了高等专科教育,以职业学院或职业大学为代表的新型高等职业院校应运而生,一定程度地解决了社会转折时期对人才的需求,高等职业教育也因此成为我国新时期高等教育改革的开拓者。河南省的高等职业教育起始于改革开放初期即 1980 年。从那个时候开始,省内的几个主要城市如郑州市、开封市、洛阳市、新乡市、焦作市、安阳市等,为了解决区域经济社会发展对人才的需求,相继成立了中州大学、开封大学、洛阳大学、平原大学、焦作大学、安阳大学等 6 所职业大学,这标志着河南省现代意义上的高等职业教育的开端。1999 年,随着高

校扩招,河南省高等职业教育发展进入快车道,成立了5所高职院校。进入21世纪以来,特别是2001年随着《河南省国民经济和社会发展第十个五年计划》的出台,河南省又成立了11所高等职业院校。到2005年,河南省高等职业院校增加到34所。2010年,河南高等职业院校得到大幅度增长,发展到49所。到2014年,高职高专院校发展迅速,增至77所,占全省普通高校总数的将近60%。到2017年,河南省共有高职(高专)院校79所。作为学历教育的一个重要方面和高等教育体系的一个重要组成部分,高等职业教育规模的快速增长,使得高等职业教育在整个高等教育结构中的比例越来越呈现合理化的发展趋势,其地位和作用也越来越得到人们的认可。

总的来说,河南省在大力发展全日制普通高等教育的同时,大力发展其他类型的高等教育尤其是民办高等教育、成人高等教育、高等职业教育等,实行多形式、多类型办学,初步形成了多样化的高等教育类型结构,一定程度地满足了区域经济社会发展对人才多样化的需求。

2. 存在问题

尽管河南省在扩大高等教育规模、优化高等教育类型结构方面,成绩斐然,但是高等教育的类型结构仍然比较单一,离"全时段全覆盖型"的终身教育体系还有较大的差距。各种类型的高等教育定位不清、目标雷同,同时缺乏相互沟通和衔接的机制,一体化的程度不高,"没有形成不同形式的高等教育功能互补、协调发展的格局,存在结构割裂和教育资源浪费严重的现象。"①具体表现在以下几个方面。

(1)成人高等教育办学方向模糊,办学质量亟待提高

一般来说,成人高等教育学校分两类五种,一类是普通高校设置的成人教育学院,另一类是独立设置的成人高校,包括教育学院、广播电视大学、职工大学、管理干部学院等。河南省的成人高等教育目前主要有普通高校与独立设置的成人高校两种举办形式。近年来,全省独立设置的成人高等学校逐年减少,但是成人高等教育培养规模却获得一定程度的发展。通过分析发现,成人高等教育的人才培养任务逐步由独立设置的成人高校转向了普通高等学校,换句话说,普通高等学校已经成为河南省成人高等教育的主要承担者,致使成人高等教育成了一个"缩小版"的普通高等教育。这会造成一些不良后果:其一,普通高等院校的成人教育学院或者继续教育学院招收大量函授生,自然而然地会占用大量普通高等教育的资源,导致普通高等教育办学资源不足,从而影响核心职能的发挥和内涵发展。其二,由于缺乏相关法律法规的指导,成人高等教育不同程度地存在着功利性倾向。很多普通高等院校将招收函授生作为一种创收的手段,无视成人高等教育的质量,忽略了成人高等教育与普通高等教育的本质区别。办学的商业化色彩浓厚,影响了成人高等教育办学特色的凝练。其三,在导致独立设置的成人高校数量锐减的同时,也给成人高

①刘淑慧.河南高等教育结构与产业结构的适应性研究[J].郑州航空工业管理学院学报(社会科学版),2010(1).

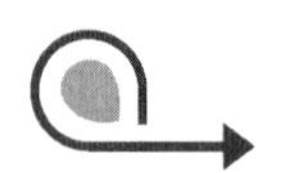

校发展方向带来了难题。在当前高等教育面临转型发展和全面深化改革的关键时期,还没有转化为高等职业教育独立设置的成人高校发展方向在哪里?独立设置的成人高校的历史使命是否已经完成?是被保留下来,或者增加高校数量,或者被撤销?这些都直接困扰着成人高校的管理体制和课程模式,严重影响着成人高等教育的办学质量。

(2)民办高等教育规模偏小,结构不合理

新中国成立之后,特别是改革开放以来,河南省不断深化办学体制改革,出台一些政策法规,如《河南省实施<民办教育促进法>办法(草案)》(2003 年)等,促进了河南省民办高等教育的发展。但通过与发达省份的横向比较发现,河南省民办高等院校总体规模仍然偏小,多层次、多元化的民办高等教育体系远未形成。早在 2004 年河南省召开的首届全省高等教育工作会议就曾提出,到 2010 年河南省民办高等院校在校生比例要占普通高校在校生的 25%,到 2020 年要达到 40%,其中民办普通高等职业学校在校生规模占同层次普通高等教育规模的比例,2010 年要达到 35%左右,2020 年要达到 50%左右。十年过去了,2014 年,河南省共有民办高校 37 所(含 8 所独立学院),民办高校数量占省内高校总数的 28.68%,普通本专科在校生 35.51 万人,占全省普通本专科在校生总数的 21%,这个比例还没有达到 2010 年的要求。2014 年,河南省民办高校数量占省内高校总数的比例高于全国平均水平 0.4 个百分点,在全国位居 15 位,大概处于中等水平,远低于海南 41.18%,福建 40.91%,重庆 38.1%,广东 35.21%,湖北 34.15%,陕西 32.61%,浙江 32.28%。这说明河南省民办高校与一些高等教育强省特别是民办教育发达省份相比,仍有很大的增长空间。河南省国民经济与社会发展统计公报显示,2015 年河南省生产总值居全国第五,人口居全国第三。而民办高等教育的发展规模与所占比例与河南省经济规模和人口规模相当不匹配,不能充分满足日益增长的民众对高等教育的需求。不但办学规模不合理,而且在结构方面也存在不少问题:一是在办学层次方面,河南省本科层次的民办高校有 17 所,占 46%;专科层次的民办高校有 20 所,占 54%;还没有设置研究生教育层次的民办高校。这说明河南省民办高等教育结构重心偏低,呈现很典型的锥形结构。二是在地域分布方面,17 所集中于省会郑州市,占 46%,集中了将近一半民办院校,3 所分布于新乡和焦作市,其他地市分布不均,另有 4 个地市目前还没有布局民办高校。这说明了河南省民办高校呈现出区域性特点,多集中于经济发展较快、高等教育资源丰富的地区,区域布局不合理。三是在科类结构方面,由于民办高校经费来源单一,基本依靠学杂费收入,经费短缺现象十分严重,这使得很多民办高校出于降低办学成本的考虑,多设置一些经管类等文科专业,而对社会需求较大投入的工科类专业则少有设置。这种急功近利的办学观念,造成了民办高等教育的学科专业结构失衡,使民办高校在招生和就业方面陷入恶性循环。

(3)高等职业教育定位不清,缺乏办学特色

长期以来,人们对高等职业教育的概念和定位多有争论,不知道该如何定位。实际上,高等职业教育属于高层次的职业教育,换句话说,高等职业教育在层次上属于高等教

育,在类型上属于职业教育。可以用三句话概括:它是高等教育;它是职业技术教育;它是职业教育的高等阶段。立足实际,我国在不断总结高等工程专科教育、成人高等教育、高职高专教育经验的基础上,提出高等职业教育应以培养高等技术应用型专门人才为根本任务,并对原有高等职业学校、高等专科学校和成人高等学校实行"三教统筹"。① 对河南省来说,尽管高等职业教育为区域经济社会发展培育了一大批应用型、技能型人才,但由于人们的固有观念,高等职业教育发展现状与经济发展需求仍不相适应。再加上高等职业院校多数属于专科层次,很多人就将高等职业教育混同于专科教育,在高等教育类型结构中逐步失去了自身办学特色和发展地位。目前我国正大力推进新型城镇化建设,将城镇化作为实现经济发展方式转型升级的重点。作为人口大省、农业大省,加快推进新型城镇化建设势必为河南省经济持续健康发展提供持久强劲动力。截至 2015 年底,河南省常住人口城镇化率虽已达到 46.85%,但与全国平均城镇化率 56.1%相比,仍相差近 10 个百分点。"要达到全国平均水平,河南省城镇化率每年至少要增加 1~2 个百分点,也就是说每年将有 100 万~200 万农村人口进入城镇。"②在这个过程中势必需要大量技能型实用人才,高等职业教育将大有作为。目前河南省高职院校数量和在校生规模仍然较小,与形势发展需要仍存在较大差距。2014 年,河南省高职高专院校 77 所,全国高职院校 1327 所,占全国高职院校总数的 5.8%,河南省总人口却占全国人口总数的 7.8%。同时,有不少高职院校定位不清,缺乏专业长远规划,片面追求所谓热门专业和办学成本较低的文科类专业,导致专业设置盲目趋同,专业重复度较高,缺少发展特色。调查显示,"文化教育、财经、医药卫生、土建设计、资源开发与测绘等专业大类的平均招生人数远远超出平均数。"③

(4)普通高等院校过度综合化,片面求大求全求高

当前与全国类似,河南省也有不少高校片面追求大而全,提倡多类型、多层次,甚至多体制办学。一定程度上,出现了类型定位过于求全、目标定位过于含糊的现象。在一个学校内部既有普通高等教育,又有成人高等教育、高等职业教育;既有本科层次教育,又有研究生层次和专科层次的教育;既有公办高等教育,又有民办高等教育;等等。"了解中国的高等教育类型,只需调研分析一所高等学校的办学情况"的说法虽然有些夸张,但在某种程度上也反映了当下这种不良现象。除了追求大而全,很多高校在发展的过程中还不安于现状,过度追求综合化,对办学层次定位过于拔高,升格冲动一直存在,不断地从单科走向多科,从多科走向综合化。根据武书连大学排行榜的指标数据,可将现有大学分为研究型大学、研究教学型大学、教学研究型大学、教学型大学(教学型大学又可

①刘晖.从大众化到普及化:北京高等教育发展研究[M].北京:人民出版社,2009:191.

②孙俊红.城镇化背景下河南高职教育资源的优化配置问题研究[J].南阳理工学院学报,2014(2):100-103.

③赵学通.河南省地方综合性高职院校专业设置现状调查与调整对策[J].职业技术教育,2012(11):67-71.

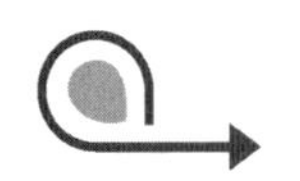

分为教学1型和教学2型)等4个类型。结合实际,河南省多数地方高校应该属于后面三个类型,特别是后面两类。而很多高校不顾自身办学实际,盲目地将自己的办学目标定位于教学研究型大学或者研究教学型大学。由于缺乏具有核心竞争力的研究成果、重点学科、优势专业和领军人物,现有的学科专业层次并不能充分支撑起学校办学定位,致使学校的办学定位和人才培养目标定位模糊不清,对于要培养什么类型的人才、什么层次的人才,是创新性人才、学术性人才还是应用型性人才显得摇摆不定,十分含糊。①

除此之外,河南省高等教育的类型结构与当前的基础教育和经济发展实际脱节。从全国范围看,随着高等教育大众化和教师教育综合化,我国的教师供给已经从总量紧缺向结构性过剩转变,师范院校毕业生的数量已经超过需求。教育部相关统计数据显示,从全国看,举办本专科师范教育的普通高校共有638所,其中师范院校181所。这些师范院校中,部属师范大学有6所,省属师范大学有40所,师范学院有70所,师范专科学校有65所。“举办师范教育的非师范院校457所,其中,综合性大学71所,综合性学院243所,高职高专院校92所。从数量看,非师范院校是师范院校的2.5倍。”②就师范生数量而言,2015年,“全国本专科师范生招生人数为51.95万人,其中,非师范院校招收师范生人数为24.2万人,占全国师范生总数的近一半,达到46.6%。”③

河南省共有本科师范院校8所,占全国师范院校的6%,师范大学占全国的2%。举办教师教育的非师范院校46所,占全国的10%。结构性就业矛盾突出。当前,高师院校毕业生的数量已经超过基础教育的实际需求,就业压力较大。据统计,“全国每年有60万左右师范生毕业”,而全国中小学师资的需求只有25万左右,教师市场供给大于需求,每年过剩近40万。而且由于新的教师资格证政策的出台,在就业市场中,每年大约15万高水平大学非师范专业的学生通过教师资格证考试,获得教师职业资格,高师院校的师范类专业毕业生则不具有竞争优势。全国每年新录用的中小学教师中,有25%以上来自非师范院校的毕业生。而河南省每年新录用中小学教师3万人左右,其中师范类毕业生已不到50%。

(二)发展目标

应突破目前单一的办学模式,进一步优化河南省高等教育类型结构,促进高等教育办学体制多样化、人才培养类型多样化。多样化是当前高等教育发展的趋势,也是河南省高等教育发展的现实需要。应进一步发挥普通高等教育在多类型、多形式办学中的核心和龙头作用。应全面深化高等教育改革,调整优化高等院校数量结构,适当减少师范

---

①王勇.学科专业结构优化:地方高师院校转型发展的关键[J].江苏高教,2015(2):72-74.

②赵明仁.新时代中国特色师范教育体系的内涵解读[J].华东师范大学学报(教育科学版),2018(4):32-34.

③王薇.国际教师教育质量保障体系的构建及其启示[J].教师教育研究,2017(3):114-120.

类高校与师范专业的数量,适当控制办学规模,强化内涵建设,增强办学效益,全面提高高等教育质量,实现普通高等教育规模、结构、质量和效益的有机统一。应立足于办学特色凝练,着力解决高校发展中的趋同化问题。大力发展成人高等教育、民办高等教育、高等职业教育、远程高等教育等,以构建类型多样、结构合理的现代高等教育体系,更好地满足社会对人才多样化的需求。

1. 积极发展成人高等教育

成人高等教育是高等教育系统中的一个重要组成部分。各级有关部门应高度重视,继续扩大成人高等教育规模,提高在校生占高等教育学生总规模的比例。积极稳妥地采取有力的措施,推动河南省成人高等教育转型发展。

(1)应突出成人高等教育自身的特点

鉴于当前河南省成人高等教育的人才培养任务主要由普通高等院校承担,因此要竭力避免将成人高等教育作为普通高等教育的"缩小版"来看待和管理,着力协调成人高等教育与普通高等教育之间的关系,在课程体系、教学模式和教学方法上,努力探索成人高等教育自身的培养规律,防止办学过程中的趋同现象发生。

(2)应明确发展定位

当前成人高等教育中学历教育比重过大,对非学历教育和各种岗位培训重视不够,办学重心有所偏离,也与当前日新月异的时代发展有所脱节。在我国正大力构建学习化社会和终身教育体系的大背景下,成人高等教育应明确发展定位,适时转变学历补偿功能,突出继续教育的特色。2012 年教育部出台的《教育部关于全面提高高等教育质量的若干意见》提出,应加快发展继续教育,推动建立继续教育国家制度,搭建终身学习立交桥,推进高校继续教育综合改革,引导高校面向行业和区域举办高质量的学历和非学历继续教育。《河南省教育事业发展"十三五"规划》也提出,加快发展继续教育,大力发展非学历继续教育,稳步发展学历继续教育,努力使从业人员继续教育年参与率达到 50%,提高教育质量和水平,这为河南省成人高等教育发展提供了政策依据和发展方向。

(3)应转变服务面向

面向河南省经济发展实际和产业结构优化升级,推动成人高等教育转型发展,而转型发展的关键就是要走职业化、社区化、网络化的道路。"社区学院能够吸纳需要接受职业技能培训的公民,能够与职业机构发生联动,发展各种形式继续教育。"①美国的社区学院模式以及我国上海、北京、广州等发达城市的社区学院实践,也为河南省成人高等教育的职业化和社区化提供了有益的借鉴。成人高等教育应主动适应经济发展的现实需要,面向城市社区、农村,广泛开展城乡社区教育,重点加强农村成人教育工作,给更多的劳动者提供职业技能培训。大力发展现代远程高等教育,充分利用现代信息技术,建立远程开放继续教育服务平台,为学习者提供更加灵活、便捷、个性化的学习条件。

---

①韩梦洁. 省域高等教育结构调整策略:以河南为个案[J]. 成人教育,2014(1).

(4)促进独立设置的成人高等院校改革发展

对于当前独立设置的12所成人高等学校，是应继续保留，还是进行撤并？我们认为不能“一刀切”，完全按照一个标准处置。应根据其自身的办学条件和发展定位，运用统筹发展的思维，将独立设置的成人高等教育放在河南省高等教育发展的大背景下进行整体规划设计，并作出相应调整，着重在学历教育与非学历教育、职业教育与社区教育等领域中寻找发展的出路。允许个别具备条件的成人高等学校转型成为高等职业院校，承担职业教育的使命。其他仍然保留独立建制的成人高等学校，应强化内涵建设，找准发展重心，“进一步明确职责，搞好定位，使之成为实施岗位培训和继续教育的非学历教育为主的教育机构。”①

2. 大力发展民办高等教育

近年来，河南省经济社会快速发展，产业结构优化升级进程加快，对技术技能型人才产生了极大的需求。仅仅依靠政府举办公办高等教育，已经不能有效地解决实际问题，必须大力发展民办高等院校，培养更多的社会急需人才。这不但符合经济发展规律，也适应了世界高等教育发展的趋势。如美国的私立高等院校的比重占总数的57%，日本私立高校的比重占到73%。尽管河南省民办高等教育规模在不断壮大，结构在不断优化，质量也在不断提高，取得了显著的发展成就，但与河南省日益增长的经济规模和人口规模相比，与一些民办高等教育发达的省份相比，河南省民办高等院校数量还不够多，办学规模还比较小，远远满足不了区域经济发展对人才的需求，因此亟需大力发展。

(1)扩大规模

大力扩充民办高等教育发展规模，提高民办高校在校生所占比例，仍然是河南省高等教育发展今后一段时期必须面对的一个艰巨任务。结合2004年河南省高等教育工作会议提出的目标和目前的发展实际，我们认为应该再增加10所左右的民办高等院校，大幅增加在校生规模，到2025年使河南省民办高等教育普通本专科在校生人数达到占全省普通本专科在校生总数的40%。

(2)提高层次

目前河南省民办高等教育发展重心普遍较低，属于低水平重复办学，办学层次不高，缺乏高水平大学，老百姓认可度也不高。因此，在大力发展民办高等教育规模的同时，也应将建设3~5所高层次的民办高校，尤其是应将获批硕士甚至博士学位授予权的研究型大学列入发展规划，实现高端引领。针对当前专科教育已经相对饱和，本科生教育，尤其是研究生教育又相对薄弱的现状，着力优化民办高等教育层次结构，“要适当压缩专科生规模，稳步提升本科生规模，探索发展研究生教育。”②省政府应注重统筹规划，给予政策

①邓晓春. 21世纪初中国高等教育发展战略与布局结构的研究(上)[J]. 辽宁高等教育研究，1999(4)：9-21.

②王琳玮，周丽华. 民办高等教育结构优化研究：河南实证[J]. 浙江树人大学学报，2013(5)：12-16，41.

倾斜,逐步减少专科生的招生规模,适当扩大本科层次的民办高等院校的招生规模。

(3)强化特色

随着高校扩招,高等院校招生规模迅速增加,毕业生面临越来越大的就业压力,民办高校也不例外。据调查,高职高专院校初次就业率最高,为78.1%;其次是"985""211高校",为75.5%;再次是普通本科院校,为75.4%;最后是民办高校和独立学院,为44.3%。[①] 因此,对民办高等院校来说,应努力避免盲目照搬普通高等院校,特别是高水平大学办学模式,根据市场发展需求和人才培养规律,优化专业设置和课程体系,凝练发展特色,体现地域性、行业性和应用性,重点培养适销对路的应用型人才,走差异化的发展道路。经过多年探索,河南省一些民办高校已经积累了一定的发展经验,初步走出了河南民办高等教育的特色发展之路,逐步树立了良好的社会形象。如黄河科技学院的发展特色定位于创办综合型高校,而郑州交通职业学院、嵩山少林武术职业学院、郑州电子信息职业学院以及郑州澍青医学专科学校(河南省第一所社会力量办学的医药类高等专科学校,河南省内唯一的一所医学类民办普通高等院校)也有了名副其实的发展定位,办学特色较为鲜明。[②]

(4)优化布局

在大力发展民办高等教育规模、提高民办高等教育质量的同时,还应将优化民办高等教育的布局结构作为发展的目标。适当控制郑州市的民办高等教育规模,优先在豫南、豫东、豫西和豫北等区域性节点城市,特别是工业大市、农业大市,发展一批民办高等院校。省政府应进一步加大对民办教育支持力度,打破各地区制约民办高校发展的隐性和显性政策壁垒,积极为民办高等教育营造一个更加公平的发展环境。此外,还应避免一窝蜂式的发展,要结合各地区产业结构特征和人口规模等因素,对一个地区究竟要设置多少民办高校,设置什么类型、什么层次的民办高校等,建立较为科学、更为公平的市场准入标准。

(5)独立学院转设

独立学院是20世纪末我国出现的一种特殊的民办高等教育类型。2002年,河南理工学院万方科技学院的建立标志着河南省第一所独立学院诞生。到2006年,河南省共有独立学院10所。到2016年,共有独立学院5所,即河南大学民生学院、河南师范大学新联学院、新乡医学院三全学院、河南科技学院新科学院、中原工学院信息商务学院。教育部早在2008年就出台了《独立学院设置与管理办法》(简称26号令),提出到2013年完成独立学院的改革,独立学院要么继续作为独立学院存在,要么转设为民办高校,要么撤销或合并。在这个方案的指导下,截至2016年,全国独立学院总数量从2010年的323所降至现在的266所。这意味着6年时间,全国已有57所独立学院正式脱离母体高校,

①马小红.对民办高校转型发展的思考:河南为例[J].浙江树人大学学报,2015(3):20-23.

②闫书华.河南省民办高校发展的困境及出路[J].浙江树人大学学报,2016(3):22-26.

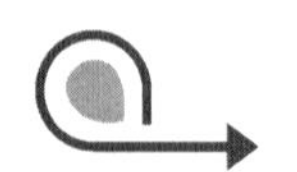

转设成为民办高校,约占全国独立学院总数的 1/5。在这个背景下,河南省也已经有 5 所独立学院转成民办高校。独立学院自产生以来,就一直饱受争议。它们一方面站在独立学院阵营,享受公办高校的某些好处,另一方面却按营利性机制高收费,谋取利益,打政策的擦边球,不符合市场规律。对于河南省现有的 5 所独立学院,只要符合条件,政府、母体高校、合作企业三方达成共识,就应该自立门户,在高等教育市场中开展公平竞争。

3. 大力发展高等职业教育

高等职业教育是一种特殊类型的高等教育,既在教育层次上属于高等教育,又在教育类型上属于职业教育。这种特殊的教育类型,很容易使其成为教育政策和管理的盲区。因此,面对日益竞争的区域发展格局,适应技术进步、生产方式变革的需要,更好地服务河南省国家战略实施,应大力发展高等职业教育,加快构建起满足区域需求、适应现代产业体系、具有省域特色、体现终身教育理念的现代职业教育体系。

(1)扩大办学规模

作为河南省高等教育的重要组成部分,高等职业教育办学规模到底多大合适?这个发展的标准究竟是什么?应对河南省经济发展和人口发展趋势进行前瞻性研究,立足于省域经济发展需求,作出科学地判断。截至 2015 年年底,全省高校共有在校生规模 176.69 万人,高职院校在校生规模 72.45 万人,高职院校在校生规模占全省高校在校生规模的 41%。如果按照高等职业教育规模要占到高等教育总规模的一半以上的标准来计算的话,河南省高职院校在校生总数至少要达到 160 万人,办学规模比 2015 年至少要增加两倍以上,发展难度可想而知。

(2)加强特色建设

特色建设是高等职业教育生产和发展的生命线。高等职业院校要想求得更大的发展空间,需进一步明确发展定位,牢记以质量求生存、以特色求发展的办学方向。应主动适应区域经济社会发展需要,坚持以服务为宗旨、以就业为导向,走产学研相结合的发展道路。应大力开展优质学校建设,遴选 10 所左右的国家级优质高等职业院校、20 所省级优质高等职业院校,重点建设,树立品牌意识,发挥示范引领作用。鼓励大型企业、科研机构和行业协会举办或参与举办一批特色学院,着力开展教学实训,使人才培养和职工培训融为一体,产教、科教融合发展。促进校企合作,产教深度融合,体现地域特色、行业特色、应用特色,推动河南省高等职业教育向规模化、集团化、特色化、品牌化方向发展。

(3)优化布局结构

经过几年发展,河南省基本上实现了每个地市至少布局 1 所高职院校的发展格局。可是目前全省高等职业教育布局结构还不够合理,突出表现为城乡布局不合理,高职院校多集中于中心城市,尤其是郑州市,其他地市平均布局 2 所左右,县(市)举办的院校较少。这样的布局结构,对于河南省这样一个农业大省来说,不但严重影响了高职教育的可持续发展,也对落后地区的经济社会发展带来消极影响。因此,在今后一段时间内,应将优化河南省高等职业教育布局结构,尤其是城乡布局结构作为发展的重点,推动县

(市)职业教育中心成为区域学历教育、技术推广、扶贫开发、劳动力转移培训和社会生活教育的开放平台,鼓励一批符合条件的县(市),尤其是省直管县举办1~2所高等职业院校,有序引导农村剩余劳动力向城镇和非农产业转移。以培养新型职业农民为重点,大力发展现代农业职业教育。依托农业高等学校、职业院校组建农业教育集团,办一批农业职业院校,培养多层次农业技术人才,积极参与农业技术推广。

(4)科学设置专业

合理的专业结构是高职院校健康发展的一个重要环节,也是促进一个地区经济社会发展的关键因素。当前河南省高职院校设置的专业整体质量并不高,低水平重复建设较为严重。因此,应建立健全高等职业院校的专业设置和调整机制,促使其既要保持自身办学的发展优势,又要结合区域经济发展需求,注重与市场、行业、产业、企业的结合,立足于专业结构与产业结构的对接,加强职业教育的办学特色,重点建设一批国家级和省级特色专业(集群),培养一批与河南各地市经济发展和产业结构密切相关的应用型、技能型人才,努力提高应用型人才培养质量,提高核心竞争力,增强服务经济社会发展的能力。

(5)完善层次体系

现阶段我国的高等职业教育基本上以专科层次的院校为主,被统称为高职高专院校。主要问题是培养重心较低,缺少高水平职业院校,培养层次结构不合理,等等。应努力完善层次体系,构建定位清晰、科学合理、类型多样的高等职业教育层次结构。从实践出发,应结合《河南省人民政府关于加快发展现代职业教育的意见》,重点发展专科层次的高等职业教育,增设一批专科层次的高等职业院校,扩大办学规模,强化内涵提升,注重特色建设,密切产学研合作,搭建产学研结合的技术推广服务平台,以岗位需求和产业需求为导向,培养服务区域发展的技术技能型人才;适当发展本科层次职业教育,建立10所左右本科层次的职业院校,努力培养本科层次应用型、技能型人才;探索发展2~3所研究生培养层次的职业院校,建立以职业需求为导向、以实践能力培养为重点、以产学研结合为途径的专业学位研究生培养模式。

(三)调整原则

优化高等教育类型结构或者形式结构,旨在构建学历教育和非学历教育协调发展、职业教育和普通教育相互沟通、职前教育和职后教育有效衔接、公办教育与民办教育相互弥补的现代高等教育体系和终身教育体系,促进全体人员学有所教、学有所成、学有所用。判断高等教育类型结构是否合理,不仅要看该类型结构内部发展是否合理,还要看该结构是否与区域经济结构、产业结构、消费结构以及社会对高等教育的要求相适应,是否实现了内外部协调发展。为了更好地促进河南省高等教育类型结构科学化、合理化,应坚持如下调整原则。

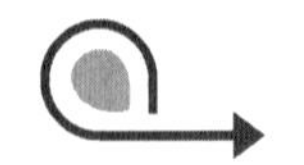

1. 多元化的调整原则

(1)多元化是经济社会发展的客观需要

随着生产力水平的提高和科学技术的快速发展,社会分工越来越细,新的职业不断地涌现出来,岗位类型分门别类、差异万千。不同的岗位类型对人才素质和能力的要求也必将是多元化的,这就对高等教育提出了多元化的培养要求,来满足当今社会对多样化人才的需求,如操作型人才侧重的是具体操作技巧和能力;技能型人才侧重的是实际操作能力和问题解决能力;设计型人才侧重的是以创新思想求解问题,体现的是资源整合与集成能力;理论型人才侧重的是学术思维和研究能力。

(2)多元化是高等教育大众化的必然要求

高等教育从精英阶段到大众化阶段,无论发展规模,还是办学结构必然要发生一些重要改变,以适应人民群众日益增长的教育需求。从本质上来说,大众化阶段是一种预警,是对高等教育规模扩张之后,人们对此种变化毫无准备的一种预警,是揭示和解释高等教育活动变化的一种预警,即当高等教育的发展规模达到这个阶段时,在大学内部,教育教学活动即将发生重大的变化。① 河南高等教育已经进入了大众化发展阶段,高等教育的多元化既是大众化的前提,也是大众化的必然结果。

(3)多元化是国际高等教育发展的趋势

多元化是我国高等教育发展的基本特征,也是世界高等教育尤其是发达国家高等教育发展的趋势。早在20世纪70年代,几个主要发达国家,如美国、日本、英国、法国、德国等国家的高等教育毛入学率超过了20%,率先进入高等教育大众化的阶段。日本是亚洲高等教育体系最为成熟的国家,2000年开始,它的高等教育毛入学率达到了50%,开始进入普及化阶段。在这之前的很长一段时间内,日本根据社会、经济、科技、人口等社会因素的变革,以社会需求为导向,及时发展了各类型、多体制的高等院校,构建起了多样化的高等教育体系。日本的高等学校主要由专修学校、高等专门学校、短期大学和四年制大学等四种类型组成,涵盖了国立、公立和私立,各类学校发展模式不同,特色各异。这进一步拓宽了高等教育大众化的发展道路,也奠定了日本高等教育在亚洲乃至世界的一流地位。

在这个大背景下,传统单一化的办学体制和千校一面的人才培养类型早已不能适应当前的高等教育发展形势,优化办学模式,走多元化、多类型的发展道路,实现办学机构多样化、办学形式多元化、人才培养类型多元化、办学体制多元化就成了河南省高等教育的必然选择。因此,应进一步完善高等教育体系,促进普通高等教育与高等职业教育、公办高等教育与民办高等教育、全日制高等教育与成人高等教育实现多元并存。应强化不同类型、不同形式和不同办学体制高校的发展特征,办出特色、办出质量、办出水平,促进高校差异化的发展。

---

①刘晖. 从大众化到普及化:北京高等教育发展研究[M]. 北京:人民出版社,2009:7.

2. 一体化的调整原则

所谓一体化就是指不同类型的高等教育、高等院校要相互融通，实现优化。我们在倡导高等教育类型多样化、形式多元化的同时，还应充分考虑高等教育一体化的发展问题。就像美国伯克利大学原校长田长霖所言，“美国高等教育的重要特征就是多元化，但多元化也有问题，不能缺少必要的整合。”①当前河南省高等教育与全国其他地方的高等教育发展类似，都面临着多元化程度不足和整合程度不够的双重难题。各类高等院校定位不明，分工不清，存在交叉办学的现象。彼此之间衔接不够，缺乏共同的发展空间，没有统一规划，学分互认难以推行，很大程度上造成了高等教育资源的割裂和浪费。联合国教科文组织曾经指出，高等教育要根据终身学习社会的需求，为学习者提供最大的入学选择自由和进出这一体系的灵活性。要实现这一目标，必须对高等教育制度进行改革和创新，使其更具有多样性、开放性和灵活性，同时加强高等教育体系内部各部分横向与纵向的联系与沟通。由此我们可以看出，打破不同类型高等教育之间的壁垒和界限，构建起人才培养的立交桥，已经是国际高等教育发展的共识。应着力推动省域高等教育一体化发展，促进高等教育资源优化重组，构建共享机制，加强彼此之间的联系，实现职前培养和职后培训、学历教育与非学历教育、公办教育与民办教育的融合贯通。首先，应畅通各类型高等教育入口阶段，实现交叉升学。长期以来，我国职业教育在人才培养过程中普遍存在着所谓“断头路”的问题。对此，应该让参加普通高等院校入学考试为主的考生，也可以报考高职院校。同样，让参加高职院校入学考试为主的考生，也可以报考普通高等院校。其次，应探索在各类高等教育之间设置一些共同的核心课程，为开展沟通合作奠定基础。特别是普通高等教育与高等职业教育之间，它们的类型不同，“要顺利实现沟通，就必须构建统一的共同教育空间。”②再次，要建立和完善学分制，探索建设终身教育学分银行，实行统一学分标准，通过学分互认体系，实现一体化发展。最后，不同类型高等院校内部也应构建衔接、沟通机制。应坚持学科—专业—产业一体化的发展思路，在学校内部加强不同学科专业之间的沟通，突破学科之间、专业之间、学科专业之间的组织边界，最大程度地共享优质教育资源。

3. 推动师范院校高质量发展的策略

应从加大支持力度、扩充优质生源、提升培养质量和提高教师待遇等方面入手，全面深化教师教育领域综合改革，深入推进师范院校转型发展，以培养造就专业化的教师队伍为方向，努力创建新时代具有省域特色的师范教育体系。

---

①邓晓春. 21 世纪初中国高等教育发展战略与布局结构的研究[J]. 辽宁高等教育研究，1999(4)：9-21.

②姚加惠. 福建高等教育“立交桥”构建路径探析[J]. 西南交通大学学报(社会科学版)，2014(14)：72-79.

(1)着力加大对师范教育支持力度

一是提高生均拨款标准。目前,全国已有许多省份如山东、重庆、甘肃、新疆等地率先提高师范专业的拨款标准,如福建省提出师范专业生均拨款标准比非师范专业上浮50%,师范生均拨款最高可达每人每年1.95万元;山东省计划用3年时间师范类专业生均拨款定额标准达到普通专业标准的1.5倍;重庆也提出师范专业生均拨款标准不低于其他专业生均拨款标准的1.3倍。应进一步加强省级政府对高师院校教育经费的统筹力度,加大对师范院校的经费投入力度,着力提高师范生生均标准和师范生专业奖学金标准等。

二是健全对师范院校的分类管理机制。应出台支持师范院校的实施办法,优化师范教育类型结构。坚持教师教育要以师范院校为主体,师范院校要以培养中小学教师为根本的发展原则,着力引导师范院校明确办学定位,避免陷入综合性过度的误区。应对师范院校适当倾斜,大力提高师范院校的培养层次,实施部分师范院校和教师教育学科重点突破战略,着重扩大优质教师教育资源规模,在更名大学、博士学位授权点等方面,给予某些优惠政策,更好地满足基础教育对高质量、高层次教师的需求。

(2)着力提高师范类生源质量

应深化师范类专业的招生制度改革,给予师范院校更多优惠政策,鼓励最优秀的学生进入师范学校,切实提高师范生的生源质量,使教师真正成为天底下最光辉的职业,让"尊师重教"真正深入人心。

一是实施公费教育政策。我国少数重点师范大学免费师范生政策已经实施多年,有成绩也有争议,目前已改为公费教育政策。目前,全国已有不少省份已经在探索公费师范生政策试点改革。如广东省颁布实施的《广东"新师范"建设实施方案》就提出了要实施公费定向师范生培养计划;江苏省印发实施的《江苏省教师教育创新行动计划》也提出,通过完善师范生定向培养工作,通过有编有岗、公费培养吸引优秀生源;福建省也提出采取公费培养、到岗退费、定向培养、提高专业奖学金标准、推荐免试攻读教育硕士等方式,吸引优秀生源。应积极推动教育政策改革,使广大有实力的地方高师院校也能享受到公费教育政策。

二是实行提前批次录取。目前,国家只对部属师范大学的师范类专业实行提前批次录取。应允许条件具备的所有师范院校的本专科师范类专业实行提前批次录取。应探索实施基于高考成绩的综合评价录取模式,这是确保教师教育培养质量的根本前提,也是世界上发达国家的普遍做法,不能为吸引考生报考而降低标准。应对考生的高中学业水平考试提出良好以上的基本要求,确保考生的高考成绩也不能低于所在省份第一批次录取分数线。

三是增加面试环节。应借鉴发达国家的一些成功做法,如美国、德国的教师职业能力倾向资格测试制度,在高考后和录取前,或者在入校后,增加面试环节,加大二次选拔力度,着力考查考生的综合素养、职业倾向和从教潜质,将一些有志于教育事业的优质生

源选入师范类专业学习。

四是优化招生结构。应逐步提升招生层次,中学教育以招收培养研究生层次为主,小学教育以本科层次为主,提高硕士层次的招生比例,增加博士层次的招生规模。同时,在制定招生计划时,师范院校招生可适当增加男性考生的招生数量,优化性别结构,确保基础教育男性教师的供给。

(3)着力提高教师专业化水平

早在 1966 年联合国教科文组织发表的《关于教员地位的建议》就曾指出,"教育工作应被视为专门职业"。但在教育实践中,对于教师是否是一种专业,是否需要经过长时间的专业知识和技能培训,包括我国在内的世界上许多国家一直存在着争议。认为教师不需要专业化的培养,只需要接受学术性的学科教育就能胜任。可以说,美国教师教育的发展历程就是一个专业化和去专业化不断对立和调和的过程。20 世纪 80 年代,在全国范围内出现了影响较大的教师"专业派"和"解制派"两大阵营。当前,美国教师教育正逐步回摆,加强教师专业标准建设,注重对教学过程的监测,重视教育实习对师范生实践技能的培养。

为此,应提升师范院校教师专业化水平,从源头上解决中小学教师地位不高的问题。一是师范院校应明确办学定位,主动适应教师教育开放化、一体化的发展趋势,坚持"有所为、有所不为",高举师范教育大旗,坚持服务基础教育的办学方向,自觉担当起培养高水平师资的神圣使命。二是加强师范院校质量标准建设。

(4)着力提高中小学教师地位待遇

应进一步加大基础教育尤其是乡村教育投入,切实提升教师的政治地位、社会地位和职业地位,切实增强教师职业的吸引力,从根本上改善师范教育的办学状况。

一是建议出台教育补偿政策,制定针对乡村教师工资待遇、住房购置等方面的优惠政策,切实解决教师待遇不高的问题。发挥省级统筹,强化政府责任,从制度上保障教师平均工资水平应当不低于或高于当地公务员平均工资水平。

二是建议出台教育公务员制度,从法律上保障教师的地位待遇。目前世界很多国家如德国、法国、韩国和日本等,已经将教师作为教育公务员或特殊公务员。建立教育公务员制度,将公办中小学教师列入国家公务员体系,确立公办中小学教师作为国家公职人员特殊的法律地位,对于保障教师队伍的稳定和可持续发展,具有十分重要的意义。

三是深入推进城乡教师轮岗制度。促进城乡教师的双向交流制度化和全员化,使广大乡村教师也能享受到城乡一体化发展中实实在在的成果。

(四)调整策略

1. 转变办学观念

由于受传统观念的影响,我国高等教育普遍存在着重学术、重理论,轻应用、轻实践的不良倾向,认为研究型大学培养的人才层次要高于一般院校。这样的思想观念使得大

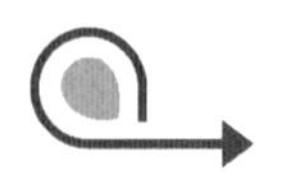

多数地方高等院校纷纷向研究型、学术型大学看齐，本能地选择扩张、更名或者升格，导致大多数院校办学定位雷同，千校一面，高等教育同质化色彩浓厚。随着经济社会的快速发展，社会对人才的需求不再是一个标准，“三百六十行，行行出状元”，人才类型日益多元化、多样化，逐步得到公众的认可，成为社会的共识。在当前高等教育大众化的背景下，多元化是大众化的必然要求。要不断转变陈旧、封闭、单一的办学观念，树立多元化的办学理念，多元化的高等教育类型结构需要多元化的质量观和人才观。普通高等院校、成人高等院校、高等职业院校之间只有分工、类别、形式的不同，不存在高低贵贱之分。一流大学并非研究型大学所独有，不同的院校都可以在自己的定位上提高办学质量，强化内涵建设，形成各自的办学理念和风格。多元化的人才需求，既需要一流的研究型大学、一流的普通本科院校，也需要一流的成人高等院校和高职院校。

2. 注重统筹规划

一是将优化高等教育类型结构纳入区域经济发展规划。应坚持统筹发展思维，综合考虑高等教育与省域经济社会发展的关系，自觉将高等教育改革发展纳入国民经济发展规划中去。从河南省新型工业化、新型城镇化和新型农业现代化发展的大局出发，根据经济社会发展对各种类型人才的需求，科学制定《河南省高校设置规划》。将调整优化高等院校类型结构与布局结构、层次结构和学科专业结构紧密结合起来，合理确定高等学校的办学类型和发展形式，适度扩大高等教育规模，全面提高高等教育质量，增强高等教育为河南省经济社会发展服务的能力，努力适应中原城市群建设需要。

二是改善经费投入方式。政府应改变直接干预高等教育发展的做法，转变政府职能，构建投资诱导机制，改善经费投入方式，优化教育资源配置，“采取高等教育基础性资源主要以符合社会公平为价值取向，而高等教育竞争性资源可以在基本满足基础性资源的前提下，以效率为先”①，逐步引导各类高等院校开展公平竞争，实现差异化发展。

(三)加强分类指导

政府应充分利用自身的政策供给优势，立足于河南省经济社会发展特点和产业结构转型升级对多样化人才的需求，实施分类管理，引导不同类型的高校科学定位和分类发展。不同类型的高校应找准定位，百花齐放，各展所长。同时，各个类型高校内部也要实施分类管理。在对普通高等院校、成人高等院校、高等职业院校、民办高等院校等进行分类指导和管理的同时，这些类型高校内部也存在着实现分类发展的必要性。因为随着科学技术的迅速发展和学科专业结构日益细化，各个类型的高等教育系统也越发复杂，已经不能简单地用一个标准进行衡量。

就河南省民办高等教育来说，民办高校数量多，办学规模庞大，办学类型复杂，既有一般的民办高校，也有独立学院等。它们已经成为我国社会主义教育事业的一个有机组

---

①刘六生. 省域高等教育结构调整的理论与实证：以云南省为例[M]. 北京：人民出版社，2012：70.

成部分，在满足老百姓日益增长的教育需求以及弥补公办高等教育办学不足方面，发挥着不可替代的作用。但从整体上看，民办高等教育在发展过程中仍然存在着诸多障碍，面临着很多瓶颈问题。根本的原因正如教育部原副部长鲁昕所说，由于理论准备和实践探索不足，目前尚未建立对营利性和非营利性民办学校进行分类的国家制度，使得在实践中很多法律规定的优惠政策得不到有效落实①。在这个方面，国际上特别是美国在对营利性高等教育和非营利性高等教育的分类管理上有着很成熟的做法和经验。我国《国家中长期教育改革和发展规划纲要》(2010—2020年)也提出了要“积极探索营利性和非营利性民办学校的分类管理”“开展对营利性和非营利性民办学校分类管理试点”等措施。我国南方一些发达地区，如浙江省已被列入全国唯一的民办教育综合改革试点省，开展了民办高校分类管理的综合改革。在此背景下，对河南省民办高等教育实施分类管理，探索对民办高校划分为营利性和非营利性民办学校的路径，进而实施分类管理，已经成为一个很现实的问题。

四、健全河南省现代高等教育分类管理体系

与国内外尤其是省外一些发展较快、已经取得一定试点经验的地区相比，河南省出台的这个高校分类发展指导意见还比较笼统，缺乏明确的分类标准和分类指标，制度化的分类框架还没有建立起来，缺少相应的理论基础，可操作性不强。因此，需进一步细化河南省高校分类发展方案，出台更具体的实施办法，着力为省政府实施高校分类管理以及促进高校分类发展提供指导。

（一）明确分类管理价值取向

1.坚持层次性与类别性相结合

从国内外高等教育分类发展的实践看，一般将高等学校进行纵向分层和横向分类。总的来说，欧美发达国家多以横向分类为主，我国多以纵向分层为主。在我国当前背景下，分层属于价值判断，具有很强的暗示性和诱导性，容易使大部分高校不能安于办学定位，一味求高求全，在实践中出现了高等教育发展的无序竞争局面，造成了高等教育资源的浪费，也引起了社会公众和广大教育工作者的不满，这是河南省高等教育未来发展中应充分汲取的教训。当然，也不能完全采纳西方尤其是联合国教科文组织《国际教育分类标准》、欧洲高等学校分类等标准，这对河南省当前的高等教育发展现状来说，过于理想化，不符合实际。

我们应该立足省情，适应高等教育现代化的发展趋势，坚持适度超前的发展思路，将高等学校层次分类与横向分类有机结合起来。具体而言，就是要立足于区域经济社会发

①杜丁.民办教育酝酿“分类管理”新体制[M].新京报，2013-3-9.

展对多类型、多行业人才的需求，淡化层次、强化分类，尝试对河南省高等学校进行分类管理和分类指导，以横向分类为主，纵向分层为辅。“在高等学校分类中，考虑侧重类型分类，适度控制层次分类和结构分类，以促进高校办学积极性为分类价值取向。”①

2. 坚持多样性与统一性相结合

长期以来，我国实行的是高度集中的高等教育管理方式，各个省份缺少足够的统筹省域高等教育的办学自主权，也就无法独立对本省高等教育实施统筹管理。随着2014年《关于进一步扩大省级政府教育统筹权的意见》的出台，特别是对省级政府做好统筹本省教育现代化进程、统筹教育与经济社会协调发展等更多的管理权力的明确，为河南省实施体现省域特色、多样性的高等学校分类管理提供了可能。多样性和多元化是教育大众化和普及化的前提和必然结果，它充分表现为人才需求的多样化、办学主体的多样化、高校类型的多样化、办学模式的多样化、评估标准的多样化等，这就必然要求对高等学校采取多元化的管理取向，着力将统一性与多样化结合起来。在实施高校分类管理的过程中既要坚持统一的国家标准，体现国家的意志，同时也要立足于省域高等教育发展的实际特点，注重把握不同类别高校的特殊性。

3. 坚持指导性与自主性相结合

指导性构建是以政府主导的分类管理价值取向，自主性发展是以高校自身为主的分类管理价值取向。我们倡导高校分类管理，旨在向高校进一步下放办学自主权，着力改变传统单纯自上而下的政府管理模式，充分调动高校自身的办学积极性。我们主张坚持政府指导与高校自主相结合，并不是全面“西方化”，相反，政府应继续发挥更大的管理职能。“就目前我国实际情况而言，没有哪一类高校能够承担起分类管理的主导作用，也没有能够具有如此担当的社会中介组织，分类管理的主导者只能是政府。”②政府需转变职能，变直接管理为宏观管理，通过间接方式，搭建政策和制度平台，实现对高等学校的分类管理，促进高校自主定位、分类发展。

4. 坚持科学性与可操作性相结合

构建河南省的高等教育分类体系，应秉持开放性的发展思路，以科学的高等教育分类管理理论为指导，充分借鉴国内外比较成熟的高校分类的实践经验，努力适应高等教育的发展规律，使设计出的分类标准和分类指标体现逻辑性、科学性和一般性，具有更大程度的应用范围。同时，还应立足于河南省业已形成的高校分类发展现状，实现高等教育分类体系的本土化和校本化，使分类体系和分类框架更加细化、具体，尽可能地避免分类标准和分类指标晦涩难懂和复杂化，要便于实践操作。“高校综合性分类体系应当具有类型简洁、标准明确、指标简化、容易理解、解释性强的特点。如果分类标准过多、分类指标过细，分类数据计算过于复杂，分类体系难以理解，那么这种分类就很难在实际工作

①史秋衡.国家高校分类体系及其设置标准实证研究[M].北京:科学出版社,2017:42.

②赵庆年,祁晓.高等学校分类管理:内涵与具体内容[J].教育研究,2013(8):48-56.

中应用和普及。”①

（二）制订河南省高校分类标准

研究制定高等学校分类标准是当前学术界的一个热点问题。它是构建河南省高等学校分类管理体系的关键，也是实施高校分类管理的基本依据。“高校分类标准可界定为用来区分高校性质、任务、能级的准则和参照系，是用于判断高校类型和层次的定性化尺度。”②不过，本研究的重点是对河南省高等教育进行横向分类，而不是纵向分层，这也符合国家政策导向。2017 年，国务院印发的《国家教育事业发展“十三五”规划》提出，要推进高等教育分类发展、合理布局。推动地方开展高等学校分类管理改革试点，以人才培养定位为基础建立高等教育分类体系，研究制定高校分类设置、分类指导、分类拨款、分类评估等制度，努力形成高等学校科学定位、特色发展的局面。对此，我们立足于河南省现有的高等教育分类现状，借鉴陈厚丰对高等学校分类标准的研究成果，充分参考上海高等学校分类体系中具体的分类维度和分类标准，初步提出河南省高等教育的分类标准。

具体来说，建议将人才培养、科学研究类型和主干学科（专业）的覆盖面即学科集中度 2 个维度作为分类标准。从横向分类看，大学是由类型和类别两部分组成的，其中，维度 1 即人才培养、科学研究类型可以看作“类型”，维度 2 即学科集中度可以看作“类别”。这两个维度主要基于高等学校的主体功能即人才培养定位的不同进行划分的，明确人才培养类型的不同，合理控制学科门类的数量，避免将人才层次、学科数量作为衡量大学的依据。按照维度 1 的标准，可以依据人才培养类型将河南高等学校分为学术型和应用型，再结合科学研究类型的不同，进一步将高等学校细化为学术研究型、应用研究型、应用技术型和应用技能型 4 种类型。按照维度 2 的标准，可以将河南省高等学校分为综合性、多科性和单科性 3 种类别。在这种二维分类框架内，高水平综合性大学、特色骨干大学、应用技术类型本科院校、高等职业学校就可以分别归入相应的类型和类别，同时也便于相互比较。从类型上来说，高水平综合性大学属于学术研究型；特色骨干大学属于应用研究型；应用技术类型本科院校属于应用技术型；高等职业学校属于应用技能型。从类别上来说，高水平综合性大学属于综合性；特色骨干大学、应用技术类型本科院校属于多科性；高等职业学校属于单科性。

我们认为，在实施高等学校分类管理、分类指导的过程中，仅仅制订省域高等学校分类标准还远远不够，还需要有国家层面的高等学校分类标准作为指导。这种国家层面的分类标准不是回归传统的一元化的硬性标准，而是作为指导性标准，供各个省份和高校研究、实施分类管理之用。由国家层面制订颁发的“指导性《中国高等学校分类标准》类

①陈厚丰. 中国高等学校分类与定位问题研究［M］. 湖南大学出版社，2004：378.

②陈厚丰. 中国高校分类标准及指标体系设计［J］. 国内高等教育研究动态，2009（5）：8.

似于‘国际标准职业分类’‘中国行业分类’和‘卡内基高等教育机构分类’,主要功能是为认识、理解、研究、管理我国多样化的高校提供参照系。”①在这个过程中应该以政府指导,社会广泛参与,“在国家层面委托第三方制定指标不同的菜单式分类标准”。② 同时,在国家层面的高等学校分类标准中,应该重点研究确定普通高等学校和高等职业学校的分类标准。因为这两类高等学校体现了我国高等教育的基本类型,前者围绕基础科学和应用科学开展理论知识教育教学以及理论研究和应用研究,后者围绕技术科学开展技术技能知识教育教学以及实践应用和技能培训。在普通高等学校内部,分类标准也应该进一步细化,探索确定综合类大学、理工类高校、农业类高校、林业类高校、医药类高校、师范类高校、语言类高校、财经类高校、政法类高校、体育类高校、艺术类高校等的分类标准和指标体系,着力构建起国家层面宏观指导、省级政府层面统筹协调、社会积极参与、各个高校具体实施的高等教育分类体系。

(三)构建高校分类发展体系

我们应该按照二维分类框架,以横向分类为基础,以纵向分层为辅助,着力构建高校分类发展体系,形成河南省高等教育的梯度发展格局。具体来说,可以将河南省高校分为四个发展梯度:第一梯度是学术研究型高校。突出建设重点,实施部分高校和优势特色学科重点突破战略,将郑州大学、河南大学建成高水平综合性大学,建立区域高等教育发展增长极,发挥其示范引领和扩散效应,带动河南省高等教育水平的整体提升。第二梯队是应用研究型高校。着力构建一批行业特色鲜明、综合实力较强、主干学科覆盖面较广的本科高校,使之成为河南高等教育发展的主力军。应着眼于提升河南省高等教育的综合实力,可以考虑将省内所有拥有学术型硕士学位授权点的本科高校、冠名大学的本科高校、省部共建高校、“中西部高校振兴计划”的入选高校等都列入特色骨干大学行列。对这些高校在学科建设、研究生教育、高水平人才队伍建设等方面加大投入力度,突出行业特色,注重优势特色学科的提升,着眼于培养具有较强的理论基础和创新精神、实践能力的高素质人才。第三梯度是应用技术型高校。除了上述高水平综合性大学和特色骨干大学,其余所有的本科高校均属于应用技术型。其中,洛阳师范学院、周口师范学院、南阳师范学院、商丘师范学院、新乡医学院、洛阳理工学院、许昌学院、黄淮学院等特色鲜明的本科高校均可进入到10所左右示范性应用技术类型本科院校建设行列。应围绕全省经济社会发展需要,强化内涵建设,突出应用功能,以本科教育为主,适当发展研究生尤其是专业学位研究生教育,着力培养掌握一定理论基础、掌握一定技术、具备较强创新精神和实践能力的应用型人才。第四梯度是应用技能型高校。大力发展高等职业教育,加快构建起满足区域需求、适应现代产业体系、具有河南特色、体现终身教育理念

---

①陈厚丰.高等教育分类的理论逻辑与制度框架研究[M].广州:广东高等教育出版社,2011:378.

②杨希文.实施分类管理,推动高等教育质量全面提高[J].中国高等教育,2013(5):20-22.

的现代职业教育体系。我们认为,高等职业院校并不仅仅包括高职高专院校,还应适当发展本科层次职业教育,建设几所研究生层次的职业院校。

构建体现河南省高等教育发展实际的类型多样、层次合理、发展均衡的高等教育的梯度结构,有利于发挥政策指导和资源配置的作用,引导各个高校合理定位,克服同质化倾向,形成各自的办学理念和风格,鼓励在不同层次、不同领域有序发展、合理竞争、办出特色、争创一流,更好地满足河南省产业结构调整对各类型、各层次人才的需求。"实现梯次分类,是为了尊重河南省高校体系发展的现实,促进各梯次高校各安发展定位,实现全省高校的错位竞争。"①

(四)构建高校分类评估体系

分类评估是实现分类管理的基本前提。为了更好地引导各个高校科学定位,突出发展特色,在确定高校学校分类发展体系和分类标准以后,就有必要根据不同类型、不同梯度的高校,探索构建多元化的高校分类评估体系。

一是确定多元评估主体。很长一段时间以来,我国政府在高等教育管理、评价当中占据主要地位,就业市场、社会中介等其他主体并没有充分地参与到高等教育评价中来,使得很多教育政策的出台缺乏透明度和民主监督,实施效果也不够理想。随着河南省高等教育的快速发展,高等学校逐步走向了市场,与社会的联系日益紧密,传统一元化的单一评价主体无法适应形势发展的需要,亟需推动高等教育评价主体从一元到多元转变。因此,应充分调动政府、市场、社会和高校等各方的积极性,完善教育信息技术服务和共享平台,着力构建以教育行政部门为主导,以高校自身为主体,社会中介机构、企业行业组织、专家学者、用人单位、高校师生、学生家长等多方充分参与的评估机制。

二是确立多元评估标准。采用单一的评估标准和指标体系无疑会助长高等教育同质化的倾向,也不符合现代教育评估的科学性和合理性要求。因此,应该在河南省高校分类标准的基础上,进一步细化高校分类评估标准,针对学术研究型、应用研究型、应用技术型和应用技能型 4 种类型和综合性、多科性和单科性 3 种类别的高校,即高水平综合性大学、特色骨干大学、应用技术类型本科院校、高等职业学校就应该分门别类,设计出不同的分类评估体系。比如就"专业教师队伍结构"这一指标来说,普通高等学校和高等职业学校就应该有不同的指标要求。学术研究型、应用研究型高校就应该对教师的海外留学背景、正高级教师比例、博士学位教师比例等指标有量化指标要求,而应用技术型和应用技能型高校更应该侧重"双师型"教师比例等指标要求。再具体地说,在评估指标体系构建方面,即便是同一项指标,在不同类型和不同层次的高校中应该有不同的权重和观测点,同一观测点在不同类型的高校中也应该有不同的评估标准。② 如针对"生师

①潘松岭.河南省高校分类管理研究[J].华北水利水电大学学报(社会科学版),2015(2):53-55.
②冯晖,王奇.试论高等教育的分类评估[J].中国高等教育评估,2011(2):36.

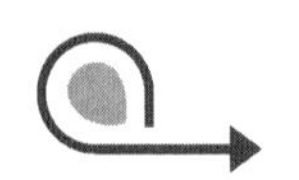

比”“生均土地面积”“生均图书资料”“生均教学行政用房面积”等主要观测点,就应该针对不同类型的高校如综合类高校、师范类高校、理工类高校、医学类高校、体育类高校等设计出不同的评估标准。当前在我国尽管自上而下也初步建立了专项评估体系,如本科教学评估、重点学科评估、学位点评估、更名等专项工作,但这些项目的评估标准、评估指标、评估权重和主要观测点往往过于雷同,缺乏针对性。统筹各类专项评估指标体系,构建既体现多元性、又具有可比性的分类评估标准就显得尤为重要。

三是构建多元评估模式。目前,国际上比较成熟的外部评估模式有水平评估、审核评估、认证评估等 3 种。水平评估模式主要以我国为代表,主要指教育行政部门进行的具有较强行政色彩的评估和检查,按照不同的评估等级分为优秀、良好、合格等不同等级。审核评估模式主要以英国为代表,不直接鉴定学校发展的实际水平,而是着重考察学校的内部质量保障体系是否完善。认证评估模式则主要以美国为代表,主要通过设计最低的指标标准,考察学校是否达到了最基本的办学条件,属于一种达标性的评估模式。

我们认为,应着力推动评估模式多元化,即根据不同类型的高校,基于不同的评估目的,应该采取不同的评估模式。对于高水平综合性大学和部分特色骨干大学应该以审核评估模式为主,主要审核高校是否建立了内部质量保障体系,是否能实现自我评估。“重点是是否取得了标志性的教学改革成果,是否形成了鲜明的办学特色和突出的办学优势,是否为社会经济发展做出了重要贡献。”①针对部分特色骨干大学和所有的应用技术类型本科院校,应该采取水平评估模式,着重考察学校的学校发展类型、办学条件、优势特色学科专业、人才培养质量、办学绩效等,根据评估标准进行价值判断,得出不同的等级水平。针对高等职业学校,应以认证评估模式为主,重点检查学校的基本办学条件和人才培养质量,主要评估学校的办学目标和办学定位是否已经确立,学校的教育教学管理制度和人才培养模式是否已经建立等。

(五)构建高校分类拨款体系

改革开放以来,河南省高等学校财政拨款模式先后历经“基数+增长”和“综合定额+专项补助”两个阶段。2000 年以前,以“基数+增长”拨款模式为主,该模式立足于上一年的拨款基数,根据本年度的发展情况,提供一个拨款的额度。2000 年以后,以“综合定额+专项补助”拨款模式为主。随着高等教育的快速发展,当前相对固定、“大锅饭”式地拨款模式日益不适应高校发展的要求。在坚持教育公平的基础上,对拨款模式进行改革,构建以办学绩效为核心的高校分类拨款体系已经迫在眉睫,同时这也是国内外高等教育发展的趋势。美国、英国、德国、法国、日本等发达国家都进行过积极探索,积累了丰富的

①钟秉林. 坚持分类指导,制定分类标准,实施分类评估:新一轮本科教学评估基本问题探析(二)[J]. 中国高等教育,2009(6):34-36.

经验。“以美国为例，从 20 世纪 70 年代末田纳西州首创绩效拨款模式以来，目前有 22 个州在实施绩效拨款。从绩效拨款所占拨款总额的比例来看，也是逐步提高的，田纳西州甚至达到了 100%。丹麦的教学拨款实行 100%的绩效公式拨款，将拨款与通过考试的学生人数直接挂钩，对于不及格或是缺考的学生，高校得不到教学拨款。”①山东省在 2014 年出台了《关于改革拨款定额鼓励本科高校特色发展的意见》，按照“分类管理、鼓励特色、由易到难、逐步推开”的发展思路，实施“一校一策”，着力改革高校定额拨款制度，将高校的经费拨款与发展绩效紧密结合，优化资源配置，并选择 10 所省属高校开展拨款定额改革试点，根据学校发展特色和办学质量，将学校的学科专业分为 A、B、C 三类。

我们认为，应探索符合河南省经济社会发展实际的高等学校分类拨款机制，科学核定各类高校生均经费基本标准、生均财政拨款基本标准，在保证生均拨款逐步增长的基础上，根据不同类型、不同类别高校的人才培养、科学研究和社会服务等情况，确立符合各自类型特点的经费使用绩效评价指标体系，以此引导优质教育资源向办学水平高、发展有特色、毕业生就业好的高等学校倾斜。

（六）构建高校教师分类管理体系

早在 2006 年颁布的《国家中长期人才发展纲要（2010—2020）》就曾提出，“要分类推进事业单位人事制度改革，逐步建立起权责清晰、分类科学、机制灵活、监管有力的事业单位人事管理制度。克服人才管理中存在的行政化、官本位倾向，取消科研院所、学校、医院等事业单位实际存在的行政级别和行政化管理模式”。最近几年相继印发了《关于深化人才发展体制机制改革的意见》《关于深化高校教师考核评价制度改革的指导意见》等指导性文件，旨在深化人事制度改革，探索构建教师分类管理体系。不少省份和高校也在不断地开展分类管理改革试点，在教师考核、职称评审等方面取得了一系列改革经验。如湖北省在 2014 年实施了省内高校职称分类评审改革，首次将教师分为教学为主、科研为主、教学科研并重、社会服务与推广 4 种类型，构建了多类型、多层次、复合型的教师评价体系。河南省在 2016 年全省职称工作会议上，也提出了高校教师评价标准，将高校教师分为教学为主型、教学科研并重型和推广服务型 3 种类型，计划对全省职称制度进行全面改革，逐步拉开了全省教师分类管理制度改革的序幕。

应该以国家出台的相关人事改革政策为指导，积极借鉴兄弟省份在实施教师分类管理改革中的成功经验，立足于学术研究型、应用研究型、应用技术型和应用技能型 4 种高校类型，应将教师划分为教学为主、科研为主、教学科研并重、社会服务与推广等 4 种类型。坚持横向分类指导与纵向分层考核相结合，针对这四种不同类型的教师，按照哲学社会科学、自然科学等不同学科领域，基础研究、应用研究等不同研究类型，着

---

①陈彬. 高校生均经费投入：僵局欲破，标准何为[N]. 中国科学报，2014-10-9.

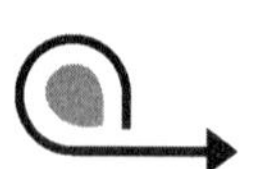

力构建科学合理的教师分类评价标准。同时,以职业分类为基础,统筹实施专业技术职务聘任制度和职业资格制度,针对不同行业的需求和学科专业特点,采取分类管理模式,构建符合各类专业技术人员特点和成长规律的教师分类评价体系,实现教师的分类发展。应探索完善同行专家评价机制,建立以“代表性成果”和实际贡献为主要内容的评价方式。

专题六　河南省“双一流”大学高层次人才队伍建设研究

当今时代,高层次人才不仅是国家实施创新驱动发展战略中最核心的组成部分,而且是关系国家和民族未来长远发展的重要资源。同时,当前世界高等教育发展趋势表明国内外任何一所一流大学无不拥有一支卓越的高层次人才队伍,因此,“双一流”大学建设的首要任务就是要引进和培养一批高层次人才。就河南省“双一流”大学高层次人才队伍建设实践来看,存在着高层次人才数量少、吸引水平有限、保障条件不足、后备人选储备不够、国际化水平有待提升等问题。要解决好这些问题,需要政府、社会、高校三个层面协同推进,才能在新的历史起点上开启创新引领河南省高等教育高质量发展和“双一流”大学建设的新局面。

一、研究背景

(一)高层次人才队伍建设的背景

1. 世界一流大学和一流学科建设方案的提出

21 世纪以来,教育发展水平已经成为衡量一个国家综合国力的重要发展指标。作为在一定程度上代表国家科教水平的高等院校,既是构建国家创新体系不可或缺的重要组成部分,也是深入贯彻落实国家科教兴国、人才强国发展战略的重要基石与坚定支撑。

早在 20 世纪 50 年代,中国就开始着手建设重点大学,其主要手段是通过划拨专项资金或政策倾斜的办法对重点高校给予支持。1995 年 11 月,我国出台了《“211 工程”总体建设规划》,这是当时中国政府实施“科教兴国”战略的主要举措,是世纪之交中华民族面对国内外形势做出的重大决策。作为新中国成立以来规模最大、水平最高的重点建设大学,“211”工程至今仍对中国大学的发展产生着影响。在 21 世纪即将到来之际,党和政府又着手部署了“985 工程”计划。1998 年 5 月,时任国家主席的江泽民同志作了关于中国现代化建设的讲话,宣布中国要建设一批具有世界先进水平的一流大学。次年,国务院批准教育部《21 世纪教育振兴行动计划》,正式投入“985 工程”,这在中国大学发展史上具有重要意义。“985 工程”一期在北京大学和清华大学率先实施。2004 年,国务院再

次批准并深入实施"985 工程"规划，教育部颁布了"2003—2007 年教育振兴行动计划"，深化了"985 工程"的教育品牌。同年，中国教育部发布《教育部、财政部关于继续推进"985 工程"建设的意见》，趁热启动"985 工程"二期工程。共有 39 所学校被纳入 985 项目。"211 工程""985 工程""竞争力学科创新平台""特色重点学科工程"等高等教育重点工程的实施，造就了一大批全国重点大学和重点学科，一些学科甚至在世界上处于领先地位，极大地提高了中国高等教育的整体水平，为现代经济社会的可持续发展做出了重要贡献。

在快速发展的同时，一系列高校工程带来的高校身份固化、大学之间的竞争失衡、学科重复交叉等问题也阻碍了中国高校的合理进步。目前中国高校发展迫切需要加强教育资源的合理流动，创新各项工程的实施方式。党的十八大成功召开之后，党和政府提出要在"211 工程"和"985 工程"的基础上，推进世界一流大学和一流学科建设的战略方针。

2015 年 8 月 18 日，中央全面深化改革领导小组通过了《推进世界一流大学和一流学科建设总体规划》(以下简称《规划》)。《规划》的出台，对新时期高等教育的规划和建设作出了新的安排。中国"211 工程""985 工程"和"竞争力学科创新平台"等重点建设项目被列入世界一流大学和一流学科建设计划。同年 11 月，国务院发布了《关于推进世界一流大学和一流学科建设的统筹规划》。2017 年 1 月，经国务院同意，教育部、国家发展和改革委员会、财政部联合发布《关于建设世界一流大学的办法》，促进世界一流大学和一流学科建设实施办法正式落地。9 月 21 日，有关部门联合发布《关于公布世界一流大学和学科名单的通知》，正式确认公布我国建设世界一流大学和学科的大学和学科名单。全国首批双一流建设大学 137 所，被评为世界一流建设大学 42 所，其中 A 类 36 所，B 类 6 所，入选世界一流学科 95 所，自创学科 465 所(含 44 个自定学科)。根据《规划》的要求，到 2020 年，多所高校、多学科进入世界一流行列，一大批学科进入世界一流学科前列。到 2030 年，更多的大学和学科将达到世界一流水平，一流大学和学科的数量和质量将达到世界一流水平。到 21 世纪中叶，中国的一流大学和一流学科的数量和质量均进入世界前列，中国基本建成世界高等教育强国。

"双一流"大学建设是继"985 工程"和"211 工程"之后，我国高等教育领域的又一重大建设工程。它既不是上述高校建设项目的复制，更不是简单的形式升级。"双一流"大学建设是一个全新的规划，它的目标是坚持走中国特色的道路，通过多年扎实的投资建设，打造世界一流大学；坚持高校内涵式发展，鞭策中国高校与学科建设过程中高级人才朝着特色化、内涵化和个性化方向发展，拒绝"一个模子刻出来"的千篇一律。

"双一流"高校建设既要求中国建设一批在世界上堪称"一流"的大学，也要求高校建设一批排在世界"一流"的学科，从内而外地推动中国向高等教育大国发展，向世界高等教育强国发展。与以往不同，"双一流"高校的选拔并不是一劳永逸的，它是一个动态监控、动态管理的过程。在建设过程中，要根据建设高校的建设方案和自评报告，并参考

有影响力的第三方评估，对建设效果进行评估。根据评估结果，对实施力度大、进展良好、效果明显的高校加大支持力度，对实施不力、进展缓慢、效果不佳的高校予以警示和减少支持。对于实施过程中出现重大问题，已不具备相关发展优势，经警告整改后仍未改善的高校、学科，应当及时调整支持范围，有进有出，打破身份固化，不搞终身制。“双一流”高校建设工程的提出，是我国对高等教育现状深刻反思后做出的重大决策，对我国高等教育的发展具有重要的深远意义。

2. 河南省“双一流”大学建设历程

建设世界一流大学和世界一流学科，是党中央、国务院在新的历史时期做出的重大战略决策和部署，其最终目标是加快我国高等教育强国的建设。早在国家“双一流”计划正式启动之前，河南省委、省政府就提前布局，对此战略部署高度重视。2015 年，“河南省优势特色学科建设工程”正式启动，河南省教育厅、财政厅联合下发《河南省优势特色学科建设项目实施方案》，计划 10 年内投资 31 亿元，积极响应国家号召，集中力量建设一批国内一流学科和优势特色学科。经过第三方机构评价，遴选确定了 35 个一期建设学科，为河南省争取国家“双一流”布局奠定了坚实基础。2017 年 1 月 24 日，国家有关部门正式印发《推进世界一流大学和一流学科建设实施办法(试行)》，进一步明确了发展重点、选拔条件、选拔程序、支持方式、管理办法、组织机构。

为抢抓机遇，扭转河南省国家重点建设高校稀少、优质高等教育资源匮乏的长期困境，河南省委、省政府齐心协力助推 Z 大学、H 大学进入国家“双一流”布局。河南省委、省政府领导连续多次做出批示，与教育部领导几经沟通，恳请各方在河南省创办高水平大学方面进一步加大支持力度。河南省教育厅把推动 Z 大学、H 大学进入国家“双一流”布局作为事关本省高等教育发展的重中之重。

2017 年 9 月 21 日，教育部、财政部、国家发展改革委员会联合发布《关于公布世界一流大学和一流学科建设高校及建设学科名单的通知》，正式确认公布世界一流大学和一流学科建设高校及建设学科名单。在公开名单中，共有 137 所大学进入首批“双一流”大学行列，其中包括 42 所世界一流大学建设高校。在规划中 A 类大学有 36 所，B 类大学有 6 所，原“985”工程建设大学占 3 所，云南大学、新疆大学和 Z 大学占 3 所。另外除 42 所首批世界一流大学建设高校外，还有 95 所高校进入首批世界一流学科建设高校行列，其中有 465 个学科成为“双一流”建设学科(包含自定学科 44 个)。在名单中，河南省入选“双一流”的学校有 2 所，其中 Z 大学入选“一流大学建设高校”，H 大学入选“一流学科建设高校”，为河南和中西部地区提供更高质量的高等教育资源提供了新的机遇。

2018 年 9 月，河南省委、省政府就 Z 大学、H 大学建设双一流发表若干意见。这些意见明确地提出了河南省“双一流”高校建设的发展思想、发展目标、重要原则和相关政策措施。“十三五”期间，相关部门拟筹 40.27 亿元资金对 Z 大学、H 大学“双一流”高校建设予以支持。从高校内部来看，Z 大学与 H 大学相继成立了专门的高层次人才工作办公室，延揽海内外优秀人才来校工作。2019 年 1 月，在“加快 Z 大学 H 大学一流大学和一

流学科建设”新闻发布会上,省教育厅领导表示在过去一年,Z 大学与 H 大学两所高校全体师生奋力书写了出彩的成绩,两校新增国家级科研平台 7 个,引进高层次人才 69 人。Z 大学获批国家级科研平台 5 个,国家自然科学基金 228 项,国家重点研发计划 27 项。截至 2018 年 11 月,ESI 全球排名较 2017 年上升 80 位,居全国第 45 位。H 大学新增国家级科研平台 2 个,国家自然科学基金立项 93 项,国家社会科学基金年度立项 33 项。可以看出,两所学校都取得了较好的发展。

为全面提升 Z 大学和 H 大学的教育科研水平,确保两校高标准通过国家“双一流”验收,2020 年 7 月底,河南省委组织部、省教育厅开办了高校干部研讨班。研讨班第一站来到河南省兰考县焦裕禄干部学院进行学习;第二站向南方高校看齐,前往中山大学学习,对标高水平一流大学,找准双方差距,推动自身不懈努力、突破发展瓶颈。2020 年 9 月 17 日,Z 大学召开“双一流”建设周期总结专家评审会。9 月 18 日,H 大学召开“双一流”建设周期总结暨自我评价会。河南省内两所大学保质保量完成建设目标,并得到了高度评价。“双一流”建设之路任重道远,河南省委、省政府的高度重视为两所大学及全国高教院校教育事业的发展注入了源源不断的动力。

2021 年 12 月,针对河南省高等教育的薄弱方面,河南省委召开“新征程 · 中原”新闻发布会。按照“扶优、扶强、扶特”的原则,选择 HL 大学的安全科学与工程等 7 所高校 11 个学科创建“双一流”,投资 55 亿元在河南省建设“双一流”高校储备。河南省绘就“双一流”高校建设蓝图,确定省内高等教育发展目标,明确促进高校发展政策。全省高校在政策鼓励下充满信心,下一步将全面贯彻落实省委省政府的部署,大力推进一流高校建设和发展,尽快建设一批一流的好大学,实现河南莘莘学子在省内就读“好大学”的心愿。

二、河南省“双一流”大学高层次人才队伍建设存在的问题及原因

2015 年我国颁布的“双一流”建设方案中明确规定:要在本世纪中叶基本建成高等教育强国,其中还将“建设一流师资队伍”放在任务首位。高等教育强国的建设亟须“双一流”高校队伍的扩大,而高层次人才队伍建设正是“双一流”大学建设的关键。目前我国高校高层次人才队伍基础较为薄弱,与世界知名一流大学相比仍有较大差距,在实现高等教育强国的目标之前还有较长的路要走。本专题以河南省 Z 大学、H 大学为例,对其综合实力与发展前景进行分析,从学科建设、科学研究、人才引进与培养、国际交流合作等方面进行探讨,并同其他“双一流”高校进行横向对比,分析河南省“双一流”大学高层次人才队伍建设的现状及存在的问题,对其困境进行原因分析,为之后的路径优化奠定基础。

(一)存在问题

1. 综合实力较差,吸引水平有限

首先,河南省是农业大省,以发展农业为主,而二、三产业发展水平较差。在发展过程中,河南省的高等教育产业受到了诸多因素的制约,导致其在全国范围内的名牌大学寥寥无几,总体发展程度较低,教育根基相对薄弱,对优秀的人才没有太大的吸引力,而本土人才经过升学之后大多留在外地,造成大量人才外流。一方面是人才缺口,另一方面是人才外流,两头承压使得河南省高等教育发展陷入困境,进而影响经济社会各方面的发展,最终导致河南省在人才竞争中失去优势。

其次,由于全国高等教育资源分配不均,河南省又是人口大省,从而导致河南的教育片面追求分数,进而忽视了综合能力的提升,更加削弱了本土高校人才自主培养的能力,各方面的差距综合起来,使得河南省综合实力逐渐落后于其他省份,对高层次人才的吸引力大大降低。

最后,在软硬件设施方面,河南省获得的经费支持不足,相关的科研仪器设备落后,科研院所与国内一流大学之间存在很大的鸿沟,导致河南的大学缺乏足够的吸引能力。因不同的经济状况、地区差别、河南省各院校在办学水平、办学条件等方面的差距,导致了河南省高等教育的人才结构和教师结构出现了严重的不平衡。

2. 人才引进困难,保障条件不足

相比于沿海发达城市,河南省地处中原地区,经济社会发展的综合实力较弱,给予高层次人才的待遇条件也没有其他地区丰厚,从而削弱了河南省对于优秀人才尤其是高层次人才的吸引力,导致河南省人才引入较为困难。例如 Z 大学投入了巨大的人力、物力和资金,并出台了许多相关的优惠措施,但是仍存在着人才引进困难,保障条件不足的问题。

尽管各大高校一直在大力吸引优秀的科研人员,但是由于大量的人员外流,导致博士研究生的人数无法适应大学的发展。对此河南省各地的大学都给予了一些特别的政策,但是,在具体落实中却遇到了许多难题。另外,高校在开展高层次人才引进工作时,重视政策优惠而忽视了环境营造,使得高层次人才引进之后无法适应环境,出现发展遇到问题、成果转化困难等一系列麻烦,加大了高层次人才引进工作的难度。同时,为高层次人才提供服务保障的主要是政府,而人才需求又充满了个性化、多元化,使得服务与需求之间出现了错位,导致一些配套实施细则无法落地实施,不利于高层次人才引进工作的开展。

3. 重点人才后备人选储备不足

2018 年以来,Z 大学保持每年 3 人入选“某国家奖励计划”的优秀成绩,有力地充实了学校人才国家队序列。但是,从近年来通过学校申报并入选国家级各项人才计划的情况来看,入选人数 7 人,其中引进人才 5 人;入选“某人才计划”11 人,其中引进人才 4 人。

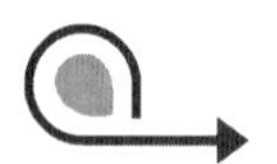

另外,从 2021 年的人才申报工作中,可以明显感觉到,具备竞争力的校内人才可遴选数量不多,学校人才储备不足、衔接不好的问题逐步暴露。一方面,与其他一流大学建设高校相比,Z 大学在高层次人才培养和支持方面缺乏有效的政策制度支撑,如浙江大学制定《高层次人才培育支持计划》,调整以往普惠性的政策,在培育上突出精准化,给予不同层次的培育对象以不同力度的支持;复旦大学实施"卓越 2025"人才培育计划,优化分层分类的人才培育模式,精准施策,重点支持具有成为卓越领军人才潜力的青年杰出人才。在以往人才座谈会中,该问题曾被多次提及。在学校第二轮巡察工作中也作为整改问题被提出,现有制度中对于校内人才入选国家重大人才工程(项目)后的个人待遇和科研支持,没有做出明确的规定,从而导致重点人才计划后备人选储备不足,影响了高层次人才队伍建设的可持续性发展。

4. 高层次人才队伍国际化水平不高

培养高层次人才是促进国家崛起、民族复兴的根本。目前 H 大学的高层次人才数量增加仍然是通过"引进来"的方式,同时由于受到自身条件不足的影响,其高层次人才培养能力还比较弱,国际化水平有待提升。相比于"引育并重"的目标差距还比较大。外面的人才不能吸引,现有的人才也不能留住。大学高层次人才培养是一个长期的问题,也是一个令人头疼的问题。建立一流的高校,培养国际化的高层次人才是必要的。从河南高校发展的实际情况来看,高校的国际化程度还需要进一步提高。这一现象的表现包括:一是高校师资队伍整体上英语水平不高,造成了教学类别单一,对外籍学生的吸引力也相对薄弱。另外,这也会影响与外国学者之间的科学研究和学术交流。二是尽管各高校积极为国外优秀的科研人员提供有利的环境和政策,但是对国外的顶级科研人员的引入却是不够的,国内一般采取长期聘用制,引入一些杰出学者以及优秀的年轻创造性人才,而国外的专家都是以讲座式的形式来交流,以短期交换为主,较少数是长期聘用。三是我国高校高水平的师资队伍缺乏国际化的能力,大部分的师资缺乏出国交流和合作研究的能力。

2020 年 6 月,教育部印发的《教育部第八部门关于加快和扩大新时代教育对外开放的意见》中明确指出,要"提升我国教育国际影响力"。为了培养具备国际竞争力的高层次人才,必须着力提升高层次人才队伍的国际化水平,使其具备全球化视野,推动我国高等教育迈向国际前列。

5. 现有高层次人才数量偏少

首先,高层次人才整体数量偏少。以 H 大学为例,H 大学现有教职员工 4 367 人,其中正高级职称 561 人,副高级职称 1 285 人;专任教师 3 058 人,其中教授 536 人,副教授 1 075 人。H 大学教职工和专任教师中拥有高级职称人数的比例和国内其他一流大学相比还存在不小的差距。在专任教师博士化率方面,H 大学为 59. 30%,只比新疆大学略高。其余 6 所一流大学建设高校的博士化率中位数为 72. 23%,六所一流大学 B 类建设高校平均博士化率为 66. 46%,H 大学仍存在一定差距。

其次，缺乏学术带头人。领军人才不但本身具有先进的技术，而且常常具有对本专业的远见卓识，是具有全面的洞察力、新观念的拥护者，在提高生产率、提高竞争能力方面发挥着关键作用。新时期，要培育一大群具有领军作用的各类高层次人才。高层次人才在经济社会发展中的引领作用，是实现国家战略的内在要求，也是加快社会经济发展的有效途径。“领军人才”能在短期之内以领导力为核心，从而组成一支具有较高学术影响力的团队，维持学院的持续发展和卓越的地位。可以说，大学里的许多优秀的人，都是领军人才。然而，目前 H 大学与其他的双一流 B 类大学相比，领军人才明显不足，除两院院士数量位居第二以外，在各类领军人才数量上都有较大的差距。H 大学的特聘教授只有三位，这个数字仅仅是东北大学的八分之一。

最后，青年拔尖人才储备不足。作为高层次人才的骨干和后备部队，全国各地、各大院校都在激烈竞争。特别是优秀的年轻人才。人才教育教学的品质与贡献，已经是衡量一个大学的专业发展和综合实力的一个关键因素。北大、清华的高级人员结构非常均衡，几乎达到了老中青三代齐步发展。如果没有建立一个合适的高层次人才梯级，那么它的整体发展水平就会受到很大的限制。H 大学在实施“青年英才计划”等特殊项目的同时，也在积极推进高校的各项工作，促进“双一流”的实施。然而，由于我国高校的师资力量较弱，以及从 2018 年起才启动的有关项目，短期内尚未形成一种可持续的青年拔尖人才发展机制。

（二）原因分析

1. 历史层面

中国的早期教育基本上就是模仿苏联的高等教育，而没有对其进行系统的总结和分析，使得中国的苏联教育实践“水土不服”，其影响突出表现在以下两个方面：

（1）在学科设置上

我国根据苏联的教学方式，在国民经济和社会发展需要的各个领域开设了许多专门的学科，其中以科学、工程为主，在产品和行业设置上有很好的配合度；而人文社会科学则受到了人们的冷遇，发展相对较慢。这样的专业结构和培养方式，造成了“重理轻文”，严重制约了人文社会科学基础研究与应用研究之间的均衡、和谐发展，直接导致了高校高层次人才专业结构的不合理和人才的结构性短缺。

（2）从经济和政治体系的角度来看

我们学习苏联，实行了高度集中的计划经济体制和高度集权的政治体制。高校是我国“智力源”，是我国的重要社会组织。根据《中华人民共和国教育部直属高等学校暂行工作条例草案》（1961 年 6 月），规定学校即“由政府统筹安排，经教育部同意，可以在国家范围内，进行科研活动。”（第 24 条）“教师所担任的职业和所担任的职务，不能随意变更，不可随意调动老师，也不可为老师安排任何附加工作，影响教学。师资力量要保持平稳，由教育部直接管理的高校师资调配，应由国家主管部门核准。”（第 31 条）。直到今

天,我国的高校依然是以“事业单位”的形式存在,虽然已经逐渐实现了一些自主的性质,但是许多工作还是受到了政府的制约,比如:高校的经费主要来自国家的财政;机构的设立、教师资格、招生计划、修业年限、学位标准等要由教育行政部门的评估和监督;等等。在特定的社会背景下,高校必须向国家靠拢,高校的行政力量凸显,而高校的学术权力却相对薄弱。由于高校的依赖心理和管理制度的薄弱,导致高校不能因地制宜、因利制宜地建设高层次人才队伍,进行高校内部体制改革,最终严重影响了高层次人才队伍建设工作的有序有效进行和学校综合实力的提高。

2. 宏观层面

首先,在我国现有的有关教育的政策和法律中,从宏观层面对高校的培养进行了一些规范,比如《高等学校特聘教授岗位制度实施办法》(1999)中明确指出:“为强化高校的中坚力量和师资力量,教育部与香港著名企业家李嘉诚先生以及长江实业(集团)有限公司进行联合投资,实行长江学者奖学金项目,并设立特聘教授岗位制度。”《2003—2007年教育振兴行动计划》(2004)第8条指出:“加强高水平创新人才工程的落实,促进和扶持杰出的青年、青年群体健康成长、建功立业。”在此基础上,教育部出台了一批相关的政策和规章,包括《“创新团队发展计划”长江学者聘任办法》。但我国至今尚未出台相关的法律文件,高层次人才队伍的建设工作缺少法律保障,且现行的政策法规过于抽象和笼统,定性的描述性语言居多,致使操作层面仍无法可依,无章可循。例如特聘教授和讲座教授的聘用合约和工作任务,应当包括什么?聘任程序怎样标准化的?怎样保证人才的流动性?关于人事纠纷的处置,以及其他方面的问题,还需要进行更深入的探讨。

其次,在高层次人才政策的推广上,当前我国高层次的人力资源开发政策多是依靠互联网、报刊、学术文章等在全球进行广泛推广,但由于报刊和学术文章载体本身的特殊性,加之一些硬性条件的制约,使得互联网成为国家推广高层次人才的主要手段。由于网络的复杂性和综合性,加之国内的政府网站建设、更新和维护工作还不够完善,相对落后,导致高层次人才政策宣传没有达到效果最大化。

最后,在高层次人才的培养上,尽管国家出台了专门的人才资助项目,但整体来说,人才资源的投资依然很低,特别是人才工作经费的总量偏低,国家财政拨款偏低,对高层次人才的倾斜力度不大。随着科技进步,科研工作越来越依赖于仪器,而资金不足,高层次人才不能改变研究环境,不能集中研究,事业发展受到限制,导致其难以稳定,流动性自然增大,高层次人才队伍建设工作举步维艰,成效甚微。

3. 中观层面

管理制度的科学性在很大程度上决定了高层次人才工作的生命力和活力。高校内部管理制度所创造的制度环境会对高层次人才队伍建设产生巨大影响,同时也是制约其发展的外在因素之一。

一方面,按照学术发展的逻辑,教师是大学的主体,应主导学校的学术事务,行政人员应为教师服务,教学是学校的中心,应由教师来管理,行政人员应为教学服务。但是,

由于我国高度集权的管理环境,自上而下的管理体制和下级服从上级的管理模式成为我国高等学校"通例",高校以行政为主体,而学术权力则沦为辅助和装饰。行政干预的过分介入导致了一些教育工作都被行政机关控制。高校的管理人员水平不高、管理观念陈旧、各有关部门责任不明、交流不力等原因,造成了大学的行政管理体制僵硬、行政权力松散、各行业的边界分明、协作意识薄弱、学术机构形同虚设、无法按科学的发展规律进行。其结果主要体现在:高水平的人才资源计划缺乏定位、目标模糊、盲目追求、忽视现实、对高学历的盲目崇拜;高职务、追逐名利、传媒炒热,以吸引高素质人才为表率,对高薪的发展不够重视,只注重"外"而不注重"内",招来了"女婿"气走了"儿子";进入学校后,人才没有发挥作用,将大量的时间和精力投入设备的配备上、助理人员的安排以及每日的杂务,这些都是极其耗费人力的。

另一方面,在高校的内部管理中,高校的办学氛围至关重要,同时也是高校的重要组成部分。然而,由于行政权的普及,加上市场经济的消极作用,大学里原来的学术理念和人文性正在逐步被技术和工具主义所代替。在这样的大环境下,高层次人才难以把自己的人生理想与学校目标相融合,从而实现共同进步。高层次人才具备的学术特质激发了他们对自己和职业生涯的不懈追求。当前许多大学的学术气氛还不高,缺少学术交流和信息分享,实验室等相关研究设备也较为薄弱,没有形成一个真正的协作和竞争性的学习环境,进而影响了高层次人才取得科研成果的效率以及留在高校的意愿。

4. 微观层面

组织忠诚度是指建立在组织基础上对员工的未来和个人经济利益的一种感性和理性的行为,员工真诚地提高组织的绩效,对组织的发展前景充满信心,并与组织站在一起。大学高级管理人员的组织忠诚是一种感情和行动,它是一种对所服务的大学发展有自信的感情和行动。他们乐于将自己的智慧贡献给校方,与校方的发展紧密相连,有努力工作的坚定感情和行动。① 知识管理学家玛汉·坦姆仆指出,知识型人才注重的前四个因素分别是个体成长、工作自主、业务成就和金钱财富,高层次人才是"社会良知"和"文化精英"。他们具有较强的学术性、自主性和较高的要求,对学科的忠诚度远高于对组织的忠诚度。"支配学者工作和生活的是学科而不是大学"。因而,高校高层次人才在工作中重视自身的价值,会进行自主的引导与管理,趋向于宽松、灵活、民主的工作氛围,而不愿意被僵化的工作方式和工作时间所束缚。

但是,在当今市场经济条件下,由于社会竞争的日益加剧,高校采取了一套以"契约制"为核心的体制,以及一套以"计量"为核心的评估标准与评估手段。这种强调"工具性"的管理模式和用人制度,使高层次人才沦为高校寻求发展的手段,降低了他们与高校之间的价值联系,并损害了他们的学术素质和个人个性。此外,由于学校办学经费、科研设备和工作条件较差,导致高层次人才往往感到工作积极性不够,很难有所建树,当原有

①范笑仙.高校高层次人才的组织忠诚探析[J].中国高教研究,2005(12):53-54.

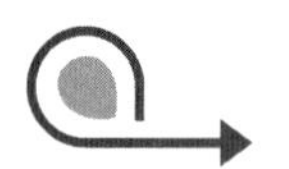

的工作岗位丧失了吸引力或自身发展的空间后，他们又会重新选择合适的高校，重新发掘自己的才能，对学校的忠诚也会随之下降。另外，如果大学的价值观念没有被高层次人才所接受和了解，那么二者之间难以形成“共同愿景”，而高层次人才又不能把组织和个体的目的联系在一起，从而为校方尽心竭力，这必将加大我国高等教育吸引和培养高层次人才的工作难度。

三、推进河南省“双一流”大学高层次人才队伍建设的对策建议

推进河南省“双一流”大学高层次人才队伍建设，是一项战略职能，不可能一蹴而就。同时，也是一项系统工程，需要政府、社会和高校自身的协同推进。站在新的历史起点上，河南省“双一流”大学高层次人才队伍建设能够为促进本省经济、社会、政治、文化建设协调发展提供坚实的人才智力保障，在新的历史起点上开启创新引领河南省高等教育高质量发展和“双一流”大学建设的新局面。

（一）政府层面

1. 充分发挥政府职能，提供有效的制度和财力保障

（1）转变政府职能，更好发挥政府作用

首先，人才工作是一个综合性的大工程，要打破多头管理，保障人才机制的完善性、智能化。因此，人才工作部门要发挥好参谋作用，整合衔接零碎的、单项的人才政策。政府作为资源整合的指挥者，要充分发挥带头作用，进一步落实人才政策的执行度，必须充分利用现有数据资源成立统一的领导机构，做好不同部门和区域之间引才施策的整合衔接，并给予协调指导，抓好规划的落实工作。要坚持把高层次的人才引进工作作为一项系统性工程，进行战略性部属、精细化研究，要经常听取、研究、商讨高层次人才引进的工作进展，根据人才的实际需要，制定下一阶段的推进计划，坚持把高层次人才引进工作同规划建设工作同步伐、同部署、同落实，形成认识到位、责任清晰、落实有力的责任体系，切实发挥好牵头抓总、研究谋划、督导推动的职能作用。

在持续推进高层次人才队伍建设的过程中，可以成立一个专门的人才引进工作小组，比如以工作专项组或者是领导小组办公室的形式来推进人才引进的系统性工作。主要工作就是落实各项河南省人才引进工作领导小组各项决策，为人才引进工作保驾护航，另一方面也应及时做好调研，将得到的工作反馈向上传达以及时改进人才引进工作中有问题的部分，也负责组织协调、宣传报道等工作。此外，这个工作专项组还应该承担起对各个大学进行监管的责任。但是，仅仅依靠外在的监管是不能够很好地推进人才引进工作，各个大学也应该建立起自身的监督和检查机制。

政府可以对区域内所有招聘、招录平台进行资源整合，积极推进区域人才信息化建

设。构建河南省当前发展需要的高层次人才需求数据库,不仅能够满足当前的高层次人才的需求,也包括用人主体、岗位、专业、引进方式、薪酬、紧缺程度等因素,分级分类汇总整个河南省急需人才情况,并根据人才类别的划分,构建相应的高层次人才评价模式,以数字化的方式直观地体现河南省所需要的高层次人才的数量、专业领域、学历层次等情况,对河南省的高层次人才作出更为准确、更加合理的战略分析与判断,以坚实的数据支持和信息支撑为科学、有效地引进高层次人才奠定基础。

另外,通过信息化、数据化的方法进行研究分析,也能把现有的人力需求与长期的规划需要相融合,对引进的人员进行系统的均衡配置,避免在本地区、同个高校内"一窝蜂"的招聘,从而避免出现浪费人力资源的现象。与此同时,也做好用人单位的统计工作,将所引进的人员与所需人员进行信息对比,了解所存在的空缺或已被招录的人员的状况,以便今后在进行人员引进工作时提供依据,实现用人单位、地方政府与人才的三方共赢。

(2)提供制度保障,注重发挥引导作用

高层次人才对于"双一流"高校建设的作用不言自明。"双一流"建设《总体方案》的建设任务第一条就是"建设一流师资队伍"。政府应该为高校人才队伍建设扫除人才短缺方面的障碍,为高校留人提供制度保障。

建立健全高层次人才"1+N"政策体系。高层次人才"1+N"政策体系,就是制定一份高屋建瓴、具有纲领性的高层次人才工作文件,并以河南省的实际情况为依据,系统性地制定N条完善的、配套支持的政策。在此必须指出,当地政府在吸引人才、引进人才的时候,必须注重高层次人才队伍建设的完整结构,同时也要关注未来的高层次人才培养工作,为本地区今后的快速发展打下坚实的技术与智力基础。从政策的覆盖面和政策影响力角度来看,河南省高层次人才的引进,还必须结合现实,贴近实际情况,才能够寻找到在建设高层次人才队伍的过程中存在的问题。在分类高层次人才方面,也要加速出台以及实施吸引外国专家的措施,杰出海归人才在河南省就业、落户等的优惠政策;从保障激励的角度来考虑,在住宅、医疗、养老、福利、薪资奖励等方面应加大扶持力度。另外,加快出台支持高新科技创新创业团队的政策,加快推进科技创新机构落户的步伐,完善人才政策的方方面面,使各项工作有据可依。

引导高层次人才合理有序流动。政策是直接影响人力资源集聚和分散的最重要因素,也是影响其他各类机制发挥作用的关键因素。加强中央政府和当地政府的政策扶持,并严格实施,能够有效地指导人才的流向,提高关于高等教育院校政策的灵活度。在地方政府的顶层规划和设计中,在微观、中观和宏观层面上统筹高校的人力资本形成合力,制订并健全建设"双一流"高校与学科的相关政策和措施,通过分级的指导与构建,对不同区域、不同高校间的高水平人才进行合理的配置和管理,引导高层次人才合理流动。首先,要坚持按照《关于正确导向促进高校高层次人才合理有序流动的通知》的指导,积极构建和完善我国人才流动的宏观管理体制推动制定高层次人才有序流动的相关政策。发挥政府的宏观调控作用,在政策扶持、财政拨付、资源配置等方面给予特殊性照顾,帮

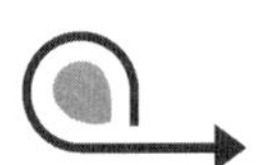

助地区留住高层次人才。其次,政府要积极指导高校构建高层次人员的电子信用档案,将他们的活动轨迹进行动态跟踪,记录他们的工作轨迹,并将其列入“人才项目”评价体系,并将政府的监督和调控纳入到整个管理体系中。吸取其他地区的一些经验教训,在人才引进时就做好相关说明,对于一些非正常的人才流动违约行为记录诚信档案,加大对此类行为的惩罚力度,切实保障高校权益。最后,各地政府也要根据当地的实际情况尤其是经济状况,着重强调当地的竞争力和发展机会,进一步完善当地的人才引进政策,实行“人才回归”项目,建立和健全长效化的用人机制,避免出现高层次人才无处可去、造成人力资源浪费的现象。

引导高校注重人才队伍建设效益。在进行人才招聘的时候,在自身条件不足的情况下,针对自己的短板加大对引进人才的投入力度,不要一味地扩大高层次人才的引进规模与引进数量,而是要重视引进人才的质量与素质,增强人力资源的利用效率。要依据学校的实际情况,适时发出指导意见,制定合理的人员调配、聘用、弹性考核的高层次人才选拔制度。要抓住重点,针对高校人才需求的重点难点,推行政策支持,为教师提供良好的教学研究环境,改善他们的工作和生活条件,切实贯彻“政策留人、事业留人、感情留人”的用人理念。

(3)落实高校办学自主权

在我国的高等教育中,政府起到管理与服务两种职责。在经济发展和管理学科研究不断深化的今天,高校的管理工作依然是由国家来承担的,但是要理清两者之间的联系,并进行相应的管理方式的优化。究其根源,高等学校是一个具有文化属性的系统,高校的办学目标是通过培养人才从而研发科技成果,最后创造社会效益,在这其中发挥作用的人主要是高校教师以及学生。与此同时,对于“双一流”高校建设稀缺资源的高层次人才来说,他们更期待国内高校能够提供尊重科学、尊重知识、自由开放的学术研究氛围,使他们能够尽情地进行科研,在知识的海洋中不断“探险”。因此,高等学校管理必须以人为本,让教师和学生当家作主。

2. 提供人才培养支撑,构建全方位人才服务体系

(1)注重引培并举,释放人才合力

刚柔并济的一体化管理思想,在目前的高层次人才管理中具有举足轻重的地位。刚性管理思想是指在制定规章制度的前提下,对高层次人才进行管理,并采用一定的强制、约束的管理思想;柔性的管理思想主要是对高层次人才的心理进行研究,针对其行为特征、职业特点,有针对性地采用不同的管理方法和手段,但柔性的管理对高层次人才的管理没有强制性、约束力。河南省要重视高层次人才的管理,既要强化规章制度,又要打通内部和外部的通道,要创新人才的柔性双向流动,对院士一类高层次人才不再受户籍等刚性管理限制,可转变新的用人观念,实行“不求所有,但求所用”的新理念,围绕人本主义理论,平衡好新引进人才和现有人才的关系,打造人才队伍的和谐建设,借鉴其他地区的先进管理思路,融入人性化的服务,提升对高层次人才的管理力度,使引进的高水平人

才能够长期扎根河南、奉献河南、服务河南。

当前,我国的人才培训有两个方法,一是通过人才走出去,比如国家实行优秀人才培养计划,选拔和支持一大批具有发展潜能的青年出国深造,提高大学现有人才队伍的研究能力,从而提升大学的研究能力与教育水平。比如,河南省人力资源和社会保障厅在2017年出台了《关于加强河南省高层次专业技术人才队伍建设的实施方案》,提出要实施高层次人才国际化培养计划。就是说每年组织50名赴美留学的高层次人才,为期3个多月的短期培训或者是长期培训,努力提升全省高层次人才的国际化程度与水平。二是通过人才引进来,促进高校和科研机构专业人员通过兼职或挂职方式进行人才交流,也可聘请公司资深专家作为兼职教授、研究员、技术顾问,以及通过当地高校的人力资源优势,联合当地高校和当地公司,使当地企业为高校提供学生实践基地,而当地高校为当地企业提供人才培养支撑,最大限度地实现资源整合,降低成本,提高效益。

(2)加大财政投入,创新人才激励机制

要实现对人才的合理分配,必须建立起科学化、完善化的管理体制,提高高层次的人员薪酬。要按照"高质量、高水平、高要求、高待遇"的方针,增加政府对教育投资。在现有的薪酬水平上,合理制订各项补贴,并在各项配套的地方性优惠条件下,适当增加教师的薪酬。

建立健全人才评价考核机制,突出创新能力和社会贡献评价标准。注重用人才实际完成的工作成果和贡献去科学合理地进行评估,利用完善的市场评价,通过淡化头衔、执行绩效评价的方式,更加真实有效地反馈出人才实际的科研能力。同时,要合理地构建多层次的人才评估体系,逐步形成对人才的分类、综合能力、工作流程和工作表现等方面的评价;以责任和品德为衡量因素,对各类人才进行不同的评判。针对各类职位,构建专门的人才资源库,运用大数据技术构建高层次人才绩效评价体系,将其日常工作业绩纳入考核范畴,对高层次人才进行多方位的动态绩效评估,有效实现专业人才绩效的实时呈现,提升人才使用的效率。建立公平、公开、公正的人才竞争机制,抛弃传统的学历、职务、年龄等因素作为人才的最终评判标准,以技术职称、工作业绩等作为薪酬确定的基础,对高层次人才进行动态评价和考核,充分给予高层次人才适度的弹性发展空间。这一举措有助于实现公平、公正的人才评价考核效果,真正的能力和表现优异的人才能够获得应有的待遇。

另外,要建立健全科技成果转化体系。高校是我国科技创新的中坚力量,也是我国科技创新的重要基地。目前,河南省许多高校的科研经费很难实现有效的转化,要从完善政府的投资机制着手,对于一些科研实力相对薄弱、人才资源短缺的高校,地方政府要在人才科研成果转化上给予一定的支持,帮助人才疏通科技成果与市场需求信息渠道。同时,要加强产学研的协作。科技成果的转化是对社会和经济的需求;与工业发展密切相关,人才的个人知识外溢必须与社会、经济发展相适应;政府要做好专利和基金的中介,而大学的科研人员,则是以研究为主,对研究的流程了如指掌,但在转化上,却缺少市

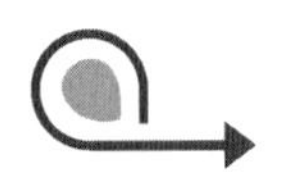

场信息。特别是科技类,可以借助企业的力量,利用企业对科技成果的市场效益、应用范围、发展前景进行预测。对于高校科研工作者而言,通过产学研合作,获取更多的市场研究信息,让他们更好地了解最新的学术前沿,掌握相关领域的技术发展动态,从而能够更准确定地位自身的科研方向。

(3)全面提升人才服务保障水平

一方面,简化待遇申请程序。在待遇申请阶段,要简化申请程序,可以依托人才公共服务信息平台的建设,对人才待遇实现由线下申报为线上申报,在人才公共服务信息平台开辟待遇申请专栏,并可根据待遇种类设置专门的入口链接,在相应链接下上传相关申请表格以及填写样表,并建议将相关政策规定也一并予以上传,需要申请相关待遇的高层次人员可在网上一次性了解政策、下载文件并进行填写,填写信息确认无误后,在网上提交,高层次人才无需跑腿就能办理相关待遇,最大程度提高高层次人才办理相关业务的便利性。

另一方面,要提高工资发放的效率。在薪酬审查方面,为了提高审批的效率,我们提出了一种取消多个部门联合评审的办法,而应该是由一个专业的部门来进行。这种方法可以从根本上解决多个部门审核工作效率低下、重复审核、互相推卸责任等问题。按照现有的机构设置,市里的人事管理部门可以承担相应的工作:一方面,市政府的工作人员最清楚有关的政策和法规;另一方面,市人才办对当地引进的高层次人才的信息掌握得比较及时,也更准确。此外,还应该明确各种福利的审批期限,例如,可以在接到申请人的申请后 3 个工作日内给予安置补助金,以规范工作程序,提高待遇审批的效率。

3. 加大政策宣传力度,增强政府人才政策的延续性

(1)转变人才宣传工作理念

一是要重视理论成果的推广。党和政府针对人才工作的重要论述作出的重要指示,为推动人才工作指明了方向。只有通过宣传这些重要的理论成果才能让各大高校、人才们广泛而深刻地理解人才政策要求和任务。

二是加强对政策法律的宣传。国家层面的人才发展纲要对我国的人事工作有着重大的指导与指引作用;各地纷纷制定相关的政策和规章,吸引高水平的高层次人才,形成"政策洼地";河南省制定《河南省高层次人才认定和支持办法》《关于加强河南省高层次专业技术人才队伍建设的实施方案》《河南省外籍高层次人才认定办法》等文件也为建设河南省人才高地提供了坚实的保障。

三是要注重先进典型宣传。比起其他的宣传形式,这个宣传方式更加贴近现实,更加具有可信度与说服力。吸引来的高层次人才中,许多人都是兢兢业业、敬业奉献,为自己的单位、公司做出了突出的成绩。把好的代表作为重点,可以更好地发挥模范的作用。

(2)打造一体化人才政策平台

互联网的飞速发展,改变了政府政策的推进和宣传模式。要切实发挥好大数据以及新媒体快速、便捷、精准的作用,积极运用互联网新技术,打造信息发布、政策宣传一体化

的人才政策平台，通过整合平台，集中发布收集各种政策资料，并进行政策宣传，为相关流程和政策内容提供全方位的宣传和解释。同时，搭建一个具有权威性的信息整合与传播平台，搭建起高端人才与大学的沟通交流通道。

同时，通过举办相关政策的专题讲座、发放宣传片、制作人才手册等形式，扩大人才政策宣传的覆盖面，让人才更好地理解政策、熟悉政策，让人才更好地推动政策的宣传，起到事半功倍的作用。并将解释政策的内容整理成小册子，发给各大高校的老师和高校人才工作部门，使他们能够了解政策，熟悉政策，督促政策的执行。定期举办各类人才政策宣传培训班、专题讲座，指导各级政府部门协作，对现行人才政策进行整合，综合现有的人才政策优势，开辟绿色、快速、便捷的人才政策渠道。

(3)创新人才引进渠道

全面引进高层次人才的政策体系，其核心是充分利用好的政策，加大政策的影响力，充分利用好人才的政策。其中，多种形式的宣传方法，可以扩大宣传的范围，提高政策的覆盖面，增强政策的延续性。

河南省高校目前引进高层次人才的政策主要是依靠大学的官网和本地的招聘网站，传统的宣传手段如报纸、小册子等，宣传效率低下，信息不完全，导致一些政策不能得到有效的宣传。

在政策的宣传上，有关的招引单位要高度重视，要充分利用创意思维。例如，当地的人才机构、宣传机构和全国重点大学、人才基地、地方政策等，通过互联网实现了对人才的交流；通过微信平台互联等新方式，将人才引进政策；政策解读、宣传视频等，在合作高校、企业、创新平台上张贴，及时推送政策内容，及时更新，让全国各地的优秀青年能够及时掌握河南省的政策动态。另外，除了传统的招聘会之外，还需要加大网络技术的运用，开发一些小软件，利用这些软件来提高人才了解政策的便利程度，发挥微信、微博、公众号以及短视频平台等现代传媒手段的优势，以问答、情景剧、案例等青年喜闻乐见的方式生动阐释高层次人才引进政策，让更多人才接触政策、了解政策。同时，按照河南省的政策分类，在人才密集的城市，如机场、高科技园区、高校、研究所等地发布公益广告，以提高河南省人才政策的宣传力度。积极探索与高校深度就业合作的模式，通过冠名校园活动，把河南省的高端人才政策纳入到高校的生活环境中，提高政策的覆盖面，拓宽人才的来源。

(二)社会层面

1. 充分发挥尊重人才思想的引领作用

(1)树立科学人才观

树立科学人才观，是新时代人才工作的重要指引，是我们党在人才理论方面的创新成果，也是我们实施人才强国战略的重要理论体系。我们必须深刻明白这样一个道理：人才是科学发展的第一资源，这是科学人才观的核心出发点。在人才工作的具体实践

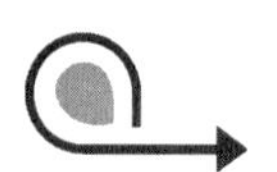

中,我们要坚持重视“人”的理念,坚持以人为本,尊重不同人才的不同特点,创新管理思路。吸引人才、留住人才如果仅仅只靠物质财富以及相关政策倾斜等措施不能发挥良好的效果,无法准确表现出一个地区的内涵以及独特魅力。河南拥有深厚的文化底蕴,是著名的文化大省,这是天然的地区优势,必须加以重视并且大力宣传,以此作为吸引高层次人才的重要方式。高层次人才有其独特性,在制定相关激励措施时,要弘扬“为人民服务、为人民创造价值”的工作理念,鼓励高层次人才立足社会,为地区发展创造价值,共享成果,为人民服务。地区在培养高层次人才时,也可以以年为单位评选出一定数量的高层次人才作为“形象代言人”,宣传高层次人才的先进事迹,为其他高层次人才提供榜样作用。与此同时,加大科学人才观的宣传力度,让“尊重知识、尊重人才、尊重劳动、尊重创造”的理念得到全社会的认可。

拥有人才就意味着拥有了核心竞争优势,可以使一个地区的发展脱颖而出。要强化人才意识,将高层次人才引进工作视为重中之重,进行整体性规划,重点推进人才工程建设。将人才视为地区实现可持续健康发展的中坚力量,充分发挥党的领导核心作用,畅通职能部门开展人才工作的体制机制,加强指导调度,及时督促检查,确保不出问题。

(2)打破传统人才观

思想是行动的先导,高层次人才队伍建设要求我们必须打破传统落后的人才观念。在进行人才工作时必须破除陈旧的人才观念,树立科学人才观,这是做好一切工作的前提。如果仍然秉持着落后的陈旧观念将会导致真正的人才被埋没,不能为之所用。要充分挖掘和利用人力资源开发在社会经济发展中的基础性和决定性作用。同时,在制定相关高层次人才政策时,要立足于区域经济发展,秉持长远眼光,系统引进适合地区产业发展所需要的高层次人才,以此确保相关政策的有效实施以及落实,科学合理地解决高层次人才的实际问题,从技术和政策上保障高层次人才对产业和经济发展的作用。

在开展人才工作时,要勇于探索创新,积极转变引才思路,构建灵活多样的高层次人才引进政策及相关措施。在人才引进与管理中,自觉将人才个人意愿与高校的用人需求相结合,减少时间、地域等因素的影响,构建一个灵活的高层次人才引进与服务机制。与此同时,结合区域经济发展特点以及现有产业发展方向,合理制定相关高层次人才引进政策,打造一个定位清晰、服务优质的政策协调体系,满足区域发展需要,更好地发挥高层次人才作用。

(3)重视人才队伍建设

当前,是河南省基本建成“四个强省、一个高地、一个家园”社会主义现代化河南远景目标的关键时期,做好高校高层次人才队伍建设对促进全省经济社会高质量发展具有十分重要的促进作用。

首先,根据河南省“十四五”规划,围绕重大战略和重大项目,充分将高校高层次人才队伍建设纳入相关部门的重点工作之中,实施相关部门高层次人才引进职能,协同做好相关工作,加强引智工作的组织领导,将高层次人才引进列入相关部门的年度工作绩效

考核体系中去,切实强化各部门对于高校高层次人才队伍建设工作重要性的认识,为实现河南省高质量发展提供人才智力保障。无论是在高校的发展中还是在企业的发展过程中,高层次人才都是必须重视的一个关键因素。发展需要人才、发展依靠人才。因此我们必须相信人才,放手人才,给人才提供多种多样的锻炼机会,使人才获得成长,更好地为经济社会发展创造价值。

其次,注重人才的配置和优化,根据实际需求及时将优秀的高层次人才提升和重用到合适的岗位。站在新的历史起点上,树立一个要培养更多高层次人才为国家和人民服务的目标,本着对国家和人民高度负责的态度,动员大家积极推荐人才,全面激发高层次人才和各类人才的创造力和主动性,创新人才选拔任用机制,有效调动各类人才潜力。

最后,要建立健全高层次人才使用的竞争和激励机制,使现有队伍形成新老交替、人才合理流动的良好局面。政府开展人才工作要坚持公开、公平、公正原则,避免任人唯亲造成人才流失。要建立"才有所值"分配制度,并通过相关制度和法律确立其合法性,有效保障高层次人才的知识价值,真正使人才战略落到实处。在绩效方面,我们应该打破年龄、教育和资格的限制,创造一个良性、公平的竞争环境。

2. 创造吸引高层次人才的软硬件环境

(1)营造良好的人才发展环境

做好高层次人才引进工作就必须重视环境的作用,只有让高层次人才工作顺心、生活舒心,才能保证其更好地发挥作用。拥有一个舒服的生活环境是高层次人才能够安心工作的基础,良好的工作环境将会使其创新创造能力更上一层楼。

一要优化人才引进政策环境。近几年来,河南省陆续出台了不少有关高层次人才引进的政策文件。这些政策具有较高的"含金量",在众多方面进行了突破创新,在社会中产生了许多良好的反响,要不断进行贯彻落实。二要优化人才工作舆论环境。可以与相关制作团队合作,拍摄"高层次人才微电影"以及公益宣传片并进行市场投放,打造"爱河南·重人才"宣传品牌,对人才工作进行"立体化"宣传,在全社会塑造一种重才爱才的浓厚氛围。三要优化人才成长环境。继续引进一批高层次教育培训机构,加强公共服务设施和人才休闲娱乐文化设施建设,在行政服务中心建立高层次人才服务专窗,充分调动各类人才建功创业的积极性。

(2)营造吸引高层次人才的社会氛围

做好高层次人才引进工作的一个关键因素就在于是否有良好的社会氛围。为了给河南省高层次人才引进营造良好的社会氛围,这其中最关键的就在于政府要做出突破性和创新性的措施。

思想是行动的先导,因此想要营造一个良好的吸引高层次人才的社会氛围。首先,就要求政府要改变传统观念,树立更加科学的人才观,明确高层次人才战略的重要地位。其次,政府要转变职能,做一个"服务型"政府,放低姿态努力为高层次人才服务,树立良好的高层次人才引进服务形象。再次,政府要在经济层面加大对高层次人才引进的财政

支持，提供坚实的经济基础是做好高层次人才引进工作的第一步，也为后续人才工作的开展奠定了坚实基础。最后，人才工作最终是服务于社会，服务于地区经济发展的。因此，省政府在开展高层次人才引进工作时也要做好与省经济社会整体发展规划的衔接，实现二者协调发展，避免出现相互冲突。

在高层次人才引进之后，也要做好其各方面的保障工作，关注政策落实情况。例如人力资源和社会保障等相关部门可以成立专门的高层次人才保障工作办公室，全力保障高层次人才的工作、生活问题，对于其本人以及家属在办理落户、社保等方面的业务提供一站式服务，减少时间浪费，尽量为高层次人才排除后顾之忧，让其专心于科研，更好地发挥个人能力。

(3)建设良好的人才发展经济环境

一方面，通过改革收入分配制度，实施绩效考核机制，有效提升高层次人才的经济收入水平。对人们进行物质层面的激励是最基础的，高层次人才身处社会之中，同样也需要物质激励。因此，通过改革以市场为导向的收入分配制度，使个人的工作付出与其收入水平成正比例关系，从而激发高层次人才的工作积极性，使其更好地发挥创新能力，收获更多研究成果，造福社会，造福于民。河南省在开展高层次人才引进工作之前，需要积极改善收入分配系统，实施差异化工资分配机制，防止不同地区之间盲目追求高层次人才的现象出现。

另一方面，也要制定多样化的人才激励措施，激发高层次人才的活力。针对于此，河南省在该方面可以通过规划设计，出台相应的政策文件，保障高层次人才在豫创新创业得到官方支持，鼓励高层次人才实现其具有商业价值的学术成果产业化，在实现其价值的过程中促进河南省经济社会发展。

(4)改善高层次人才发展的人文环境

想要在地区争夺人才战中突出重围，就要改善高层次人才发展的人文环境。首先，健全人才服务机构体系，组建专为高层次人才服务的团队，为高层次人才提供工作、生活等全方位的管理与服务，帮助高层次人才解决各方面问题。其次，大力建设创新创业平台。建设一批高端人才承载平台，不仅有利于帮助高层次人才实现更好的发展，而且有助于地区经济快速崛起。再者要将社会资金与相关人才项目进行有效对接。扩展融资渠道，引入社会资金，更好地完成人才工作，建立高层次人才创新创业的投融资平台，使社会资金的引入与人才项目实现常态化对接。对于以往不同地区的高层次人才创新创业服务保障机制进行分析总结，取其精华、去其糟粕，探索研究制定本土化支持政策。最后，向高层次人才提供多种多样的文化以及娱乐服务。投入建设一批文化娱乐场馆，保障高层次人才的生活乐趣，使其能更加投入工作。同时对于一些外籍高层次人才，也要尊重其不同的文化追求，为其提供丰富多彩的文化艺术形式，提升其幸福感以及满意度，发挥我国海纳百川的传统人文精神来吸引各方人才。

(三)高校层面

1. 坚持人才兴校战略,全面规划高校人才引进机制

“凡事预则立,不预则废”。河南省委、省政府积极响应国家号召,以前瞻30年的战略眼光谋划推动河南省高等教育的发展,立志扩大河南省“双一流”建设版图。放眼望去,中原大地高等教育已呈现出“星星之火可以燎原”之势。Z大学率先响应,科学制定了Z大学改革专项方案,支持和服务河南省创新高地的建设。H大学全体师生奋力书写出彩成绩,新增国家科研平台、获得重要奖项。HL大学、HS大学等竭力追赶,突破自我,成为河南省“双一流”高校建设后备军。

“双一流”高校建设工程的提出在一定程度上打破了桎梏于中国高等教育发展过程中的身份固化,为地方高校的赶超式发展提供了机会。在高校“抢人大战”日趋激烈的今天,科学全面的人才引进计划更加重要。综合分析许多地方高校引进人才计划,不难发现一些痛点:一是高校人才引进计划缺乏全面眼光,二是片面追求高层次人才的数量,三是重视理工科人才的引进,忽视人文社会科学人才,四是只重视资金投入,后续支持与服务工作不足。河南省人口众多,缺乏资源与政策优势,在“双一流”高校建设的过程中,更应该探索新的人才引进路径,完善人才引进顶层规划。

(1)优化引才模式,推动人才引进的良性循环

新一轮“双一流”高校建设已拉开帷幕,各高校积极筹备,为提升高校教学、科研水平不断优化高校师资队伍。无论是提升薄弱学科的排名还是巩固排名靠前的学科均需要扩大高层次人才的加盟范围。高校对于高层次人才的带头作用逐渐予以重视,拓展渠道广揽学科带头人、特聘教师、拔尖人才与青年优秀人才。

引进高层次人才是高校完善师资力量、巩固学科成果的重要途径。一方面,高层次人才及其所在的团队起点较高、影响力大,有利于高校形成人才聚集效应;另一方面,高层次人才多具备海外交流经验,具有与国际接轨的理念,可以为高校科研与教学工作带来新鲜气息。河南省地处中原大地,民众思想开放程度低于东部沿海地区,与外界沟通较少,使得河南省高校容易陷入固化的思维定式。近年来,以Z大学、H大学为代表的“双一流”高校在引进人才方面已逐渐破除旧有惯习,积极改革现有高校引才模式。

第一,激活引才理念,彰显河南特色。现今高校人才引进已陷入同质化的固化模式,人才引进理念滞后,盲目学习其他省市引才经验难以适应河南省自身情况。针对人才引进理念陈旧、引进模式千篇一律的问题,河南省“双一流”高校要不断强化地方特色意识,坚持长期战略眼光。从西部大开发到“一带一路”建设,Z大学结合中原大地办学特色,实施“人才强校”和“人才聚焦”政策,力求在人才的引进、岗位聘任规定、薪酬管理制度、职称晋升机制等方面“接地气”,与河南省本土特色相结合。高校为激发人才和团队的创新性和主动性,将更大的自主决定权赋予团队负责人,减少其在人才管理、科研经费支配、实验设备购买与使用等方面的顾虑。

第二,破除惯性思维,坚守人文意识。传统意义上人才引进的惯性思维认为人才引进是机械化的过程,只需要充足的资金与优厚的待遇即可招揽海内外高层次人才。针对人才引进机械化问题,河南省高校在人才引进问题中恪守人本意识。把高层次人才看作是一个完整意义上的人,充分了解其过往经历、性格特征,真正关心与重视人才。无论是在高层次人才引进的过程中还是人才引进后,都应该营造"情、理、法"有机结合的人际关系格局。以人本意识为引导,打造良好的学术氛围与严谨的治学态度,为引进人才提供舒适、良好的"软环境"。

第三,破除功利主义,回归学术本质。高校现行人才引进模式是学术资本化的体现,这种具有资本化色彩的人才引进模式助燃了利己主义,激化了学术的功利色彩。这在一定程度上腐蚀了学术风气,恶化了高等教育生态,不利于高校的长期发展。因此,高校改革引才模式的首要之举便是洗涤人才引进价值观,革新引才理念,倡导回归学术本质。在引进高层次人才工作中,应重点强调人才的学术水平与科研实力,关注其原创精神与创新能力,同时兼顾其个人品德、师德师风以及奉献精神。人才引进不应该成为高校间资本比拼的代名词,在这一过程中,应破除唯数量论与唯指标论,将人才出身与学缘因素放在次要地位,转而关注人才引进后可以做的实际贡献。

(2)创新引才方式,延揽各方精英

据《中国统计年鉴(2021)》数据显示,从 1978 年至 2020 年年底,我国出国留学人员累计达到 655.35 万人,423.17 万人在海外完成学业后选择回国就业发展,占出国留学人员的 65.57%。官方统计数据充分地说明了海外学子回国发展已成为常态,越来越多的海外学子认为国内发展机遇良好。海外学子回国就业、实现自我的发展使得高校高层次人才引进工作挑战与机遇并存。

研究型大学发展的关键点是高层次人才,对于高层次人才的求贤若渴符合高校发展过程中的战略定位。虽然不同定位、不同类型高校的发展目标不尽相同,但高层次人才队伍仍然是一所高校想要发展必须抓住的重点。研究型大学与应用型大学所需的人才类别不同,故河南省各高校为达成"人尽其才、才尽其用"的目的,必须在人才引进过程中深思熟虑地做出抉择,将高层次人才的专业性与本校发展路径相结合,兼顾高校未来发展方向,依靠科学管理的方法制定人才引进计划和后续管理体制。当前工作的重点一方面是引才思维方式的转变,以实事求是为思想指导,切忌好高骛远;发扬高校排名靠前学科的优势,带动其他非一流专业的建设,探索出一条既具有特色又不同于其他专业的发展道路。工作重点的另一方面是高校在引进人才时要兼顾市场、学科发展的双重需求。对于高校而言,教学是为了培养对社会有益的人才,引进人才也是为了保障人才资源的充足性,因此,高校应结合中国具体国情,以创新引才方式为切入点,在引才途径上积极转变引才理念,由被动接受向主动招揽转换,拓宽引才渠道。河南省高校地处中原内陆地区,与海外联系较少,在拓宽引才渠道、创新引才方式上容易遭遇瓶颈。高校应与地方政府合作,采用循序渐进的方式,逐一突破难题,打造延揽海内外精英的引才方式。

第一,设立海外人才活动基地。目前中国高校对于人才引进的偏好仍是具有海外留学经验的高层次人才,因此需要与海外高校取得一定联系与合作。与国外高校达成合作,设立人才引进委员会,充分利用海外校友会、赴海外进行宣讲等方式,扩大高层次人才引进的工作面,扩大中国高校在世界高校圈中的影响力。Z 大学在本校遴选优秀教师前往加拿大访学,将本校师生公派出国留学有利于向国外展示高校风貌。优秀教师在外访学期间,可以扩大交流圈,发挥熟人效应,吸引海外高层次人才入驻我校。

第二,举办国际交流合作活动,增强影响力。高校人才引进工作通常采用“请进来”或“走出去”的办法,去海外宣讲是“走出去”,“请进来”则是积极在国内高校举办大型、中型国际会议、科研研讨会、学术论坛等形式的高层次人才双选会,可以充分展示国内高校的办学水平,又可以通过交流切实了解自身不足,同时,“请进来”的办法可以有助于海外学子、专家了解中国最新面貌,了解中国高校的发展潜力,进一步加强对高层次人才的吸引。以 Z 大学为例,2021 年,Z 大学举办“国际交流与合作开放日”活动,通过与广大师生面对面的交流,为在校师生提供精准服务,切实提高广大师生参与对外交流的能力。同时,高校借此机会,增加了与海外高层次人才的交流,展示了本校独特的学风与科研特色,营造了浓厚的学术氛围,为加快一流大学的建设步伐奠定了坚实基础。

第三,高度重视不具备出国留学经验的高层次人才。出国留学并不是高层次人才的必经之路。国内知名大学的博士、博士后也具有高素质、高水平,但作为“本土人才”,这部分高层次人才在引进与聘用方面要求更为严格,高校应重视不具备出国留学经验的高层次人才。

第四,各大高校在吸引人才的方式上也需要转变思路,重视学术团队的引进。现代社会发展中,学科之间交叉越来越多,相互融合,一些优秀科研成果往往是通过多个学科之间的合作完成的。因此,高校不能强调单一学科的发展,而是要加大力度构建多学科融合模式,一个团队中既要有学术气息也要具备创新意识,高层次人才充分发挥引领作用,教师团队受引领作用影响“抱团发展”。这种学科间充分融合的创新模式能够充分吸引人才、集聚人才,同时有利于促进学科发展。

第五,加强“双能双师型”队伍建设。20 世纪 90 年代以来,我国经济体制改革不断推进,新就业形态形式的变迁与职业教育发展落后向高校提出了改革职业教育的明确要求。2016 年教育部提出高职院校要加强“双师双能型”师资队伍建设。职业教育改革并非高职院校的全部责任,高校理应从中反省自我教育缺陷,在某些学科领域改革教育方式。

(3)依托学科特色,精准打造高层次人才长期供给链

第一,河南高校在高层次人才竞争中,要充分发挥本省特色。高校高层次人才与专业发展息息相关,因此,高校要强化学科特色,提高本学科竞争力,从而吸引更多优秀人才的加盟。树立高校专业与本土特色相结合、有序发展的宗旨。要根据自身实力与水平制定发展战略,坚定保持高校与专业的特色,并在后续工作中强化自身的特色。对于人

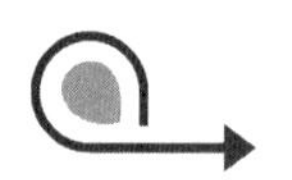

才引进工作也要与高校、专业特色相结合,依据河南省高校的学科发展、历史脉络等多方面因素做出人才引进计划与规则。

第二,充分依托学科发展,精准引才。河南省具有独特的地缘与文化特点,地处中原,历史悠久。在高校与学科建设过程中更应该立足于当地特色之上,充分发挥本土特色优势,如河南省历史文化悠久,本土高校历史学具有浓郁的本土特色。按此思路,河南省高校应建立起一批优势学科,产生集群效应。学科与专业是高校建设中的子单元,也是高校教学与科研水平的集中体现。在“双一流”建设过程中,学科建设俨然成为了打造一流大学的核心要义。因此,高校高层次人才引进过程中更要结合学科建设的需要。合理依靠现有学科发展,打破传统的学科结构,不断完善创新学科构成,能够有效地增强高校软实力。

第三,破除传统学科人才结构,不断推陈出新。一所高校最为合理的专业与学科结构并不等同于学科的“齐全”,而是现有学科与专业结构是否符合本校地域特色,是否能够促进高校甚至当地社会的发展,能够为高校的发展提供源源不竭的动力。高校学科建设并非“大而不精”,而是强调学科整体结构协调的同时突出高校特色学科的建设。只有在这种情况下,才可以保证在高校教育与科研资源有限的情况下,率先发展部分特色学科与优势学科,从而帮助高校获得较强竞争力。

第四,培育特色学科,引入特色人才,形成集群效应。高校要想发展,要一批具有先进意识与知识的高层次人才带动一大批具备一定能力的教师团队发展。以整体的学科建设意识促进高校人才引进工作的切实发展,以重点学科人才引进工作作为示范,其他学科人才引进工作向其学习借鉴。高层次人才队伍的整体发展必须以特色专业发展为前提,“良禽择木而栖”,一流学科建设需要优秀人才,高层次人才被一流学科所吸引,两者密切结合才能够相得益彰。培育特色学科,引进特殊人才是高校竞争的重要手段。

值得注意的是,高校在完善高层次人才队伍建设的过程中应根据本校的现实情况,分析高校与学科具备的优势、劣势、发展机会与面临的挑战,制定科学合理的学科结构,重点发挥本校重点学科与特色学科,扬长避短,提高本校具备优势的学科竞争力,紧紧抓住学科发展与人才共同发展的机遇,迎难而上,直面挑战。深刻了解人才队伍建设与专业学科之间的逻辑,高校凭借优势学科所产生的独特性竞争力能够吸引更多高层次人才,确保高校利用人才引进这阵“东风”在“双一流”建设中保持竞争力。

2. 构建引育并举制度,实现高层次人才内培式发展

高校在对高层次人才进行培养的过程中应牢记高校学科建设与专业发展相结合的理念,从学科发展的实际需要出发,重视人才培养环境建设,建立起完善的人才培养模式,任何一名被引进的高层次人才成为高校中的一员后都需要后续的培养工作,只有这样才能够不断地达到高校发展的新要求。

目前,对于河南省高校而言,现有师资队伍已具备一定规模。当前人才队伍建设的重要课题已变为:如何充分利用高校内部人才存量,使高校内部“老”人才发挥其独特作

用以及如何增强新进人才与原有人才的融合度。显而易见的是,大批量引进外来人才可以在短期内改善高校人才队伍结构,但一直依靠外部“输血”不利于高校组织的长期发展,若想突破发展瓶颈,必须积极自我“造血”。当前,高校为满足“双一流”建设中对大量高精尖人才的需求,采用重金寻求外部人才、忽视内部已有人才培养工作的方法。但高校若想取得根本性发展,关键在于增强高校现有人才的培养提升工作。就河南省高校发展而言,针对自身优势与弱点,制订科学、合理、专业的人才培养计划,为校内教师打造培养平台和科学体系,建设人才梯队,以另一种思路填补国家人才队伍中的空白。

面对高校人才培养计划流于表面、千篇一律的问题,高校应关注人才个体需求,定制培养计划,构筑高层次人才队伍发展平台,进而建构出引才—育才—用才—引才的良性循环。

(1)打破引才惯习,鼓励人才内培式发展

人才培养具有见效慢、可持久性长的特征。为了迎合社会发展速度,高校往往选择见效更快、短期内具有重大作用的人才引进办法。为破除高层次人才队伍的僵化局面,高校应打破引才思路,鼓励人才内部培养工作的发展。

第一,重点培养高校特色与优势学科人才。要从根本上破解河南省高层次人才僵局,单纯依靠人才引进难破此局。随着高校发展进程的加快,越来越多高校将人才队伍建设的重心转移到本校人才的培养上,通过培养现有的人才使其通过专业的培养与充足的投资成为高层次人才。以河南省为例,省内高校 Z 大学自身的特色优势学科为历史学,与当地的政治、历史、文化发展息息相关,得到了社会各界的支持。该学科拥有较多的资源和政府的支持,更有利于培育出本专业的高层次人才。其他专业可以借鉴此专业经验,通过与名校合作的方法,为人才的发展提供平台。对于高校而言,结合本省特色规划学科布局时,要找准目标,锚定重点学科的发展,先通过一项学科或专业在国内占领高地,再利用该学科的国内影响力发挥本校其他学科的价值。高校结合自身的优势专业,在最大程度上利用河南省社会、经济、教育等方面的资源,实现优势学科的跨越式发展。通过举办优势学科专业的主题讲座、会议、论坛,吸引相关领域的高层次人才聚集,使高校内部教师人员从中发展自我。

第二,河南省高校要制订符合科学、逻辑合理的人才培养计划。人才培养计划应与高校特色相结合,如 H 大学作为百年名校,应该充分利用此优势,以“史”为鉴,以“礼”服人;Z 大学作为新型大学,则应该在人才培养工作中充分发挥创新效能。高校在人才培养工作中既要高度重视经验丰富的“老专家”与学科带头人对青年才俊的指引作用,充分重视经验的作用可以加速中青年人才的成长。

河南省政府与高校将更多的资源倾斜于“双一流”建设热门高校——Z 大学与 H 大学的优势学科。集中资源更能为该优势学科中的高层次人才的培养提供良好条件。合理的人才培养规划是高校高层次人才队伍完善的必经之道,具体措施为:第一,为高校教师人才设立科学、严谨的科研、教学评估制度,合理的评估制度可以激发出中青年人才的

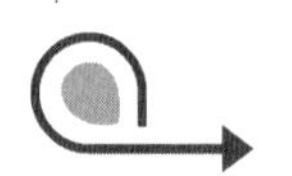

创新能力和科研热情。第二,确保人才在专业、学科之间的动态流动。高校人才培养的过程中,对于动态流动的需求较高。由于学科与学科之间并非完全分割开来,相邻学科的交叉性使得高层次人才之间的流动具有合理性。高层次人才的流动机制应做到合理流动与稳定并存,才能够不断完善高校学科人才培养工作。第三,注重改革和创新,注重人才队伍的"阶梯格局"。高校在建设人才培养制度时,既不能扩大高校高层次人才之间的内部差距,导致高层次人才"青黄不接",更不能使高层次人才完全一致,毫无差别。

因而在人才培养过程中要充分考虑人才队伍的整体协调性,确保高层次人才队伍达成合理梯队。

结合河南省实际情况,高等教育的质量与发展水平参差不齐,各大高校均具备优势专业建设点和重点学科,例如Z大学的凝聚态物理、H大学的生物学等学科。因此,可以以优势学科为点辐射至面,集聚更充足的教学与科研资源,打造河南省独特的高校优势科研团队。

(2)依托学科特色,构筑人才培养平台

首先,高校在人才培养工作中应秉持"走出去"的理念。鼓励高层次人才走出国门,为其提供物质支持,使其能够在国外高等院校或者专业机构中获得丰富的知识成果。

其次,高校人才培养工作应注重"请进来"。即邀请海内外具有丰富的科研、学术经验的研修机构来高校讲学。高校高层次人才在高校内也可以通过线上论坛、线上会议参与国际高校之间的合作与交流,加强跨国际、跨院校、跨省域的学术研究。高校积极推进高层次人才与海外人才共同承接相关的项目与课题,并建立起高校高层次人才国内外合作交流的固定机制。河南省高校更应从本省特殊情况出发,支持高层次人才广泛地线上或线下参加海内外科研会议。

最后,在高校层面上,加大经费与现代科技的投入。现代信息手段是提升高等教育服务的重要方式,对于高层次人才的培养工作同样具有重要意义。因此,高校高层次人才的培养应扩宽其资源和途径,在多样化培训方式的基础上添加"互联网+"元素,利用新型互联网技术加快高校高层次人才培养工作的建设。

(3)强化高校引导,做好人才培养规划

第一,加强引导,做好高层次人才的职业生涯规划和培养计划。相较于人才引进的速达形式,对高校现有教师的培养一样重要,这些教师同样是具有高水平、高知识储备的人才,确保这部分人才可以紧随高校发展而成长。以河南省Z大学为例,应根据综合性大学的特点,做好现有高层次人才的职业生涯规划工作,实现高层次人才的内涵式发展。具体措施如:定期召开人才座谈会、发放调查问卷了解教师需求等。上述办法在一定程度上可以加深对高层次人才自我发展需求的了解。综合高层次人才自身需求与高校学科发展状况合理配置培养资源,为高层次人才的发展提供个性化的培养方案。

第二,建立高层次人才培养工作的督导小组。督导小组主要负责为校内高层次人才提供多形式的培训,鼓励高校重点学科建设点的带头人与团队负责人发挥帮扶与带头作

用,帮助中青年高层次人才提升其教学、科研与实践能力,从身体与心理健康上关心与引导中青年高层次人才的成长。在高层次人才培养工作中要帮助高层次人才申报相应的人才项目,激发人才的工作热情与积极性,激发高层次人才参与“双一流”建设的担当。

第三,注重人才培养方案的完善与巩固。人才培养计划包括人才培养方案的实施与反馈等方面的内容,河南省高校在人才培养过程中要充分考虑到人才对于现实发展的需要。人才培养方案的制定在各院系、各人才之间一定要具备差异性,以此促进河南省高校及学科专业的可持续发展。

3. 回归高校学术本位,建立健全高校人才管理机制

高校与其他组织的根本区别在于高校是具有学术气息的组织,是一个集合了多种学科和专业的组织。理想中的高校应该是不受外界物欲影响、坚持用纯净的学术思维处事的独立组织。结合高校的学术性特征,高校在进行高层次人才管理工作中必须与学术本质保持密切联系。回归学术本位,坚守对学术的追求是每一位高校管理者应该牢记的信念。为高层次人才创造良好的学术环境、自由民主的学术制度亦是高校管理工作的第一要义。高校拥有独立的组织机构与民主的意识形态,并在弘扬社会主义核心价值观中发挥着积极的正向作用。学术性是高校不断发展与追求的本质目标。将高校高层次人才队伍管理与学术本质特征结合起来是既有利于高层次人才发展,又可以提升高校学术能力的两全之策。因此,高校在进行高层次人才队伍管理工作时,必须坚守高校的学术本质,营造学术本位的人才管理工作氛围,积极推动高校建立健全学术圈“引才”机制,积极抵制不道德风气和负向价值观对高校高层次人才的侵蚀,为高校高层次人才队伍管理营造良好的内部环境。

无论是研究型高校还是应用型高校,本质上来说都是由不同学科、专业聚合而成的学术组织。学术组织往往具备坚守理想、忍耐寂寞、潜心教学的特征,学术组织中的高层次人才与普通社会大众相比有着强烈的学术追求、浓郁的学术理想,他们对于学术的渴望要远远大于常人。因此,学术是高等学校任何时候都不能放弃的目标,高层次人才对于知识、学术与科研的渴望也是高校永葆生命与活力的原因之所在。可以说,学术帮助高校实现了高层次人才与学习发展的有机结合。因此,为保障高校在高层次人才建立工作中可以保持清晰头脑、理智行为,高校人才管理办公室应抵御行政管理模式的过度干预和市场资本的入侵,强化对高层次人才的学术管理,减弱行政管理,营造学术本位的良好校园氛围才是当务之急。

(1)政学分权,改革高校内部管理体制

行政与学术共处于一个学术组织中很难完全分割开来,但高校必须建立政治与学术的分权机制。高校高层次人才队伍管理亟须清除存在已久的“官本位”思想,削弱行政管理对于学术发展的威胁,增强行政管理对学术的服务意识。高校应尊重高等教育发展规律,积极推进高校人才管理机制的改革,建立起切实为高层次人才提供服务、管理水平高的行政管理机制,最终确保高校的管理机制能够提供促进学术发展的服务,保证高校行

政资源能够得到有效利用。

第一,注重发挥学术权力在高校管理中的作用。提升对高层次人才的重视程度,并将其视为高校人才管理机制的重要组成部分,而不是将高层次人才管理办公室仅仅当作附属品和花瓶一般的摆设。高校内部具有明确的运行机制与系统,由行政组织向校级、院级进行权力的合理分配,确立相应的隶属关系。为此,针对河南省高校行政机构程序复杂和科层制森严,高校应积极推动政学权力的分割工作,改革高校人才管理工作运行机制势在必行。

第二,不断推动高校内部行政管理体制的改革。高校内部行政管理体制改革需要弱化高校现存行政管理对于教学、学术、科研等活动的干预,积极探索学术组织与行政管理之间的制衡机制,努力构建高校教学、科研为主的管理制度。尤其要落实"人本位"的管理思想。力图对高层次人才采取人性化管理,尊重每一名高层次人才之间的差异性,充分发挥高层次人才的主动性和能动性;人才管理办公室为高层次人才提供的服务应做到个性化定制,通过日常教学、科研活动了解高层次人才的性格特征与内心需求,报以尊重的态度满足他们合理的需求。

第三,统筹规划,精兵简政。为避免高校行政管理队伍冗余,高校应合理分配有限的资源。高校应沿袭政府机构"大部制"改革思路,以此为契机,统筹规划高校资源,精兵简政,实行党政干部、学术干部竞聘上岗的办法。根据本身实际特点,精简高校行政管理机构,这能够显著促进高校资源的公平分配,重新树立起"学术为本"的精神。

第四,充分发挥基础学术组织的作用。高校最基础的单位便是学术组织,以小组或团队的形式存在,学术小组是高校提升学科实力和发展竞争力的关键因素,因此高校十分看重基础学术组织的作用。河南省高校更应注重基层学术组织的作用,将高层次人才分配、资源的使用与管理权力下放给基层学术组织,使高层次人才在日常工作中享有学术自主权,只有将权力握在高层次人才手中,才能真正满足高层次人才的需求。

(2)发挥绩效评估的导向作用,确保高层次人才的工作状态

学者与专家进行理论研究是为了促进理论与实践的有机结合,如何将理论与实践相结合是高校在进行高层次人才管理工作时不可逃避的问题。高层次人才队伍管理工作的建设具有重大意义,因此高校必须设计科学合理的评估机制,对人才引进、人才培养、人才管理工作进行精确的评估和反馈。

对高层次人才进行有效的监督与评价,是成功实施高水平人才管理的关键。绩效评价的内容包括:早期评价、中期评价和终期评价。对每个工作的评价都能帮助我们更好地理解工作的执行情况,从而保证员工的工作顺利进行。在人才评价方面,要重点考察人才贡献率、人才投入和科研投入。科学地安排高级管理人员的工作,制订具体的工作要求,特别是通过工作报告来评价高级管理人员,使评价工作更加科学化。

绩效考评是高层次人才管理工作有序进行的风向标,将绩效考评制度纳入到高层次人才管理体系中能够进一步细化高校对于引进与培养的高层次人才的考核细则,确保高

校的人才引进与培养工作的有效程度。高校所设置的绩效考评体系应包含对各种人才绩效考评指标。例如,对于从长期从事教学活动的高层次人才,在绩效考核时应以学术论文和科研项目的数量与质量作为主要指标;对于创新发明型人才,应该以专利申请数量与专利转化的经济效益或社会效益作为主要指标;对于人文社科类人才而言,应注重高层次人才所展开的研究对于社会发展的影响作为考察的主要指标,但这并不意味着考核指标僵化,必要时可采取其他指标发挥辅助作用。最终,高校对高层次人才的绩效考核结果进行整理,量化高层次人才所发挥的积极作用。针对不满足绩效考核要求的人才,应该主动联系当事人探究存在的问题,以解决问题的思路实现真正意义上的发展。

(3)立足高层次人才的权益,建立共享决策机制和申诉制度

任何改革都是既有利益的重组。部分高层次人才会从机制改革中受益,而有些人则会遭受权益的损失。高校高层次人才建设也是如此。有限的高等教育资源的分配与重组必然会带来多方利益相关者的博弈。高校要想防微杜渐,必须集思广益,取长补短,才能在高层次人才队伍建设方面开展一系列改革,这就需要建立和完善共享决策机制。因此,我们首先要明确高校的任务、职能、规则和程序,确立管理人员和高层次人才各自的权限和范围。其次,建立反复协商机制,充分发挥专家、学者等高层次人才在学术决策方面的优势,加强与管理人员、决策者的有效沟通。

然而,即使在高层次人才队伍建设中采取这样一系列改革,一些人员或群体仍会因利益受损而对改革不满。社会学冲突理论认为,组织要稳定有序地运作,必须通过一定的渠道、方式和手段来发泄不满。高校应充分发挥“智库”的优势,结合中国具体国情,建立符合各高校实情的人才申诉制度,为维护高层次人才的合法权益提供帮助渠道。

专题七　地方高校应用型人才培养的路径与机制研究

一、研究背景

21世纪地方高校从外延式向内涵式发展，从研究型向应用型发展，推动教育理念的变革。习近平总书记在党的二十大报告中指出，要统筹职业教育、高等教育、继续教育协同创新，推进职普融通、产教融合、科教融汇。“统筹推进国际科技创新中心、区域科技创新中心建设……提升国家创新体系整体效能”，地方高校应着重培养创新型、复合型、应用型人才。

(一)高等教育普及化的推动

据教育部教育事业统计，我国高等教育2020年在学人数为4 183万，毛入学率为54.4%，与世界其他国家相比，我国高校在校生规模最大。按照马丁·特罗的观点，当高等教育毛入学率超过50%时，高等教育由大众化进入普及化阶段。高等教育的普及化，首先，推动高等教育由规模扩张向提高质量、发展内涵的方向转变。地方高校应把握适应期，明确高等教育在教育体系中的定位，优化专业设置，深化教育教学改革，提高应用型人才培养质量。其次，引起高等教育类型、层次和结构的变化。进入普及化以后的高等教育，形成了以服务型为主的职业教育、以技术技能型为主的应用教育和以创新为主的研究型教育，高等教育逐步向多元化、多样化发展。成为中国实力发展的引擎，形成推动区域经济社会、行业发展的重要力量，在更大规模和水平上引领、支撑和服务国家重大战略。高等教育的普及化将会紧密高校与地方的联系，不断推进产教融合，增强社会服务的能力。

高校既要考虑人才市场需求服务社会经济发展，也要兼顾学生成长需求和学校人才培养服务方向，提高人才培养的质量和水平。把创建一流本科教育作为重要任务，围绕一流应用型人才培养进行改革创新。特别针对发展不均衡、服务地方经济能力不足、人才培养质量与产业需求存在结构性失衡等现实，地方高校应真正做到面向地方、融入地方，以培养应用型人才为目标，必须推动人才培养与企业生产的融合，提高科学研究水平及其成果转化的效率，提升服务地方经济发展和社会服务的能力。

（二）现代产业发展的客观要求

随着我国科学技术的快速发展，战略性新兴产业不断推动经济结构转型，很多新兴产业和岗位应运而生，需要高校不断支撑产业关键技术创新。对接产业需求，急需一大批创新型人才。同时，许多产业也由人力资源密集型转变成技术密集型，转型产生的新兴技术岗位也对高等教育服务国家经济社会发展提出更高要求，需要应用型、技术技能型人才来支撑。但是，就目前而言，我国劳动力市场与快速发展的产业需求不匹配，缺少大量懂业务、能创新的熟练技术人才。特别是高等教育迈入普及化以后，高校如何面向劳动力市场需求变化，及时调整专业结构，培养社会需要的、解决"卡脖子"技术的人才是高等教育必须正视的问题。现代产业的发展客观要求地方高校，必须面向新兴产业，建设学科专业；对接职业和岗位，构建应用型课程体系；面向地方重大需求，建设实践教学基地，实施产教融合，将科研成果转化成现实生产力，促进地方经济社会和区域产业的发展。

（三）构建现代教育体系的需要

从加快建立现代教育体系的现实需要来看，"十四五"时期是我国现代化建设的战略攻坚期，高等教育质量提高，必须加强对整个教育体系的顶层设计，构建高质量教育体系，向教育强国迈进。如何构建高质量的高等教育体系，以适应社会主义现代化国家建设和区域经济社会发展的需要，既是机遇也是挑战。

从时代发展看，加强应用型人才培养，坚持科学定位、系统培养，构建适应社会需求的现代教育体系，培养高端技能型人才，是构建具有中国特色现代教育体系的必然要求。为此，许多高校立足高等教育的转型与分类发展，通过教育理念、管理体制以及教学手段方法的转变，加强顶层设计，秉持 OBE 的教育理念，不断深化"校地合作""校企合作"，全面提高应用型人才培养质量，已经成为地方高校发展的目标。我国普通本科高校发展的五个转变：办学定位向"应用型转变"，专业结构向"需求导向"转变，人才培养向"产出导向"转变，师资队伍向"双师型"转变，人才培养质量评价向"两个满意度"转变①。但是，目前还有些地方高校建设应用型大学的心态不稳，应用型人才培养体系还没有完全形成。那么，如何围绕高水平应用型人才，总结地方高校应用型人才培养成果，探索人才培养机制和路径，是值得关注和深入研究的课题。

二、应用型人才培养的框架

应用型人才培养的逻辑是基于地方经济、企业和社会的需求，根据人才市场的需求、学生成长和学校人才培养的要求，确定人才培养的目标和规格。从知识、能力、素质三个

①教育部高等教育教学评估中心. 新型大学新成就：百所新建院校合格评估绩效报告[M]. 北京：教育科学出版社，2017. 4.

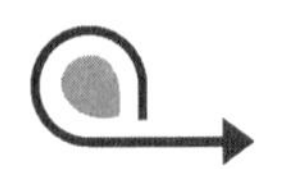

维度考虑,培养适应社会经济发展需要的应用型人才。根据专业标准、行业标准和业界未来发展需求,构建社会需要的应用型人才综合素养矩阵,合理制定应用型人才培养方案,实施"校企协同、学做相融",如图7-1所示。

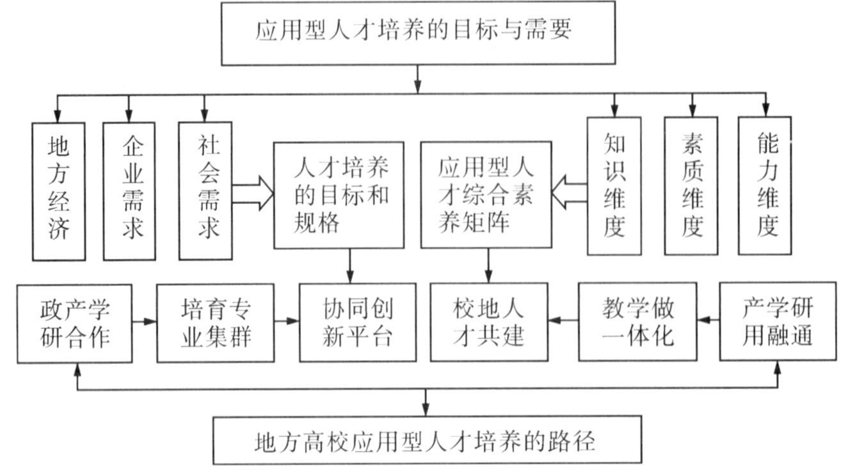

图7-1　地方高校应用型人才培养框架

首先需要确立人才培养的目标定位,适时优化调整专业,构建契合人才市场需求的专业体系,制定人才培养的专业标准。通过重构教育的组织方式、运行机制,改革人才培养模式。通过改革人才培养与合作机制、改进人才考核与评价机制、搭建人才流动共享机制、创新管理育人服务机制,培养高素质应用型人才。

以学生在毕业后具备相关工作能力以及未来学习深造为核心,协调各类课程之间比例,构建"学做结合一体化"课程体系。开展以学生为中心的课堂革命。在教学组织方式方法上,大胆尝试加强多向互动的"一课多师"、师徒制、小班制、翻转课堂、研讨室、混合式教学改革等;在教学评价上,彻底改变单纯以试卷为主的考核方式,构建"多元全程式"教学和教学质量评价体系。加强校地合作,将实习、实训平台与教师资源整合,实施"合作化"的人才培养方式。探索"校企合作平台""学生培养平台"和"教师培养平台"的运行模式和管理机制,通过共建"校政企合作"的路径,形成人才培养的长效机制。

三、应用型人才培养的理论基础

(一)人才培养的概念及分类

1. 应用型人才的概念

学术界关于应用型人才的概念一般认为是运用所学的专业知识和技能从事社会生产实践尤其是一线生产的技术技能型人才。联合国教科文组织的《国际教育标准分类》文件里,曾将高校培养的人才分为学术型、应用型和工程型三大类。与国际分类方法稍

微不同,国内包括三类:应用型、学术型、技能型。学术型人才注重理论层面的分析,要求具有扎实深厚的理论知识,着重强调科研能力和创新能力,能够在科学研究中提出原创性观点、进行原创性技术革新的人才;技能型人才主要是围绕工作岗位,熟练掌握工作流程、技术,能够直接从事生产一线工作的人才。而应用型人才介于两者之间,一方面需要具备系统和完整的学科理论知识,另一方面还要求具有一定的科技开发能力。其必须具备将理论转化到实践过程的决策能力、创造能力、管理能力和对综合性问题处理的迁移转化与综合分析能力。

2. 应用型人才的特征

应用型人才将生产与科技相结合。应用型人才具备将生产实践和科技融合的能力,能够促进科技成果的生产力转化,从而可以提升创新创造能力,是社会建设的中坚力量。应用型人才的特征:

第一,具有扎实的基础知识与人文社科素养,能够把知识应用于生产实践。实践显示,人才的认识范围越广,基础知识面就越大。应用型人才一方面拥有实践能力,另一方面具有创新性。知识是个人创新性的前提,只有具备丰富的知识面,才会有更高的创新性。

第二,对知识的二次加工可以应对生产实践的需要。应用型人才具备扎实的操作技能,可以通过规范和技术掌握职业技能;应用型人才也必须具备必要的理论知识。

第三,具有创新意识和充足的理论知识,拥有创新和科技研发的能力。应用型人才既要具有思考的独立性,也要具备自己独特的个性和人格,可以形成独有的构思,积极挑战,大胆创新。

3. 应用型人才的分类

应用型人才是符合社会经济发展需要、参照市场的具体情况,面向生产的基层与产业岗位,培养一批基本知识扎实、技能精湛、融合实践和理论的高水平复合型人才。应用型人才比较重视知识在实践中的应用效果,并在不断的创新中结合实际灵活运用,在科技发展迅猛的当下,体现了突出的竞争优势。根据应用型人才在生产实践中的作用,对其进行分类,包括工程型、技能型、技术型的人才①。

(二)应用型人才培养的理念

应用型高等教育理论应从高等教育的内在逻辑出发,对应用型高等教育做出规律的理性判断或解释,当前在应用型高等教育研究中存在着来自其他学科的相关理论,独特的应用型高等教育理论薄弱。在应用型高等教育实践中,已经形成不少高等教育的理念,成为应用型人才培养的理论基础。但是,应用型人才培养的理论不足。

---

①李水弟. 应用性本科人才培养模式的认识与思考[J]. 南昌工程学院学报,2009,28(02):5-8,11.

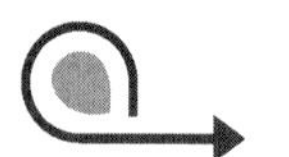

1. “做中学”理论

“做中学”理论由美国教学专家杜威最早提出，他提倡将教学过程看作“做的过程”。根据杜威的观点，“人”是“做”的兴趣和冲动的主体，主体与客体经验的总结是人们知识的主要来源。教育要回归学生的成长与生活，同时丰富经验，教育旨在对学生个体的发展提供资源与平台，进而实现社会的发展，教育具有社会化的功能①。杜威强调，在人才培养过程中，院校应将教学环境设置成雏形社会，即院校应当重视设置各类工厂、农场等，引导学生在院校这个雏形社会中选择个人感兴趣的专业及课程。同时，在人才培养过程中，院校应安排和创设好与实践生产场景相适应的教学方式，实施“场景化”教学。院校需要利用场景教学的方式，激发学习者的创造性思维，帮助学习者解决在实际活动场景中遇到的问题②。

“做中学”实质上是以学生为主体，从实践中学、从做中学，通过各类实际活动，围绕一个个问题或项目来组织课程内容，从而达到知行合一，理论与实践相结合。学校和教师引导学生积极进行活动性、经验性的主动学习，而并非简单地从教材中获取知识。同时，在做的过程中，学生之间更容易体会到学习任务的复杂性，建立团队精神、合作能力、责任意识，提高学生的参与性和积极性。这一理论对我国应用型本科院校调整传统教学方式、只注重知识理论教学模式，培养过程中理论与实践脱离等问题具有重要的指导意义。该理论将“做”与“学”对接起来，加强实践教学，加强学校与企业的合作，培养学生的动手实践能力和主动学习能力。

2. “双元制”教育

“双元制”是高校校内与企业职业教育相结合的、一体化、系统的高等职业教育的教学形式。学生在企业接受职业教育可分为两大类四种形式：一类是高校学生首次接受职业教育，形式一是参加企业职业教育，形式二是参加企业实践。另一类是已接受过职业教育的高校学生，在企业接受职业继续教育，形式一是在企业进行职业能力提升，形式二是在企业进行职业实践提升。根据产业需求和经济技术发展设置专业，按技术或工艺领域划分专业方向；重视和强化实践教学，不仅安排了专门实践学期，并且企业主要负责实践的教学过程，同时考核学生实践成果。

（1）制定职业行动能力的教育目标

职业行动能力的教育目标要求培养出来的学生，不仅仅要具备解决职业问题的专业能力，同时，还要具备较强的、跨专业领域的个人能力、社会能力、方法能力以及学习能力③。

---

①约翰·杜威. 民主主义与教育[M]. 北京：人民教育出版社，2001：59.

②常攀攀，罗丹丹. 杜威“做中学”的系统阐释及教改启示[J]. 当代教育科学，2017(2)：77-79.

③周彦兵. 产教融合视域下德国“双元制”模式分析及借鉴[J]. 教育与职业，2020(12)：65-70.

(2)多方合作双元兼融的协调机制

双元制教育是在国家制度及法律框架下,通过政府部门的组织和协调,搭建由职业学校、行业企业、工会组织等多方主体共同参与的职业教育平台。在这个平台上,经过多年发展,形成了独特的“政府协调、行业监管、企业主导、学校补充”的多方合作、双元兼融的协调机制①。

(3)职业教育标准和技能标准融通

为了更好地提高应用型人才培养质量,各方利益主体通过法律、机构职能、决策机制,实施学校教育与企业培训的双元制职业人才培养过程,打造出不同类型学校共同发展的良好格局。德国构建的职业教育国家资格认定框架,与普通教育等值。该框架经国家主管机构进行评估、确认,对达到既定学习标准的个人职业能力给予学历资格、职业资格类别,以及包括证书和文凭等多种形式的认定。这种资格框架体系,由国家建立,可以容纳所有类型的教育与资格,标准统一明确,且不同条目之间一一对应,有利于职业资格与学历资格的等值与互换。这样,可以有效将职业教育与其他教育资源等同并融通,凸显职业教育的重要性。

(4)完善的职业教育体制保障

为了推进“双元制”,德国在职业教育管理模式上分工明确,联邦政府和各州之间各司其职,相互配合。一方面,各州可以依据《州学校法》文件,协调好、管理好“学校形式的职业教育”;另外,联邦政府可以依据《联邦职业教育法》《企业宪法》等法规,管理、统筹好“企业形式的职业教育”。通过合理的管理模式以及较为完备的法律和政策制度,确保了职业教育各类参与者的权利及义务。

3.“产教融合”教育

2017年,国务院办公厅出台了《关于深化产教融合的若干意见》,其中强调,不断推进产教融合改革,实现创新、产业、人才以及教育各环节各流程的对接,作为加快人力资源供给侧改革的指标,有利于经济的转型、教育品质提升、培植经济发展动力、延伸创业就业面②。《关于深化产教融合的若干意见》指示,应当把人才、教育优先的策略和国家战略相结合,保持社会经济发展和产业教育融合的协同进行,加快创新产教融合人才培养。对于应用型教育,要注重开展工学与校企的合作。不断推进办学体制的改革创新,对于实践与技术融合度高的专业实施学徒制。加强企业与学校的合作,行业与学校、园区和学校形成合作,通过“校企合作”的产教融合模式培养人才。可以说,“学校企业、产业教学”一体化应该作为应用型人才培养的指导方针,更是人才资源挖掘以及国家教育改革

---

①王菁华,梁伟样,李钧敏,等.德国“双元制”成功奥秘:职业教育标准研发与实施[J].职业技术教育,2020,41(24):66-70.

②国务院办公厅关于深化产教融合的若干意见[EB/OL].(2017-12-19)[2021-12-22].http://www.gov.cn/zhengce/content/2017-12/19/content_5248564.htm.

的制度设计①。

产教融合是指教育与生产深度融合，吸收高校、科研单位、企业等作为参与者，尽可能发挥培养人才的教育资源优势，把生产、教学、科学研发融为一体，旨在通过与行业企业的合作，培养高素质、高技能应用型人才。1903 年，英国的桑德兰技术学院推行“三明治教育”可以看做是产学研合作教育的开端。该教育模式突破了学校围墙的限制，将部分课程内容搬进了企业，创新性地增加了实习教学内容，用以提升学生的实践应用能力。此类教育模式打破了学校作为人才培养单一主体的局限性，把社会、企业的资金、人力、设备、技术资源吸纳到人才培养过程中，形成了多元主体共同参与的人才培养模式。这种模式顺应培养应用人才的需求，学习理论知识，并且增强学生的实践能力，提高工作技能，化解了企业与学校合作的难题，适应学生与企业的需要，培养学生走出校园时的社会生活能力。

4.“大工程教育”观

20 世纪 90 年代初，以美国为代表的发达国家提出了“工程教育要回归工程”，即工程教育的“工程范式”，使工程教育从工程科学回归到工程实际。“回归工程”的内涵主要包括四个方面：一是从过分重视工程科学转变到更加重视工程系统及其背景；二是注重工程实践能力的培养；三是强调整合或集成的思想，重建课程内容和结构；四是学会学习和终身教育。大工程观是在回归工程思潮运动过程中，在工程教育改革实践中形成的一套指导工程教育改革实践的教育教学理念，具有实践性、可操作性。在大工程观视域下，工程本身就是一个多学科的综合体，既具有很强的、集成的知识属性，也有着明确的服务领域和目标，工程活动就是要解决现实问题，是一门实践的学问。因此，大工程观的本质就是以多学科专业交叉融合与应用为主要特征，将工程建立在经济、社会、科学、人文、环境等为一体的大系统中，使科学、技术、非技术、工程实践融为一体，把人才培养置于这样一个大工程背景下，真正面向工程实际实施工程教育。基于“大工程观”理念下的工程教育要做到 “工程、综合、实践、素养”的统一。其中，“工程”体现其为“工程服务”的宗旨；“综合、实践”是主体内容，前者指多学科背景及多方面能力的“综合”，后者指工程设计、实施及创新等能力提升的“实践”；“素养”则是根本，点明了工程活动所需要的品格，如敬业精神、团队意识、人文情怀等。

在培养目标上，由学术型的人才培养转向应用型人才培养；在课程体系上，课程设置必须与社会经济发展紧密相关，教学内容应及时反映业界技术发展最新趋势，融入更多实践教学和真实案例；在教学方法上，加强不同学科之间的交叉渗透，培养学生的知识融合运用能力，以多学科系统的观点去解决工程实际问题；在师资队伍建设上，重视教师实际工程训练，建设“双结构型”师资队伍。总之，“大工程观”确定的工程教育理念与思路，不仅对我国的工程教育改革产生了极大的影响，而且对普通高校高素质应用型人才

①黄珊. OBE 理念下地方本科院校校企协同应用型人才培养研究[D]. 大庆：东北石油大学，2020.

的培养具有借鉴意义。

应用型人才教育是以素质、知识、能力为核心,注重通过学科知识体系培养人才,不断提升专业技能,在内修养人文素质与科学品质,融合实践和理论,不断提升创新运用水平。涂宝军等学者比较系统地解释和论证了“大应用观”的哲学思想、作用途径以及逻辑思路①。这一新理念新范式成为越来越多的应用型本科院校的共识与自觉,成为指导引领培养一流应用型本科人才的理论基础。顾永安教授认为:应用型高校的人才培养需要理论创新,这就是要扎根中国大地办特色大学,树立“大应用观”。在方法论上,“大应用观”强调回归教育本源,社会性是教育的本质属性,教育除了培养“个性我”,也要培养“社会我”,两者之间相互统一,不能分割。“大应用观”正视教育个体功能和社会功能,反对人才培养中“人”与“社会”的对立,反对人的片面发展,关注从能力不足的技术人才、知识人才到协调发展的“社会人”培养模式的转变;在价值论上,“大应用观”强调教育应该符合教育目的目标的设定,遵循人才成长的不同生态和身心发展规律;在认识论上,“大应用观”强调思想认识和行动实践的统一,内隐知识和外显知识的呼应,注重学生系统学习与无意识学习、潜在学习的有机结合;实践中,“大应用观”体现了作用和反作用的观点,是静和动、形式和内容、作用与反作用的对立统一关系。

四、国内外应用型人才培养研究

国外应用型人才培养开始于 20 世纪 60 年代,始于社会对不同类型高层次技术人才的迫切需要。发展至今,其相关理论与实践的研究较为成熟。首先,从教育制度上来看,国外对应用型人才的培养,往往通过设立专门类型的学校进行专门培养,例如英国的多科技术学校、美国的技术大学和专业学院、德国的应用技术大学等。其次,出现了一些具有代表性的应用型人才培养模式,如英国的 BTEC 职业教育模式、加拿大和美国的 CBE 模式、德国的“双元制”模式等。虽然这些模式的实施过程各不相同,但是仍旧可以从中总结出一些典型的共性特征:如坚持以市场和社会需求为导向、开展形式多样的校企合作、应用导向的课程设置、偏重实践的教学过程、能力为基准的多元评价等。这些具有示范性的模式和经验对于我国本科应用型人才的培养具有重要的启发和借鉴意义。

(一)英国应用型人才培养

英国高等教育起步较早,高等教育体系较为完备。在应用型大学研究方面,注重教育教学质量保证体系建设,尤其在追求卓越、实行精细化管理方面优势明显。在课程体系的整体设计、课堂教学的模式、课外教学的服务、课程教学的评价等方面有着较为全面和独到的认识,在全球应用型人才培养方面处于领先地位。

---

①顾永安. 大应用观:应用型人才培养的新理念新范式[EB/OL]. (2020-5-18)[2021-12-24]. https://reader.gmw.cn/2020-05/18/content_33839283.htm.

在应用型人才培养方面，英国比较重视学生综合素质的提升，认为学生的全面发展，是应用型人才培养的终极目标①。十分注重学生的个体差异和性格特征，因此在培养过程中特别强调学生开放、多元的思维模式以及个性发展，以适应现代经济社会对跨界、融合、适应能力的需要。在应用型人才培养方面，强调培养学生独立思考、参与实践以及批判性思辨能力。

英国的应用型课程依据社会经济的急切需要而设置，应用型高校在重视基础理论教学的基础上，强调理论与实践的融合，重视通识课程的融入，鼓励开设多种多样的选修课程和交叉课程，推动综合课程的发展。

根据科学技术的发展需要设置应用型课程。依据时代发展需求，从人才培养出发，以毕业生就业走向为原点，研究人才培养的主要要素，不断对课程结构进行有效调整，注重课程的实用性、时代性，培养学生的交际能力、协作能力、创新能力等。

（二）美国应用型人才培养

1. 美国应用型人才培养的历程

根据美国高校在不同历史时期发展的特点，可将应用型人才培养的历程分为萌芽、发展、形成三个阶段②。从 19 世纪初到“二战”，这个阶段是美国应用型人才培养的初期阶段。这个时期以赠地学院和初级学院为代表，紧随社会需求开设农业、机械制造维修、畜牧业、农业植物学、兽医学等相关专业，打破传统高校人才培养模式的束缚，开创了应用型人才培养的先河，推动了农业科学技术的发展。

从“二战”结束到 1990 年，这个阶段是美国应用型人才培养的发展时期。伴随二次大战大批战士退役，许多因战争耽误学业的退伍军人选择重新到高等院校接受高等教育学习或职业培训，社区学院逐步发展。当时，政府设立的高等教育机构已不能满足社会的需求，客观上需要更多的高等教育机构。美国国会 1989 年通过《国家竞争力强化训练法案》，要求全面优化应用型人才培养，1990 年，在《卡尔·珀金斯职业与应用技术教育法》中提出了“技术准备计划”③。这是美国政府为促进经济发展设计的一套宏观职业教育指导方案，不是专门指一种学校或某种类型的职业教育课程。这一时期，美国应用型大学的数量和教育机构进一步增多，应用型人才培养发展迅速。

1990 年至今，是美国应用型人才培养的形成阶段。首先，颁布了《投资于美国的未来：职业技术教育改革蓝图》④，将培养高质量应用型人才与市场所需人才进行无缝对接，

---

①邓文，张勋．英国人才培养工作中的校企联合［J］．江苏高教，1990（6）：73-74.

②TERENCE CHONG. Vocational education in Singapore: meritocracy and hidden narratives ［J］. Discourse: Studies in the Cultural Politics of Education，2014：637-648.

③刘启娴．高职发展模式初探［J］．教育研究，1998（07）：51-55.

④李俊杰．奥巴马政府培育市场人才计划及其对我国的启示［J］．成人教育，2016，36（12）：92-94.

构建了应用型人才培养法制体系①。其次,实施了《从学校到工作机会法》(*School to Work Opportunities Act*,STW),随后,STC(School to Career)理念开始在美国兴起,并影响了美国高校应用型人才培养的课程改革,应用型人才培养生涯体系不断完善②。最后,20世纪90年代以来,以能力本位人才培养模式为主,随后以工作岗位的需求培养人才,后演变为合作教育人才培养模式等,开展了MOOC和MOOCS网络教学,形成了由单一模式转向多样化人才培养。

2. 美国应用型人才培养的特征

美国应用型人才具有人才培养职业化、课程设置地方化、培养机构多样化以及培养体系法制化四个培养特点。第一,人才培养职业化。马兰·西德尼提出应用型人才培养应放弃传统的教育分类方法,加强学生的实践能力培养,提出生涯教育的理念。实施了可以渗透到所有年级、并使所有学生获得职业发展的职业教育模式,形成人才培养职业化。第二,课程设置地方化。美国高校经常组织相关专家,就当地社会经济的发展和不断变化的社会需求进行论证、分析,然后根据经济发展和区域需求制定相应的课程体系,强化学生对专业知识和应用能力的运用,促进了区域经济和社会发展,尤其是二战后,社会经济的发展给应用型人才培养提出了新的要求。第三,培养机构多样化。社区学院、技术学院、职业性学院等都具有应用型人才培养的职能,应用型人才培养的高等教育机构日益多样。最后,培养体系的法制化。美国非常关注应用型人才培养制度建设,先后颁布了《史密斯·休斯法案》《史密斯·习尔斯法案》《职业教育法》等,制定了一系列的人才培养法案,对职业教育的有序发展起了重要作用,有效保障了应用型人才培养的实施。

3. 美国应用型人才培养模式

朱姿诺(2017)认为,美国创业教育模式的成功离不开其系统化的课堂教学,专业的师资队伍及完善的保障系统,包括多元的资金来源、良性的创业生态系统。孙华峰,李清芳(2014)认为,美国坚持以学生为本,提倡学生进行自我判断、崇尚观念自由、尊重学生特长、注重学生评价,应用型创新人才的培养采用合作教育、CBE模式、现代学徒制等模式。美国应用型人才培养研究主要侧重人才定位、课程设计、教学方法、培养模式等,每一方面都有各自研究的重点内容。其中,课程研究比较重视课程设置的目的、课程设置的内容以及教授课程的形式;教学方法则主要介绍的是基于问题的教学方法,目的在于模拟真实的生活情景让学生提早适应职业生活;人才培养模式主要是对政府、企业等不同的社会服务部门与大学展开的合作培养。

---

①范明慧. 美国帕金斯职业教育法案Ⅳ修订与颁布的背景[J]. 教育现代化,2017,4(30):173-174,185.

②灵雪萍. 国际职业技术教育研究[M]. 杭州:浙江大学出版社,2004.

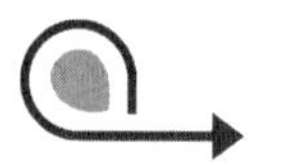

(三)德国应用型人才培养

德国根据社会所需不同领域的高等人才,设置了综合型大学、应用技术大学、艺术大学和双元制职业教育(双元制大学),共同构成了德国的高等教育体系。应用技术类大学和双元制职业教育以学生就业为目标,培养工程技术型人才①。应用型高校提倡高校与企业一起联合培养学生,把高等院校(Hochschule)或者职业学院(Berufsakademie)在大学期间的学习跟企业的职业类培训、实践等融合在一起,即所谓的"双元"②。双元制教育模式经过长期发展,在办学理念、培养机制、师资培训、校企合作等方面积累了一定的经验,逐渐成为独具特色、适应时代发展的新型人才培养模式。

(1)主动为企业服务

德国大学主动为企业服务,有把握全局的意识,根据企业的需要灵活调整专业设置与课程内容,为企业提供全面的服务。在校企合作过程中,企业作为盈利主体,付出资金、设备、场所,在此基础上获得相应的收益性回报。学校也树立主动服务企业的意识,满足企业在合作中的合理需求,激发企业参与教学的热情,建立校企的深度合作模式,主动为企业服务。

(2)培养企业需要的高质量人才

德国应用科技大学与企业搭建多种校企合作平台,这种平台不仅是培养学生良好的操作能力和职业适应能力,以专注于更高层次的综合性人才培养目标,还包括培养复杂情况下的应变能力,跨专业、跨领域的学习能力,为企业解决实际问题的管理能力以及创新创业能力,等等。

(3)构建合作共赢的校企协同机制

德国校企联盟是建立在高校、企业、政府、学生、教师等多主体的合作联盟,该组织涉及教学、科研、管理多方面。政府为合作创设良好的外部环境,企业具有高度的社会责任感,这种政、校、企合作联盟,多方主体的积极参与,为人才培养提供了现实基础,保障了应用型人才培养的持续发展。

(四)国内应用型人才培养研究

从20世纪80年代开始,我国开始对应用型人才培养进行研究。通过查阅相关文献,应用型本科人才研究的主要内容如下。

1.应用型人才培养的理念研究

应用型人才培养与学术型人才不同,应用型人才更注重实践动手能力,强调理论素

---

①BIBB. Duales Studium [EB/OL]. (2018-04-28)[2021-12-15]. https://www.bibb.de/de/702.php.

②余传玲.德国双元制大学教育模式的特点及对我国地方本科院校转型的启示[J].职业教育研究,2018(11):88-92.

养和实践能力融通，理论能有效指导社会实践，为社会培养有用人才。对于应用型人才培养的理念，目前学者还未达成一致。徐国庆先生对应用型人才的特征、应用型人才的分类、应用型人才涵义以及应用型人才的能力结构和培养意义等方面进行了阐释。赵炳辉认为应用型人才培养是学校按照经济社会发展需求、办学定位、历史传承和人才培养特征，以创新精神和知识应用能力的培养作为价值取向，是教育理想、信念以及行动原则在实践活动中的体现。在培养目标上，不再以单纯的知识积累为主，实践能力和综合素质成为人才培养的关键。

2. 应用型人才培养的教学研究

在教学内容上，专业教育与人文教育结合是重要趋势。在教学模式上，应用型人才培养应打破传统单一的以学校课堂教学为主的封闭型模式，建立开放的、多元的学校和企业、社会共同参与的教学新模式。除此之外，应用型人才培养应以学科专业建设为基础、不断改进课程和教学体系、加强教学支持和保障，以应用型人才培养的产出结果为导向建设学科专业、课程内容、教学方式、评价方法、保障机制等①。

3. 应用型课程设置研究

应用型人才培养的目标要通过课程实现，培养目标中对知识、能力和素质的要求，都需要有明确的应用型课程来支撑。应用型课程强调实践教学，自主构建知识体系，加强学生对专业知识的有效整合，提升沟通交流、研究问题的能力。在授课课时保障前提下，通过小班化教学，在组织实施的过程中，依托企业实际项目，通过课堂教学解决实际问题②。

4. 应用型人才特征研究

赵瑞玉认为“应用型本科层次人才培养需要达到两个要求：一是人才培养目标和培养规格要符合国家对本科教育的基本要求，二是培养的人才规格要符合行业企业岗位要求”。

顾永安教授指出应用型人才的培养特征：一是注重应用的实践性、二是理论与实践相结合的复合性。赵永平先生认为本科人才基本要求是“厚基础、宽专业、强能力、高素质”，应用型人才培养基本框架是“能设计、会施工、懂管理” 。谭璐星先生表示，应用型本科人才具有应用性、行业性和社会性的特点。周惠先生认为应用型人才的最终目标是为区域经济、社会和行业发展作贡献，培养的人才需要掌握必须够用的专业知识，基本的专业实践技能，以及最为关键的综合职业能力和全面素质。

5. 应用型人才培养模式研究

应用型人才培养的模式可以概括为“理论与实践组合类”“校企合作深化实践类”。

---

①刘焕阳，韩延伦. 地方本科高校应用型人才培养定位及其体系建设[J]. 教育研究，2012，33(12)：67-70，83.

②张学良，王润孝，杨永. 美国高校顶石课程评介及启示[J]. 中国大学教学，2017(05)：93-96.

理论和实践组合类的模式目前有"3+1"人才培养模式、"四证一体"人才培养模式、CDIO工程教育模式;校企合作深化实践类模式目前有"企业全程介入""校企合作"等为特征的人才培养模式。陈小虎先生在人才培养内涵建设方面提出了"四个突出",分别是突出工程技术能力本位,突出教师主导、学生主体的教学理念,突出学生综合素质的提高、突出创新能力和持续发展能力等方面,论证了应用型人才的培养问题。徐理勤从应用型本科人才培养规格着手,强调了培养方案设计与实施的重大意义。霍振霞认为应用型本科人才应该坚持市场导向、突出应用能力、坚持知能结合、通专结合的培养原则①。顾永安教授认为应用型人才培养模式改革的内容应主要结合课程结构、教学内容、教学方式方法、考核方法等方面进行②。张其敏、王光明等指出地方本科院校还是要抓住学生职业方面的品质和能力进行培养,其重心还是要落实到校企合作上来。

6. 关于产教融合的相关研究

应用型人才培养的重要途径是产教融合、校企合作,通过与行业、企业的合作,实现传统人才培养模式与资源配置的变革,从而提高人才培养质量。但是产教融合较之于校企合作,其内涵更加丰富,合作的内容更加广泛,合作的深度更加深入。应用型人才的培养目标决定了产教融合是地方高校应用型人才培养的必然选择,是教育与产业连接的桥梁,对提升区域经济活力意义重大。2017 年年底,国务院办公厅印发了《关于深化产教融合的若干意见》,提出了深化产教融合的具体举措,为推动高校产教融合人才培养改革、提高高等教育人才培养质量提供了行动指南③。

作为应用型高校的探索,产教融合、校企合作一直是当下高等教育理论研究的热点。合作主体的多元性、合作方式的多样化、合作内容的广泛性等,都决定了校企合作、产教融合的复杂性和不确定性。这些成果主要体现在管理体制、办学模式、课程教学方面的融合。林江鹏先生等分析了"产教融合、校企合作"的理论内涵;刘建平研究了协同创新人才培养模式及运行机制;唐宇等人针对地方本科高校与地方经济产业链对接不紧密等问题,提出学校应主动出击,争取政府、行业、企业多方资源,提高学科专业的建设水平,提升应用型的课程质量,推进课堂改革,加强双师型师资队伍建设、共搭实习实训基地等途径强化协同育人培养成效。

除此之外,关于应用型人才培养的现实困境、生成原因以及改善策略方面,学者们也进行了相关研究。在现实困境方面主要表现为应用型人才培养目标定位不明晰、学科专业建设与区域产业联系不紧密、课程结构不合理、双师队伍建设相对滞后、制度供给不足等。在策略等方面主要从学校与政府两个角度出发,提出学校要更新教学理念,优化学

①霍振霞. 我国应用型本科人才培养模式研究[D]. 开封:河南大学,2012.

②顾永安. 新建地方本科院校的转型发展[M]. 北京:中国社会科学出版社,2012:187-189.

③教育部:促进产教融合、校企合作将打政策"组合拳"[EB/OL].(2018-04-28)[2021-12-15]. https://baijiahao.baidu.com/s?id=1598950824161076313&wfr=spider&for=pc.

科专业布局、加强双师队伍建设、创新人才培养模式、深化产学研合作等。政府要从政策保障、服务保障、评估保障方面等方面,创建良好的应用型人才培养的外部环境。

五、应用型人才培养的机制

机制是为了达到发挥事物功能最大化的目标而按照一定的运作方式和规则,是用计划、行政手段把各个组织有机统一起来,通过有机系统运行,指导、服务的方式去协调各要素之间的关系。从功能来看,机制可以分为激励机制、制约机制和保障机制,三种机制在组织系统中作用机理不同,相互制约,相互影响。对于高校而言,在人才培养实践中如何合理构建行之有效的约束机制、激励机制和保障机制,就显得十分重要。如学校的行政管理制度、教学运行制度、人才评价制度等。

影响应用型人才培养的因素比较多,根据应用型人才培养的规律,将这些要素分为内、外两方面。内部作用机制主要涉及高校的内部机构及其各机构之间的相互运行关系,包括教学投入保障机制、教学运行管理机制,各涵盖四个方面内容。大学外部管理机制包括政府和市场两个方面,各涵盖三个方面内容(见图 7-2),通过内、外机制合理运行,共同构筑应用型人才培养的管理架构。

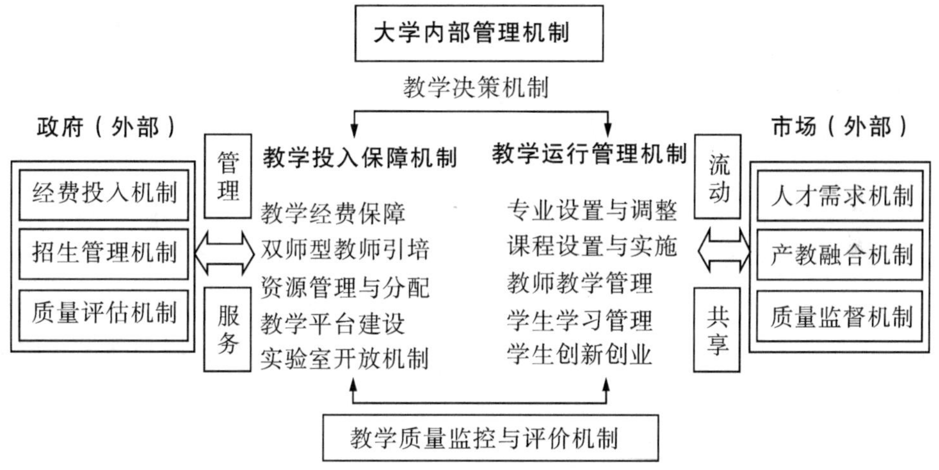

图 7-2　应用型人才培养的管理机制架构

(一)构建人才培养的教学管理机制

近年来,国内许多高校围绕应用型人才培养进行了大量改革与探索,并取得了较好的成效,深化产学研合作,培养学生的知识、能力及素质,形成了应用型人才培养的管理机制。应用型人才培养是一个宏观的概念,其内涵涉及学校内部和外部很多要素,不同要素之间进行不同方式的组合和重构,就会形成不一样的局部运行机制,如教学过程管理方面的教学管理及运行机制、教学质量监控与评价机制,人才队伍建设方面的师资培

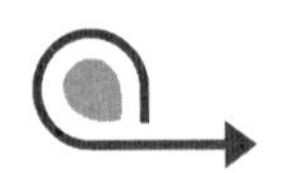

训机制、人才引进与培养机制等，学生管理方面的学业评价机制、就业创业机制，教学资源方面的资源管理与分配机制、教学平台建设与开放管理机制等。

加强内部治理，提高高校治理能力是促进学校可持续发展的内在动力。从高校应用型人才培养的内部机制来看，主要包含“双师型”教师队伍培训机制、产教融合协同育人机制、应用型人才培养管理机制、教学机制、学习机制、质量评价机制、领导激励机制等。而外部机制主要是指影响高校发展的外部教育生态和经济社会发展环境，主要包括政府、行业、企业等教育主体、国家教育制度和相关政策，以及区域经济发展水平和产业发展对应用型人才培养类型和质量的需求等。制度是高校机制运行和发展的基础，应用型高校应强化制度供给，从宏观、中观、微观层面构建完善的制度体系。各高校按照人才培养模式多样化的改革设计，制定相应的顶层设计，从发展方向、建设思路等方面进行宏观设计。通过应用型人才培养过程的规章制度和机制改革，进行应用型人才培养方案的制定、教学大纲修订、应用型专业集群、应用型课程建设等，并付诸实施，能有效促进学校的应用型人才培养。

教学工作是高校的中心工作，因此，现代大学运行机制的核心是充分发挥教务部门和各院系的主体作用，促进教学管理工作规范化、科学化和现代化。教学管理机制主要涵盖课程教学大纲的制定、日常教学管理、课堂教学环节的组织、实践性教学的组织管理、教学科研的组织管理、学籍组织管理、教师工作管理、教学资源管理、教学档案管理等，通过有效运行，使之与应用型大学发展相适应。

1. 建立企业参与人才培养全过程的教学管理制度

学校教务管理部门要做好顶层设计，做好人才培养方案修订的指导工作，要求各专业坚持成果导向理念，深入行业开展深度调研，进一步优化培养规格、培养目标、毕业要求和课程设置。在业界专家共同参与下，制订行业标准、职业资格和岗位素质要求三位一体的人才培养方案，对接行业最新标准和最新要求，形成同时满足行业生产过程要求、工程教育认证或师范专业认证等国家标准的课程体系。建立校企学术共同体，共同开展人才培养方案制定、课程体系构建、教学大纲修订、教材编写、教学过程实施等人才培养各环节，行业企业专家积极参与到课程教学、实习指导、毕业论文(设计)指导的全过程。

2. 加强教学过程管理制度建设

一是完善课堂教学管理制度，对课堂教学的师德师风、教风教态、学生课堂纪律、课堂管理人员职责等都做出具体要求。二是制定科学合理的课程标准，并以此进一步修订规范教学大纲、试卷命题与审批、学生成绩评价标准、毕业论文开题与答辩等过程管理文档。三是建立与上述教学过程管理制度相匹配的人事分配、绩效分酬等配套管理制度，明确校院两级管理职责，理顺校院两级管理机制，使教学过程管理制度更加规范化、科学化。

3. 强化实践教学管理制度建设

一是优化实践课程体系，建立专业基础实验、综合实验、课程设计、专业实习、毕业设

计(论文)等层级递进、内容衔接的实践课程结构,提高综合性实验、设计性实验的课时和学分比例。二是按照职业岗位专业技能和应用型人才培养要求设计实践教学内容,加强实践教学内容和方式改革,制定科学的实践课程教学大纲和指导书,强化实践教学过程管理。三是对实习实训的基地建设、组织管理、过程指导和成绩评定等提出具体要求,设立实习专项经费,将实习经费纳入教学经费预算体系,确保各类实习的正常、有序和高效开展。强化实习管理、规范实习纪律、严格实习考勤制度,学校和实习单位双方依据实习生的实习报告、实习答辩和实践项目的完成情况等,对实习生的专业实践能力、团队合作能力和社会责任意识进行全面评价。四是强化毕业论文(设计)过程管理,坚持"一人一题",坚持毕业论文(设计)题目与学生的实习实训、创新实践相结合。

(二)人才培养质量监控和评价机制

《深化新时代教育评价改革总体方案》提出,树立科学成才观念,坚决改变用分数给学生贴标签的做法,讲求技术应用或服务提供、侧重技能掌握和动手能力。通过制定科学的人才评价机制,并充分发挥其导向作用,建立"以评促教""以评促学"的评价机制,使应用型本科高校人才培养质量标准更好地对接社会需求①。应用型人才评价标准应侧重技能掌握、技术应用、服务质量等方面。

1. 构建多元化学业评价体系

改变传统学业评价重结果、轻过程,重分数、轻能力的倾向,根据《方案》的总体精神修订出台学生学业评价改革指导意见,促使教师转变教育观念,加强过程管理,突出评价主体、评价内容、评价方式、评价标准等的多元性,将过程评价与结果评价相结合,知识水平评价与能力水平评价相结合,实行多个阶段、内容综合、多方参与、形式多样的综合考核模式,构建有效多元的高校学生学业评价体系。一是加大课堂讨论、平时测评、阶段考核等过程考核在课程学习考核中的比重;二是加大知识应用类和实践能力类内容的考核比重;三是鼓励行业专家、实习单位教师、校内实践教师、社会考试机构等多方参与;四是认可网络考核、试卷考核、调研考核、实操考核、设计考核等多种形式。

2. 探索特色化课程考核方式

围绕应用型人才培养,鼓励各专业探索特色化课程考核方式。例如在管理类专业实行"以证代考",在集中实践环节设置资格证书课程,开设"理财规划师培训""初级会计师培训""人力资源管理师培训"等课程,学生通过考取理财规划师、会计师、人力资源管理师、税务师等相关证书即可获得课程学分。实行"以赛代考",学生通过参加各种相关比赛等,其比赛成绩可作为课程考核成绩,激励学生提高实践动手能力。

---

①中共中央国务院. 深化新时代教育评价改革总体方案[EB/OL]. (2020-10-13)[2021-12-23]. http://www.gov.cn/zhengce/2020-10/13/content_5551032.htm.

3. 构建教学质量监控闭环

一是对接本科教学国家质量标准,以“OBE 理念”为指导思想,关注学习成果,突出能力和应用,针对人才培养的主要教学环节,制定详细的质量标准与评价办法。二是理清学校和二级学院在教学质量监控过程中各自的目标、任务和责任,建立校院两级教学质量监控体系;三是构建多元主体参与的教学质量奖惩、考评、激励机制,确保政策导向切实落实为个体的实际行动。四是充分利用现代信息技术,如大数据技术、数字画像技术等在人才评价中的作用,对学生在校期间各方面素质和能力、社会实践、学业成绩进行跟踪记录,在此基础上构建应用型人才评价的质量标准体系。

(三)构建应用型学科专业建设机制

立足地方经济的长远战略,结合地方重大需求,围绕区域重点产业链进行学科专业布局,推动“四新”建设,培育专业新的优势和特色,构建与区域产业链紧密结合的应用型学科专业体系。出台产教融合专业群建设规划和实施方案,不断完善专业集群发展的运行机制。以优势学科专业为核心,结合国家和地区经济发展趋势以及特色专业群建设,紧贴地方重点产业和专业群建设优化专业结构,建立专业动态调整机制,进一步调整优化专业结构,培育打造特色先锋专业。

1. 构建校企合作专业群建设长效机制

围绕区域产业链和创新链,按照“相关支撑,特色突出”的思路,将若干学科基础相近、工程技术领域相同的专业进行有机组合,建设与产业群紧密对接的专业集群,形成专业建设的“旗舰”效应。通过专业群内部资源重组和共建,搭建校企深度融合的制度供给与运行机制,形成专业共建、课程共建、师资共享、资源共享、责任共担的校企合作制度体系。

2. 构建学科专业一体化发展机制

通过专业调整、资源调配、人才队伍建设等举措,形成学科群与专业群统筹发展的体制与机制,以扎实深厚的学科群建设引领专业群的可持续发展,以专业群建设支撑学科发展。专业群建设要以核心专业建设为重点,发挥核心专业示范引领作用,通过课程共享、学分互换、模块化课程建设等制度,带动学科群和专业群内各专业融通协调发展,在专业教育中实现通识教育理念。同时,通过专业群建设引领带动专业建设水平整体提升,从而助推学科发展。采用新的管理方法(如矩阵式管理、大部制、委员会制、理事会制、行业学院等),克服条块分割,以实现人、财、物的统筹为手段,进行校外、校内、专业群内的资源整合及共享,提高工作效率和集群效应。

(四)构建校地人才队伍共建激励机制

一是完善教师职称及薪酬制度改革,推行分类管理和分类评价,突出应用型成果导向,在职称评审、绩效奖励等方面加大对“双师双能型”教师的激励政策。二是注重对教

师师德师风、教书育人、科学研究、社会服务与综合素质的全面科学评价,从而完善教师评价机制,充分调动广大教师提升教育教学质量、科技创新水平和社会服务能力的积极性。三是完善绩效考核制度,创新绩效分配激励方式,实施岗位履职绩效工资分配制度,以岗位类别及职责任务完成情况为基础进行绩效工资分配,提升工作实绩和贡献度在分配标准中的占比,大胆向教学一线和优秀人才倾斜,大幅度提升对教师在产教融合、科教融合、人才培养等方面的高层次成果和突出贡献的奖励力度。

(五)构建大学生创新创业教育机制

目前很多高校都已经把创新创业教育课程作为第二课堂课程纳入了人才培养方案,并有一定的学分要求。大部分高校的创新创业课程没有与专业教育有机融合,与第一课堂有机融合,创新教育并没有渗透到人才培养全过程,也就是说,并没有建立起真正行之有效的创新教育机制。要想建立创新创业长效机制,学校必须与政府、行业企业协同合作,构建起多元协同的创新创业教育多元组织架构,利用好校内外一切可以利用的平台、师资、场所、资金等资源,将创新创业教育与专业教育有机融合,开展教师、学生全员全程参与的创新创业实践。如通过"大学生创业基础"必修课程教育、"视·界"创新创业大讲堂、GYB/SYB创业培训班、国家级/省级创新创业训练计划项目、"工程应用班"/"创客精英班"等创新班建设,对学生开展专项培训。在学生中广泛培育创新创业团队和创新创业项目,针对有创业项目的学生开展定向指导,学校组织教师帮助学生申请并有序开展创新创业项目实践活动,从而构建"课堂教学+培训指导+竞赛提升+文化培育+实践实训"为一体的依次递进、有机衔接的"金字塔"式创新创业教育体系,保证能力较强的学生最终能够获得高层次创新创业成果。

(六)构建资源协调共享的运行机制

应用型人才培养必须走产教融合的道路,"产教融合,校企合作"涉及学校、政府、行业、企业等多方主体的参与和资源利用整合,因此必须完善共生机制,兼顾各方利益,明确各方职责义务。应用型高校要通过有社会和行业企业参与的大学理事会、"政—校—企"联席会议、教学指导委员会等高效运行的校地合作制度,来促进产教融合,从而构建学校主体、政府主导、行业企业参与的多元主体相互配合、相互支撑、共融共生的应用型人才培养机制。

资源作为高等教育发生发展的基本要素,是保障应用型人才培养质量的最重要的基础和支撑。尤其是由于近年来的扩招,地方应用型高校普遍存在缺少稳定多元的资源筹措渠道、资源紧缺、资源利用率不高等问题,构建科学高效的资源协调运行机制就显得尤为重要。学校要重视资源建设和聚集,利用资源的载体作用加强与社会互动与交换,建立人才资源、平台资源、资金资源等各方面有机协调的校地资源共享机制,在应用型人才培养过程中,与地方合作共建协同创新平台,共建师资队伍和高层次人才队伍,广开渠道

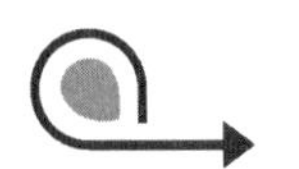

征求政府支持资金，通过以服务求支持，向社会广泛获取资源，把社会资源转化为办学资源，提高资源运行效率。

六、地方高校应用型人才培养的路径

当前，地方应用型高校建设已经全面步入充实内涵和提升质量的时期，如何突破制度同构和传统发展路径依赖是当前地方高校落实内涵建设，实现高质量发展所要解决的最为关键的问题。只有围绕应用型人才成长生态，使人才培养与区域经济之间达到目标协同、战略协同、组织协同和知识协同，通过应用型人才培养过程的规章制度和机制改革，打造应用型人才培养的差异化模式，进行人才培养的路径重构，才能切实保障应用型人才培养目标的实现。

（一）优化人才培养的顶层设计

1. 加强人才培养协同组织建设

应用型人才的培养离不开社会尤其是政府、企业等多方主体的支持。地方院校扎根地方，服务地方，长期以来形成了具有一定区域优势的办学互动模式，在此基础上，地方高校首先要主动出击、抢抓机遇，与当地政府统一认识，统筹规划，出台校地合作战略协议，获取地方政府对高校人才培养的政策支持，用制度为应用型人才培养发展保驾护航。其次，政府要积极组织企业、行业与高校对接，加强协同育人组织建设与协调，构建学校—企业—政府合作网络。如政府成立专门的校地联络办公室，负责与高校、企业之间的对接与沟通，学校成立专门的校地合作机构，负责校地、校企深度合作方面的相关事宜。三是提供相应的经费，予以保障，推动产教融合。

2. 制订应用型人才培养方案

培养方案是实现人才培养目标的总体规划。高校应从培养方案的指导意见、修订原则、过程、审核等流程都进行明确规定，确保培养方案制定的科学性和前瞻性。对于地方高校来说，培养方案修订的理念、修订的目标和内容、参与的主体都要尽可能做到深入研讨，论证。从学校的定位、学生的个性需求出发，根据区域经济发展和产业结构对人才的需求情况，通过充分的社会调研，邀请政府、企事业单位、产业行业人员参与到人才培养方案的制定过程中去。

3. 构建应用型人才培养课程

课程是应用型人才培养的关键，是地方高校教育改革的核心。地方高校要树立“学生为本”的课程观，打破传统的学科课程建构方式，以“学生成果导向”为遵循，以“应用、融合、共享”作为课程建构的新理念，积极构建与市场相适应的课程体系，对接岗位需求，打造包括核心课程群、技能课程群和特色课程群相互贯通的应用型课程体系。

通过“理论与实践一体化”，打造具有高阶性、创新性和挑战度的金课。第一，坚持立

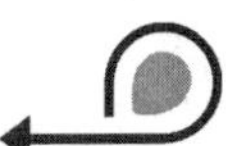

德树人,设立思政课程和课程思政教学改革专项,推选学校特色优质课程,打造思政教育金课。第二,强化专业教育,基于职业岗位需要,打破学科知识体系,使生产链与课程链有效衔接,以职业能力培养为重点,实现课程对接岗位,构建不同的知识学习、能力实践和素质教育模块,打造专业类金课。第三,与企业合作,打造教学内容、教学模式与行业企业需求紧密对接的应用型金课。第四,围绕素质培养,打造以“口语表达、创意写作、经典阅读、艺术实践”等为重点的通识课程体系,遴选校本精品通识课程,引进线上通识课程,打造通识类金课。第五,积极开展校企合作,共同编写实践类校本教材,采用“教师+导师”的教学模式,以线上课程为主、线下精品课为辅,线上线下融通,开展全员创新创业实践,打造实践类金课。

教材作为课程的重要载体,是教师授课的重要参考和依据。对于应用型人才来说,应根据产业需求、岗位要求,对教材内容进行及时更新、重构,选用或编制“适用性”实践教材。重点围绕地方产业发展和人才培养的目标定位,从专业特色、企业需求及学生认知能力等多角度,校企合作开发编制一部分校本应用型教材,尤其是实训实践教材,把新知识、新技术、新方法、新案例充分融入进去。

(二)强化协同,激发各方参与的积极性

协同育人模式是应用型人才模式培养创新的基本路径,也是地方本科院校解决人才培养与产业需求脱节的根本出路。首先,地方高校要走出“思想圈层”“学术圈层”的传统观念,认识到应用型人才的培养必须借力于地方,需要政府以及地方工业部门的支持和参与。主动与企事业单位加强沟通,使他们认识到参与人才培养的重要意义。当然在这个过程中,双方应该达成愿景共识和利益共识。其次,高校不能忽视自身的贡献度,只关注企业的给予,应该基于企业方的利益需求进行统筹考量。企业关注经济利益,在协同育人的过程中,更加重视“产”的结果,而高校则比较看重“教”的开展,对于“产”的价值则比较轻视。因此,双方在协同育人、产教融合的过程中,即使制定了相关政策,也往往由于“产”与“教”之间的认识不同,关注点不同,使实施过程与合作目标发生偏离,存在着产教脱节,协同不力的问题。因此,通过现在产业学院等组织机制创新,构建新型产教融合模式,提升服务能力。通过与企业共建共管,打造一批面向企业的协同育人平台,把企业的发展与人才培养真正结合起来,把科研团队与产业集群结合起来,围绕地方产业急需问题进行合作研究,形成互促互助融通共享平台,形成人才培养基地、创新创业基地、科研成果转化基地,在实现资源合力提高人才培养质量的同时,又为企业创新提供了智力支撑和技术支持,使学校和企业之间获得双赢。

1. 校地合作,学做相融

围绕建设高水平应用型大学的办学目标,加强与地方政府、企事业单位的沟通,建立政产学研校地合作机构,积极推进政产学研合作。加强制度供给,建立完善校地合作、产教融合的制度体系和运行机制,明确双方相应的责任、权利与义务。根据达成的目标共

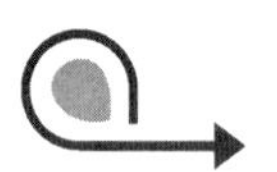

识，推动校地双方在人才共建、专业共建、平台共建上进行目标任务的细化，责任单位的落实以及相关资源的统筹调配。定期召开校地合作专题会议，由政府部门人员、校方人员、企业人员共同参与，研究校地合作、产教融合及现代产业学院、专业群建设等相关问题，搭建双方交流沟通的平台。建立行业企业和用人单位参与的校地合作委员会，根据社会需求、学校基础和行业、企业联系，建立与专业发展的互动关系。在教学改革、产教融合、创新创业和社会服务等方面，积极探索，培养高素质应用型人才。建立产学研合作基地，引进企业一线人员参与应用型人才的培养，聘请企业一线人员作为兼职教师，鼓励一线教师到企业锻炼学习，搭建校企共育平台，加强与企业全方位合作，培养学生的实践能力。

及时将业界新的知识、技术、方法、管理理念纳入到实践教学中去，构建“学做融合，用创贯通”的实践体系。搭建丰富多样的创新创业实践活动平台，鼓励学生积极参加，并要求完成相应的实践学分，为提升学生的实践创新意识和创业就业能力奠定坚实基础。通过行业企业与学校的合作，将产品研发、生产过程渗透到专业建设、课程与教材开发、师资培训、人才培养等各个方面，构建系统化的实践育人教学体系，形成行业、企业参与的协同育人模式。建立“多元协同、融通共享”的合作育人机制，引导企业深度参与人才培养全过程。吸引一批优秀行业企业专家进入学校教学指导委员会、专业建设委员会，共同参与专业建设，实践基地建设、共同制定培养方案、共同开展课程教学、学生指导以及学业评价。学校、行业企业、地方政府三位一体，对加强学科专业与地方经济的深度融合、课程与产业的紧密对接，教学内容与生产过程的融合，工作体系与学术体系的融合提供了有效路径。

2. 支撑有力，共筑平台

校企协同搭建创新平台、汇聚创新资源，推动科技创新、产业创新、制度创新，积极推进成果转移转化。通过协同创新平台建设，引入企业先进实训技术装备，与企业共建实验室、实习实训基地、实践教学平台等，把企业的工程技术中心、产品研发中心等搬入学校，让教师和学生参与到企业研发过程。通过与行业企业建立全方位、多层次的合作，构筑协同创新共同体，激发改革创新活力。

创新平台是地方高校实现高水平建设的有效方式，对学科建设具有重要的支撑作用。通过创新平台，不仅可以促进学科优势融合，提高教师科研攻关和成果转化的能力，同时对于创新型应用人才的培养至关重要。因此学校要整合优势，重点突击，围绕区域产业的需求，形成以重大项目为牵引，以解决企业关键技术为导向的创新平台建设模式，积极推进产学研深度合作。通过协同创新平台建设，邀请行业企业参与到学校人才培养方案制订、教学团队、教材编写、实践教学指导等人才培养的全过程，打造以平台为依托的责任共同体。秉承开放、融合、创新的理念，设立产学研合作重大专项，组织教师、学生与企业专家，通过高校、科研机构、生产企业的对接与合作，围绕企业技术需求，围绕“卡脖子”技术，积极开展联合攻关和技术创新。

3. 多方参与，协同育人

地方高校的区域定位决定了必须以服务区域经济社会为核心，并通过服务社会反哺教学和科研，提高人才培养质量。因此，多方参与、产教融合是协同育人的基本方式。在人才培养方案、人才培养模式和课堂教学模式方面，加强校企合作育人，推进人才培养体系的创新。首先，在人才培养方案的制订上突出行业参与。结合职业资格和岗位素质要求，企业、行业共同参与制定对接行业能力素质要求的人才培养方案。紧密对接国家标准、工程教育认证、师范专业认证标准，不断细化人才培养目标、培养规格、核心能力，明确培养目标、毕业要求、课程及教学活动之间的相互支撑关系；通过重构课程结构、优化通识课程、突出核心课程、强化实践课程等，形成以"通识+专业+实践+创新创业"为基本构架的课程体系，凸显专业人才培养方案的"应用"特性。

其次，在人才培养方式上，突出合作育人。通过联合共建产业学院，探索资源要素互相转化、互相支撑、良性互动的教育发展新生态，打造多主体、多功能深度融合的新型办学实体。

最后，在课堂教学模式上，对接产业和生产过程，积极推进项目式、案例式、研究式教学，突出理论与实践、课堂与企业的对接。坚持实践素质训练、专业技能培养、创新训练和综合实训"四位一体"，通过"课堂教学创新计划""实践能力提升计划"，构建以实践创新能力培养为目标的实践教学体系，培养学生的实践能力。在夯实基本实践和专业技能的基础上，增设"工程实训"实践模块。以学科竞赛为抓手，与相关企业合作开展学科专业竞赛，积极推广一院一赛、一院多赛。推行本科生导师制，鼓励教师带领学生开展课题研究，引导教师在教学内容、教学组织、教学手段、教学评价等方面改革，打造"高效课堂"，培养学生的实践能力和创新能力。

（三）多措并举，构建创新创业教育体系

强化创新创业教育，全面提升人才培养质量。发挥专业优势和特点，以服务地方经济、为社会发展培养创新型人才为己任，把促进大学生全面发展作为根本原则贯穿始终。通过修订完善专业人才培养方案，牢固树立学生中心、成果导向、持续改进的人才培养理念，构建完善激励机制、保障机制、协作机制和宣传机制。

1. 构建"四位一体"，推进创业教育

以校企合作、产教融合为重点，按照"基地化建设、项目化运作、团队化培育、整体化推进"四位一体创业教育思路，搭建贯穿融通的创新创业人才培养体系，构建了创新创业人才培养的复合平台。以创新引领创业，以创业带动就业，将创业教育渗透整个教育教学过程。充分发挥创新创业孵化中心、大学生校内外实践教育基地的作用，建设"思想碰撞区""创业体验区""创业苗圃区""孵化加速区""创业示范区"和"创客梦工厂"，逐步探索创意、创新、创造、创业生态链。

以学科竞赛为抓手，构建学院、学校、省、国家四级学科专业竞赛活动体系。一是以

国家级“大学生数学建模竞赛”、“互联网+”创新创业大赛、“挑战杯”课外学术科技作品竞赛等为代表的国家级学科专业竞赛体系；二是以省工业设计大赛、大学生艺术展演活动等为代表的省级学科专业竞赛活动体系；三是由学校组织开展的形式多样的学科竞赛、科技文化活动等校级学科专业竞赛体系；四是以二级学院组织开展的学术论文、设计作品展为代表的学生社团竞赛体系。使学科竞赛逐渐成集专业性、创新性、实践性于一体，既能够达到培养学生的实践技能，又能培养学生的技术创新能力。

2. 搭建“四大平台”，训练学生实践能力

通过搭建“创业教育”“科技支撑”“实战演练”和“综合服务”四大平台，初步建设“一院两中心三园区四十二基地”的“阶梯式”创新创业平台：“一院”是指创新创业学院；“两中心”是指工程技术中心和创新创业中心；“三园区”指许昌大学科技园、大学生创新创业孵化园区和颍川众创空间；“四十二基地”是指依托各二级学院实验实训室，结合专业特色成立的“大学生创新创业基地”。通过四大平台的搭建和创新创业系统工程，创新创业基地服务于学生科技创新项目，工程技术中心侧重于学生工程能力训练，众创空间服务于孵化学生初创项目，创新创业中心立足于加速孵化学生创业项目，大学科技园则主要吸引科技企业的入驻以及产品孵化提供服务。实现了创新创业课程与通识课程相结合，创新创业教育与专业教育相结合，课堂教学与课外实践相结合，学校教育与校企合作相结合，实现产学研的对接。

以创新思维、自主学习能力、实践能力、团结协作为目标，建设大学生创新创业中心，围绕“基础厚实、技术扎实、创新意识强、实践能力强”的应用型人才培养目标，构建创新创业教育通识平台、创新创业实践平台、专创融合专业教育平台，将创新创业教育融入人才培养全过程。

3. 实施“三级教育”，培养学生创新能力

大力加强课堂教学改革，鼓励教师积极采用新型教学方法，依托“教师课堂教学大奖赛”“教师实践教学大奖赛”“应用型课程设计大赛”、教学工作坊、观摩课等方式，积极推广基于行业企业真实项目的案例教学、项目教学、情景教学，积极探索建设研讨型课堂。实施“应用型课程建设计划”，加强学校、行业、企业等多方合作，共同实施教学过程，把行业企业技术革新项目和优秀工程案例作为教学资源引入课堂。通过“教师教学创新大赛”“应用型课程竞赛”等教师教学竞赛活动，引导教师积极开展课堂创新。通过互动教学网、一体化应用云平台、轻新课堂 APP 等设备和软件，实现电脑及移动端教学巡视、听课评课、课程测试、同步直播和课堂回看等功能，大力提升了课堂教学和教学管理的信息化水平。

通过设置 2 门必修主课+多门选修课+活动实践课程的“2+X+Y”创新创业课程群，逐步构建了通识教育、创业专项培训和定向指导的“金字塔”式三级教育体系，分阶段分层次全覆盖。通过培训研讨、项目路演、竞赛提升、实战演练等大学生创新创业活动，形成了依次递进、有机衔接、结构合理、相互配合的培养体系。

（四）对接岗位，重塑人才培养课程体系

1. 优化资源，开发应用型教材和课程

充分利用河南省应用型教材建设联盟优势，启动应用型教材建设工作，并开展了校级应用型教材遴选，开发校级应用型本科教材，每门课程均要求要与企业合作编写，内容严格按照工作任务进行重构。另外，加强网络教学平台建设，建设了一批以公共基础课和专业核心课为重点的网络课程和网络教学资源，利用超星尔雅、爱课程、赛课等网络平台引入开发线上通识课程资源，遴选出精品通识课程、精品在线开放课程、双语课程、一流课程等各类校级课程建设项目，形成了校内校外一体、课内课外融通、线上线下互动的教学资源平台。

2. 对接岗位，着力打造应用型课程

应用型课程以职业能力培养为重点，强调按照基于真实工作场景或任务设计教学内容，采用实践性、情景化、职场化的教学方式，让学生在学做之中掌握真实本领。针对专业人才知识、能力需求，依据"应用型"导向开展教学内容、教学方式、教学手段、教学评价等课程改革，起到了引领全校课程转型的作用，形成了应用型课程建设的良好氛围。

3. 提升能力，强化实践类课程建设

聘请业界人员参与实践课程内容建设工作，以培养学生的职业素养和能力为重点，精心建构实践课程体系。课程内容能反映职业资格和岗位素质需求，与职业标准相对接。课程实施力求体现生产过程、工作流程的真实环境。企业行业人员参与实践课程建设工作，实现了人才培养目标与业界用人标准的对接。引入企业行业领域的新知识、新工艺、新技术和新技能，实现了教学内容与社会需求、技能训练与岗位要求的衔接。同时，也促进了毕业论文（设计）指导和管理、教师教学方法和教学手段、学生学业成绩评定方式的深度改革。

4. 回归常识，推进通识类课程改革

为进一步提高应用型人才的科学精神和人文修养，拓宽知识视野，创新思维方法，提升综合素质和能力，促进全面发展，适应社会对复合型、应用型和创新型人才的需求，学校决定进一步推进我校通识教育教学改革。界定应用型人才的通识核心素养，进而设立通识教育系列核心课程，重构了通识课程体系，线上线下并重，明确了通识教育课程资源建设思路和教学及管理模式。

（五）紧贴区域主导产业，培育专业集群

一是围绕地方产业链建设专业链，根据专业链上岗位需求，按照"融入产业、集群发展"的指导思想，把专业建立在产业链的各个层次，实现教育链、产业链和创新链的"三链融合"。打造学科专业"集聚效应"，把专业集群建设作为应用型人才培养与地方产业发展的有力抓手，增强专业结构与地方产业结构的吻合度，构建产教融合专业集群和学科

群。集中力量打造优势,通过"工学结合、教学做合一、产学研一体",实施产业群与专业群、岗位群和课程群的"四群互动"。

二是结合地方重大需求,根据地方发展的长远战略及产业更新升级,建立专业动态调整机制。通过对一些传统的专业改造升级,培育专业新的优势或特色;对一些招生就业不理想的专业实行停招或限制招生。

三是根据战略性新兴产业的发展方向,立足区域科技、产业基础,重点培育和发展适应区域发展的与现代新兴产业相一致的新工科、新医科、新文科、新农科等"四新"专业。通过打破学科壁垒,大力培育跨学科专业,突出多学科多专业之间的交叉融合,做到交叉求新。集中优势,打造若干在区域有一定影响力的特色专业。

1. 结合区域产业发展,优化专业

科学制定专业发展规划,聚焦政府、企业、学校、学生等多方面需求,以重点学科和省级协同平台为支撑,建立优势互补、资源共享的区域特色专业集群。根据学校发展定位、社会人才需求以及产业发展趋势,建立招生就业联动一体的专业动态调整机制,从招生就业、师资队伍、教学科研水平、人才培养质量等方面对各专业进行综合排名,对排名后10%专业采取预警整改或隔年招生、停止招生等措施。通过缩减招生、隔年招生、撤销专业等,形成专业退出机制,以此来倒逼各院系重视专业内涵建设,提升专业竞争力和吸引力,保持专业集群内部结构合理,促成专业群内部生态平衡发展。改造传统专业,通过课程体系的重塑与调整,教学内容的充实与更新,技术装备的升级与改造,增加专业的高新技术附加值和适应面,形成新的专业增长点。

2. 实施品牌计划,提升专业质量

地方院校应该摒弃专业建设中的"鸵鸟心态",认为只有一流大学才能建设所谓一流专业。实际上对于地方院校来说,一流应用型专业在高水平应用型大学建设中起着引领推动的作用,应用型专业的建设相比于学科建设更为紧要。因此,地方院校要树立"专业为王"的建设思路,在强化标准意识的同时,把特色专业、一流专业等作为专业品质的重要抓手,实施"品牌专业培优计划",培育能够起引领作用的优势专业和特色专业,整体提升专业建设水平。其次是以工程教育认证为突破,以"金专"高站位谋划、高起点建设、高标准要求进行专业认证与专业评估,以此带动专业水平的整体提升。

(六)建设"双师型"队伍,培养应用型人才

1. 多种形式,引导教师入企业实践

通过绩效评价、职称评审、人事分配等方面的制度,激励教师到行业企业一线实践锻炼,鼓励教师提升实践教学能力,鼓励教师投身应用研究和社会服务。学校与地方政府共同实施人才共建"双百工程",选派百名行业企业骨干技术人才担任学校兼职教授,学校选派百名教师到产业集聚区和企事业单位实践锻炼。建立与应用型人才培养相匹配的"双师双能型"卓越教师队伍,创设提升应用型人才综合素养和专业技能的育人环境,

通过行业培训、资格考试等方式，培养具有地方特色的教育品牌和教学名师。具体措施：①要求从事实践教学环节的教师，都必须取得中级以上的技能等级证书；②要求专业教师在指导课程实习和毕业实习时，结合实际，真题真做。

建立稳定高校的应用型教师培养制度，通过企事业挂职、校企合作等方式，使教师能够在生产、管理、研发一线中进行“真刀实枪”的锻炼，提升自身工程实践能力。通过校企合作，建立借“脑”引“智”的互通渠道，聘请企业行业和科研院所中专业素质过硬、实践经验丰富、教学能力强的人才和专业技术人员，作为学校的兼职教师，以此弥补教师群体中教学能力不足的“短板”。完善“双师型”教师评聘制度，高级职称教师评审中将具有企事业实践经验，并且取得实质性创新成果列入竞聘条件。

2. 政策引导，提高“双师型”教师比例

为加强“双师双能型教师”队伍建设，进一步激发教师参加应用型人才培养的积极性和创造性，根据《教师法》《职业教育法》，结合学校实际制订了《关于“双师型”教师队伍建设的有关规定》，从制度上、政策上向开展“产学研”活动的“双师型”教师倾斜。规定学校认定的专业带头人、骨干教师必须具有一年以上的企业实践经验，有一至二项横向科研成果，才能获得入选资格；学校对获得“双师”资格的教师给予享受学术休假、出国培训、进修和项目开发补贴等优惠待遇；被评聘为学校学科、专业带头人的“双师型”教师，给予专项津贴以及书报资料费；等等。这些政策措施看得见、摸得着，对调动广大教师参与“产学研”活动起到了激励作用。目前学校专业教师队伍中具有中级以上技能证书的教师已达30%，双师型教师达到35%以上。

3. 创新引领，打造优势教师团队

完善高层次人才柔性引进管理体制和运行机制，探索在重点实验室、工程技术研究中心、重点学科(专业)和创新团队实施“人才特区”政策，有序引进学科领军、学科带头人和学术骨干人才。推行“产业引才”，结合学校重点专业集群和产业学院组建实际，推行“产业项目+人才团队”的招才引智模式，柔性引进行业前沿产业项目人才(团队)，依托产业引才，提升产业学院发展水平。聚焦“家乡人才”，结合地域实际，深挖行业领军人才及创业创新团队，紧密联系与学校学科专业发展需求契合的“家乡人才”。靶向“自有人才”，拓展与已经引进的高层次人才深度合作，开展重大科技攻关。充分发挥现有中原学者的学术领军优势，组建骨干科研创新团队，构筑高端人才集聚高地。

学校应围绕学科专业布局规划，借助教师发展中心、教师工作坊、专家工作站等平台，选拔具有跨学科背景与综合能力的教师为组团桥梁，依托产学研项目，分级构建师资团队，培养教学科研型、教学为主型、科研创新型、社会服务与开发型等不同系列的教师团队。创新人才引育制度，实施教师的分类评价分类管理，让各种类型的教师都能展示所长。明确专业教师的学科归属，整合优化学科人才队伍，提升人才培养质量，大力提升应用型人才培养质量和服务社会的能力和水平。

七、启示与展望

通过研究,我们认为应用型人才培养有以下几种路径。

1. 优化人才培养的顶层设计,强化协同,激发各方参与的积极性

第一,健全完善制度规范设计。美国在校内外协同培养应用型人才过程中建立了从上至下的制度规范。而我国虽然出台了一些相关政策文件,鼓励应用型人才培养,但是与之配套的、可操作的实施细则少,激励企业参与应用型人才培养的积极性不足。今后,我们必须健全完善制度,通过制度设计,用制度来推动、支持应用型人才培养。第二,校内外相互协同配合,积极推动人才培养方式的多样化。通过对英美德等发达国家应用型人才培养的梳理。首先,优化教育教学方式,激发学生的学习兴趣,加强基础知识教学。其次,实施跨学科、跨院校协同教学,拓展学生的视野,促进其进行思考,提高学生的创新意识与思维能力。第三,加强实践教学,通过亲身参与生产实践,培养应用型人才。我们必须树立全面培养人才的质量观,不仅加强基础知识的学习,也必须关注学生的动手和应用能力培养,提高学生终身发展的能力。

2. 围绕地方产业链建设专业链,根据专业链上岗位需求,按照"融入产业、集群发展"的思想,把专业建在产业链上,建设专业集群,实现教育链、产业链和创新链的"三链融合"

打造学科专业"集聚效应",把专业集群建设作为应用型人才培养与地方产业发展的有力抓手,增强专业结构与地方产业结构的吻合。对接企业岗位和生产过程,构建课程体系。通过"工学结合、教学做合一、产学研一体",实施产业群与专业群、岗位群和课程群的"四群互动"。对接岗位需求,打造包括核心课程群、技能课程群和特色课程群相互贯通的应用型课程体系。

3. 校企合作,产教融合,多措并举,构建创新创业人才培养体系

强化高校的主体地位,激发校企双方参与的积极性。一方面,地方高校要多与企事业单位沟通,转变企业的传统观念,共同参与专业建设、实践基地建设、共同制订培养方案、共同开发课程,共同实施学生指导和学业评价,引导企业深度参与人才培养全过程。另一方面,地方高校要提升服务能力,加强学科专业与地方经济的深度融合、课程与产业的紧密对接,教学内容与生产过程的融合,提升企事业单位参与应用型人才培养的积极性。

4. 加强师资队伍建设,打造优势教师团队,培养双师型教师

建立稳定高校的应用型教师培养制度,通过企事业挂职、校企合作等方式,使教师能够在生产、管理、研发一线中进行"真刀实枪"的锻炼,提升自身工程实践能力。实施多元学生评价,提高人才培养质量。树立为促进学生发展服务的发展性评价思想,把动手能力、分析能力和创新能力作为考核的主要内容。突出多方参与、多元评价。积极探索反

思性评价、发展性评价、社会参与性评价，通过教师、社会和学生的多方参与，实行校企双方共同制定实验实训、课程设计质量标准，并将创新实验和设计等作为成绩评定的重要依据。在毕业（论文）设计答辩环节，要求学生采用多媒体课件、图像资料、实物模型和真实产品等形式对毕业（论文）设计成果进行全方位展示，校企双方共同对学生的专业实践能力、团队合作能力和社会责任意识进行全面评价。推动“以证代考”“以赛代考”多种考核方式，将学生的注意力转移到平时的学习实践中去，调动学生的学习自主性和兴趣。完善学业评价，以学生为中心，基于学生实际水平制定合理的学业评价方式。逐渐形成过程性评价、形成性评价、终结性评价等学业评价模式。通过丰富评价手段，由单一的考试逐渐转变为调研报告、口头交流、作品设计、书面考试等相结合的考核模式，激励学生动手实践，立足学校实际，利用好社会资源，坚持校地共建，校企合作，构建应用型人才培养体系，培养社会需要的应用型人才，提高应用型人才培养的质量。

专题八　河南省高等职业教育公平发展的区域比较研究

一、研究背景

随着高等职业教育在改善劳动力结构、促进经济结构转型等方面的作用日渐凸显，如何测算教育经费投入的公平程度及保障教育经费投入的协调与均衡得到广泛的关注。然而受地理位置、学生规模、院校隶属关系的不同，河南省内各区域及各高职院校的发展呈现不均衡状态，其中教育经费作为支持教育发展的物质基础，经费投入不均衡状态尤其突出。本文采用极差、变异系数、基尼系数的方法、以河南省高职院校 2016—2020 年的生均财政拨款为研究对象，分析近五年河南省高职教育经费投入的变化趋势及差异，得到一些主要结论，以期为政策制定提供一定参考。

二、河南省高等职业教育质量发展总体概况

（一）院校布局与在校生规模

1.“双高”院校明细

2019 年河南省共有 6 所高职院校（含 1 所高水平职业院校、7 个高水平专业群）入选教育部“中国特色高水平高职学校和专业建设计划”建设单位（见表 8-1）。

表 8-1　2019 年河南省“双高计划”建设单位名单

序号	院校名称	建设类型	高水平专业群
1	黄河水利职业技术学院	学校	水利水电建设工程 测绘地理信息技术
2	河南工业职业技术学院	专业群	机电一体化技术
3	河南农业职业学院	专业群	种子生产与经营
4	河南职业技术学院	专业群	数控技术

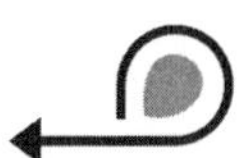

续表 8-1

序号	院校名称	建设类型	高水平专业群
5	许昌职业技术学院	专业群	机电一体化技术
6	郑州铁路职业技术学院	专业群	铁道机车

数据来源:2017—2021 年河南省高等职业教育质量年度报告。

同时,在国家“双高计划”背景下,河南省教育厅、省财政厅等部门牵头组织,启动实施了河南省高水平高等职业学校和高水平专业建设工程(见表 8-2)。

表 8-2　2020 年河南省“双高计划”与“双高工程”建设单位名单

序号	院校名称	建设项目
1	郑州铁路职业技术学院	国家“双高计划”建设单位
2	河南经贸职业学院	河南省“双高工程”建设单位
3	河南职业技术学院	国家“双高计划”建设单位
4	黄河水利职业技术学院	国家“双高计划”建设单位
5	许昌职业技术学院	国家“双高计划”建设单位
6	河南农业职业学院	国家“双高计划”建设单位
7	信阳职业技术学院	河南省“双高工程”建设单位
8	漯河职业技术学院	河南省“双高工程”建设单位
9	开封大学	河南省“双高工程”建设单位
10	河南工业职业技术学院	国家“双高计划”建设单位

数据来源:2017—2021 年河南省高等职业教育质量年度报告。

2. 院校区域分布

截至 2020 年 6 月,河南省经教育部备案、独立设置的高等职业院校 94 所(其中,2020 年新设置学校 10 所),本科层次职业大学 1 所(民办)。在全省 94 所独立设置的高职院校中,中国特色高水平高职院校建设单位 1 所,高水平专业群建设单位 5 所,教育部认定的国家优质专科高等职业院校 9 所,河南省高水平高等职业学校建设单位 34 所、高水平专业建设单位 54 所。

2016—2020 年,河南省高等职业院校数量呈上涨趋势。高等职业院校数量排名第一的始终是郑州市,南阳市、平顶山市、焦作市和洛阳市排名在全省靠前(见表 8-3)。

表 8-3　河南省内高等职业院校区域分布

区域	2016 年	2017 年	2018 年	2019 年	2020 年
郑州市	34	33	35	37	39
开封市	3	3	3	3	5
南阳市	4	4	4	4	5

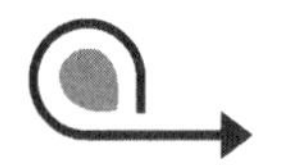

续表 8-3

区域	2016 年	2017 年	2018 年	2019 年	2020 年
平顶山市	2	3	4	4	5
安阳市	3	3	3	3	4
焦作市	5	4	4	4	4
洛阳市	4	4	4	4	4
新乡市	2	2	3	2	4
鹤壁市	2	3	3	3	3
漯河市	3	3	3	3	3
濮阳市	1	2	2	2	3
商丘市	3	3	3	3	3
信阳市	2	2	3	3	3
许昌市	2	3	3	3	3
三门峡市	1	2	2	2	2
驻马店市	1	2	2	2	2
济源市	—	1	1	1	1
周口市	2	2	2	2	1

数据来源:2017—2021 年河南省高等职业教育质量年度报告。

3. 校均在校生规模

依据《高等职业院校人才培养工作状态数据采集与管理平台》数据,2020 年河南省专科高职院校全日制在校生约 88 万人,校均规模近 10 477 人。总体来看,2016 年—2020 年河南省在校生规模上涨趋势明显。图 8-1 所示为 2016 年至 2020 年河南省专科高职院校在校生规模变化趋势。

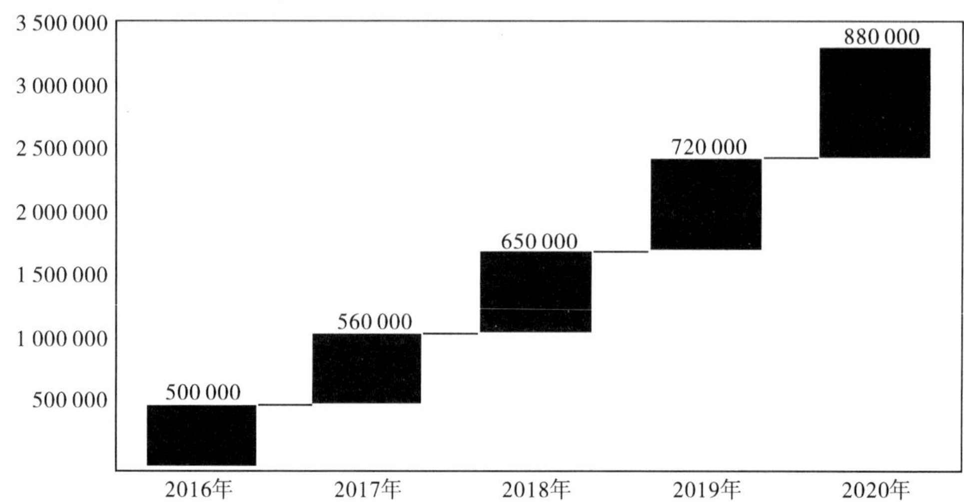

图 8-1　河南省专科高职院校在校生规模 2016—2020 年变化趋势

数据来源:2017—2021 年河南省高等职业教育质量年度报告。

(二)基本办学条件

1. 生师比(双师型)

从基本办学条件指标中可以看出,生师比这一指标有所提升(见图 8-2),但提升幅度较小,近 5 年增长率为 13.63%,说明河南省改善办学条件,不断适应行业产业技术进步的要求,不断进步、提升。双师素质专任教师比例这一指标在近两年有较为明显的下降,此指标出现了负增长,可能的原因是由于 2019 年在校生规模较 2018 年有所增长,全日制在校生人数增长了 103 280 人,增长率达 15.2%。此外,2016—2020 年的全日制在校生人数不断增加,且未来仍有上涨趋势,因此,因在校生规模扩大而造成生均值下降,应引起重视和研究。

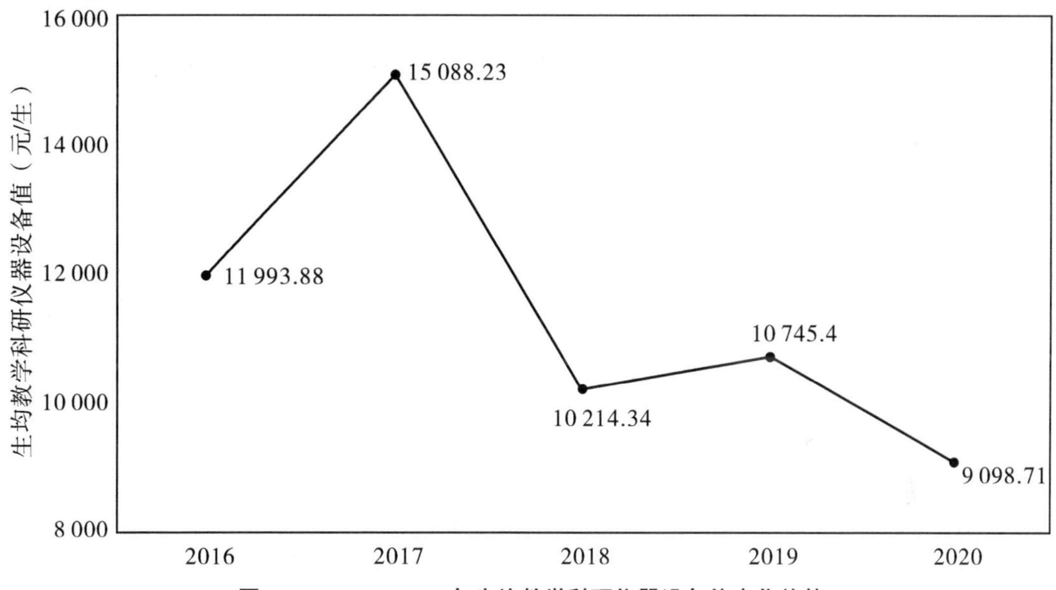

图 8-2 2016—2020 年生均教学科研仪器设备值变化趋势

2. 生均教学科研仪器设备值

如图 8-3 所示,2016—2020 年的生均教学科研仪器设备值呈波浪式下降趋势,且 2017—2018 年呈现了断崖式下降,对此应予以足够的重视。教学科研仪器对于学生知识水平及科研水平的提升有着重要且无可替代的作用,针对近几年生均教学科研仪器设备值的不断下降,应尽快找到解决的方案,以满足学生的学习需求及提升日后为社会贡献的能力。

3. 生均图书量

如图 8-4 所示,2016—2020 年生均图书呈下降趋势,在 2020 年有小幅度提升。近年来不断增长的在校生规模是造成生均图书下降的重要原因之一,对此应引起足够的重视,并采取相应的措施以改善现有状况。图书对于学生的重要性不言而喻,结合现今高速发展的信息化时代,或许可以引进电子版图书供学生使用、学习等。

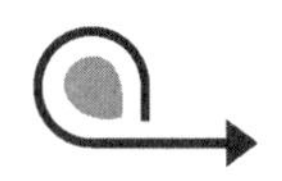

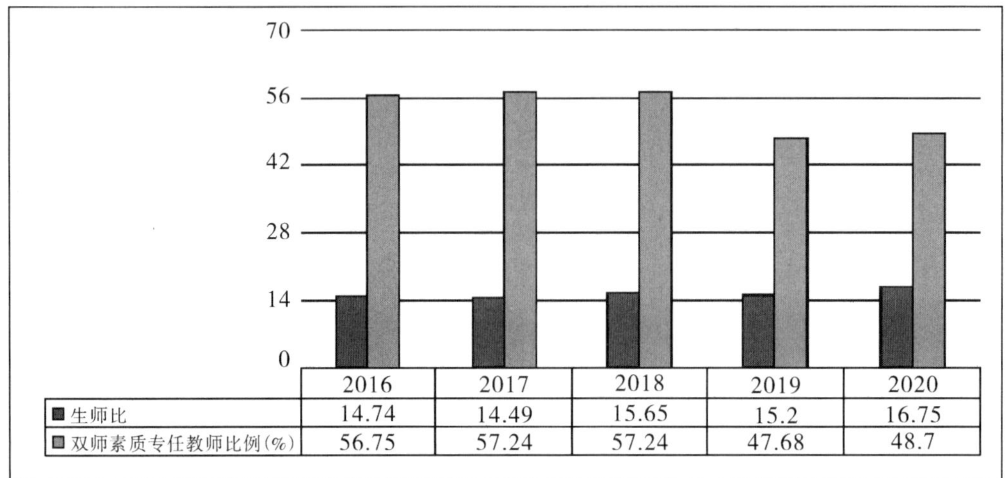

图 8-3　2016—2020 年生师比和双师素质专任教师比例变化趋势

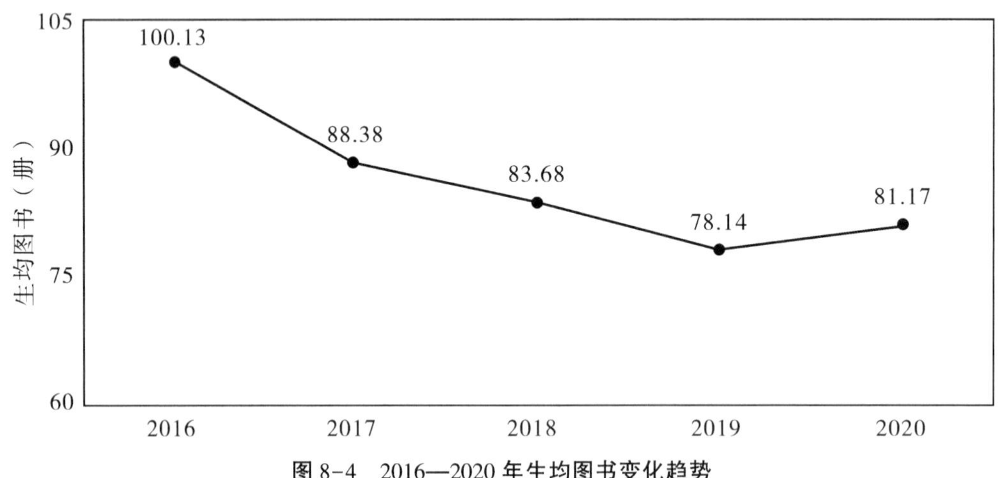

图 8-4　2016—2020 年生均图书变化趋势

(三)河南省职业教育集团化现状研究

自 20 世纪 80 年代,职业教育集团化自行成立,通过不断探索、学习、借鉴,得以持续健康发展。国家于 2004 年正式主管职教集团化工作,并发布相关政策规划文件。至今,职业教育集团化办学规模已渐入佳境。目前,已有河南、福建、辽宁、浙江、山东、湖北、湖南、云南、陕西、青岛、宁波等多省市发布了支持集团化办学的政策文件。现特以河南省职业教育集团化为例进行现状研究。

站在供应链视角上,河南省职教集团化办学运作模式可概括为“政府统筹,龙头带动;校际合作,校企结合;以城带乡,互利共赢。”具体而言,通过城区龙头中职、高职学校的带动,将农村中职学校作为主要对象,吸引各类企业以科研单位共同构成供应链模式,从而组建出省级职教集团。且通过职教集团平台让龙头院校带动农村中职教育扩张办学规模、提高城市职教质量,推动人才培养供给侧和产业需求侧高度契合,培养大批高素

质劳动者和技术技能人才，为河南省经济高质量发展提供有力支撑。河南省职业教育集团化发展现状可从以下三个方面进行探究：

1. 规模化

河南职教集团发展至今已经初具规模，职教集团由原先的小而散，发展为现在的大而全。河南有很多特色鲜明的大型职教集团，例如2004年组建的河南省农业职业教育集团，创新了校企合作模式，集团成员创造了大量各具特色的校企合作模式：河南农业职业学院引企入校模式、郑州牧专“企业学院”模式、信阳农专“后羿”模式、商丘职院“本土校企”模式、辉县市一职专“校地”模式等。

在建立职教集团后，通过整合社会相关资源以及一系列教学活动，职业教育效果明显、专业特色建设、教师资源培育迅速，仅用7年时间，集团内职业院校国家级示范骨干专业已有20个，省级示范骨干专业45个，市级特色专业80个。集团成员院校更是已成功培养双师素质专业教师1 000多人，专业教师到合作企业锻炼1 200人次，国家级和省市级教学名师60人，国家级、省市级教学团队16个。

同时，为带动职业教育集团化供应链顺利运行，该模式下多数学院采取与中职院校合作实行“2+1”“2+3”等培养形式，例如通过城市与高校一同建立培养计划，进行联合招生；为集团成员学校培养获技师和高级技师职称的“双师型教师”；学生毕业时须要求拿到除毕业证之外的多个技能资格证书；集团定期召开年会和教育教学研讨会；定期举办企业家沙龙，邀请行业实践者与学生座谈，以此增进双方的了解；创办《河南农业》（教育版）杂志，给集团成员单位提供交流展示平台，等等。

2. 集约化

河南省以国家级重点中等职业学校或高职院校为龙头，以专业为依托，吸收拥有相同专业的学校和相关企事业单位参与，推动职教集团与一批知名大中型企业联系、加强合作，构成了政府协调、教育部门管理、其他部门配合、行业企业参与的管理机制，促进职教资源整合和重组。为加强集团内的组织机构建设，河南省各职教集团制定有关集团章程，设立理事会和秘书处作为管理机构。其中，理事会作为集团最高权力机构，主要负责制定和修改集团章程，制定集团年度工作方案，审议理事会年度工作报告，等等；秘书处设在职教集团的牵头学校，负责职教集团的统筹、协调管理等日常工作。而集团外的政府统筹主要体现在政策和资金投入上重点倾斜，即建设重点、培育名校、扶植龙头，搭建集团化发展的强势平台。

为加强对全省职业学校就业指导工作的统筹、指导、协调和服务，解决各地、各职业学校在毕业生就业安置方面各自为战、高成本、低效益的问题，河南省教育厅成立职教就业指导服务中心指导、协调各省辖市职教就业指导服务机构的工作，组织各类中等职业学校就业指导服务机构形成联合体，为中等职业学校毕业生就业提供政策咨询、信息交流、就业指导、业务代理及就业后的跟踪服务等，开展更深层次的合作活动，建立起战略合作伙伴关系，在校企、校校合作框架协议下丰富合作形式，让学生在享受通识教育和专

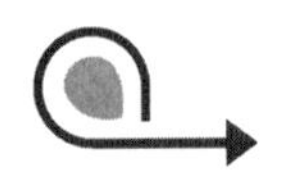

业基础教育服务的同时依据自身的发展定位选择不同的“教育服务产品”，如学校可开设创业训练营或创业俱乐部等活动，为学生创业提供指导和帮助；开设专项技能选修课程，为那些想在专业发展上深入探索的学生提供平台，为学生培养构建一条顺畅的教育供应链。

3. 连锁化：“1+1+1”城乡合作战略

河南省职教集团化办学，创新运用“1+1+1”城乡合作战略，以城带乡、城乡联动，有力地推动了河南职教的连锁化发展。“1+1+1”合作办学战略指农村职业学校的学生第一年在农村职业学校学习文化基础课，第二年在城市职业学校学习专业课，第三年到企业顶岗实习。简言之，即在供应链共同目标的指导下以城带乡，城乡联动，城市优质教育资源反哺农村，提高供应链的整体效率和效能。如与职业教育发达的德国开展“双元制”培养模式进行品牌输出；与企业进行深度合作、资源交换，企业工作人员带领学生进行实战教学；允许创新创业园进入企业，向企业输出管理方式，提供师资指导；建立自媒体平台，通过微博、微信等新兴社交工具贯通供应链上下游的信息传递，为多方沟通搭建一个自主、开放的平台；建立网络第三课堂，为雇主企业、学生和教师搭建一个知识共享平台，让企业员工、学生或教师可以自由访问相关知识并参与讨论专业课题，有助于知识的更新和需求的传递，拓宽下游渠道。

这种合作办学模式，不仅主动向下整合，了解企业和社会的需求，同时协助了学生们扮演好自己在供应链上的角色，使学生在教育教学活动中充分发挥主动性，而且建立了城市与乡村职业院校的联系，将城市职业学校的招生深入到农村地区，克服了城市职业学校生源不足的问题，发挥了城市职业学校的教育资源优势、就业机会优势，建立起贯通上下游的信息共享机制，提高了教育供应链的运行效率，提升了其办学水平，拉动了农村职业教育的发展，为农村学生提供了更好的教育机会。

三、河南省高职院校生均财政拨款差异研究

（一）河南省高职院校生均财政拨款整体差异研究

本研究数据来源于河南省高等职业教育人才培养质量年度报告。教育经费投入指标上选用生均财政拨款水平这一指标为研究对象。这项指标自《财政部 教育部关于建立完善以改革和绩效为导向的生均拨款制度加快发展现代高等职业教育的意见》发布以来，为研究高等职教育经费的大多数学者所用，较为权威，能有效反映区域的教育经费分配情况。在衡量河南省高职教育经费投入整体差异时，采用差异分析法和教育基尼系数。

1. 基于极差率和变异系数视角的差异研究

研究对象中最大值与最小值的差为极差，极差率是指研究对象中最大值与最小值的比。比值等于 1 表示资源分配的绝对公平，极差率越大，就越不公平，极差率可以在宏观层面反映教育经费分配的公平程度。普通高职高专学校生均财政拨款极差率可用公式

表示：

$$R = I_{max}/I_{min} \tag{1}$$

其中 R 代表河南省普通高职高专学校生均财政拨款极差率，I_{max} 表示省普通高职高专学校生均财政拨款最大值，I_{min} 表示省普通高职高专学校生均财政拨款最小值。

基于上述公式(1)，结合相应的面板数据得到 2016—2020 年河南省普通高职高专学校生均财政拨款极差值和极差率五年来的变化趋势，见图 8-5。由图 8-5 可知，河南省高职高专生均财政拨款极差值先上升后下降，并在 2018 年达到最大，2019 年呈现断崖式下降。极差值只能反映具体的数值变化，不能反映数据的相对比重变化，因而对研究对象的差异程度评价不够全面，需要结合极差率来综合反映研究对象的整体差异程度。图 8-5 中的极差率整体呈现下降趋势，说明河南省高职院校生均财政拨款的区域差距整体呈缩小态势。通过拟合极差率的线性方程，计算出五年来的平均减少率为-2.955 4，表示河南省高职高专各校的极差率五年间以 2.955 4 的速率减小。基于极差相关指标角度研究发现，在河南省高职生均财政拨款数值差距上先扩大后缩小，但极差率所反映的生均财政拨款的比重差距整体上是缩小的，说明河南省高职生均财政拨款的不平等在宏观层面逐步改善。

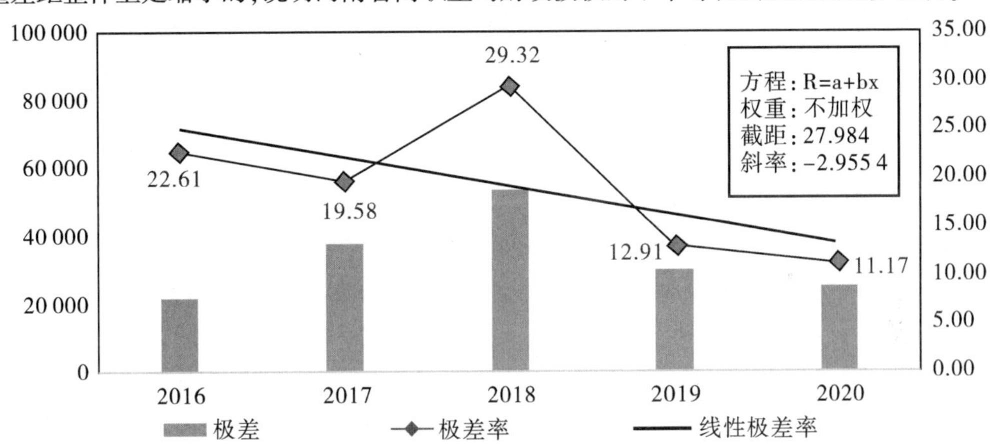

图 8-5 基于极差角度的差异研究

极差值与极差率只利用研究对象的最大值与最小值，只能反映研究对象的整体差距，不能很好地反映数据内部的离散程度。变异系数为一组数据标准差与平均值的比值，能较好地反应数据内部的离散情况。当变异系数为 0 时，表示绝对公平；当变异系数大于 0 时，表示数据内部具有一定的差异，变异系数越大，数据内部差异越大。河南省高职生均财政拨款的变异系数可用公式表示：

$$CV = SD/Mean \tag{2}$$

CV 表示河南省高职院校生均财政拨款的变异系数、SD 表示河南省高职院校生均财政拨款的标准差，Mean 表示河南省高职院校生均财政拨款的平均值。基于上述公式(2)，结合相应的面板数据得到 2016—2020 年河南省高职院校生均财政拨款变异系数五年间的变化趋势，见图 8-6。

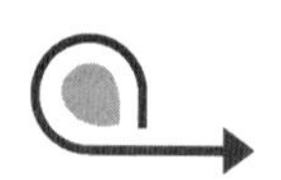

由图 8-6 可知,河南省高职院校生均财政拨款均值五年来呈现波动下降趋势,但生均拨款都在 11 000 元以上,说明河南省对高职教育的投入趋于理性 ,表明了河南省对高等职业教育的重视。据图 8-6 中变异系数的折线图可知,五年来河南省高职院校生均财政拨款变异系数大体呈下降趋势,不公平程度有所缓和。根据变异系数的拟合线性方程得知,变异系数在五年间以-0. 236 的速率下降,表明河南省高职院校间的内部差距越来越小。基于变异系数角度的研究发现,河南省高职院校生均财政拨款不断增加,院校间经费投入差距也越来越小。

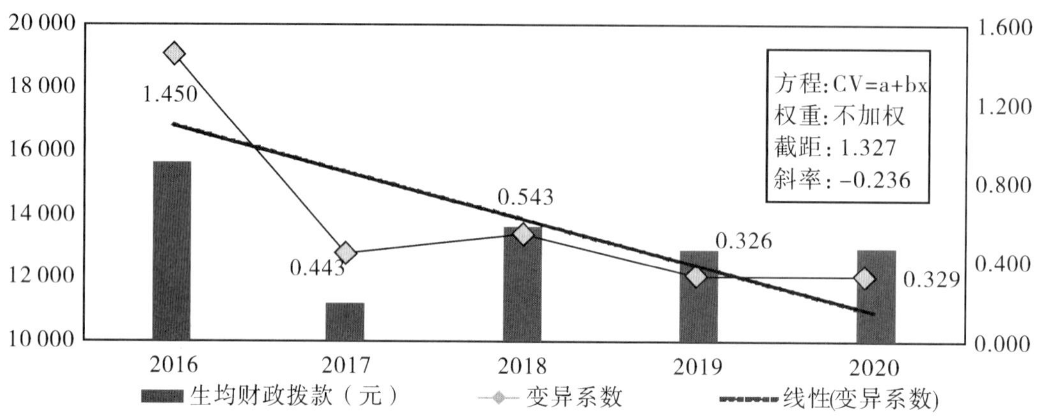

图 8-6　基于变异系数维度的差异研究

2. 基于基尼系数的差异研究

基尼系数是全面反映分配公平的指标,可以作为极差率、变异系数等指标的补充指标,更深入分析经费投入的公平程度。基尼系数最大为“1”,最小等于“0”,基尼系数越接近 0 表明收入分配越是趋向平等。国际惯例把 0. 2 以下视为收入绝对公平,0. 2—0. 3 视为收入比较公平;0. 3—0. 4 视为收入相对合理;0. 4—0. 5 视为收入差距较大,当基尼系数达到 0. 5 以上时,则表示收入悬殊。本文采用张菀洺教授所用的一种较为简便的教育基尼系数计算公式:

$$G_e = 1 - \sum_{i=1}^{n} (X_i - X_{i-1})(Y_i + Y_{i-1}) \qquad (3)$$

其中 G_e 代表教育基尼系数,n 代表河南省高职院校个数,i 表示生均财政拨款升序排序的第 i 个学校,X_i 表示累计至第 i 个学校在校生人数占该区域在校生人数总数的比率,Y_i 表示累计至第 i 个学校财政拨款总值占该区域高职院校财政拨款总值的比率。

根据公式(3),结合 2016—2020 年河南省高职院校生均财政拨款相关数据,可以得到生均财政拨款的基尼系数五年间的变化趋势,如图 8-7。从图 8-7 中可知,河南省高职院校生均财政拨款的基尼系数五年间先减小后缓慢增大,且除 2016 年外,教育基尼系数均处于分配绝对公平水平。基尼系数的拟合曲线的线性方程斜率为负值,因此基于基尼系数维度的研究发现,河南省高职院校生均财政拨款的省内差距在逐步缩小。

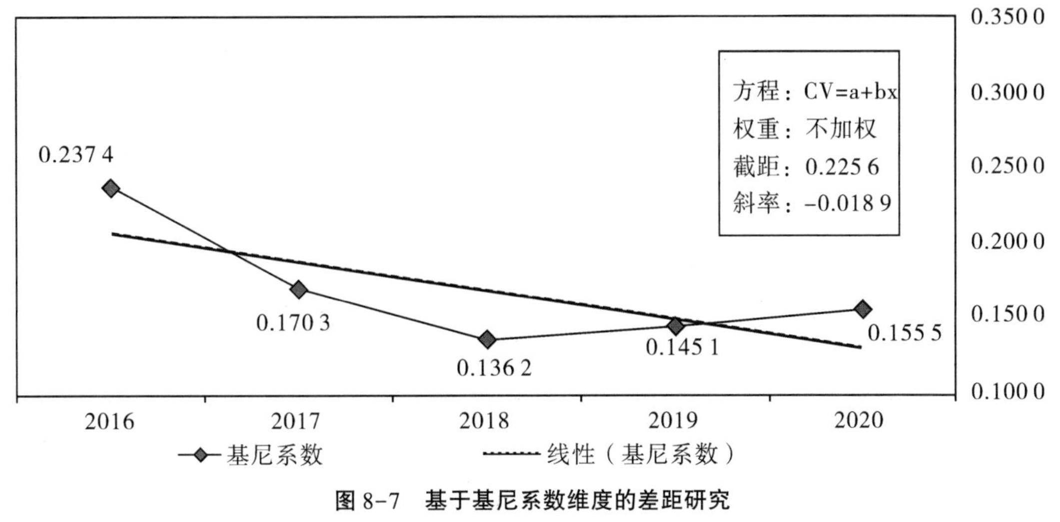

图 8-7 基于基尼系数维度的差距研究

(二)河南省高职院校生均财政拨款区域差异研究

根据河南省各地级市的地理位置,将河南省 17 个地级市和省直辖市分为五个区域:①豫中:郑州、平顶山、许昌、漯河;②豫东:开封、商丘、周口;③豫西:洛阳、三门峡;④豫南:南阳、驻马店、信阳;⑤豫北:安阳、新乡、焦作、濮阳、鹤壁、济源。

1. 河南省区域高职院校财政拨款总量及位次变化

根据各区域高职院校的生均财政拨款乘以在校生人数计算出五区域财政拨款总量,如图 8-8 所示。豫中地区的财政拨款总量始终排在河南省首位,并远超其他四区域,属于教育总经费倾斜区域;五年来,五区域经费总投入位次保持不变,排名依次为豫中、豫北、豫东、豫南、豫西地区。

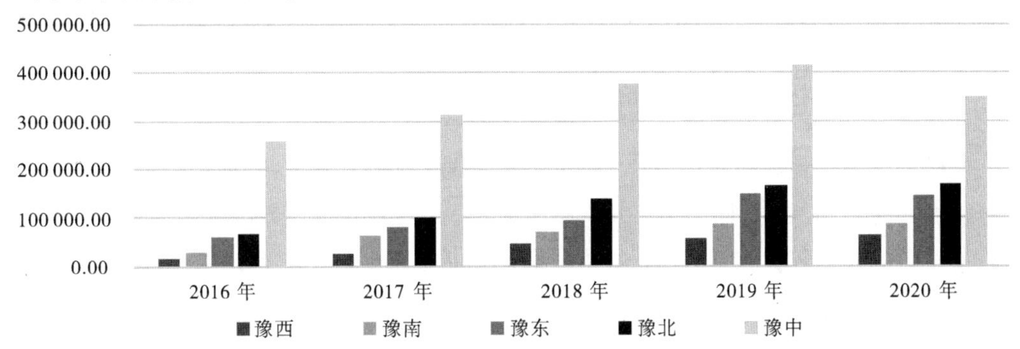

图 8-8 河南省五区域高职教育财政拨款总量(万元)

表 8-4 数据中,豫中地区高职教育财政拨款总量占河南省高职教育财政拨款总量比从 2016 年的 59.61%下降至 2020 年的 42.81%,虽呈逐年下降趋势,但占比仍然较大,豫中地区教育资源集聚明显。2020 年,高职教育财政拨款最多的豫中地区为财政拨款总量最少的豫西地区 5.4 倍,区域之间教育总经费投入差距较大。

表 8-4　五区域高等职业教育财政拨款总量(万元)

	2016 年	2017 年	2018 年	2019 年	2020 年
豫西	17 803.78	26 553.83	47 700.22	57 735.03	65 081.65
豫南	30 841.42	62 798.01	69 516.42	88 871.47	87 312.84
豫东	60 794.19	81 712.00	95 802.83	149 373.90	14 7038.30
豫北	65 938.57	101 985.70	140 007.10	165 365.40	169 286.70
豫中	258 810.30	310 602.80	377 057.20	414 525.10	350 830.90
总计	434 188.26	583 652.34	730 083.77	875 870.9	819 550.39
豫中占比	59.61%	53.22%	51.65%	47.33%	42.81%

2. 河南省高职院校生均财政拨款五区域位次变化

图 8-9 显示,豫中、豫南两区域的生均财政拨款位次呈下降趋势,其余区域呈上升趋势。其中豫中地区位次最大后移 3 位,位次最差为第 4 名;豫南地区由 2016 年和 2017 年的第 2 名下降至 2020 年的第 5 名;豫东和豫北地区位次波动较大,分别在 2019 年和 2020 年位列第 1 名;豫西地区 2018 年发展强势,位次前移 3 位。

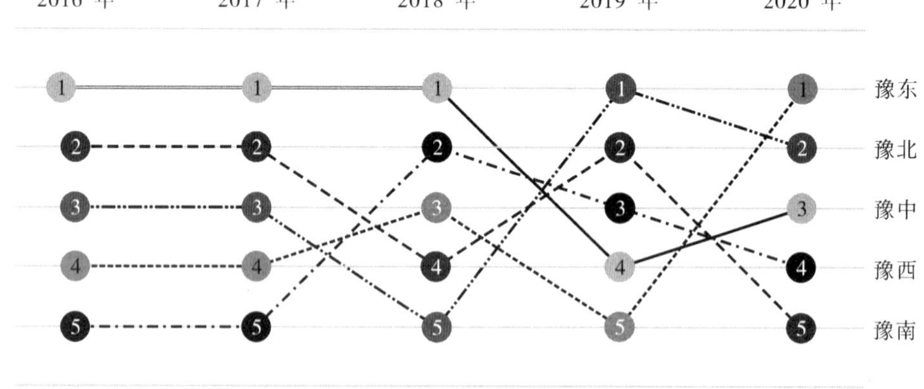

图 8-9　五区域高等职业教育生均财政拨款位次

根据上述豫中地区财政拨款总量情况,豫中地区作为 2016—2020 年河南省高职教育经费投入排名的首位,生均财政拨款排名在近两年却在五区域中表现不佳。相反,拨款总量较少的豫北和豫东地区,生均拨款水平曲折上升,甚至在 2020 年超过豫中地区,表明豫中地区的经费配置可以进一步优化。

四、省际高职院校生均财政拨款差异研究

(一)六省份高职院校生均财政拨款均衡性

基于 1 065 份六省《高等职业教育质量年度报告》生均财政拨款数据,通过公式(1)和(2)计算得到极差率和基尼系数,如表 8-5 所示,西部省份青海和甘肃省极差率相比其

余四省较低,教育经费分配相对公平;在东部和中部4省份中,除2016年河南省极差率高过其余3省,2018年高于湖北省,其余年份均低于3省份,在一定程度上反映河南省高职教育生均经费投入差距在东、中部所选省份中相对更小。

以0.05为单位,从各省基尼系数波动上限值来看,河南省五年基尼系数波动上限为0.25,江苏省为0.2,浙江省为0.35,湖北省为0.3,青海省为0.3,甘肃省为0.25,河南省与甘肃省基尼系数波动上限并列第二。根据最新年份2020年显示,河南省基尼系数为0.155 5,在六省中数值最小。无论从五年波动上限值还是从2020年基尼系数看,河南省教育经费投入均相对公平。

表8-5　六省生均财政拨款极差率及基尼系数变动

		2016年	2017年	2018年	2019年	2020年
极差率	河南	138.63	19.58	29.32	12.91	11.17
	江苏	56.88	104.28	91.02	69.93	17.57
	浙江	38.63	135.91	141.76	114.64	103.74
	湖北	19.99	47.63	11.42	202.07	169.00
	青海	3.16	3.04	7.33	2.98	5.42
	甘肃	2.36	13.45	34.07	15.49	4.45
基尼系数	河南	0.237 4	0.170 3	0.136 2	0.145 1	0.155 5
	江苏	0.183 4	0.193 0	0.151 9	0.141 7	0.156 9
	浙江	0.322 4	0.286 8	0.281 9	0.296 0	0.314 5
	湖北	0.280 3	0.292 8	0.258 6	0.282 0	0.249 5
	青海	0.161 6	0.136 9	0.260 9	0.208 4	0.257 9
	甘肃	0.072 9	0.154 4	0.244 6	0.172 6	0.199 7

(二)六省份财政拨款总量变化

表8-6　六省高等职业教育财政拨款总量(万元)

	2016年	2017年	2018年	2019年	2020年	增幅
青海	26 970.0	58 357.7	72 151.0	69 203.4	69351.5	157.14%
甘肃	133 016.6	172 579.1	225 153.3	229 229.4	260 220.2	95.63%
湖北	357 277.4	425 939.9	557 306.5	612 499.2	621 035.0	73.82%
浙江	361 175.3	426 030.7	506 780.6	553 440.4	424 251.3	17.46%
河南	434 188.2	583 652.3	730 083.8	875 870.9	819 550.3	88.75%
江苏	921 774.5	992 606.4	1 081 862.0	1 218 195.0	1 268 951.0	37.66%

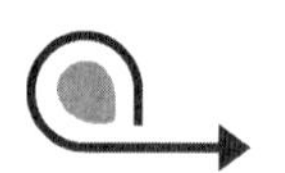

表 8-6 显示,六省财政拨款总量整体均呈上升趋势。其中青海省财政拨款总量上升幅度为 157.14%,甘肃省增长幅度为 95.63%,分列第 1 名和第 2 名;河南、湖北两省分列 3、4 名;江苏、浙江省分列第 5 和第 6 名,出现了经济越落后的省份财政拨款总量增幅越大的现象。横向看各省高职教育财政拨款总量,5 年中江苏和河南两省分列第 1 和第 2 名,青海和甘肃两省分列第 5 和第 6 名,湖北省从 2018 年开始稳居第 3 名。无论是纵向看增幅还是横向看财政拨款总量绝对值,河南省在六省排名中均为中上。

(三)六省份生均财政拨款排名对比

图 8-10 显示,六省份生均财政拨款排名中,江苏省、浙江省、湖北省排名稳定;河南、甘肃、青海三省位次波动较大。具体来看,江苏省排名稳定前 2 名,湖北省徘徊于第 5 和第 6 名,浙江省五年中均为第 3 名;青海省位次上升明显,近两年均位居第 2 名,最大位次前移 4 名,甘肃省在波动中回调至第 4 名,河南省生均财政拨款位次从 2016 年的第 1 名逐年后移,在 2019 和 2020 年均为第 6 名,近两年位次排名不如东部发达省份江苏省和浙江省,甚至不如西部欠发达省份甘肃省和青海省,中部塌陷现象明显。

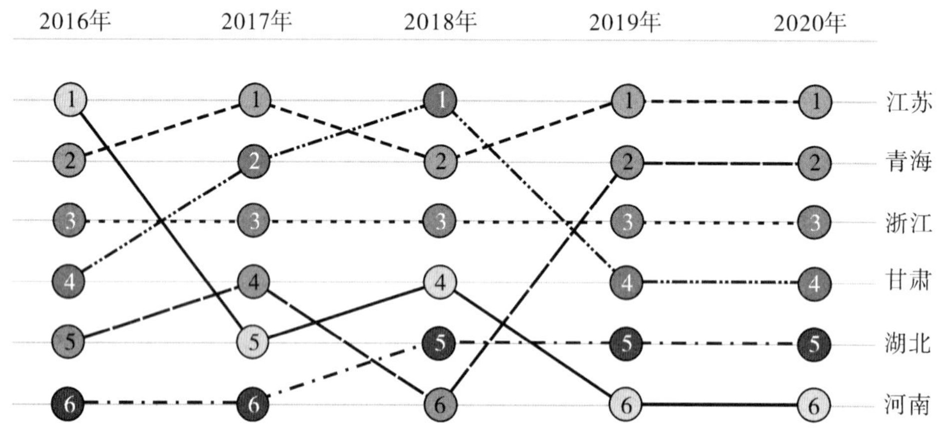

图 8-10 六省高等职业教育生均财政拨款位次

五、国际高等职业教育经费投入比较与经验借鉴

澳大利亚、美国、德国、日本四国的高等职业教育体系发展相对完善,我国目前处于高等职业教育的快速发展阶段,通过借鉴国外成熟的高等职业教育发展经验,对我国大力推进高等职业教育发展具有重要作用。无论是国内外高等职业教育处于发展或相对成熟阶段,都离不开职业教育的教育经费投入。针对我国目前存在的经费来源渠道较少及现有渠道的经费投入结构不合理状况,如何促进高等职业教育公平发展问题变得更加重要。

(一)加深校企合作及提升企业教育经费投入

高等职业教育培育出大量的优秀技术人才,在企业、国家中做出了重要的贡献。而作为高等职业教育成果的重要受益者之一的企业组织,对于高等职业教育经费的投入却占有极少的部分。我国企业对于职业教育的投入尚不达 5%,而国外企业对于职业教育经费投入比例远高于我国,例如澳大利亚对职业教育经费投入达 20%左右。国外对于高等职业教育与企业的合作效果优势非常显著,澳大利亚的 TAFE 学院通过校企合作,一方面为企业提供大量的优秀人才,另一方面也换取了企业对于高等职业教育院校的教育经费投入,进而不断发展,形成良好的循环。此外,澳大利亚的 TAFE 学院还与一些特殊行业合作,通过收取大量的培训费用培养特殊行业需要的人才。德国对于职业教育的责任划分极为明确,为保证职业教育的双元制实施,德国的职业教育是由政府和企业共同承担的。德国的企业对职业教育的费用承担比例几乎达到 80%。日本对于无论是公立亦或是私立的职业教育都非常重视,不但鼓励民间社团及个人对职业教育的支持,还制定企业对职业教育经费投入的相关法律。

(二)建立高等职业教育经费投入法律及明确企业投入责任

仅依据高等职业院校自身与企业的合作是无法改变现今高等职业教育经费不足的现状。政府需要起带头领导作用:一方面加大对高等职业教育的经费投入力度,另一方面也需要建立与完善高等职业教育经费投入的法律法规,明确各方尤其是政府及企业的投入责任及不断推动企业对职业教育的投入力度。澳大利亚、美国、德国、日本等均有企业对职业教育投入的相关法律。美国法律规定,联邦政府每年向各州提供 16 亿美元的职业教育专项经费。德国法律规定高等职业教育由政府和企业共同担当,其经费投入也由公共财政和企业承担,并明确规定政府及企业经费的具体使用方向。日本明确企业需要承担部分高等职业教育经费,并倡导其他社会团体及个人对高等职业教育的资助。此外日本还为提升高等职业教育质量提出追加经费奖励,以鼓励高等职业教育的高质量发展。

六、河南省高等职业教育公平发展的制约因素

(一)政府方面

目前仍有很多领导受“重普教、轻职教”思想的影响,对发展职业教育的重要性认识不足。在对职业教育的发展上只是形式上的重视,而在政策方面并没有提供有效的支持和帮助。政策、法律、法规等是政府进行宏观指导的工具,更是国家意志的体现,职业教育作为公共产品,不可能完全走向市场,因此,政府的政策引导是非常必要的。

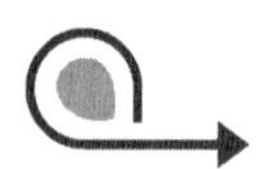

河南省在职业教育发展上的政策指导存在这几个问题：一是虽然政府也出台了一系列有关校企合作和生均财政拨款的政策文件，主要对校企合作办学的性质、宗旨、职能、权利及义务、形式及程序等问题做了系统性的规定，对生均财政拨款给予了门槛限制，但是对校企合作办学、生均财政拨款的高效使用在发展过程中如何规范地运行和管理以及出现问题时怎样解决没有细致的、前瞻性的规定。二是针对企业参与校企合作办学的积极性不高，除了有企业自身的原因之外，另一方面政府的政策激励措施不够多样。如政府在进行招商引资时，往往会给投资方减免税收、补贴和较少土地出让金等优惠措施，而对参与校企合作办学的成员单位，尤其是企业，却没有多少优惠政策。三是政府方面对校企合作办学的资金支持力度有持提升。校企合作办学需要建立实习实训基地、搭建信息化平台等，但是若没有强大的资金支持，产学研一体化的进程步履维艰。职业教育是公共产品，政府在资金方面应给予重点支持。

（二）学校方面

在学校层面，关于校企合作的推进、生均财政拨款的高效使用也存在诸多问题。

一是教师的专业实践能力欠缺，职业院校大多还是像普通教育一样以理论教学为主，实践教学只是日常教学工作的辅助环节。教师在入职后的培养培训仍然是注重专业理论能力，调动教师提升专业实践能力主动性的激励制度和措施几乎还是空白。而且职业院校对教师的评价制度仍然表现出理论重于实践的价值取向，科研成果的评价比重占比较大，与当今提倡的双师型教师建设不够契合。

二是职业院校教师实践能力的提升需要企业的协作培养，但企业界不大愿意为教师提供真实的工作环境和学习资源，他们认为这样会占用企业的资源，影响企业的正常运行，并且还存在着安全事故和技术泄露的潜在危险。

三是校企合作办学的根本任务是培养人才，学生的整体素质高低关系着整个校企合作办学的持续健康发展。职业院校的生源大多是被高考这座独木桥给挤下来的学生，选择就读职业院校多是无奈的选择。因此，许多企业不愿意与职业院校合作。

对于生均财政拨款，当前仍有部分学校的年生均财政拨款不足 12 000 元门槛，但无论是生均财政拨款水平较高的职业院校，还是生均财政拨款不足 12 000 元的职业院校，都面临生均财政拨款使用效率不高的问题。如何利用好有限的财政拨款，改善职业教育发展面临的尖锐问题仍是限制职业教育公平发展的因素之一。

（三）企业方面

企业方面的主要问题是参与校企合作办学的主动性不高，这极大制约着校企合作的推进与发展，长远来说区域性的企业积极性不高对职业教育院校的公平发展极为不利。其积极性不高的原因也是多方面的。

一是企业是一个经济组织，在参与校企合作办学的过程中，其本质目的是追求利

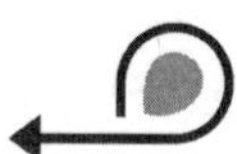

益的最大化。但目前企业与职业院校的利益结合点仅限于人才资源,企业能获得的其他收益不大。再加上培养人才具有延时性的特点,成效周期较长,不是立竿见影的,企业无法短时间内看到经济效益,而企业始终是以利益为前提的组织,它更注重的是眼前的利益。

二是人才需求不能被满足。企业参与校企合作办学的目的是获取优质的人才资源为其创造更大的利润和价值。而事实是当前校企合作办学培养出来的学生整体素质不高,如此一来,学生毕业后进入企业,必然迫使企业对其进行再培训,有些企业甚至不得不招聘专业不对口的高学历学生,或者临时工。这些因素无疑都增加了企业的运营成本,也削弱了企业人力资源的实用性和稳定性。

七、河南省高等职业教育经费结构优化的实施路径

(一)完善高职教育经费投入体制,优化经费来源

根据高职教育的准公共产品属性,高职教育的受益者主要包括学生(家庭)、企业、政府和社会(公民)。所以,在构建我国高职教育投入机制时要考虑这些受益者的分担义务。目前高职院校的实际生均培养成本远高于现行的生均拨款标准,且目前的生均培养成本主要由政府和学生承担。国家和学生作为高职教育投资的优先受益者,应承担相应的培养成本,企业作为教育成果的摘取者和教育投资的最大受益者,并没有承担起相应的培养成本。因此,政府应发挥激励引导作用,大力宣传企业参与高职院校学生培养,各院校也应与相应企业积极融合,在高职院校学生的培养过程中签订学生、学校、企业三方定向培养协议,以增大企业对学生培养成本的承担比例,降低学生学费负担和减少企业招聘人才的用人成本,形成个人、企业、政府三位一体的高职教育经费投入机制。

(二)落实高职教育生均拨款制度,建立健全奖惩机制

2014 年 10 月,财政部、教育部联合发布《关于建立完善以改革和绩效为导向的生均拨款制度加快发展现代高等职业教育的意见》,规定“2017 年生均财政拨款水平应当不低于 12 000 元”。统计 2017 年的河南省高职院校中,只有 18 所达到 12 000 元生均拨款标准,到 2020 年,河南省高职院校中仍有 13 所未达到标准。因此,要强化生均财政拨款的责任落实,落实高等职业教育生均拨款制度,各级政府需要明确各自责任,特别是直接管理高职院校的地级市政府,应负担起主体责任;要严格生均拨款的绩效问责,省级政府尽快建立起高职院校生均经费绩效评价机制,各地级市政府也应尽快建立起符合本地高职院校发展的配套机制,明确标准和流程,具体实施过程中做到奖惩分明,对于绩效评价较差的院校要有逆向的激励作用,通过形式上的“减法”实现本质上的“加法”。

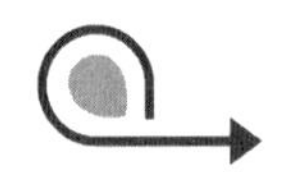

（三）提升教育经费管理效率，提高教育经费使用效益

中共中央、国务院印发的《中国教育现代化 2035》提出：要“优化教育经费使用结构，全面实施绩效管理，建立健全全覆盖全过程全方位的教育经费监管体系，全面提高经费使用效益。”首先，教育经费的使用主体为各高职院校，各高职院校应该建立起最严格的教育经费使用机制、设立内部监管机构，确保经费物尽其用，同时在财务管理方面建立起相应的绩效评价体系，分析教育经费的使用效率，从而使经费真正地用在实处，最终达到教育经费的合理使用。其次，各地级市政府作为经费的主要投入者，应担负起监管责任，可通过构建严格的经费审批机制，建立起事前评估、专项专批，事后验收的工作流程，各地级市政府以变异系数为核心，河南省政府以基尼系数为核心构建高等职业教育均衡发展监控机制，从政府层面为高职教育经费的合理配置保驾护航。

（四）发挥示范、骨干高职院校帮扶作用，制定扶持落后院校政策

《河南省 2020 年高等职业教育质量年度报告》显示，全省 84 所高职院校中，有黄河水利职业技术学院等 9 所国家优质专科高等职业院校，其中国家“双高计划”建设院校 6 所，另外还有 54 所进入河南省“双高工程”，职业教育发展水平不断提升。政府应充分发挥这些高职院校的模范带头作用，形成优势院校扶持落后院校，落后院校学习骨干院校的良好建设氛围。对尤其落后的高职院校，制定优校对差校的一对一、多对一帮扶政策，确保河南省高职教育发展不落下每一所院校。

专题九　改革开放以来河南省教育改革的经验与反思

一、教育改革与基本理论

(一)改革与教育改革

从词义上来看,“改”具有改正、改善之意,“革”具有革除、变革之意。根据改革的含义,教育改革指在教育领域发生的,以祛除教育理论和教育实践中陈旧的、错误的东西,而使之不断完善的一种人类实践活动。

1. 教育改革的词性

在学者们看来,改革是一个较为中性的词语。众多关于教育改革的研究均直接或间接承认,教育改革的目的具有正当性,而作为达到目的的手段,教育改革本身只具有中性的涵义。

2. 教育改革的内容

教育改革涉及的对象或内容非常宽泛。从某种程度上说,教育改革是一个较为宽泛的概念,其对象或内容无所不包。它既涉及不同领域(素质教育、政治教育、教师教育等)的改革,也涉及不同层面(教育体制、学校管理、教育教学等)的改革,既涉及理念、价值、文化等方面的改革,也涉及决策、评估等方面的改革。

3. 教育改革的主体

纵观河南省教育改革,政府往往是教育改革的设计者、发动者、推动者。政府不仅在涉及重大改革和整体性改革上占据主导地位,而且在涉及学校内部的改革上也占据着主导地位。河南省教育改革历程标明,政府在教育改革中居于“同辈中的长者”①地位,这与“中国‘强政府’的基本国情和偏好科层治理的历史惯性”②有着密不可分的联系。

---

①魏海苓. 论大学治理的现代性与后现代性[J]. 高等教育研究,2005(3):23-27.

②郭永园,彭福扬. 元治理:现代国家治理体系的理论参照[J]. 湖南大学学报(社会科学版),2015(2):105-109.

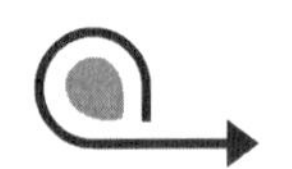

4. **教育改革的方式**

自上而下通常是我国教育改革采取的路线。自上而下的教育改革主要依靠行政化手段落实政府政策要求,由于缺乏社会公众的广泛参与,在面临复杂多元的利益格局和价值立场时,一系列教育改革政策可能难以贯彻落实。

(二)教育改革中的双重体制

1. **市场机制的精神内涵**

(1)分权

在我国,对高等教育管理体制进行改革是实现政府分权的重要举措之一。通过一系列的体制改革与结构调整,我国逐渐形成了中央和地方政府两级管理,以地方政府管理为主的新的高等教育管理体制。

(2)效率

效率优先是改革开放以来我国高等教育改革的重要行动准则。在政策层面,效率或明或暗地隐藏在政策话语体系中并成为政府贯彻国家政策意图和实现政策目标的重要原则。

(3)竞争

为了生存与发展,大学必须面向两个主体展开竞争,这两个主体一个是政府,另一个是社会。在我国,高校主要面向政府展开竞争,项目制是高校面向政府竞争的一项重要制度安排。

(4)绩效管理

改革开放以来,我国高等教育改革的一个重要目标是增强高等教育的绩效管理。从经费核拨到项目拨款,从教师聘任到职称晋升,从专业调整到课程设置,从教育教学到科学研究等诸多方面都与绩效紧密地联系在一起。

2. **计划体制的精神内涵**

(1)行政主导

我国高等教育改革呈现典型的行政主导特征。集中力量办大事的策略确定有力地推动了高等教育的发展,但行政主导带来的问题也是显而易见的,政府应让大学拥有更大的自主权,更具开放性,大学才能有足够的动力并释放足够的能量,推动高等教育改革发展。

(2)广泛的政治动员

改革开放以来,诱致性政治动员是我国在推进高等教育改革过程中主要采用的动员方式,这主要体现在动员主体、动员内容和动员方式等三个方面。从动员主体来看,高等教育改革呈现出“一主多元”的局面。从动员的内容来看,利益是高等教育改革动员的核心内容。从动员方式来看,改革开放前的一元化强制动员方式逐渐被共同参与的内化动员所取代。

(三)高等教育改革的一般模式

在高等教育双重体制下,政府虽然改变了推进高等教育改革的手段或工具,但其以计划思维推进高等教育改革的基本价值和哲学理念并没有发生根本改变。

1. 改革主体

我国历次的高等教育体制改革,总体上并没有触动政府与大学的关系,大学作为政府的延伸机构和附属机构的身份并没有发生根本转变。

2. 改革手段

改革开放以来,政府在推进教育改革时积极引入了市场竞争机制。但总体而言这种机制是一种非健全的市场竞争机制,其"非健全性"主要表现在两个方面。第一,市场主体地位不平等。这种不平等主要表现在两个方面,一是政府与高校地位不平等。二是高校与高校之间地位的不平等。第二,面向政府展开竞争。

3. 议程设置

改革开放之后,以民主集中制的逐步完善为契机,我国在高等教育领域逐渐形成了民主科学的政策议程设置模式。在高等教育领域,尽管议程设置总体上朝着科学化民主化方向发展,但其在议程设置主体、议程设置程序等两个方面仍然存在问题。一是在议程设置主体上,民众参与程度需要提升;二是在议程设置程序上,亟需建立科学合理的议程设置系统。

4. 政策工具

我国目前正处于国家计划能力较强,而政策子系统复杂性程度较低的时期。在这种社会背景下,强制性政策通常在我国推进高等教育改革过程中发挥着重要的,甚至是决定性作用。

5. 关键驱力

在人类历史上,大体上有两种治国理政的基本方略,一种为德治,另一种为法治。我国高等教育改革在推进过程呈现出浓厚的"德治"色彩,这具体表现在政治权威、法律权威、约束机制等三个方面。

二、立德树人

(一)改革开放以来河南省德育的历史考察

改革开放以来,河南省德育的发展大致可以分为五个时期。

1. 正本清源期(1978—1982 年)

这一时期,河南省在贯彻落实国家德育要求的同时,结合本省教育工作实际,不断加强和完善德育工作。这主要表现在两个方面:一是努力做好中小学德育工作,二是不断加强高校思想政治工作。

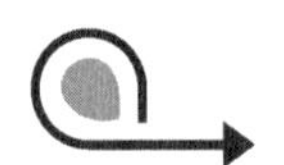

2. 探索建设期(1982—1992 年)

这一时期,河南省继续把德育工作当成一件大事来抓,充分调动各方面的积极性,推动本省德育工作进一步发展。这主要表现在两个方面:一是改革和加强中小学德育,二是持续改进高校思想政治工作。

3. 快速发展期(1992—2002 年)

这一时期,河南省也采取措施,全面贯彻党的教育方针,落实德育的首要位置。这主要表现在两个方面:一是中小学德育工作得到了进一步加强,二是大力加强高校的思想政治工作。

4. 多元繁荣期(2002—2012 年)

这一阶段,河南省以"三个代表"重要思想为指导,全面贯彻落实科学发展观和构建社会主义和谐社会的重大战略思想,进一步加强学校德育工作。

5. 创新深化期(2012 年至今)

这一时期,河南省继续紧跟国家教育政策步伐,同时结合本省实际,强措施、补短板、提质量,创新开展各项德育工作。围绕立德树人这一根本任务,不断改进学校德育,建设教育强省,为中原更加出彩提供强大支撑。

(二)改革开放以来河南省德育的主要成就

1. 德育政策体系的构建

改革开放以来,在国家德育政策的规范下,河南省德育政策体系逐渐构建起来。这主要表现在对《小学德育纲要》《中学德育大纲》《中国普通高等学校德育大纲(试行)》等政策的切实落实上。

2. 德育科学理论的推进

改革开放以来,我国德育理论迎来了发展的春天。河南省紧跟党的德育理论发展步伐,德育科学理论得到稳步推进和长足发展,取得丰硕成果。主要体现在德育思想的发展、德育基本理论的研究和德育分支学科的研究。

3. 德育改革实践的探索

在学科德育的实践探寻上,河南把德育思想、政策及基本理论深深植根于幼儿园、中小学和高校的学科体系之中,切实发挥全员全过程全方位育人方式,推进德育"进教材、进课堂、进头脑",提升青少年儿童的品德修养。在德育课程改革实践上,河南省日益注重政治课教学和日常思想政治教育工作。尤其是党的十八大以来,为落实"立德树人"根本任务,德育课程将进一步创新深化。在其他德育工作的开展与实施上,河南省注重开拓德育工作实施途径,逐步优化德育工作方式方法,不断优化育人网络系统,努力构建密切配合的育人全链条。

(三)改革开放以来河南省德育发展的现实反思与发展趋向

1. 从经验化德育走向科学化德育

改革开放40余年的历史,见证着国家德育的发展与进步,也见证着我省德育的发展与进步,这其中德育走向科学化的线索贯穿始终。

2. 从物化德育走向人本德育

改革开放以来的德育,一方面行进在科学化的道路上,另一方面也向人性化方向展开,走向了人本德育。科学发展观提出以来,科学发展观的核心是"以人为本","以人为本"成为我国各领域开展各项活动的指导思想。反映在德育发展上,就是从物化德育走向人本德育或者称之为人性化德育。

3. 从知性德育走向生活德育

2018年是我国改革开放第四十个年头,通过回顾整体德育的发展历程,科学化和人本化是德育发展的主要趋势,落实科学化和人本化则是重要内容。从知性德育走向生活德育,无疑正是对德育科学化和德育人本化的落实与升华。

4. 从传统德育走向现代化德育

面对文化多元,德育现代化工作应聚焦力量挖掘优秀传统文化资源,并借鉴世界优秀文化资源为我所用,实现国际化。而人工智能时代的到来,则昭示着德育信息化必将进一步发展的未来启示。

三、教育普及:改革开放四十余年河南省教育发展的核心要务

(一)改革开放四十余年河南省教育普及的历史回顾

1. 普及初等教育阶段(1978—1984年)

1977年,在全国开展关于真理标准问题大讨论的背景下,河南省教育战线勇于解放思想,冲破禁区,开始运用唯物史观和教育科学理论认真研究和探索本省教育事业发展规律。在省委、省政府的领导下,河南省教育事业的恢复和初等教育的普及工作主要围绕两个方面进行。一是加快普通中学的调整和整顿,恢复正常教学秩序。二是加快小学教育的普及。经过不懈的努力,1983年,全省共有63个县级单位实现了普及小学教育的任务,占全省158个县级单位的40%。1985年,全省城市(包括郊区)的小学五年制教育已基本普及。达到普及小学教育要求,颁发"普及初等教育证书"的县,1985年已达到61个,占全省总县数的54%。

2. 基本普及九年义务教育阶段(1985—2000年)

在国家政策、方针的指导下,河南省委、省政府从本省实际出发,提出"科技兴豫,教育为本"的战略指导思想,坚持把发展教育事业作为振兴河南的基础,要求把教育摆在经

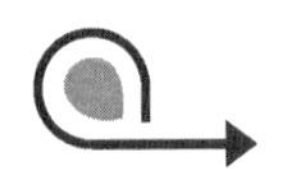

济、社会发展的突出位置。除了从政策层面支持九年义务教育的普及,河南省还采取了一系列有力举措保证和推动义务教育的普及、落实。第一,加强普及九年义务教育的宣传力度,强化各级政府实施义务教育的责任意识。第二,制定九年义务教育实施的具体标准和验收办法,保证各项工作的有效落实。第三,实行分级办学、分级管理的体制,调动各级政府义务教育办学的积极性。第四,多举措增加义务教育的经费投入,保障普及义务教育的物质基础。第五,加强义务教育阶段的教师队伍建设,为义务教育的普及提供师资保障。第六,加强对普及九年义务教育的督导工作,保证普及九年义务教育的质量。第七,加强对贫困地区义务教育普及工作的扶持,确保贫困地区"普九"工作的顺利开展。第八,加强对"普九"成果的巩固提高,防止"普九"工作的反弹。

3. 九年义务教育的全面普及和高等教育的发展(2001—2011 年)

(1)九年义务教育的全面普及

在国家全面普及义务教育的政策引领下,河南省采取一系列举措,全面推进义务教育的普及与发展。第一,进一步强化"普九"工作的重要性,明确"普九"的目标任务,提高"普九"水平。第二,采取举措,巩固提高农村地区九年义务教育普及的成果和质量。第三,建立农村义务教育经费保障机制,多举措保障农村义务教育经费投入。第四,统筹兼顾,扎实推进全省义务教育均衡发展。

(2)高等教育的迅速发展

1999 年以来,河南省高等教育在"科教兴豫"战略的引领下进入了发展的快车道。经过不懈努力,河南省高等教育的规模不断增长,布局、结构不断优化,教育层次逐步提升,高等教育质量显著提高,高校科研水平持续上升,高等教育在河南省社会经济发展中的推动作用不断增大。2011 年,全省共有普通高等学校 117 所,其中本科院校 47 所(含 9 所独立学院),高职高专院校 70 所;全省研究生培养机构 23 处;高等教育总规模达 236.49 万人,高等教育毛入学率达 24.63%;研究生招生 1.08 万人(其中,博士生 337 人);在学研究生 3.09 万人(其中,博士生 1 245 人)。河南省高等教育呈现出快速发展的态势。

4. 教育普及的纵深发展(2012 至今)

(1)九年义务教育普及的巩固和深化

至 2019 年,全省共有义务教育学校 2.27 万所,在校生 1 480.96 万人。其中,全省义务教育阶段随迁子女在校生 84.47 万人,占义务教育阶段在校生总数 5.70%;农村留守儿童在校生 187.79 万人,占义务教育阶段在校生总数 12.68%。全省九年义务教育巩固率达 95.45%(数据来源:河南省教育厅)。全省义务教育办学条件持续改善,义务教育师资队伍建设配置得到优化,优质教育资源得到一定程度的共享,特殊群体享受义务教育的权利得到保障,义务教育的质量得到整体提升。

(2)学前教育的普及

在中央政策指导下,河南省高度重视学前教育的普及与发展,提高制定政策、加大投入、完善监督、规范管理等多举措推进学前教育的发展。第一,制定政策,保障学前教育

的健康发展。第二,加大投入,扩充学前教育的办学资源。第三,完善监督,确保学前教育政策的有效落实。

(3)普通高中教育的普及

至2019年,全省高中阶段教育学校1 558所,招生127.92万人,在校生353.75万人,高中阶段毛入学率达91.62%(数据来源:河南省教育厅)。全省高中教育的普及程度显著提高,高中教育的办学条件显著改善,普通高中的教育质量稳步提高,高中教育的城乡、区域差异逐步缩小,普通高中与职业中学的比例渐趋合理,高中教育的多样化发展特色不断凸显。

(二)改革开放四十余年河南省教育普及的成就、反思与展望

1. 改革开放四十余年河南省教育普及的主要成就

(1)义务教育从全面普及到相对均衡发展

首先,河南省九年义务教育实现了全面普及,全民受教育水平显著提高。其次,义务教育的投入不断增加,义务教育经费投入机制不断完善。最后,义务教育实现了相对均衡发展,义务教育质量得到整体提升。

(2)学前教育的规模不断扩大,普惠性教育资源不断增加

在大力扩大学前教育规模,积极探索普惠性幼儿园发展模式的同时,河南省还积极推动学前教育的师资队伍建设和提升学前教育师资的学历水平。目前,河南省学前教育初步解决了"入园难"问题,毛入园率持续提高,教师队伍专业素质、幼儿园办园水平不断提升,普惠性教育资源不断增加,基本建成了覆盖城乡、布局合理、公益普惠、灵活多样的学前教育公共服务网络。

(3)高中教育加快普及,特色化办学不断凸显

改革开放以来,河南省普通高中规模稳步增长,普通高中教育普及程度快速提高。在推动高中教育迅速普及的同时,河南省还积极推进高中学校的多元化发展和特色化办学。

(4)高等教育从精英化到大众化,实现跨越式发展

2004年,河南省高等教育的毛入学率首次突破15%,达到16%,标志着河南省的高等教育进入了大众化发展阶段。除了不断提升高等教育的毛入学率,河南省还积极优化高等教育的结构,着力提升高等教育的质量,推动高等教育内涵式、跨越式发展。河南省还启动了高等院校分类发展计划和优势学科建设工程,引导各类高校找准办学定位,在全省统一规划下根据高校自身特色合理确定自己的建设与发展路径,同时,支持高校加强优势特色学科建设,加快高水平大学和特色骨干大学建设,进一步提升高等教育的内涵式发展和整体水平。

2. 改革开放四十年河南省教育普及的经验反思

(1)坚持教育优先发展的战略

改革开放以来,河南省教育普及事业取得的每一步成就都与省政府坚持将教育事业

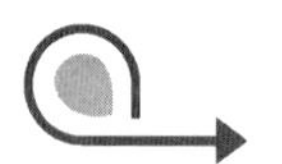

摆在优先发展的地位密切相关,坚持教育优先发展的战略已成为河南省教育普及和义务教育均衡发展的直接推动力。

(2)坚持办人民满意的教育,回归教育的人本价值

河南省在推动教育事业发展过程中,充分认识教育的人本价值,将以人为本作为教育政策方针的出发点。在以人为本价值理念的引领下,河南省将普及教育和人民群众的幸福生活结合起来,通过大力支持普惠性学前教育的发展、推动城乡免费义务教育的均衡发展、推进高等教育大众化并不断提升高等教育的办学水平和服务能力、不断完善继续教育终身教育体系等举措,实现了教育事业的跨越式发展,极大提升了全省人民的整体素质,推动了社会的进步和民生的改善。

(3)坚持教育体制机制的改革和创新

改革开放初期,针对经济发展相对落后、教育投入不足的现实,河南省通过改革教育管理体制、拓展经费筹措渠道等举措,调动了社会各界开办教育的积极性,大大推进了义务教育的普及;进入21世纪,面对以经济建设为中心、单纯追求GDP增长的发展模式所带来的贫富差距、城乡差别、区域发展差异以及经济与社会发展不协调等深层次问题,河南省的教育改革政策导向从此前对教育规模、数量、速度的追求转向对教育公平的关注,省政府发布各项政策、举措重点治理各类教育乱收费问题、整顿改制学校、加大教育政策对农村教育的倾斜力度等,推动了义务教育的均衡发展、高质量发展。

(4)坚持把教师队伍建设作为教育普及的重要保证

改革开放以来,河南省大力推进各级教师队伍建设。在教育普及的四十余年中,河南省先后实施了免费师范生教育、义务教育教师绩效工资制度改革、农村义务教育阶段教师"特岗计划"、"农村学校教育硕士师资培养计划"等举措,在数量和质量上保证了各级各类教育发展所需要的师资力量、师资水平。此外,河南省还通过加快推进教师职务(职称)制度改革、全面推进"县管校聘"管理改革、加强教师资源配置管理、健全教师考核评价制度等举措,建立健全了教师管理制度,为实现城乡教师资源的相对均衡、激发各级教师的工作积极性、提升教师的业务能力和师德修养等产生了积极的影响。

(三)改革开放以来河南省教育普及的未来展望

一是要推进各级教育高水平、高质量普及,致力于更加公平的教育。二是要科学全面监测教育质量,推动各级教育的内涵式发展。应建立健全"督政—督学—监测"三位一体的新型督导机制,建立健全监测数据与结果的上报、通报制度,用监测结果去督导引领"减负提质",营造支持教育改革发展、有利于学校内涵式发展和学生健康成长的良好氛围。三要全力推进教育现代化。四要以乡村振兴为契机,振兴乡村教育。河南省应以国家的乡村振兴战略为契机,推动乡村教育的振兴,补齐教育普及和教育质量提升中的短板。

四、改革开放以来河南省教育公平领域的经验与反思

改革开放以来，河南省教育事业发生了翻天覆地的变化。在实现教育公平的理论与实践探索层面，河南省也走出了一条符合省情域情的特色化道路。

(一)改革开放以来河南省教育公平改革的历史沿革

1. 从恢复教育秩序到政治权利公平(1978—1985)

“文革”结束后，河南省积极响应中央号召，进行了大刀阔斧的教育改革。一是中小学大力推进结构改革。1981 年 5 月，省教育厅提出中学整顿的五条原则：①设置多少学校要从实际出发，实事求是，量力而行。②压缩普通高中和初中，发展职业中学，推进中等教育结构的改革；③把中学和小学分开，加速普及小学教育。④充分走群众路线，压缩调整要经领导部门审批；⑤就近入学，方便群众。二是高等教育全面恢复招生。三是确认受教育权。

2. 从政治权利公平到入学机会公平(1986—1996)

为了促进教育公平，河南省采取诸多举措。一是全民推行义务教育。《河南省义务教育实施办法》(以下简称《实施办法》)在广泛征求意见的基础上，于 1986 年 8 月经河南省六届人大常委会第十二次会议审议通过。作为重要的地方性教育法规，它与《义务教育法》相配套，标志着河南省教育特别是基础教育的发展，开始步入依法治教的新时期。二是大力推进集资办学(1988—1992)。随着教育体制改革的深入，全省上下掀起了更大规模的集资办学、捐资助学热潮。各级党委、政府主要领导经常深入学校，调查了解情况，总结推广经验。多方发动社会力量集资办学、捐资助学，多渠道筹措办学资金，河南省教育的发展呈现出前所未有的新局面。三是大力推进扫除文盲教育。1988 年 2 月，国务院颁布《扫除文盲工作条例》，以行政法规的形式，对扫盲工作进行了具体的部署，从而使这项工作有法可依。为落实《扫除文盲工作条例》，河南省教委在濮阳市的台前县、南乐县进行了典型调查，全省各地市也广泛开展了文盲状况调查；省教委在对调查结果进行统计分析的基础上，起草了《河南省扫除文盲实施办法》报省政府，很快得以地方政府规章的形式颁行全省。1989 年，河南省政府把全年扫除文盲 30 万的任务列入当年责任目标管理，还发布了《关于进一步开展扫除文盲工作的通知》，成立省级扫盲工作领导小组，在全省范围内普遍推行扫盲工作责任制。经过全省上下共同努力，扫除文盲 41. 6 万人，超额完成了省政府下达的 30 万人的扫盲任务，文盲、半文盲占总人口的比率下降到 16. 15%。到 1991 年，全省 157 个县(市、区)中已有 96 个达到国务院规定的基本扫除文盲标准，另有 100 多万脱盲学员接受各种形式的扫盲后继续教育。河南省西平县获得了联合国教科文组织颁发的克鲁普斯卡娅国际扫盲奖。

3. 从机会式公平到内涵式公平(1997—2006)

河南省始终坚持把“基本普及九年义务教育”和“基本扫除青壮年文盲”作为教育工

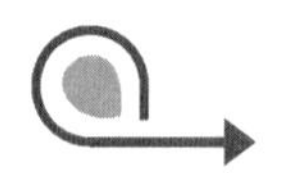

作的重点,因为保证有学上永远是上好学的基础与前提。同时在这个基础上,河南省通过教育改革积极提升办学质量,努力实现河南省教育从机会式公平到内涵式公平的转变。

(1)全面夯实"双基"

改善初中办学条件,缓解入学矛盾,减轻就学压力,是提高"普九"质量的重要举措。从1999年开始,全省城市市区实施薄弱初中更新改造工程,计划用三年时间,对全省120所(约占城市初中总数的20%)左右城市薄弱初中进行改造,力争达到学校布局合理化、办学条件标准化、教育管理规范化、办学特色多样化,提高基础教育的整体办学水平和教育质量。随着各项教育改革工作的不断深入,小学、初中教育规模继续扩大,学校布局逐步趋于合理,义务教育阶段重要指标特别是初中适龄人口入学率有较大幅度增长。截至2000年底,全省小学适龄儿童入学率由"八五"末的99.2%提高到99.84%,毕业率达到98.8%;初中适龄人口入学率由83.3%提高到98.05%,都略高于全国平均水平。

2004年,根据国家"两基"攻坚总体实施规划要求,省政府制定了《河南省"两基"攻坚(2004—2007年)实施规划》,明确了2004—2007年全省不同地区"两基"目标任务,提出了大力实施农村寄宿制学校建设工程、大力推进信息技术教育等主要政策措施,省政府有关部门成立了全省"两基"攻坚协调小组,在全省农村教育工作领导小组的领导下开展工作,重点协调解决"两基"攻坚工程实施中的重大问题。省政府同时建立了"两基"评估验收和复查制度,把"两基"工作列入各级政府的责任目标,作为考核政绩和领导干部提拔、任用的重要依据。

2007年12月25日,经国家教育督导团督导检查,教育部正式认定河南省实现了"两基"目标,并向河南省人民政府颁发"两基"纪念牌。"两基"目标的实现,标志着河南省"两基"工作完成了党中央、国务院赋予河南省的历史使命,实现了省委、省政府对全省人民的庄严承诺,也标志着河南省"两基"工作取得了新的历史性跨越。①

(2)评选示范性高中

这一时期,河南省教育改革的重点从快速发展转向稳步发展,从规模发展转向质量发展、内涵式发展。如何提升教育质量是摆在面前的一个重要课题。建设示范性学校,努力扩大优质教育资源无疑是一个有力举措。根据教育部的有关规定和省政府要求,2004—2006年,省教育厅组织开展了河南省示范性普通高中创建和评估认定工作。各地和各高中学校高度重视创建工作,积极开展创建活动,促进普通高中办学水平的提高,涌现出了一批办学理念新、办学条件较好、管理水平较高、领导班子团结务实、积极实施素质教育、能够起示范和带动作用的普通高中学校。这些学校在全面贯彻教育方针、办学思想、学校管理、教师队伍水平、教育质量以及实施素质教育方面发挥了很好的示范和辐射作用。通过创建活动的开展,促进了各地政府加大对普通高中教育的投入,改善了办

---

①蒋笃运.河南教育的历史跨越1978—2008[M].郑州:大象出版社,2008:342.

学条件,提高了办学水平,并以此带动了整个普通高中教育质量的提高,扩大了普通高中优质教育资源。①

(3)提高高等教育办学质量

在21世纪前后几年里,河南省积极调整高等教育布局,优化结构,深化教育教学改革,取得了显著成绩。"九五"期间,河南省抓住国家高等教育政策调整的时机,使郑州大学"211工程"建设项目正式立项,成为国家重点建设的百所高校之一。同时,为了进一步在规模的基础上提升高校办学质量,河南省高等院校开始了布局调整以及重点学校、重点学科、重点实验室建设。比如优化高等教育布局,改变条块分割封闭办学的局面,加强重点学校建设,是高等教育改革和发展的趋势,也是提高办学效益的重要措施。河南省在作出重点建设郑州大学、大力支持其进入国家"211工程"(百所重点建设大学)决策的同时,积极促进省属院校、部属院校、市地所属高校以及高校与企业之间多种形式的联合办学,使高等学校各展其长,优势互补;并通过校校联合共建博士点、硕士点,或与科研单位联合共建博士点、硕士点,促使其在师资、图书资料、仪器设备和校舍等方面实现资源共享;还努力推进高等职业学校、师范高等专科学校、教育学院等高校的合并工作。

4. 从单点突进式公平到全学段公平(2007—2018)

(1)学前行动计划的实施

改革开放以来,河南省委、省政府十分重视幼儿教育事业的发展,特别是进入全面建设小康社会的新时期,把发展幼儿教育事业作为全省教育重点工作之一,纳入教育事业发展规划。截至2018年,全省共有幼儿园2.21万所,学前教育入园儿童140.57万人,在园幼儿437.99万人,学前教育毛入园率88.13%。幼儿园教职工36.77万人,其中,园长2.65万人。幼儿园专任教师21.45万人,专科以上学历占73.19%。

(2)高中阶段教育的普及

近年来,全省各级党委政府高度重视高中阶段教育,不断加大教育投入,办学条件逐步改善,教育质量稳步提升,2016年,全省高中阶段毛入学率达到90.4%,高于全国平均水平,普及水平迈上了新台阶。这一时期,河南省统筹推进普通高中教育和中等职业教育协调发展,落实中等职业学校和普通高中招生大体相当的要求,提高中等职业教育招生比例。积极扶持民办教育,促进公办民办共同发展。根据人口变化趋势、新型城镇化规划和产业发展需求,合理规划学校布局,有效利用高中教育资源,方便学生在县域内就学,办好必要的乡镇高中。

(3)"双一流"建设的突破与全民提升高等教育质量

河南省在促进郑州大学、河南大学再上新台阶的同时,全面提升全省高等教育的质量。为此,河南省坚持"重点突破、整体提升、科学定位、分类实施"的原则。"重点突破"即对已经入围"双一流"的"郑大"、"河大"给予重点支持;"整体提升"即全省高校都是

①蒋笃运.河南教育的历史跨越1978—2008[M].郑州:大象出版社,2008:348.

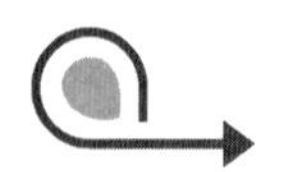

"双一流"大学建设的参与者,都要把"双一流"建设作为目标任务,以此带动全省高等教育整体水平的提升;"科学定位"即按照"世界一流大学建设高校、世界一流学科建设高校、国内一流大学建设高校和国内一流学科建设高校"四个类型层次,引导高校科学定位、分类发展、办出特色、争创一流,厚植一流大学和一流学科建设的沃土;"分类实施"即注重均衡,实行差异化支持方式。

(二)改革开放以来河南省教育公平改革的基本经验

1. 教育公平的改革要依据经济发展水平分阶段进行

河南省教育公平的改革从大趋势上跟全国方向是一致的,即从集中力量办重点学校,到追求义务教育阶段的规模数量,再到全学段质量型内涵式发展。但是在改革的步调上可能跟全国稍有不同。首先是集中力量办一批重点学校。比如基础教育的非均衡发展有其历史的原因。在公办学校中分重点、非重点的做法是在教育资源不足的情况下,集中有限力量办好一部分学校,为国家培养急需人才的策略选择。其次是追求义务阶段教育的规模质量。河南省遵循地方经济发展实际,从小学教育普及开始,逐步推进。最后是全学段质量型内涵式发展。

2. 教育公平的改革要充分调动全社会资源协同并进

我国教育经费的大幅度增加和多渠道筹措预算外教育经费,特别是群众性集资办学的热潮(另有专文叙述),大大缓解了教育经费投入不足与教育事业发展之间的矛盾,改善了中小学办学条件,特别是农村中小学的办学条件得到了根本性的改善。多渠道筹措教育经费不仅改善了中小学的办学条件,而且改善了教师待遇,稳定了教师队伍,优化了学校布局,提高了规模效益,加快了基础教育的发展,使全省范围内普及初等义务教育的历史性任务得以按期顺利完成。河南省能够充分调动社会资源,多渠道筹措教育经费,保证各项教育公平改革目标能够如期实现。

3. 教育公平的改革要注重政策的执行实效与督导

河南省教育督导机构成立以来,坚持督政为主、督学为本的指导思想,积极开展督导活动,为河南省基础教育的改革与发展发挥了积极的监督、保证作用。长期以来,河南省教育督导在促使全面贯彻落实党和国家的教育方针、政策、法律、法规,提升办学水平和效益;推动"两基"健康实施,如期实现"两基"目标;推进素质教育,提高教育质量;认真实施县级政府教育工作督导评估制度,促进县域教育工作协调、健康、持续发展等方面做了大量工作,做出了重要贡献。

(三)改革开放以来河南省教育公平改革反思与发展趋势

1. 从"效率优先、兼顾公平"到"公平优先,兼顾效率"

首先,弱势群体。教育学研究中使用"教育弱势群体""社会文化处境不利人群"等概念来指称教育贫困人口。这就需要国家、社会提供适当的受教育机会和条件,改善他

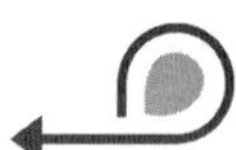

们教育生活的质量,保障他们正常的学习和健康发展。其次,弱势地区。河南省地处中原,是农业大省,80%的人口在农村。要实现中部崛起的战略目标,就必须大力发展教育事业,特别是搞好农村教育,把沉重的人口负担转化为巨大的人力资源优势。最后,弱势学段和弱势学校。扭转弱校颓势,转弱为强,不仅是基础教育均衡发展的要务,更是教育发展的神圣使命。

2. 进一步加大农村教育投入,促进城乡教育一体化发展

河南省也经历过城乡分离、城乡对立然后又逐步走向城乡融合、城乡一体的发展过程。依据教育公平的三个方面,即起点公平、过程公平和结果公平,我们把城乡教育一体化的发展阶段划分为初级一体化阶段(追求城乡教育机会均等)、中级一体化阶段(追求城乡教育资源配置均等)和高级一体化阶段(追求城乡教育质量和教育成就均等)。城乡教育一体化评价标准指标体系主要从教育机会、教育资源、教育质量与成就三个维度进行架构,涵盖并反映教育起点、教育输入、教育过程、教育结果等方面的发展水平,具体构建起城乡教育一体化发展评价标准指标体系。①

3. 大力发展非正规教育,促进公平而优质的教育

非正规教育是促进教育公平与效率的重要途径。它能够满足不同群体和小群体多样化的学习需求,有效促进社会公平。当前必须在非正规教育的发展上下大力气。主要是:提高对非正规教育作用的认识。非正规教育提供了多样化的学习渠道,能够满足不同群体的不同学习需求,改变传统教育的"一次性"机会的局面。其作用在于:它不限定入门资格和受教育的机会,能够使所有人看到提升自己学习的希望,改变当前"千军万马挤独木桥"的状况。大大降低终身的成绩失败者和差生的数量,有助于减少低文化人群和社会弱势群体的产生,从而促进社会的稳定与和谐。

五、改革开放以来河南省教师教育的历史变革与现实反思

(一)改革开放以来河南省教师教育的历史沿革

河南省的教师教育发展可以划分为三个重要时期:改革开放之初的恢复与重振期,20世纪90年代以后的深化发展期,以及党的十八大以来本土体系构建与内涵驱动发展期。

1. 20世纪70年代末到80年代:逐步复苏与规划重建期

(1)中等师范教育复苏重振

1980年,鉴于中等师范学校布局分散、教学设备简陋和多附设在中学且师资质量不高等现实困境下,河南省教委决定对全省师范学校的布局进行重新规划。同年,省教育

①于月萍. 区域推进城乡教育一体化发展的理论及战略研究[M]. 沈阳:辽宁人民出版社,2012:14-15.

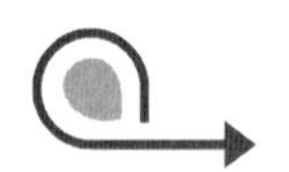

厅提出,每 100 万~200 万人口的地区,原则上可设置 1 所中等师范学校,每校服务 2~3 个县,学校规模可根据实际情况设 18~30 个班不等,学制 3~4 年,招收高中毕业生的学制为 2 年。1983 年,全省中等师范学校共设立 36 所,每年招收 12 500 人,当年在校生 25 031 人,比 1949 年的 6 803 人增加 2. 7 倍。中等师范学校每年培养毕业生保持在 12 000 人左右,基本满足河南省普及小学教育和幼儿教育对师资的要求。1983 年全省师范学校教师中具有本科及以上学历的人数占 48. 6%,这个比例比新中国建立初期提高 29. 7 个百分点。师资质量得到显著提升。1984 年起,中等师范学校开始全部招收初中毕业生。可以说,中等师范教育为河南省小学教育和幼儿教育的普及发挥了不可替代的作用。

(2)高等师范教育焕发生机

改革开放后,高等师范院校师资水平显著提升。高等师范教育为河南省的基础教育培养大批的中学骨干教师和基础教育管理人才,也培养了一批高质量的各学科研究人才。总体而言,高等师范教育对全面提升师范生的教育素质具有独特的、不可替代的作用。

(3)教师培训机构恢复建立

1978 年后,河南省高度重视教师在职培训工作,在职教师培训机构得以恢复建立并逐步完善。第一,河南省在省、市、县相继恢复或新建了教育学院、教师进修学院、教师进修学校,负责组织中小学教师在职或离职进修培训。第二,高等师范院校根据实际需要,举办不同类型的教师进修班(举办短训班、本科进修班、专科进修班、专科函授教育),同时开展业余函授教育。第三,地市教育学院、教师进修学院、中等师范学校负责培训小学和幼儿园在职教师。第四,采取多种举措提高中小学教师学历和专业水平。

2. 20 世纪 90 年代至 21 世纪初:深化改革与多元发展期

20 世纪 90 年代至 21 世纪初,河南省教师教育开始走向深化改革与多元发展期,表现在教师教育学历层次不断提升、开放化程度不断拓展、专业化程度逐渐提高等方面。

(1)教师教育学历层次不断提升

在国家各项教育政策的指引下,河南省根据本省教育事业的发展情况,在十几年的时间内对全省师范院校进行了布局调整:绝大多数中等师范学校逐渐通过撤并等方式并入师范专科学校或其他非师范院校;数量众多的地市教育学院合并到普通师范院校或其他高校;一些师范高等专科学校通过合并等方式升格为师范学院或综合性院校。此外,一些综合性大学也开始参与到教师教育的事业中。河南大学,郑州大学,河南师范大学,信阳师范学院等院校纷纷开展教育硕士项目,使河南省教师教育向研究生层次迈了重要一步。

(2)教师教育体系逐渐走向开放化

河南省坚持多渠道、多形式、多层次培训并举,在职进修与脱产进修相结合、以在职进修为主,短期培训与系统进修相结合、以短期培训为主的原则,以学历培训为重点,加强对在职教师的培训,同时,有计划地开展继续教育,完善省、市(地)、县(市、区)、乡

(镇)教师培训网络,把青年教师、骨干教师和薄弱学科教师作为培训工作的重点,以提高教师的素质。[①] 20世纪90年代以后,河南省教师教育开始走向开放化,主要表现在教师教育参与主体趋向多元化和教师教育职前职后一体化体系逐步形成。

(3)教师教育专业化程度不断提高

教师教育的改革与发展促进了河南省教师教育专业化程度不断提高。首先,传统师范院校的改革与发展发挥了中流砥柱的作用。其次,新升本师范院校的改革与发展为河南省教师教育专业化发展注入了新的活力。最后,河南省教师教育的多元化发展也是教师教育专业化水平提高的表现之一。

3. 党的十八大以来:本土体系构建与内涵驱动发展期

党的十八大以来,河南省教师教育事业围绕教育规划纲要目标任务,立足河南省教师教育事业发展实际情况,以中小学教师师德水平和业务能力素质提升为核心,以"六大体系"建设为抓手,不断深化教师教育体制机制改革,创新教师培养培训模式,着力推进现代教师教育体系建设。

(1)以师德教育为引领,着力构建起基础教育教师师德建设的新体系

2013年以来,将师德教育作为必修内容贯穿于教师职前培养、职后培训和管理的全过程;颁布了《河南教师誓词》,建立了教师入职宣誓制度;建立了河南省师德教育专家库;把师德建设情况纳入教育督导范围,实行师德考核一票否决制;建立了省、市、县三级教师信用体系和师德档案制度;2015年开始,协助省委宣传部每年开展"河南最美教师"公益评选活动;每三年评选表彰一次师德标兵和师德先进个人。

(2)以"课程改革"为突破口,着力构建起基础教育教师培养的新体系

改革开放以来,河南省师范教育以项目集群的方式投向教师培养领域,强化师范生培养质量,为基础教育提供合格师资,并致力于架起师范教育与基础教育双向互动的桥梁,促进教师职前培养与职后培训一体化建设。

(3)以"中原名师"为引领,着力搭建基础教育教师梯队建设的新体系。

自2013年起,河南省启动实施了"中原名师培育工程",每年安排500万元,计划到2020年培育80名中原名师和6 000名河南省中小学幼儿园名师,致力于构建以中原名师为引领、从新入职教师到教育教学专家、从校级骨干到省级骨干、从县级名师到省级名师的河南省基础教育教师梯队建设体系。截至目前,共培育中原名师55名、省级名师3 500余名、省级骨干教师近3万名。以此,引导市县构建起区域内教师梯队建设体系,致力全体教师的专业化成长。

(4)以"国培计划"为引领,着力打造基础教育教师终身学习的新体系

河南省教育厅提出,要打造以"国培计划"为引领,以校本研修为基础的"国培""省培""市培""县培""校培"一体化管理,差异化培训、相互衔接的五级联动培训机制,进而

①王日新,蒋笃运. 河南教育通史(下)[M]. 郑州:大象出版社,2004:456.

有计划地开展中小学教师岗位培训工作,确保 5 年内完成每人不少于 360 学时的全员培训任务。同时,河南省教育厅还将安排一定引导经费,在“国培”不能覆盖的区域,启动实施高中教师等一系列专项培训引导计划,形成从幼教到高中、从农村到城区的以全员培训为标志的大培训格局,以此构建起为基础教育服务的教师教育终身学习体系。目前,全省已建成 34 所省级示范性县级教师培训机构,规划到 2020 年全省基本实现县级教师培训机构标准化。同时,组建了河南省县级教师培训机构联盟,实现优质教师教育资源的共建共享。

(5)以“特岗计划”为保障,着力完善起基础教育教师补充的新体系

从 2009 年开始,河南省启动实施“特岗计划”。河南省要求各地要本着“总量调控、城乡统筹、结构调整、有增有减”的原则,根据需求合理安排中小学教师自然减员补充。在设置岗位时,要增加村小、教学点教师的招聘数量,并充分考虑当地教师队伍学科结构分布等因素,特别是加强音体育、体育、美术、信息技术、科学等紧缺学科教师的补充。同时,要认真落实“特岗教师”待遇,积极创造条件支持其专业成长,保证服务期满留任“特岗教师”入编入岗。①

“特岗计划”的实施对加强河南省农村教育工作,提升农村教师队伍整体素质,解决农村师资总量不足和结构不合理等问题,都具有非常重要的作用。主要成效可以概括为:一是改善了农村教师整体配置状况,缓解了教师布局城乡结构性矛盾。二是提高了农村教师队伍整体素质。三是创新了农村教师补充机制,填补了自然减员的空缺。四是促进了高校毕业生到基层、到农村地区就业,缓解了全省大学生就业压力。②

(6)以“绩效考核”为激励,着力构建起教师教育质量保障的新体系

河南省教育厅将通过“河南省教师教育质量监测平台”,采取第三方评价的方式,开展网络匿名评估和全过程的监测工作,构建以质量监测和信息管理为核心的教师培训质量保障体系,形成“调研+规划+引导+绩效考核”的项目管理模式;注重强化过程督导,强化绩效考核结果的分析利用,探索形成完整的管理回路。

(7)以“待遇保障”为后盾,着力营造乡村教师安心从教的良好环境

实施城乡统一的中小学教职工编制标准,建立中小学教师编制城乡统一、区域统筹、动态管理的机制,对农村边远地区,在教师编制、岗位设置等方面予以倾斜。认真落实集中连片特困县乡村教师生活补助政策,建立乡村教师待遇政策落实保障督查机制。同时,将乡村教师队伍建设纳入省政府督政内容,与县域内城乡义务教育一体化改革发展、“全面改薄”、标准化建设等基础教育领域内的重大工程同部署、同落实、同考核,对实施

---

①中国教育新闻网. 河南以“五个体系”建设推进教师教育工作[EB/OL]. (2014-02-28)[2019-09-05]. http://www.edu.cn/jiao_shi_pin_dao/zxxjszp/teacher_news/201402/t20140228_1079867.shtml.

②陈凯. “特岗教师”政策审视:以河南省为例[J]. 河南教育学院学报(哲学社会科学版),2012,31(05):53-54.

不到位、成效不明显的，追究相关负责人的责任。

（二）河南省教师教育历史变革的基本经验

1. 积极变革，融入教师教育时代发展潮流

经过40余年的接续奋斗，全省学校党建和思想政治建设实现了由“宽松软”到全面加强的转变，义务教育实现了由大家办到政府办、由缓慢发展到全面普及再到基本均衡的转变，职业教育实现了由低速徘徊、水平不高到高速发展、提质增效的转变，高等教育实现了由精英化到大众化、由外延式发展到内涵式发展的转变，我们走出了一条具有河南特色的教育发展之路，正处于由教育大省向教育强省跨越的重要阶段。河南省只有积极融入教师教育时代发展潮流当中，才能为解决当前教师教育发展难题谋求新的解决之道，实现教师教育发展的创新转变。

2. 立足河南，回应时代教师教育挑战与群众关切

一要从薄弱处着手，落实立德树人根本任务。二要从普惠上攻坚，促进学前教育规范健康发展。三要从均衡上着力，推进义务教育城乡一体化发展。四要从特色优质着眼，加快推进高中教育普及攻坚。五是从补齐短板上努力，持续推进教育公平。六是从关键处发力，加强教师队伍建设。七要从创新上突破，提升基础教育教研工作水平。八要从底线思维出发，强化校园安全教育管理。

3. 实践创新，贡献豫派风格的教师教育河南方案

在以习近平同志为核心的党中央坚强领导下，省委、省政府坚定实施科教兴豫、人才强省战略，坚持教育优先发展，围绕补短板、强弱项、提质量、促改革，出台了一系列政策，采取了一系列措施，全省教育事业取得了长足进步，教育系统党的建设得到新加强，教育发展水平迈上新台阶，教育改革取得新进展，教育服务发展能力有了新提升，人民群众获得感明显增强。经历改革开放以来建设与变革，河南省教师教育不但为本省超大规模基础教育师资队伍的持续更新做出了贡献，还不断完善育人模式和优化教师教育体制，为中国基础教育发展提供卓越教师打下坚实的基础。

（三）河南省教师教育的现实反思与发展趋向

1. 以师德教育引领为基础，持续完善基础教育教师师德建设的新体系

在当前多元价值观的冲击下，基础教育承载着思想道德建设的重要任务，这就需要中小学教师加强自身道德意识，积极地塑造学生的人生价值观。随着教育改革的进一步深化、当前的教育工作需要加强师德建设。在师德师风建设方面，通过制定科学合理的师德评价标准，建立奖惩机制，采取自评、互评的评价方式评价教师，将师德建设与考核、职称晋升结合起来，对师德标兵进行表彰奖励，不断完善失信惩戒机制，解决师德失范问题，构建良好的基础教育师德建设体系。

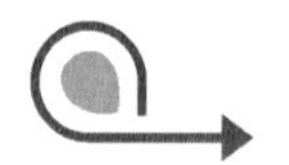

2. 以培养模式优化为抓手，着力培养一批立足河南、辐射中原的豫派大国良师

一是推进专业多元化培养模式。为了提高教师教育的质量，河南省为培养优秀的教师，着重加强师资队伍的培养，提高教师的专业化水平，“建立职前职后贯通、校本培训和集中脱产培训相结合的教师专业发展机制”①。二是推进全方位协同培养模式。面对幼儿园和中小学对教师教育的需求，如何满足其个性化、多样化的需求，高等师范院校和综合院校不仅要转变其师范专业的培养模式，还要探索全方位协同教育的培养模式。

3. 以管理机制创新为重点，合理配置教师教育资源，着力打造中原教师教育新高地

一是以协同合作考核保障教师教育质量。2012 年，在河南省教育厅引导河南省高等学校教育类课程试行“双导师制”的机制下，推进教师教育职前培养和职后培训一体化以提高教师的培养质量。二是以提升待遇保障稳定教师教育资源。在提高教师待遇上，主要是通过扩大、建立、提高中小学教师的三种类型补贴：第一类是乡村教师生活补助；第二类是建立岗位津贴；第三类是提高教龄津贴标准，以此建立一支稳定的乡村教师队伍。②

六、改革开放以来河南省教育国际化发展的经验与反思

（一）改革开放以来河南省教育国际化的历程

1. 恢复时期（1978—1984）

（1）来华留学教育政策的恢复与探索及河南省取得的成效

1980 年河南省恢复公派出国留学。1982 年，河南省开始接收通过校际交流渠道来的外国留学生和个别自费外国留学生。其中，郑州大学来华留学生教育起步于 1984 年。

（2）对汉语教学政策的恢复与探索及河南省取得的成效

改革开放初期，为满足来华留学教育事业发展的需要，面向来华留学生的对外汉语教学逐步恢复并发展起来。此阶段的汉语国际推广政策主要表现为设立对外汉语教学学科专业。这一阶段河南省已经有高校接收外国留学生来豫留学，在这一阶段全省参与对外汉语推广活动是合并在接收来豫留学生教育活动中进行的。

（3）外国专家和外籍教师聘任政策的恢复与探索及河南省取得的成效

1978 年 6 月，教育部发布《关于支持高等学校邀请外籍科学家、工程技术专家来华讲学的通知》，鼓励和支持高等院校聘请国外科技专家来华短期讲学或举办专题讲座。该文件的发布标志着我国教育领域内的外国专家与外籍教师政策进入探索初创阶段。在

---

①教育部. 河南省中长期教育改革和发展规划纲要（2010—2020 年）[EB/OL].（2011-03-20）[2019-08-27]. http://old.moe.gov.cn/publicfiles/business/htmlfiles/moe/s5520/201104/117402.html.

②河南省人民政府. 关于全面深化新时代教师队伍建设改革的实施意见新闻发布会[EB/OL].（2019-05-17）[2019-09-02]. http://www.henan.gov.cn/2019/05-17/793823.html.

此阶段,外国专家与外籍教师政策在探索中不断创立。

2. 调整与规范化时期(1985—2000)

(1)出国留学教育政策的调整与规范及河南省取得的成效

1986 年 12 月,国务院在批转原国家教委《关于出国留学人员工作的若干暂行规定》的通知中将公民出国留学作为我国对外开放政策的组成部分,指出必须长期坚持。出国留学教育政策在此阶段渐趋形成涵盖自费留学、公派留学与留学回国三部分的政策体系,为其后政策的演进奠定了基本政策框架。1993 年 11 月,在中共中央十四届三中全会通过的《中共中央关于建立社会主义市场经济体制若干问题的决定》中,确立了"支持留学、鼓励回国、来去自由"的出国留学工作方针。这一方针的确立,标志着我国出国留学政策逐渐走向成熟。

这一阶段河南省出国留学的人数逐渐扩大,由 1986 年的 194 人增加到 2000 年的 260 人,其中 1984 年出国人员中有 42 人获得公费资助,152 人属于自费,到 2000 年自费出国的比例逐渐增大。除了出国留学之外,每年还有几十位学生或教师出国进修和访学。

(2)来华留学政策的调整与规范及河南省取得的成效

1985 年 10 月,经国务院批转,原国家教委、外交部、文化部、公安部和财政部联合颁布了《外国留学生管理办法》,强调来华留学教育对我国与其他国家开展"教育、科技、文化交流和经济贸易合作"的促进作用。在此阶段,来华留学教育具体政策主要涵盖试行招收自费来华留学生、试行下放留学生招收审批权、扩大高等学校留学生招生与管理权、简化签证手续等方面,政策价值取向逐步由政治外交属性向教育属性回归。

这一阶段河南省普通高校接收海外的留学生规模稳步扩大,由 1986 年的 260 人,增加到 2000 年的 726 人,接收留学生的高校数由 1994 年的 6 所增加到 2000 年的 13 所。此外,还有非常多的境外学者和学生来豫访学、讲学、考察和交流。比如 1987 年,来豫访学的学生、考察、交流的学生人数分达到 118 人、65 人和 70 人,每年来豫访学的学生数稳定在 100 人左右。

(3)中外合作办学政策的调整与规范及河南省取得的成效

经国务院批准,南京大学约翰斯·霍普金斯大学中美文化研究中心于 1986 年 9 月成立,这是我国改革开放以来的第一所中外合作办学机构,开启了我国教育机构与国外教育机构合作办学的先河。1985 年河南省政府与美国合作建立第一所中外合作大学——黄河大学。黄河大学的建立,是河南省第一次在现有体制内建立与世界接轨大学的尝试。这一时期,河南中外合作办学机构和项目数量不多,规模不大,较为分散,质量和水平也有待提高。

(4)对外汉语教学政策调整与规范及河南省取得的成效

这一阶段全省参与对外汉语推广活动是合并在接受来豫留学生教育活动形式中进行的,暂时未找到河南省单独参与对外汉语推广方面的资料。

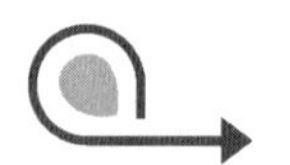

(5)外国专家和外籍教师聘任政策的调整与规范及河南省取得成效

1991 年 8 月,原国家教育委员会颁布实施《高等学校聘请外国文教专家和外籍教师的规定》,这是改革开放以来教育领域外国专家和外籍教师聘请与管理的第一部专门性规定。1995 年颁布的《中华人民共和国教育法》为教育领域外国专家与外籍教师的聘请提供了法律依据。1998 年 12 月,教育部发布的《面向 21 世纪教育振兴行动计划》提出"邀请海外知名学者特别是世界一流大学的教授任国内大学客座教授,来华进行短期讲学和研究"的明确要求。以此为标志,外国专家与外籍教师政策进入拓展建设阶段。

这一阶段河南省聘请外国专家和外籍教师成效显著,拥有聘任外国专家和外籍教师的院校数由 1987 年的 15 所增加到 2000 年的 63 所,聘请到的外国专家和外籍教师数由 1987 年的 54 人增加到 2000 年的 160 人。

3. 深化发展时期(2001—2019)

(1)出国留学政策的进一步发展与完善及河南省取得的成效

在出国留学方面,河南省公派的出国留学主要通过 CSC 面上选拔、政府间交换项目、世行贷款、河南省地方合作项目、青年骨干教师、学校选派等渠道进行,出国的目的往往是攻读硕士、博士学位项目或做访问学者。在因私出国留学方面,河南省目前已经成了 15 家自费出国留学中介机构。河南省自 1980 年恢复公派出国留学,迄今已选派近 5 万人出国研修,累计有 10 万人自费出国留学。

(2)来华留学教育政策的进一步完善及河南省取得的成效

来华留学教育在此阶段的具体政策主要包括进一步简政放权、改革学历证书管理、取消留学生招生资格审批、设立综合保险制度以及规范中国政府奖学金管理体系、制定来华留学生管理干部培训制度等。通过以上措施,来华留学教育政策渐趋健全,来华留学教育步入规范化、制度化发展轨道,实现了迅速发展。

随着国际化进程的加快,这一时期河南省也吸引了越来越多的留学生来豫留学。2008—2010 年河南省各高校的留学生人数稳定在 1 300~1 400 人,至 2016 年留学生规模已经突破 2 700 人,是之前的两倍;2016 年河南省共有 46 家来华留学生培养单位,其中,39 所位于高校。[①]

(3)中外合作办学政策的进一步完善及河南省取得的成效

这一时期河南省中外合作办学项目发展迅速,举办了形式多样、专业丰富的中外合作办学项目,2001 年郑州轻工业学院成为省内第一个开展本科合作办学项目的公立高校,郑州大学、河南大学、河南工业大学等高校也纷纷举办本科层次的中外合作办学项目。2016 年河南大学迈阿密学院成为省内第一个本科层次的中外合作办学机构。[②] 截至 2019 年 8 月 3 日,共有 288 个中外合作办学机构(项目),在读学生近 6 万人。

①石茂生. 河南省跨境教育报告[M]. 郑州:郑州大学出版社,2020:4.

②石茂生. 河南省跨境教育报告[M]. 郑州:郑州大学出版社,2020:3-4.

(4)跨境办学政策的进一步完善及河南省取得的成效

2002 年 12 月,教育部发布《高等学校境外办学暂行管理办法》(以下简称《办法》)。这是我国有关境外办学的第一部规章,也是第一个就境外办学活动进行系统规范的政策性文件。

2015 年经河南省教育厅批准,郑州中学加拿大维多利亚分校正式成立。2017 年 6 月,河南中医药大学积极参与和服务"一带一路"倡议,与马来西亚林登大学学院合作,在马来西亚设立"河南中医药大学林登仲景学院",开启了河南省本科层次境外办学的先河(数据来源:国际在线网站)。2018 年洛阳师范学院获批在马来西亚设立洛阳师范学院海外分校——河洛学院。河洛学院将在 2018 年 8 月开始招生,首批招生的两个专业是小学教育及汉语国际教育(数据来源:洛阳网)。

(5)汉语国际推广教育政策的进一步完善及河南省取得的成效

以教育部发布的《面向 21 世纪教育振兴行动计划》为标志,汉语国际推广政策进入拓展建设阶段。截至 2012 年党的十八大召开前,国家有关部门出台了《孔子学院章程》《孔子学院总部资金管理办法》《关于做好孔子学院专职院长和教师队伍建设的意见》《国家公派出国教师生活待遇管理规定》《新汉语水平考试大纲》《关于开展汉语国际教育硕士专业学位教育试点工作和推荐全国汉语国际教育硕士专业学位教育指导委员会委员人选的通知》等一系列政策文件,建立起较为规范的汉语国际推广政策体系。汉语国际推广在此阶段实现了快速发展。

河南省的孔子学院和课堂、出国留学也获得了快速的发展。2007 年郑州大学在印度开办了韦洛尔科技大学孔子学院,2008 年河南大学在美国开设艾克伦大学孔子学院。截至 2019 年河南省教育对外开放成效显著,目前全省共有 288 个中外合作办学机构(项目),在读学生近 6 万人。为推广汉语教育和中华文化,河南省先后在美国、印度、坦桑尼亚、刚果(布)、格鲁吉亚等国家建立海外孔子学院(课堂)11 所,下设教学点达到 47 个,建立武术俱乐部 32 个,选派汉语教师和志愿者 3 000 余人,培训学员近 5 万人。

(6)外国专家及外籍教师聘任政策的进一步完善及河南省取得的成效

近年来,河南省在外国专家和外籍教师聘任方面进步迅速,尤其是在引进海外高层次人才方面成绩显著,截至 2018 年河南省先后有河南大学、河南师范大学、郑州大学三所高校顺利获批"111 计划"。据省外国专家局统计,从改革开放算起,河南省已先后引进了 4 万多名外国文教专家,而近年来这种引进逐渐向高端迈进;截至 2015 年,长期在河南省工作的外国文教专家有 1 000 多人;他们主要来自美国、澳大利亚、加拿大、英国、日本、韩国等,其中数量上以美国居首;全省具有博士学位的长期高层次外国专家近百人,大师级及诺奖级专家 20 多人来豫讲学、访问及合作研究①。

①傅豪. 中原筑巢引来"洋凤凰"[N]. 大河报,2015-02-26.

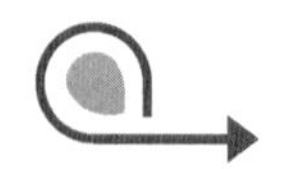

（二）改革开放以来河南省教育国际化的主要成就

1. 聚焦培养高层次人才，出国留学效益逐渐凸显

河南省一直重视出国留学教育，一方面加大资助力度，鼓励各种人员出国留学、进修和培训；另一方面，积极提供有竞争力的工作条件和待遇，吸引出国留学人员学成回国工作。改革开放以来，河南省已经形成了涵盖国家公派出国、河南省地方合作项目资助和个人自费出国留学、访学和培训的完善体系和机制，出国留学规模稳步提升，出国人员学成后回豫工作人员连年增加，为全省经济社会发展提供了强有力的人才支撑。根据《河南省教育年鉴》中统计资料显示，全省出国人员由 1986 年的 194 人增加到 2015 年 1 400 人，在绝对量上增长了 6 倍多，其中获得国家公派和河南省地方合作项目资助人数由 1986 年的 42 人增加到 2015 年的 313 人，在绝对量上也增长了 6 倍多。随着河南省出国留学规模持续不断扩展，以及全省经济社会发展水平的不断提升，留学回国人员的规模也逐年增长，由 2004 年的 100 人增加到 2015 年的 2 996 人，从绝对量上看，增长了将近 29 倍。

2. 聚焦完善激励机制，来华留学规模迅速扩大

改革开放 40 余年来，河南省普通高校来豫留学生规模稳步扩大，来豫留学生的结构持续不断得到优化。河南省普通高校留学生规模持续不断扩大，来豫留学生规模由 1986 年的 260 人增加到 2018 年的 2 801 人，从绝对数量上看，增加了 10 倍多。从来豫留学生的学历层次结构上看，河南省普通高校留学生的层次结构逐渐优化和完善，并且办学层次逐渐上升，区域结构逐渐优化和完善，经费结构逐渐优化和完善，并且来源结构更为多元。

3. 聚焦优质资源引进，中外合作办学成效显著

改革开放以来，河南省在中外合作办学领域进行了富有成效的探索，从 1985 年创办我国第一所中外合办大学——黄河大学开始，发展到目前具有独立法人资格的中外合作办学机构和众多的中外合作办学项目，在一定程度上满足了广大民众对优质高等教育机会的需求。截至 2018 年，根据教育部教育涉外监管信息网数据库提供的数据①，河南省目前中外合作办学机构有：郑州西亚斯国际学院、河南大学迈阿密学院、中原工学院中原彼得堡航空学院、华北水利水电大学乌拉尔学院等 4 所，有 87 个中外合作办学项目。

4. 聚焦特色教育“走出去”，境外办学不断实现新突破

截至 2019 年年底，河南省一共有 4 所普通高校参与跨境创办了 5 所海外分校。其中，河南中医药大学、洛阳师范学院和中原工学院 3 所本科层次的普通本科高校分别跨境创立了 1 所海外分校，河南中医药大学林登仲景学院（马来西亚），主要举办中医学和中西医临床医学专业；洛阳师范学院马来西亚城市大学河洛学院主要在小学教育和汉语国际教育专业开展招生和人才培养；中原工学院轩辕学院（泰国）主要在汉语国际教育和会计专业展开招生和人才培养工作。高职层面主要有黄河水利职业技术学院分别于 2018 年和

---

①不含 2018 年新增中外合作办学项目及机构信息。

2019 年在赞比亚和南非各自筹建了 1 所海外分校(赞比亚大禹学院和南非大禹学院),分别在焊接、机械维修、测量等专业以及机电一体化、电气自动化、建筑工程等专业进行招生和人才培养。河南省普通高校跨境创办海外分校主要分布在“一带一路”沿线国家,有助于密切河南省与“一带一路”沿线国家之间在经济、政治、文化和社会发展之间的关系。

5. 聚焦文化“走出去”,汉语国际推广再上新台阶

河南省参与国际汉语推广教学的教师和志愿者保持持续稳定增长的态势,从绝对数量上看,河南省参与国际汉语推广教学的教师和志愿者人数由 2006 年的 17 人增加到 2015 年的 242 人,在不到 10 年的时间内增加了 13 倍多。此外,河南省分别于 2006 年和 2012 年获批汉语国际推广河南少林武术基地和汉语国际推广汉字文化体验与研究基地,成为全国唯一拥有 2 个国家汉语国际推广(武术和汉字)基地的省份。此外,为了配合国际汉语和中华文化的推广,河南省先后在美国、印度、坦桑尼亚、刚果(布)、格鲁吉亚等国家建立海外孔子学院(课堂)11 所,下设教学点达到 47 个,建立武术俱乐部 32 个,培训学员近 5 万人①。

6. 聚焦引进国外智力,全球“朋友圈”不断扩大

改革开放 40 余年来,河南省外国专家和外籍教师聘任工作稳步推进,从具备聘任外国专家和外籍教师的院校数量上看,由 1987 年的 15 所增长到 2012 年的 253 所,绝对数量上增加了 15 倍多;从聘任的外国专家和外籍教师的数量上看,由 1987 年的 54 人增长到 2012 年的 1 000 人,绝对数量上增加了 17 倍多,极大地弥补了河南省教育发展中优质资源短缺的困境,为全省教育事业发展和经济社会发展提供了强大的支持。

近年来,随着河南省明确提出聚焦“三区一群”(郑州航空港经济综合实验区、郑洛新国家自主创新示范区、河南自由贸易试验区以及中原城市群),构建支撑未来全省发展的改革、开放、创新三大支柱,打造带动全国发展的新增长极,使河南经济强省建设在战略思想层面进入发展的新起点。截至 2019 年河南大学、河南师范大学、郑州大学先后获批国家“111”计划(学科创新引智基地)资助,从一个侧面表明了河南省在引进海外高层人才工作的富有成效。

(三)改革开放以来河南省教育国际化发展实践的反思与展望

1. 改革开放以来河南省教育国际化在理念层面上的反思与展望

改革开放以来河南省教育国际化发展的实践也充分表明,河南省教育国际化缺少顶层设计,各项工作之间缺少必要的衔接和贯通,导致教育国际化发展实践四面开花,散乱而无中心,也缺少把教育国际化发展放在河南省经济社会发展全局的战略定位。今后全省教育国际化应该坚持在党中央和国务院的正确领导和支持下,提高战略定位,自觉树立把教育国际化发展战略放置在全省经济社会发展全局的高度来思考的理念,以教育的

①李贵刚.河南海外孔子学院达 11 所 高校海外分校 5 所[EB/OL]. https://m. sohu. com/a/335959395_123753。

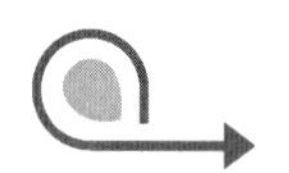

国际化和现代化来带动全省经济社会发展的现代化。同时,我们在教育国际化发展实践中,在规模与质量、经济效益与社会效益上要有所取舍,坚持有所谓,有所不为,扬长避短,树立适切的教育国际化发展理念,比如,在引进境外优质高校的过程中,片面追求世界排名靠前或强调其必须是综合性和研究性院校的倾向,未必是科学的。

2. 改革开放以来河南省教育国际化在人员层面上的反思与展望

河南省高等教育对欧美发达国家的学生尚缺少足够的吸引力,此外,河南省高校专任教师中拥有出国留学背景或在海外获得学位的教师占比较低,为适应新时期全面对外开放战略需求,尤其是当前正在加紧筹建内陆自贸港,迫切需要加快教育国际化发展的步伐,为全省经济社会发展提供国际化的人才和智力支撑。为改变当前河南省留学生总量不足,办学重心偏低,以及高校国际化人才短缺的困境。今后,河南省应该进一步加强推进"请进来,走出去"战略。一方面,积极创造条件,更加务实地引进境外各级各类优质教育资源来豫办学和继续深入推进"留学中原"计划,提升国(境)外各级各类学生来豫留学的积极性。另一方面,要主动走出去,以服务国家"一带一路"倡议为契机,充分发挥部分高校跨境创办海外分校的示范引领作用,尤其是要积极创造条件支持和鼓励高校推进特色学科境外办学,发挥少林武术、太极拳、中医药、新材料、农业、水利水电、传统器乐、艺术设计等特色优势,探索人才培养模式、运行管理模式、服务当地模式、公共关系模式创新,在沿线国家开设海外分校;此外,还要积极创造条件支持和鼓励各级各类人员出国留学、参与进修和培训等国际化交流和合作。

3. 改革开放以来河南省教育国际化在条件保障层面上的反思与展望

由于河南省地处内陆,经济社会发展的成熟度与发达地区存在较大的差距,行政效率和服务理念欠科学,当前全省教育国际化实践面临多重制度性障碍。今后全省应该进一步建立和完善教育国际化发展的政策保障体系建设,为教育国际化发展营造更为宽松的环境和完善的支持服务体系。首先,借助大数据平台,优化审批环节,提高服务水平。其次,进一步完善河南省政府奖学金资助体系,吸引外国优秀生源;开发英语授课示范性课程,培养全英语授课教师;设立留学生预科学院,提高留学生学业成功率;完善留学生生活服务,提升留学生来豫留学经历的满意度,力争面向在豫留学生,建立区域性来华留学生服务中心。最后,实施弹性学费,提高中外合作办学项目的质量和效益。

七、改革开放以来河南省教育治理的历史变革与现实反思

(一)改革开放以来河南省教育治理的历史沿革

1. 第一阶段(1978—1997 年):行政主导型的教育管理变革

(1)1978—1985 年:以统一管理、分工负责为核心的教育管理

政府重视通过发布政策性文件并以统一领导、分工负责的方式,规范各类学校的工作秩序和教育教学质量。这一时期的教育管理属于行政主导型教育管理模式,以统一管

理、分工负责为核心的管理体制在各个学段都有体现。而我国教育政策的重点总体上是在高等教育阶段,教育经费和资源往高等教育方面倾斜,相对而言基础教育和学前教育阶段投入较少,特别是学前教育重视严重不足,河南省概况与国家整体形势一致。政策制定与实施存在偏离现象,一些政策目标也并未如期完成,使得政策的结果与预期产生误差。

(2)1986—1992 年:以中央放权、强化地方责任为特点的教育管理

这一阶段河南省教育管理主要工作是全面恢复在"文革"时期遭到破坏的各类事业单位管理体制和运行秩序,拨乱反正;逐步探索事业单位市场化改革的路径。河南省政府对各阶段教育继续予以高度重视,并从领导、管理、政策等方面予以保障。由于河南省是农业大省,农村人口一直占比较大,农村教育在全省教育事业中具有十分重要的地位,但人口过多引起的多种人口问题,人口的数量、质量、结构等不能较好地适应社会、经济等产生的冲突和矛盾,使得基础教育阶段成为这一时期河南省教育工作的重中之重,全省于 1990 年底完成了普及初等教育的历史任务,进入了实施义务教育的新阶段。国家大力提倡义务教育,但由于政治经济等方面的制约,河南省普及义务教育的任务仍然十分艰巨。

(3)1992—1997 年:以地方负责、分级管理为导向的教育管理

这一时期的教育管理体制是"地方统筹负责、分级管理"的深化阶段,仍然以义务教育为重心。我国《义务教育法》明确规定:义务教育阶段学生免收学费。但是河南省大部分地区义务教育入学率问题都难以保证,很难完全落实这一原则,特别是农村义务教育的普及更是难以达到标准,违背了义务教育免费性的本质。"分阶段、分片区"的特点比较符合河南省教育发展的进程。这一时期全省拉开了全国多渠道筹措教育经费改善办学条件的序幕。

2. 第二阶段(1998—2012 年)法人治理型教育治理探索阶段

在改革开放 20 年之际,国家不断对政治进行分权化、放权化改革,即中央进一步向地方放权、政府进一步向学校放权。以党的"十五大"和第三次全国教育工作会议为标志至 2012 年,是中国教育管理体制改革的"重点突破"阶段。党的"十五大"确定了我国跨世纪发展的战略部署,并对 21 世纪的发展作了展望,指出接下来的十年将是实现现代化建设的关键时期。这一时期国家将推进政治体制改革、依法治国、建设社会主义法治国家等问题提出了一系列新的论断。从教育管理逐步转向教育治理,河南省也在教育法治建设上逐步探索,走向法人治理型的教育治理探索阶段,逐步转变管理理念、管理职能、管理方式,简政放权是关键。

这一阶段,河南省前期以高等教育领域改革为轴心,进行了大刀阔斧的改革;中期以中小学改革为重点,对义务教育进一步改革,使全省多数地区实现义务教育的新发展;后期以学前教育改革为抓手,对学前教育机构及城镇各级各类幼儿园有了更为合理、完善的规范。河南全省法人治理型教育治理体系基本形成,地方负责,分级管理,将教育治理

权力下放到县、乡、村镇，这是河南省教育治理外部治理体系不断完善的过程。

3. 第三阶段（2013 至今）党的全面领导下的法人治理型教育治理逐步完善阶段

2013 年至今，河南省教育体制机制改革进一步深化治理。2013 年 11 月，《中共中央关于全面深化改革若干重大问题的决定》提出了“深入推进管办评分离”的要求。要求权力下移给地方，扩大省级政府教育统筹权；扩移给学校，扩大学校办学自主权，强调国家、政府在教育督导、评估、资金支持方面的作用，使得党领导下的法人治理型教育治理逐步完善。

该时期，河南全省各学段教育改革发展都很迅速，幼儿园阶段逐步改变“入园难”“入园贵”现象；初等教育阶段，义务教育成果显著，改革重点由城市转向农村，让更多农村学子享受优厚的国家政策；高等教育阶段的发展也是有目共睹的，从外部治理的完善到内部治理体系逐步确立，从新中国成立时的 1 所公办普通本科高校，1978 年恢复高考时 11 所本科、1 所专科，跨越式发展到目前 57 所本科、84 所专科，公办、民办、中外合作办学并举，全日制、继续教育、非学历培训并存，形成了高水平大学、特色骨干大学、应用技术类型本科、高职高专分类特色发展，适应引领经济社会发展的高等教育体系，高等教育毛入学率达到 45.6%，即将进入普及化阶段。

（二）河南省教育治理历史变革的基本经验

1. 教育治理必须与宏观政治经济背景相契合

（1）教育治理要与政治背景相契合

教育治理要适应社会主义政治体制的需要。第一阶段，党的十一届三中全会的召开，确定了把党的工作重心转移到经济建设上来，实行改革开放的伟大决策，改革开放迎来了不仅是政治上的改革，更是经济上、文化上的跨越式发展。以政策为导向，推动着教育的变革。第二阶段是国家治理的关键阶段，中国特色宏观调控政策充分展现。国家治理催生了教育治理的发展，河南省的教育治理体系也不断改革与完善。第三阶段，经过 40 余年的改革开放，我国的国家治理逐步实现了“从一元治理到多元治理、从集权到分权、从人治到法治、从管制政府到服务政府、从党内民主到社会民主的转变”。这也有力地推进了国家治理体系和治理能力现代化作为全面深化改革的总目标，对河南省教育事业的发展都具有重大而深远的理论意义和现实意义。

（2）教育治理要与经济背景相契合

教育治理要适应社会主义市场经济体制的需要。教育需要满足社会发展的需要，培养高水平人才为经济发展贡献力量，通过教育治理，也不断改变教育方面产生的供给不协调状况，达到“供需”平衡。例如：河南省财政教育总支出从 1978 年的 3.74 亿元到 2018 年 1 664.7 亿元（居全国第四位）。为充分发挥财政资金的杠杆作用，调动全社会办教育的积极性，河南省财政从 2012 年起设立了 2000 万的民办教育发展专项资金，并不断增加扶持力度，目前已达 8 000 万。自 2012 年以来，全省民间新增教育投资仅中小学、幼儿园就达650多亿元。河南省为教育领域不断注入资金投入,让教育发展不会因财政而造成困境。

2. 教育治理必须遵循教育规律

河南省教育治理的历程揭示了,只有多主体共同参与治理,保证治理主体作为利益相关者享有的权利,才能促进教育治理的发展。在市场经济条件下的教育治理系统中,政府部门在教育领域应做好舵手角色,市场要充分发挥其调节作用,社会组织及个人承担好属于自己的治理责任,以弥补政府调节的不足,确保教育治理的高效性和公益性。在扩大自主权的同时,基于河南省当前情况提倡多主体办学,建立新型教育治理关系,教育发展的内生动力也持续增强,管理体制不断深化,义务教育建立了地方政府负责、分级管理、以县为主的管理体制;职业教育建立了分级管理、以省辖市为主、政府统筹、社会参与的管理体制;高等教育形成了省和省辖市两级管理、以省为主的管理体制,办学体制改革顺利推进。在多主体参与过程中,也应注意公平公正、公开透明、管办评分离、合理规范、提高效率,注重绩效考核评估,实现治理体系、治理能力的现代化。

3. 教育治理必须循序渐进,系统推进

(1)教育治理是潜移默化的

纵观改革开放40多年来河南省教育发展历程,教育治理体制改革是随着政治、经济治理体系转变不断变革的,教育作为文化社会中一个子系统,有其自身的特殊规律,在不破坏教育自身的秩序为基础和前提的情况下,适应外部经济与政治的需要。[①] 河南省政府积极响应国家政策,从新中国成立初河南省农村中小学"有门没法关,有窗垒着砖,有顶漏着天"、学生自带课桌椅、睡"大通铺"、在D级危房上课的面貌,及仅有的几所中等职业学校和落后的高等学校办学条件到几十年后城镇"超大班额"现象基本消除、乡村学校办学力量不断增强、资金投入不断增多,各级各类学校办学条件发生翻天覆地的变化,为全省经济社会发展提供了源源不断的人才支撑和智力支持。

(2)教育治理是均衡发展的

河南省教育的城乡发展不平衡仍十分突出,教育存在明显的城乡"二元结构"。另外,各级各类教育发展也呈现不均衡状态,省政府更加突出在高等教育方面的投入,而学前教育投入十分有限。随着教育财政投入力度的持续加大,如何更好地优化经费投入结构,更多地投向教育发展的薄弱环节和重点领域,分优"教育蛋糕"?如何发挥好财政资金的引导、杠杆作用,更多地吸引社会资金进入教育领域,做大"教育蛋糕"?……这些都对我们提出了新的更高的要求,只有进一步增强责任感,健全好制度,执行好制度,规范好行为,确保资金高效廉洁使用,引导教育均衡发展。[②]

---

①李萍. 我国高等教育管理体制改革三十年回顾[J]. 理工高教研究,2008-06-15.

②河南省教育史志年鉴编纂委员会. 河南教育年鉴2014[J]. 郑州:大象出版社,2015.(02):24.

4. 教育治理必须完善相关法律法规

改革开放40多年来，我国多部法律从无到有，从政治、经济到教育，法律体系不断完善，相关教育法律、规章的出台与修订，为推进教育事业有法可依、依法治教发挥了重要作用。多主体参与治理是一种权力的行使，因此需要将各种权力纳入法制化进程，各权力主体必须在法律框架内行使各自权力。完善相关法律法规也是提高治理能力现代化的重要保证，只有教育治理在法治化轨道上运行才能实现教育治理体系与治理能力的现代化，建构完善的教育治理体系，为教育治理扫清法律障碍，通过立法为教育治理提供符合教育治理理念的正式制度规则，从而保证教育治理的运行。

（三）河南省教育治理的现实反思与发展趋向

1. 教育治理需要进一步厘清与夯实价值基础

在深化教育改革、推进教育治理现代化进程中坚持社会主义核心价值观为引领，就是从根本上回答"培养什么人"这一教育核心问题。教育治理的改革实践应与党的教育方针和社会主义核心价值观目标一致，推进教育治理现代化必须与积极培育和践行社会主义核心价值观同步。[①] 继续践行"科教兴豫"和"人才强省"战略，坚持把教育摆在优先发展的战略位置，将有限的资源和财力向教育尽可能多的倾斜，使河南省教育在公共资源相对不足的情况下保持了又快又好的发展。

2. 教育治理需要进一步理清与明晰政府、市场与社会之间的关系与角色

河南省在进行教育治理变革的过程中，需要有效地平衡受教育者的公民权利和消费者权利，也就是处理好政府与市场的关系。政府应当慎重运用市场机制，最大限度地减少市场选择对教育公平的损害，在承认市场选择的某些合理性的同时采取有效措施增进教育治理的公正性。不仅如此，政府还应与社会紧密联系，通力合作。但是我国在教育治理过程中，由于社会组织、公民个人在教育治理方面的发展是不成熟的，因此社会供给只能是一种补充机制，政府必须在教育治理中居于主导地位。不过我们也不能忽视社会的重要作用。在教育治理中，政府应当采取适当措施积极引导社会供给，尤其是在政策、资金等方面应提供必要的支持，并与社会力量建立有效的合作机制。近几年，虽然河南省简政放权，把办学自主权不断还给学校，但我们仍能看到政府干预的情况屡见不鲜，小学初中大学都存在不同形式缺失自主权的现象。因此在多元治理方面，河南省还需加快脚步。

3. 教育治理需要进一步厘清与选择治理范式

回顾河南省教育管理体制改革的40多年历史可以发现，不管是新中国成立初期集权式的教育管理体制，还是后来的分级管理体制，甚至当前推行的由中央统筹、地方政府分级管理下的教育管理体制，均是各级政府之间的单线式管理模式，政府始终是教育管

①于璇，代蕊华．基础教育治理研究：回顾与展望[J]．现代教育管理，2016(10)：44-48.

理的唯一参与主体。学校无法根据自身实际发展教育,且社会团体也无法参与教育管理。因此,我们需要通过对治理内涵的深刻理解与运用,构建一种新的治理范式——走向共治。亦即为了增进与实现教育公共利益,政府、市场、非政府的公共机构以及各种利益相关者共同参与教育事务的管理与决策。

4. 教育治理需要进一步加强改革主体动力

河南省总体上的教育改革是在国家政治体制、相关政策及市场经济体制改革的推动下不断前进,被动推进改革的现象明显。另外,由于多种因素,有的改革成果缺乏合理性而陷入停滞,有的教育改革缺乏方向性、特色性,更多的是盲目性改革。河南省政府应树立政府公共形象,积极转变政府职能,由"竞争型政府"向"公共型政府"转换。不再对学校的微观办学活动大包大揽,从而树立公共服务和监督者的形象。

5. 教育治理需要进一步厘清研究过程中的不足

总体看来,河南省在教育治理研究方面已经取得了一定的发展,具备了一定的研究规模、深度和广度,但也存在一些研究上的盲区和不足。教育治理需要重视增强教育治理研究的系统性,需要结合河南省相关地区不同的情况具体分析,需要明确教育治理研究的理论支撑,明晰教育治理的主体、价值基础等方面,同时,教育治理研究也要注重其科学性。

6. 教育治理需要进一步完善教育法律法规体系

当前我国正处在社会转型时期,各利益群体间的利益冲突日益突出,各种矛盾叠加,我国在法律法规方面还存在很多的不健全,很多教育方面的问题不能通过法律形式得到很好解决。河南省教育治理中呈现的问题也是如此。由于监管不到位,河南省教育法律法规在实施方面也令人担忧。例如很多因法律条文的缺陷和预防干预机制的不健全而隐藏的私立幼儿园乱收费、教学质量评价体系存在漏洞、法律监管不到位等众多问题;高校虽然制定了章程,却并没有真正实施,依法治校、依法治教依然任重道远。

八、未来与展望

(一)把握河南省教育发展的政治方向,凝聚教育改革与发展的政治共识

把握坚定正确的政治方向是河南省大省办大教育的法宝和保障,只有政治底色的正确、文明与先进,才能确保教育的发展格局、发展方向与人才功能、社会功能得到高标准、高质量建设与释放。未来河南省教育发展规划,首先要做好政治方向的清晰把握和坚决行动:一是坚持党对教育工作的全面领导,二是坚决贯彻党的教育方针,三是增强教育治理能力现代化。

(二)加快推进河南省教育现代化步伐,促进教育高质量发展

一要明确教育现代化发展目标,做好教育发展规划。

二要抓住教育现代化发展重点,破解教育发展难题。第一,以农村地区为重点,努力

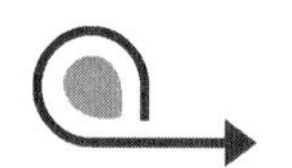

提升河南省学前教育普及化水平。第二,要着力解决义务教育发展不平衡状况,促进优质教育资源的均衡发展。第三,要着力解决教育发展布局结构的不合理问题,加大普惠性幼儿园与优质高中建设力度,整合中等职业教育资源,实现人才的多元培养。第四,要着力解决高等教育发展质量与规模之间的矛盾问题。第五,要加大教育精准扶贫投入力度。

三要注重教育现代化的内发性特征,强调教育高质量发展价值引擎。

(三)遵循教育发展规律,认真落实立德树人根本任务

一是充分发挥教育智库在教育决策与治理中的理论功能,遵循教育规律办教育。河南省要有目的、有规划、有组织地建设不同层次与不同任务导向的教育智库,并在教育决策与教育治理过程中,充分发挥智库价值。

二是解读和宣传"立德树人"教育根本任务,凝聚最大的教育任务共识。要做到:第一,自觉汲取中华传统文化的价值精髓,传承中华文化一脉相承的人才观;第二,遵循教育以成就人为本质的价值真理,体现了对教育规律的澄清与承认;第三,意识到教育功利化发展的危害,以清晰的教育价值引领,积极规避教育功利主义的"非人化"发展弊端;第四,对新时代人才素养的前瞻性审视,强调人道德生命作为完整生命前提的必要性、可靠性与人文性。

三是注重落实与转化,探索教育立德树人的实践途径。第一,坚持学校教育的人文品质;第二,树立核心素养导向的 21 世纪人才质量观和教育发展观,教育要自觉担负起促进中国学生发展核心素养的时代使命;第三,加强德育在学校教育中的首要地位,强化课程德育、活动德育、学科教学德育、主题德育等多元德育格局;第四,探索立德树人进学校、进课程、进教材、进人心,注重开发立德树人教育主题活动、实践平台,积极探索研学旅行的教育空间与教育效果;第五,建立以道德要素为重要指标的人才评价新体系。

(四)加强新时代教师队伍建设,以教师高素质推动教育高品质发展

一是以师范教育为主体,探索多元职前教师教育培养模式。河南省教育改革与发展的师资力量培养,应当明确以师范大学(学院)为主体的教师教育培养模式,同时探索多元共在的职前教师教育培养模式。首先,省委省政府要加大对师范大学(学院)财政支持力度。其次,改革师范生招生政策。再次,要在就业保障中给予师范生政策倾斜。最后,有计划适度安排专科层次教师教育培养。

二是改革教师教育培养方式,促进教师专业核心素养发展。首先,审视和确立教师教育培养目标。其次,要从体系上改革教师教育课程结构,改革教师教育课程实施过程,改革教师教育课程评价方式,树立以评价促发展的过程性评价方式。最后,加强教师教育者的师资队伍建设。

三是保障教师职后教育投入,形成多维教师职后教育格局。第一,省级教育主管部

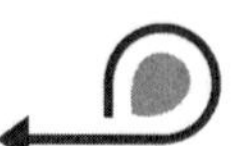

门要设置教师专业发展的不同阶段和荣誉层级,为教师专业发展和教师教育规划目标导向。第二,通过教育部“领航工程”和“国培计划”项目,以及“省培计划”“市县培计划”等职后教师培训项目,为教师终身发展注入多元教育理论引领和实践技能拔高。第三,探索高校与基础教育深度协同合作模式,实行一校一团队定制性校本教师教育提升计划,充分整合高校资源与基础教育资源,开展基于校本的教师质量发展工程。第四,建立健全职前职后一体化、学历与非学历教育融合性教师教育体系。第五,通过名校长工作坊、名师工作坊、名班主任工作坊等形式,发挥先进模范带头辐射效应,带动师资队伍质量的整体发展。第六,开展国际合作交流,拓展教师教育的国际视野,争取实现教师教育的跨国交换培养。

(五)大力实施基础教育均衡化发展战略,夯实基础教育育人效果

河南省教育要在基础教育高品质均衡发展上,集中力量,整体推进。一是要加大公办幼儿园的建设力度,力争将学前教育早日纳入义务教育序列。二是推动义务教育均衡发展,巩固提高义务教育办学水平。三是实施高中教育特色优质化工程,大力提高高中办学质量。第一,加快高中教育普及化步伐。第二,实施普通高中特色提质计划。第三,促进高中教育内涵式改革发展。第四,落实校本教师教育计划。

(六)推进河南省高校“双一流”建设,促进高等教育内涵式发展转向

为推进河南省高校“双一流”建设,促进高等教育内涵式发展转向,需要做到:一是积极推动高等学校分类发展。完善普通高校分类发展制度体系,构建高等学校分类评价、分类评估、分类拨款等制度,推动各高校确定自身发展类型定位,明确发展目标和发展路径。二是加快推进“双一流”建设。推动郑州大学、河南大学全面落实“双一流”建设方案。完善工作机制,强化责任落实,加强目标引导、过程指导、任务督导和动态支持,持续强力推进。以“双一流”建设引领带动全省高校内涵发展、创新发展、特色发展、开放发展,争创一流。三是聚焦建设一流本科教育。坚持“以本为本”,加快建设高水平本科教育,全面提高人才培养能力。改革教学理念、内容、方法、评价和课程设置等,推进跨专业、跨学科、跨院系、跨学校交叉培养。强化通识知识,加强基础学科,使学生博学与精专统一、人文素养和科学素质兼备、知识积累和创造性思维贯通。四是提升研究生教育水平。实施博士硕士重点立项建设单位提升工程和重点学科建设工程。建成一批具备世界一流水平的优势学科和综合实力位居国内前列的特色学科。五是增强高校科学研究和创新服务能力。实施高等学校基础研究增强工程和高等学校社会服务水平提升工程,深入实施高校哲学社会科学繁荣计划,加强智库建设,建立河南高校高端智库联盟,引导支持高校学者深入社会实践,积极建言献策。

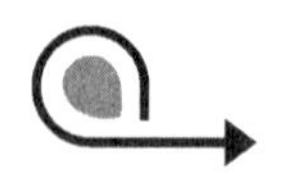

(七)建立现代职业教育体系,提高技术技能型人才的多元造就

未来河南省教育发展,要高度重视职业教育改革与发展。

一要加强和完善现代职业教育体系。第一,以政策倾斜为保障,规划实施河南省职业教育振兴计划。第二,建立中等职业教育—高等职业教育—高层次应用型人才培养"互通式"职教体系。第三,扩大对高质量技术技能型人才培养与培训的规模与途径。

二要改革和建构新职业教育育人机制。第一,建构产教融合的职教格局。第二,深化校企合作育人。第三,制定支持产教融合校企合作奖补政策。第四,完善现代职业教育和培训体系。

三要培育和造就新型高素质德技兼备的技术技能型人才。第一,改革课程与教学模式,突出人才培养中心地位。第二,改革传统课程与教学,培养高层次应用型人才。第三,健全德技并修、工学结合的育人机制。

四要加大职教投入,营造社会尊重职业教育的良好氛围。利用媒体广泛宣传职业教育,努力形成领导重视、社会认同、学生接受、企业参与的职业教育发展环境。

(八)加强国际交流与合作,开拓河南省教育的国际视野

教育的国际交流与合作已经成为全球化境遇中提升教育品质的不可阻逆的发展趋势。一是整合河南省教育优势资源,推动"走出去"国际合作战略。对河南省文化优势进行教育学、教育开发,建构河南省教育的区域文化底色、文化特色、文化亮色,从而形成河南省教育国际输出的重要资源和"拳头产品",积极探索河南省教育走出国门的国际交流与合作方案,谋划战略、找好路径、搭建平台、遴选人员,讲好中国教育哲学、中原教育文化、河南教育故事。二是检视自身发展短板,推进"引进来"国际交流计划。实事求是检视和发现河南省教育高质量发展所遭遇到的瓶颈和短板,利用国际交流与合作,引进国外资源,弥补自身短板。河南省教育受历史传统影响,在教育理念、课程改革、教学方式、教育信息化水平、教育评价等方面,与国内先进地区和国外发达国家之间,还存在相当大的距离。在国际合作与交流过程中,要自觉引进国外先进教育理念、课程变革启示、有效教学模式、教育信息化资源、教育评价系统等,通过引进国外教育人才等,提升河南省教育融入全球化教育变革中的参与程度。

参考文献

[1]方晓义,袁晓娇,邓林园,等.构建适合我国的普通高中学生发展指导制度[J].北京师范大学学报:社会科学版,2013(1):9.

[2]杨光富.法国中学方向指导制度考察及思考[J].外国中小学教育,2010(12):6.

[3]方晓义,胡伟,陈海德,等.构建高中生三级发展指导模式[J].北京师范大学学报(社会科学版),2014(1):7.

[4]黄向阳.学生发展指导制度建设刍议[J].教育发展研究,2010,30(Z2):64-69.

[5]黄向阳,王保星.普通高中学生发展指导实践案例集[M].上海:华东师范大学出版社,2014,31-46.

[6]马婷.日本中学生指导概述[J].当代教育理论与实践,2011,3(1):4.

[7]方晓义.领会普通高中育人方式改革精神,把握学生发展指导的关键环节[J].人民教育,2019(Z2):20-21.

[8]方晓义,袁晓娇,邓林园,等.构建适合我国的普通高中学生发展指导制度[J].北京师范大学学报(社会科学版),2013(01):42-50.

[9]单鹰.破解减负难:针对“过重课业负担”问题的新探索[M].北京:知识产权出版社,2015.

[10]靳玉乐,罗生全.学业负担论纲[M].重庆:西南大学出版社,2016.

[11]罗生全.学业负担问题解决:模型建构与治理机制[M].北京:人民出版社,2017.

[12]赵俊峰.解密学业负担:学习过程中的认知负荷研究[M].北京:科学出版社,2011.

[13]刘合荣.课业负担问题缓解:课堂内外的探索与行动[M].武汉:华中科技大学出版社,2010.

[14]杨东平.中国教育发展报告(2018)[M].北京:社会科学文献出版社,2018.

[15]杨东平.中国教育发展报告(2019)[M].北京:社会科学文献出版社,2019.

[16]胡惠闵等.义务教育阶段学生课业负担监测研究[M].上海:华东师范大学出版社,2020.

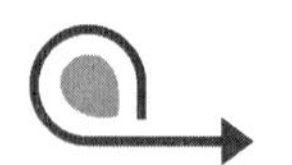

[17]埃德加莫兰. 复杂性思想导论[M]. 张一壮,译. 上海:华东师范大学出版社,2008.

[18]埃德加莫兰. 复杂性理论与教育问题[M]. 张一壮,译. 北京:北京大学出版社,2004.

[19]联合国教科文组织. 学会生存:教育世界的今天和明天[M]. 北京:教育科学出版社,1996.

[20]李超平,徐世勇. 管理与组织研究[M]. 北京:北京大学出版社,2019.

[21]窦桂梅. 回到教育原点[M]. 桂林:漓江出版社,2015.

[22]朱永新. 未来学校:重新定义教育[M]. 北京:中信出版社,2019.

[23]陈传峰,陈文辉. 当代中学生的学习生活与课业负担[M]. 北京:北京师范大学出版社,2011.

[24]联合国教科文组织. 教育:财富蕴藏其中[M]. 北京:教育科学出版社,1996.

[25]叶澜. 建课堂教学价值观[J]. 教育研究,2002(5):3-16.

[26]叶澜. 重建课堂教学过程观[J]. 教育研究,2002(10):24-50.

[27]李金钊. 我国学生课业负担监测与公告制度研究进展[J]. 上海教育科研,2020(10):5-9.

[28]殷玉新,郝健健. 新中国成立 70 年来我国学业负担政策的演进历程与未来展望[J]. 首都师范大学学报(社会科学版),2019(6):172-179.

[29]张冰,程天君. 新中国成立以来学生"减负"历程的回顾与反思[J]. 教育科学,2019(12):33-39.

[30]朱卫国. 中小学生课业负担的理性思考[J]. 教育发展研究,2019(12):1-5.

[31]孙雪连. 北京市中小学课业负担的调查研究[J]. 上海教育科研,2015(9):31-33.

[32]宋乃庆,杨欣,王定华,等. 学生课业负担测评模型的构建研究:以义务教育阶段学生为例[J]. 西南大学学报(社会科学版),2015(5):75-81.

[33]胡惠闵,滚涛. 我国课业负担公告制度的建立[J]. 教育发展研究,2015(22):22-35.

[34]闺慧敏译. 教师的幸福感:关注教师的身心健康及职业发展〔M〕,北京:中国轻工业出版社,2006.

[35]亨利·史密斯·威廉姆斯. 幸福的科学[M]. 佘卓桓,译北京:中国人民大学出版社,2016.

[36]霍姆斯著. 教师的幸福感:关注教师的身心健康及职业发展[M]. 闫慧敏,译. 北京:中国轻工业出版社,2006.

[37]雷玲. 教师的幸福资本:成长为优秀教师的 8 种特质[M]. 上海:华东师范大学出版社,2011.

[38]梁津安,杜敏.幸福心理学[M].西安:西安电子科技大学出版社,2012.

[39]内尔·诺丁斯.幸福与教育[M].龙宝新,译.北京:教育科学出版社,2014.

[40]邓坚阳,程雯.教师主观幸福感的影响因素及其增进策略[J].教育科学研究,2009(4):70-72.

[41]胡忠英.教师幸福感结构的实证研究[J].全球教育展望,2015(4):86-94.

[42]刘次林.教师的幸福[J].教育研究,2000(4):21-25.

[43]杨建原,吕红云,赵守盈.中学教师教学效能感与心理健康的关系[J].教育研究与实验,2012(01):20-24.

[44]顾永安.新建地方本科院校的转型发展[M].北京:中国社会科学出版社,2012,175-176.

[45]谭璐星.应用型本科人才培养模式研究[D].武汉:湖北大学,2011.

[46]张菀洺.我国教育资源配置分析及政策选择:基于教育基尼系数的测算[J].中国人民大学学报,2013(4):89-97.

[47]向宏志.高职教育投入机制研究[J].教育理论与实践,2013(33):21-23.

[48]任占营,童卫军.高等职业教育生均拨款制度实施困境与对策探析[J].中国高教研究,2017(8):101-105.